spot

context is all

SPOT 37

中國任務：美國駐華記者口述史

Assignment China: An Oral History of American Journalists in the People's Republic

作　　者：齊邁可 Mike Chinoy
譯　　者：鄭婉伶、黃瑜安
責任編輯：陳孝溥
美術設計：簡廷昇
內頁排版：宸遠彩藝
出　　版：英屬蓋曼群島商網路與書股份有限公司臺灣分公司
發　　行：大塊文化出版股份有限公司
105022 臺北市松山區南京東路四段 25 號 11 樓
www.locuspublishing.com
locus@locuspublishing.com
讀者服務專線：0800-006-689
電話：02-87123898
傳真：02-87123897
郵政劃撥帳號：18955675
戶名：大塊文化出版股份有限公司
法律顧問：董安丹律師、顧慕堯律師

總　經　銷：大和書報圖書股份有限公司
新北市新莊區五工五路 2 號
電話：02-89902588
傳真：02-22901658

初版一刷：2024 年 2 月
定　　價：680 元
I S B N：978-626-7063-59-0

中國任務

美國駐華記者口述史

齊邁可 **MIKE CHINOY** 著
鄭婉伶、黃瑜安 譯

Assignment China:

An Oral History of American Journalists in the People's Republic

《中國任務》是一本相當特別、值得再三細讀的作品。作者收集數十年來美國記者在中國的報導經歷，從現場觀察者的視角，側寫當代中國。書中不僅有報導者們對諸多重要歷史時刻的見證，也觸及相當豐富的議題。從中國政經發展、社會變遷、外交策略，到新聞自由、中國政府對外國媒體的監控等——報導者們的經驗紀錄，為中國研究留下極為寶貴的素材。

——辛翠玲，國立中山大學政治經濟學系教授

我們或許了解中國當代政經發展中的許多重大事件，但卻難以回到歷史現場，感受真實的社會氛圍和人物風采。我們或許知道中共總會控制媒體並操縱輿論，但很難親身體驗第一線新聞工作者所承受的誘惑與壓迫。正所謂「新聞是歷史的初稿」，《中國任務》恰是透過不同年代美國駐華記者的視角，引導我們重新見證中國當代歷史的關鍵時刻，也有助於我們重新思索中共對外宣傳的操作模式。相信那些關心中國內外局勢發展的讀者，必能從中獲得許多意想不到的收穫。

——黃兆年，國立政治大學國家發展研究所副教授、
自由之家《北京全球媒體影響》研究報告共同作者

齊邁可有著豐富的中國經驗，是真正了解中國的美國人，這本書是非看不可。

——楊念祖，前國防部長

新聞不僅為歷史留下初稿，同時為未來指引方向。本書詳載過去半世紀以來，美國記者在挑戰與威嚇、理性與感性之間如何報導中國，建構並解構這個世界上最複雜、最神祕的國家。眼下，一個更加強硬、極權的中國正在改變國際秩序，《中國任務》絕對是思考美中台關係和全球角力的必備讀物。

——蘇貞昌，前行政院長

（按姓名筆畫數排序）

目錄

臺灣版序

二〇二二年初，我從香港搬來臺北。搬來不久後，我與一名來自美國新聞機構的年輕記者喝咖啡。她曾短暫地在北京工作，但因為中國的COVID疫情管制措施，返回中國的申請被中國當局擱置，無法入境。她詢問我對於「在中國境外報導中國」有什麼想法，也想知道如果她的夢想——成為常駐中國的記者——無法實現，對於他的職涯有什麼影響。早期西方記者也曾被禁止進入中國大陸，這一代代的前輩為此發展出「中國觀察」的技術，我能做的只有鼓勵她磨練這種的技能，並希望事情最終會改變。不久後，她被派駐東南亞，離開臺灣，她當前的報導集中在「中國在其境外的活動」。基本上，她已經放棄返回北京的希望了。

對我來說，她的故事反映了國際媒體記者在報導中國時面臨的挑戰，這也是《中國任務》的主題。當前中國與美國的關係急劇惡化，與鄰國和幾個主要貿易夥伴之間的關係也日益緊張，這幾十年來促使中國崛起的「改革」與「開放」政策，也開始出現逆轉；因此，深入報導當前中國的需求，比以往任何時候都更加迫切。

然而，在這個關鍵時刻，習近平領導下的中國正在「向內發展」，日益將自己隔離在世界之外；自一九七六年毛澤東主席去世以來，當前的中國比任何時候都更加孤立和停滯。中國在二〇二〇年驅逐了不少美國記者，拒絕核發更加大量的記者簽證，並對所剩無幾的記者施加更多限制，這些都如同一個美國雜誌標題所描述的現象：中國大關門。

這些政策的影響令人深感擔憂。對於國際社會中的新聞消費者來說，他們失去了充滿細節的實地報導，這些報導可以讓人體會到：中國由十三億形形色色的個體組成，是個充滿生命力、複雜性，以及細緻紋理的巨大社會。在這個最需要深入理解中國的時刻，中國被描述的樣貌卻變得越來越單一、片面。

新一代的記者們失去了在中國生活、工作的機會。從二十世紀七〇年代一直到最近，包括我在內的記者們都能從底層開始體驗這個國家，但這是二〇二二年與我喝咖啡的年輕女士無法體會到的經驗。有時我不禁猜想：國際媒體會不會完全忽視了什麼中國重要的現象，忽視了那些會深刻影響整個國家發展的趨勢與暗流？事實上，因為只有非常少數的記者能留在中國，他們又面臨種種限制，忽視了這些報導當然不是這些記者的錯；但相對的，一般社會大眾、分析師、學者、政策制定者在面對這個崛起的超級大國時，將缺乏了解中國的關鍵資訊。

從中國領導人的角度來看，即使他們總是找機會譴責西方媒體對中國的負面報導，但對外國記者的限制只會適得其反，漸漸地讓報導難以傳達中國社會的豐富、複雜和人性。在當下的緊張時期，中國對外國記者施行的限制，只會進一步強化西方對中國的負面描述。

基於這種種因素，《中國任務》講述的故事比以往任何時候都更加重要。作為一九四五年至今一代代美國駐華記者的自白，這本書提供了關於中國發展的珍貴見解，以及這些發展如何被報導、被理解（但有時是誤解），以及這些發展如何塑造國際社會對中國的看法。藉由這群形形色色記者們的經歷，我們也可以看到新聞報導本身戲劇性的變化——從二十四小時新聞，到網際網路的出現，以及社交媒體的影響——讓報導中國的記者們在面對中國共產黨的限制之外，還必須克服科技帶來的而外挑戰。

對於美國和國際媒體來說，現在是自鄧小平改革初期以來，最為受限的時刻，我們很難想像情況會有好轉的一天。但回首過往，我回憶起我自己一九七三年第一次訪中，當時文化大革命仍在進行中，美國人在中國仍非常罕見，以至於在瀋陽市的一個大廣場上，曾有上千人聚集在一起，盯著包含我在內的學生代表團成員看。在當那個年代，中國會敞開國門、接受外國投資、引進市場經濟措施、與臺灣進行貿易、允許學生出國留學、成為一個富裕的世界強國——這一切似乎只是瘋狂的幻想；但這些都發生了，如同《中國任務》中的記載一樣，在記者們自述的故事中，記錄下這段時間內的所有動盪事件。了解他們經歷的事情，能讓我們理解中國幾十年來史詩般的旅程；而他們報導的巨大變化，突顯了中國可能會再次改變，這個改變也許是突發的戲劇性變化，並對全球產生影響——這就是為什麼讓記者繼續擔任「歷史前線的目擊者」，比以往任何時候都更加重要。

臺北，二〇二三年十一月

前言

一九七三年夏天，我與一群左派美國學生初訪中國，在瀋陽外的五三人民公社遇見了毛澤東統治下的典型農民于克辛（Yu Kexin），于克辛帶著一頂紅軍帽，寬大的臉飽經風霜，厚實的手掌布滿了繭。官員們積極展示共產黨的成就時，他就靜靜坐在一旁，但當我們回到他的小磚屋，他和太太李蓮芳（Li Lianfang）馬上化身為好客的東道主，端出各式菜餚——蔥蛋、雞、魚、豉汁麵、整隻玉米以及無限量供應的米飯和瓜果，那是我當時在中國吃過最豐盛的一餐，我後來在日誌裡寫下：「這家人真是友善又熱情。」這是我那趟旅程中印象最深刻的部分。

二十年後，我才發現這一切都是謊言。

一九九三年，我時任ＣＮＮ北京分社社長，為了報導中國正經歷的社經改變，我回顧一九七三年那趟旅程，我想知道當時去過的地方、見過的人經歷了哪些改變。當時我已經駐北京六年，報導了一九八九年天安門廣場上中國軍方如何鎮壓抗議學生；我早前對於中國的政治實驗存有幻想，並因此對這個國家感興趣，這些幻想在天安門事件後已經完全破滅。然而，即便在這樣的情況下，我和于克辛的重逢還是讓我十分震驚。

外國記者若想進入中國旅遊和採訪，必須向中央外事工作委員會辦公室（外辦）提出申請，也是透過外辦我才能夠找到于克辛，並獲得許可回到他的村莊和他對話。他現在已經不住在我們初見面的簡樸磚屋，而是一間裝潢精美、帶有電視的公寓，他受益於鄧小平一九八〇年代提倡的改革開放政策，現在已經不在田裡工作，而是改開曳引機維修廠，生活品質明顯提升。然而，當地官員離我們遠一點後，于克辛便承認我二十年前初訪中國時經歷的一切都是假象。「我當時說一切都很好，」他說道，「但是外國人來訪時，情況真的很糟糕，我們的薪水很微薄，他們不讓我們養動物或種植物，因為你的來訪，我們才有那頓飯，那是前一天才從城裡送來的，當時我們只要一週甚至一個月有一頓好吃的就算幸運了。」儘管我已經持續追蹤中國二十年了，于克辛說的話還是讓我很震驚。

現在回想起來，這段經歷凸顯了一個重要的課題——如何從如此幅員遼闊、複雜的國家裡挖出真相，這個主題在任何歷史相關討論以及報導過中國的外國記者經驗裡都看得到，這個國家長久以來都不信任外人，其政權總是遮遮掩掩、獨裁、強烈懷疑記者，不擇手段說謊或扭曲事實，只為了達到中國共產黨的政治目的。

理解中國是至關重要的，美中關係從二戰同盟、冷戰對立、成為蘇聯的共同敵人，到中國變成擁抱市場的溫和共產主義者、新興崛起的經濟強權及戰略敵人，美國如何面對中國一直是很重要且極具爭議的議題。對美國媒體而言，記者的角色很關鍵，他們可以深深影響美國人對中國的看法，影響美國政府對中國的政策。此外，因為《紐約時報》（*New York Times*）等美國報社、主流電視媒體、通訊社等新聞機構的普及，這類新聞報導也形塑了世界對中國的看法。

然而，許多新聞讀者不了解資訊如何透過報紙、雜誌、網路、廣播或電視傳達給他們，我擔任駐外記者超過三十年的時間裡，我漸漸了解到報導、寫新聞和傳送新聞的過程，以及讀者、觀眾最後看到的新聞之間存在著巨大鴻溝。新聞報導的重要基礎在於新聞產出的過程、參與其中的人，以及見多識廣的新聞讀者如何解讀新聞。這個概念適用於全世界的報導，但對中國相關的新聞來說更是如此：對駐中記者而言，報導政權不透明的複雜社會不僅相當困難，他們還必須承受來自北京和華府的壓力，更不用說來自編輯的壓力以及這個行業本身的辛勞。因此，了解駐中記者以及他們如何報導中國，可以讓我們了解人們所觀看、閱讀到的新聞，這也是這本書的宗旨。

過去幾年裡，許多曾報導過中國的記者都寫過回憶錄，或者幫助其他學者及作家撰寫中國相關的書籍，然而，這些記者精彩的經歷，以及他們如何理解、報導自己見證到的不凡事件，卻沒有被系統性地整理成歷史。

本書將提供一個全新觀點：一部從一九四五年至今好幾代美國駐中記者的自述，收錄那些從未被好好整理的故事，從這些記者的角度，淺談中國近八十年來經歷過的政治、社會和經濟巨變。

本書延伸自南加州大學美中學院製作的十二集紀錄片系列，我從二〇〇八年開始參與這系列影集，根據超過一百位受訪者的訪問而來，其中包含報導過中國的記者、與他們互動過的外交官和其他人，以及對中國和媒體皆有研究的學者。如同多數的拍攝計畫，因為時間和格式的限制，許多精彩的現身說法和故事被迫刪除，然而，這些中國通的經驗為中國、美中關係以及新聞學專業都提供了重要的見解，因此，本書不僅匯集了影集裡的材料，還有許多被刪減的片段以及額外超過二十則的訪談，所有訪談資料只有為了文意通順而稍作編輯。

二〇〇八年開始這項計畫時，我們便決定本書要根據我們做的訪問撰寫，某些情況下，我們也引用了其他訪問或回憶錄中特別有價值的片段，將出處以註腳標示。舉例而言，偉大的美聯社（Associated Press）駐中記者約翰・羅得理克（John Roderick）曾在一九四〇年代報導國共內戰，五〇到六〇年代是「中國觀察者」，一九七一年回到中國報導美國桌球隊訪中的新聞，一九七八年重啟美聯社北京分社，二〇〇八年與世長辭。美聯社在他退休時，對他進行一段很長的訪問，美聯社檔案庫很慷慨地授權我們使用檔案，可惜的是，有幾位我們能訪問的記者近幾年也過世了，並不是每個人都有寫書或回憶錄，很多時候，本書所做的訪問是他們的成就和想法的唯一紀錄。

我們也特意不深入探討美國對臺灣和香港的報導，當然，這兩個地方的新聞也都很重要，臺灣一直是美中關係中最敏感的神經之一，是個經濟強權，更是獨裁政權成功轉形成民主政權的典範，也是很可能爆發武裝衝突的地點。香港在共產革命運動後變成報導中國的情報站，從一九九七年回歸中國，到北京政府最近施行的嚴苛國安法，香港的地位一直很重要，報導中國的記者也經常報導這兩地的發展，這兩地也會出現在本書中，但臺灣和香港的歷史如此不同、多元和複雜，很難完整呈現和囊括報導這兩地幾十年的記者故事。

本書同樣也無法囊括過去八十年報導過中國的所有記者，但是本書收錄的記者自述呈現出一種豐富、具有代表性的切面，其中包含美國媒體——報紙、雜誌、新聞通訊社、廣播、電視和網路——以及與他們互動或研究他們的外交官和學者。本書特別刪除當地司機、疏通者以及為美國新聞社工作的口譯人員相關片段，所有記者都齊聲強調這些人對他們報導的重要性，但礙於中國公民的身分，這些當地工作人員一直處於一個敏感、危險的位置上，常常被中國政府要求擔任線民、遭受威脅，有時甚至被迫辭去工作，在這樣的情況下，我們特別決定，基於人身安全考量，我們不會聯絡這些當地人為這個計畫現身說法。

透過這個計畫，我們希望從駐外記者的工作模式回答下列問題：

- 誰在為美國媒體報導中國？
- 他們如何收集、理解、傳遞新聞？
- 他們身上背負著什麼樣的情感包袱？
- 他們與充滿敵意、戒心又不願意配合的中國政府有著什麼樣的協議？
- 他們如何克服語言和文化差異，以及如何認識普通的中國公民並維繫關係？
- 他們和編輯以及老闆之間如何互動？
- 美國政府政策的優先順序有多大的影響？
- 從紙本媒體、廣播、電視、衛星、二十四小時新聞、網路到社群媒體，媒體科技的大幅度變動如何改變他們報導中國的方式？
- 他們筆下的中國形象是否準確？
- 中國被報導的方式會帶來什麼結果？

隨著訪問持續進行，某個共通點越來越清晰：對於像我一樣為美國媒體報導中國的記者而言，中國不只是一項任務，而是持續不斷的熱情，「報導中國」型塑和定義了我們的職涯，我們學習語言、文化和歷史，面對這個幅員遼闊、吸引人卻不太被了解但極其重要的國家，我們發現新聞是接近、挖掘中國最好的方式。

如同我們的紀錄片影集，本書始於一九四五，當時二戰剛結束，國共內戰最後階段才正開展，中國深陷戰爭之中，報導中國的難處主要是交通的不便：交通網殘破不堪，通訊方式還很原始，整個國家被蔣中正的國民黨和毛澤東的共產黨各據一方。在這個落後、混亂的國家裡移動是極具挑戰的事。

共產黨於一九四九年勝利後，報導中國面臨了不一樣的挑戰。如同大多數西方國家記者，在新建立的中華人民共和國裡，美國記者不再被允許報導新聞。超過二十年來，除了偶爾被批准進入中國的記者，大多數報導都是由「中國觀察者」從香港等地完成，記者被迫在無法進入中國親眼查證的情況下理解中國發生的事。

一九七二年，隨著美國總統理查・尼克森（Richard Nixon）訪中，中國的大門也緩緩打開，但一直要到一九七九年美中關係正常化後，北京政府才允許美國新聞組織再度派駐記者到北京。

自此之後，美國駐中記者見證了中國驚人的改變，一個被毛澤東的大躍進和文化大革命政策摧殘、貧窮且孤立的國家，迅速竄升成新興的經濟與外交強國，現在更強大到能挑戰美國全球霸主的地位。中國的轉變和記者報導工作都經歷了許多高低潮，但這些年的變化凸顯了一件事：美國記者幾乎不斷在測試底線，挑戰報導共產體制核心的限制，探討中國社會裡過去總被歸類為禁忌的話題。整段時間裡，共產黨不斷阻撓他們這麼做，這種在我與于克辛見面時就感受到的緊張關係，可以追溯至中華人民共和國創立之時，即便像艾德加・斯諾（Edgar Snow）這樣的記者，他所著的《紅星照耀中國》（*Red Star Over China*）讓他成為北京政府最喜歡的西方記者，但當他於一九六〇年代造訪中國時，也遭受到重重限制，對於其他更不被信任的記者而言，限制就更多了。

共產黨的重重限制大大反映了國內的政治風氣，一九八〇年代無疑是中華人民共和國史上最自由的時期，自由旅遊以及和普通中國人談話的機會顯著提升。一九八九年，天安門鎮壓行動以後的自由限縮，為外國記者帶來了新的阻礙，但隨著中國經濟於九〇年代以及二十一世紀初開始自由化並成長，駐中記者也有機會更深入中國社會。儘管官方的阻力仍在，隨著二〇〇八年北京奧運到來，共產黨推出「開放的中國盼奧運」的官方口號，當局大動作鬆綁對外國記者的管制。

然而，隨著奧運的落幕，習近平於二〇一二年成為國家領導人，報導的自由度又倒退許多，中國社會和世界其他地方的交流越來越開放、頻繁，中國中產階級的興起，網路的出現，更現代化的經濟模式，北京當局已經不太可能把外國記者都限制在首都。然而，隨著習近平更加極權，近幾年些微放寬的政治和思想控制又再度緊縮，共產黨更加努力地想控制外國記者，進而控制中國透過文字在世界呈現出的形象，誤觸雷區的駐中記者被迫面對更多人身安全方面的恐嚇和騷擾，甚至威脅取消他們的簽證或者驅逐出境，願意與外國記者談話的中國人不斷減少，因為他們可能會面臨監禁等慘烈的後果，隨著美中關係惡化，中國也越來越阻撓美國媒體，並於二〇二〇年達到高峰，當時北京當局驅逐了將近二十位《紐約時報》、《華盛頓郵報》（*Washington Post*）、《華爾街日報》（*Wall Street Journal*）等美國主流媒體的記者。

隨著進入中國變得更加困難，記者更加頻繁地在美中外交中被當作棋子，北京當局的國際地位不斷提升，現今許多記者發展出報導中國的新方式，不需踏進中華人民共和國的國土裡，就能關注中國在全球的經濟關係、投資計畫以及腐敗菁英在國外從事的非法勾當，這無疑和一九五〇、六〇年代的記者形成了諷刺的對比，當時這些「中國觀察者」只能從國界之外報導中國。然而，在這樣偌大、重要、各方面都還是個謎的國家，北京當局試圖減少駐美中國媒體的動作還是令人擔憂。尤其現在西方世界的政客，只要看到他們不認同的內容，就會使用「假新聞」的標籤詆毀新聞的信譽，這樣的發展又更令人擔憂了：只要外國媒體報導不符合北京當局想要呈現的形象——尤其是在國外呈現的形象——中國政府也開始採用假新聞這個詞來對付外國媒體。

實際上，本計畫所做的訪問都有一個共通點，那就是記者必須有好奇心、熱情、勇氣、機靈，才能得到想要的新聞。一九六七年正值文化大革命高峰，哥倫比亞廣播公司新聞網（CBS News，以下簡稱CBS）的毛利・薩佛爾（Morley Safer）曾藉由假扮成旅行社的人，才獲得進入中國「觀光」的機會；一九八九年天安門事件鎮壓行動後，美聯社的傑夫・懷登將底片藏在外國學生的內褲中，「坦克人」這張歷史性的照片才得以被世人看見；《紐約時報》的張大衛（David Barboza）花了好幾個月翻找堆積如山的公司紀錄，才得以記錄下中國領導人的貪污罪行。本書訪問的記者都想盡辦法克服重重難關，將他們對中國的最佳理解呈現給讀者、觀眾、聽眾。現在回頭看，最令人驚訝的並不是他們沒注意到，或弄錯多少事情，而是他們在極端的工作環境下，仍在報導裡呈現了多少正確的部分。

俗話說：記者寫下的是歷史的第一份草稿。現今美國和世界各國正面對著一個更極權、更強硬的中國，記者們透過近距離的觀察，用自己的話語講述他們在現代歷史每一個轉折所見的故事，讓我們更加了解這個世界上最複雜又最重要的國家之一。

出場人物（按出場順序排列）

受訪者服務的組織，以受訪事件發生時期的狀態為主。

1｜**西默・托平（Seymour Topping）**
國際通訊社（International News Service）、美聯社、《紐約時報》

2｜**約翰・羅得理克**
美聯社

3｜**亨利・李伯曼（Henry Lieberman）**
《紐約時報》

4｜**奧得麗・朗寧・托平（Audrey Ronning Topping）**
攝影記者

5｜**羅伊・羅萬（Roy Rowan）**
聯合國善後救濟總署（UN Relief and Rehabilitation Administration）、《生活》（*Life*）雜誌

6｜**莫瑞・佛朗森（Murray Fromson）**
CBS

7｜**羅伯特・柯恩（Robert Cohen）**
獨立記者

8｜**伯納德・卡爾布（Bernard Kalb）**
《紐約時報》、CBS

9｜**卡史丹（Stanley Karnow）**
《時代》（*Time*）雜誌、《華盛頓郵報》

10｜**索樂文（Richard Solomon）**
中國研究學者、東亞暨太平洋事務助理國務卿

11｜**尼古拉斯・普拉特（Nicholas Platt）**
美國國務院

12｜**羅伯特・艾里根（Robert Elegant）**
《新聞周刊》（*Newsweek*）、《洛杉磯時報》（*Los Angeles Times*）

13｜**亨利・布拉德舍（Henry Bradsher）**
《華盛頓星報》（*Washington Star*）

14｜**羅伯特・基特利（Robert Keatley）**
《華爾街日報》

15｜**泰德・科佩爾（Ted Koppel）**
美國廣播公司新聞網（ABC News，以下簡稱ＡＢＣ）

16｜**耶羅德・謝克特（Jerrold Schecter）**
《時代》雜誌

17｜**約翰・漢彌爾頓（John Hamilton）**
艾德加・斯諾傳記作者

18｜**姚偉（Yao Wei）**
前中國外交部官員

19｜**白修德（Theodore White）**
作家

20｜**毛利・薩佛爾**
ＣＢＳ

21｜**溫斯頓・羅德（Winston Lord）**
亨利・季辛吉（Henry Kissinger）的助理、美國駐華大使

22｜**茱蒂・霍爾佛羅斯特（Judy Hoarfrost）**
美國桌球國家隊員

23｜**梁戈亮（Liang Geliang）**
中國桌球選手

24｜**馬克思・弗蘭克爾（Max Frankel）**
《紐約時報》

25｜**丹・拉瑟（Dan Rather）**
ＣＢＳ

26｜**德懷特・蔡平（Dwight Chapin）**
尼克森總統行程秘書

27｜**羅恩・沃克（Ron Walker）**
尼克森媒體先行人員

28｜**德克・霍爾斯特德（Dirck Halstead）**
合眾國際社（United Press International）

29｜**湯姆・賈里爾（Tom Jarriel）**
ＡＢＣ

30｜**羅伯特・西根塔勒（Robert Siegenthaler）**
ＡＢＣ、記者團協調員

31｜**芭芭拉・沃爾特斯（Barbara Walters）**
美國國家廣播公司新聞網（NBC News，以下簡稱ＮＢＣ）、ＡＢＣ

32｜**埃德・福希（Ed Fouhy）**
ＣＢＳ

33｜**史蒂夫・貝爾（Steve Bell）**
ABC

34｜**布魯斯・鄧寧（Bruce Dunning）**
CBS

35｜**艾佛・達斯寧（Irv Drasnin）**
CBS

36｜**理查・伯恩斯坦（Richard Bernstein）**
《時代》雜誌

37｜**約瑟夫・萊利維德（Joseph Lelyveld）**
《紐約時報》

38｜**薄瑞光（Raymond Burghardt）**
美國國務院

39｜**約翰・伯恩斯（John Burns）**
《多倫多環球郵報》（*Toronto Globe and Mail*）、
《紐約時報》

40｜**夏偉（Orville Schell）**
《紐約客》

41｜**包德甫（Fox Butterfield）**
《紐約時報》

42｜**羅恩・尼森（Ron Nessen）**
傑拉德・福特（Gerald Ford，以下簡稱「福特」）時期白宮發言人

43｜**湯姆・布羅考（Tom Brokaw）**
NBC

44｜**芮效儉（J. Stapleton Roy）**
美國駐華大使

45｜**齊邁可**
CBS、
美國有線電視新聞網（CNN，以下簡稱CNN）

46｜**秦家驄（Frank Ching）**
《華爾街日報》

47｜**劉香成（Liu Heung-shing）**
《時代》雜誌、美聯社

48｜**傑伊・馬修斯（Jay Mathews）**
《華盛頓郵報》

49｜**羅禮賢（Jim Laurie）**
ABC

50｜**琳達・馬修斯（Linda Mathews）**
《洛杉磯時報》

51｜**劉美遠（Melinda Liu）**
《新聞周刊》

52｜**珊蒂・吉爾摩（Sandy Gilmour）**
NBC

53—**晏格文**（**Graham Earnshaw**）
路透社（Reuters）

54—**吉米**（**Jaime FlorCruz**）
《時代》雜誌、CNN

55—**艾瑞克・巴庫里奈**（**Eric Baculinao**）
NBC

56—**齊托・聖・羅馬納**（**Chito Sta Romana**）
ABC

57—**劉青**（**Liu Qing**）
中國異議人士

58—**巴里・蘭多**（**Barry Lando**）
CBS

59—**邁克・帕克斯**（**Michael Parks**）
《洛杉磯時報》

60—**理查德・霍尼克**（**Richard Hornik**）
《時代》雜誌

61—**邁克・韋斯科夫**（**Michael Weisskopf**）
《華盛頓郵報》

62—**孟捷慕**（**James Mann**）
《洛杉磯時報》

63—**邵德廉**（**Daniel Southerland**）
《華盛頓郵報》

64—**約翰・希翰**（**John Sheahan**）
CBS

65—**葛鋼**（**Edward Gargan**）
《紐約時報》

66—**艾鼎德**（**Dorinda Elliott**）
《新聞周刊》

67—**殷阿笛**（**Adi Ignatius**）
《華爾街日報》

68—**辛德・史特蘭**（**Cynde Strand**）
CNN

69—**魏夢欣**（**Kathy Wilhelm**）
美聯社

70—**桑萬**（**Scott Savitt**）
合眾國際社

71—**鍾同仁**（**Terril Jones**）
美聯社

72—**潘文**（**John Pomfret**）
美聯社、《華盛頓郵報》

73｜**紀思道**（**Nicholas Kristof**）
《紐約時報》

74｜**伍潔芳**（**Sheryl WuDunn**）
《紐約時報》

75｜**詹姆斯・貝克**（**James Baker**）
美國國務卿

76｜**伯納・蕭**（**Bernard Shaw**）
CNN

77｜**艾利克・米朗**（**Alec Miran**）
CNN

78｜**李潔明**（**James Lilley**）
美國駐華大使

79｜**奧爾・佩辛**（**Al Pessin**）
美國之音（Voice of America）

80｜**武澤爾**（**Larry Wortzel**）
美國駐華大使館陸軍武官

81｜**強納森・希爾**（**Jonathan Schaer**）
CNN

82｜**傑夫・懷登**
美聯社

83｜**理查・羅斯**（**Richard Roth**）
CBS

84｜**麥健陸**（**James McGregor**）
《華爾街日報》

85｜**孫曉凡**（**Lena Sun**）
《華盛頓郵報》

86｜**李侃如**（**Kenneth Lieberthal**）
中國研究學者、
美國國家安全委員會

87｜**班安祖**（**Andrew Browne**）
路透社、
《華爾街日報》

88｜**鮑偉傑**（**Marcus Brauchli**）
《華爾街日報》、
《華盛頓郵報》

89｜**周看**（**Joseph Kahn**）
《華爾街日報》、
《紐約時報》

90｜**陳舲舲**（**Kathy Chen**）
《華爾街日報》

91｜**范文俊**（**Wen-chun Fan**）
CNN

92—**張彥**（**Ian Johnson**）
《華爾街日報》、
《紐約時報》

93—**韓村樂**（**Charles Hutzler**）
美聯社

94—**瑞凱德**（**Keith Richburg**）
《華盛頓郵報》

95—**麥白柯**（**Rebecca MacKinnon**）
CNN

96—**伊麗莎白・羅森塔爾**（**Elizabeth Rosenthal**）
《紐約時報》

97—**石克雷**（**Craig Smith**）
《華爾街日報》、
《紐約時報》

98—**倪青青**（**Ching-Ching Ni**）
《洛杉磯時報》

99—**畢韓娜**（**Hannah Beech**）
《時代》雜誌

100—**林慕蓮**（**Louisa Lim**）
全國公共廣播電台（NPR）

101—**傅才德**（**Michael Forsythe**）
彭博新聞社（Bloomberg News）、
《紐約時報》

102—**何偉**（**Peter Hessler**）
《紐約客》

103—**貝瑞・彼德森**（**Barry Petersen**）
CBS

104—**張大衛**
《紐約時報》

105—**潘公凱**（**Philip Pan**）
《華盛頓郵報》

106—**付畢德**（**Peter Ford**）
《基督科學箴言報》（*Christian Science Monitor*）

107—**史丹・格蘭特**（**Stan Grant**）
CNN

108—**歐逸文**（**Evan Osnos**）
《芝加哥論壇報》（*Chicago Tribune*）、
《紐約客》

109—**陳嘉韻**（**Melissa Chan**）
半島電視台英語頻道（Al Jazeera English）

110—**托瑪斯・艾斯勒（Tomas Etzler）**
捷克國家電視台、CNN

111—**黃安偉（Edward Wong）**
《紐約時報》

112—**芭芭拉・德米克（Barbara Demick）**
《洛杉磯時報》

113—**王霜舟（Austin Ramzy）**
《時代》雜誌、《紐約時報》

114—**尤妮絲・尹（Eunice Yoon）**
CNN、美國消費者新聞與商業頻道（CNBC，以下簡稱CNBC）

115—**史明智（Rob Schmitz）**
市場新聞網（*Marketplace*）

116—**裴傑（Jeremy Page）**
《華爾街日報》

117—**儲百亮（Chris Buckley）**
路透社、《紐約時報》

118—**班・理查森（Ben Richardson）**
彭博新聞社

119—**洪理達（Leta Hong Fincher）**
中國研究學者

120—**李肇華（Josh Chin）**
《華爾街日報》

121—**孟建國（Paul Mozur）**
《紐約時報》

122—**李珊（Shan Li）**
《華爾街日報》

123—**施家曦（Gerry Shih）**
美聯社、《華盛頓郵報》

124—**鄧超（Chao Deng）**
《華爾街日報》

125—**秦穎（Amy Qin）**
《紐約時報》

126—**李香梅（Megha Rajagopalan）**
路透社、*Buzzfeed*

127—**麥思理（Steven Lee Myers）**
《紐約時報》

129—**裴若思（Jane Perlez）**
《紐約時報》

129｜**安娜・費菲爾德**（**Anna Fifield**）
《華盛頓郵報》

130｜**蘇奕安**（**Alice Su**）
《洛杉磯時報》

131｜**艾莉森・基林**（**Alison Killing**）
建築師

132｜**娜塔莎・汗**（**Natasha Khan**）
《華爾街日報》

133｜**英若明**（**Ramy Inocencio**）
CBS

134｜**大衛・卡佛**（**David Culver**）
CNN

135｜**鄭子揚**（**Jonathan Cheng**）
《華爾街日報》

第一章　國共內戰

日本於一九四五年八月投降，第二次世界大戰也隨之落幕，但蔣介石所帶領的中國國民黨以及毛澤東帶領的共產黨，從一九二〇年代開始持續鬥爭，直到一九三〇年代晚期為了合力對付日本才暫停。然而，雖然世界上大多數國家都認為蔣介石是中國的正統政權，但貧窮、貪腐以及戰爭帶來的動盪讓國民黨政府極度衰弱；與此同時，毛澤東利用戰爭蓄積了一股強而有力的氣勢，他從遠在西北的根據地控制了將近九千萬人，相當於全國四分之一的人口。此時的中國擁有兩個敵對的政府，在美國的支持下，國民黨控制了中國的大城市，共產黨則獲得大量農村的支持與蘇聯的幫助：蘇聯在戰爭時期風雨飄搖的日子裡曾占領過中國東北的滿州國。

一九四五年秋，美國試著促進兩黨間的政治和談，開啟毛澤東和蔣介石之間的直接對話，由美國當時最負盛名的將軍喬治．馬歇爾（George Marshall）居中調停，然而，馬歇爾漸漸發現，國共兩黨都不易讓步，兩黨之間有太多的不信任以及無法解決的紛爭。

隨著內戰即將引爆，出身紐約的二十四歲記者西默．托平當時是太平洋區的步兵上尉，他在菲律賓遇見國際通訊社亞洲區的編輯。

西默．托平，國際通訊社：我遇見國際通訊社亞洲區當時的負責人法蘭克．羅伯森（Frank

Robertson），他聘我在北平擔任兼職特約記者，我搭飛機到中國，當時的職稱是北中國與滿州國首席記者，月薪五十美元。

緬因州出身的記者約翰·羅得理克在戰前曾在華府的美聯社工作，於一九四三年被徵召入伍，派遣到中國西南方，他一退伍便馬上加入重慶的美聯社。重慶是蔣介石政府的戰時首都，他在那裡認識共產黨戰時對美國官員和記者的聯絡人周恩來。

約翰·羅得理克，美聯社：周恩來當時就像個明星、媒體寵兒，具備很強的個人魅力，你和他在一起時，他會將所有心力放在你身上，讓你覺得自己很重要，他讓共產黨可能沒那麼受歡迎時變得很受歡迎。[1]

亨利·李伯曼曾於哥倫比亞大學學習中文，一九四二年，李伯曼加入華府的美國戰時情報局外國新聞處，接著前往中國分處擔任首席新聞編輯，戰後他被指派為紐約時報中國分社的記者，他也對周恩來印象深刻。然而，近四十年後，他在一場聚集了眾多中國通的會議上表示，周恩來的魅力只是為了吸引西方記者的手段而已。

亨利·李伯曼，《紐約時報》：以他的魅力、心智和技巧而言，周恩來是我遇過最厲害的人之一。他也是世上最偉大的演員之一，我需花好幾個小時採訪他，他會玩一個把戲：他會說著我還能理解的不流利的英文，口譯員翻譯他說的話，在一些關鍵的時間點，周恩來會打斷口譯員，用英文告訴他：「不是那個字，是這個字。」[2]

延安

經過一年的努力，馬歇爾將軍並沒有讓國共兩黨達成協議，但隨著任務繼續進行，共產黨同意讓美國記者參訪他們遠在中國西北延安的總部，延安也是一九三〇年代長征的終點，周恩來為約翰．羅得理克安排參訪，從一九四五到一九四七年，羅得理克在那裡待了七個月。

約翰．羅得理克，美聯社：經過了一段如同月球表面的地方後，我們抵達了總部，我們在黃驊市附近的機場見面，他的英語十分流利，後來也當上了外交部部長。他帶我們進城，延安很不可思議，這裡有上萬個洞穴，日本曾經轟炸延安舊城，讓共產黨不得不在鬆軟的黄土上開挖，他們打造出了洞窟醫院、洞窟大學、洞窟印刷廠等。[3]

羅得理克在參訪期間和毛澤東以及其他領導人都有密切聯絡。

約翰．羅得理克，美聯社：我幾乎每天都在鎮上的市區、晚餐會或舞會看到毛澤東，冬天時，這些共產黨領導者會穿著鋪棉羊毛衣，手腳不協調地跳著舞。毛澤東也在那裡，他也隨著輕快的西方音樂跳著舞，你可以看見他們卸下防備、比較人性的一面。當時國民黨軍以二十萬元懸賞他的人頭，但他通常都獨自走來走去，偶爾身邊才會有一名保鏢。我會和他一起散步。

在寒冷的冬天裡，我們會一起去看京劇，坐在龐大的建築物前，讓小火爐溫暖雙腳。在那一兩個小時裡，你會忘記自己其實身在中國偏遠地區。台上的京劇演員穿著五顏六色的絲質上衣，吊著嗓子唱著戲，說著名妓和皇帝的故事，毛澤東非常喜歡。

某晚，他邀請我共進晚餐，我們握了握手，他關心了我的近況。他的幽默感極佳，我們吃了豪華的一餐，毛澤東解釋道：桌上的魚是從五十英里外的小河裡捕上來的，我忍不住說：「毛主席，我很驚訝，我以為你們的生活很窮困，不會有這樣的宴席。」他說：「羅得理克先生，你只要記得，來者是客，我們給客人的都是最好的。」接著，他說：「我們雖然是共產黨員，但我們也是中國人，我們熱愛美食。」

那天晚上我和他談話，感覺這個人和我見過的人都不一樣，毛澤東總是對周遭漠不關心，大多數的時間都在想自己的事，穿著滿身補丁的衣服。如果你身處一百人的雞尾酒會，即便大家都穿得差不多，你一定會不自覺被他吸引，他有某種內在力量、固執、一種不凡的聰明才智。

他問我，如果內戰結束，蒙哥馬利沃德（Montgomery Ward）和西爾斯（Sears）（美國當時兩大零售龍頭）會不會願意進駐中國、展開郵購事業？中國這麼大、交通這麼不便，這將會是一件很棒的事，我當時十分驚訝。[4]

西默．托平，國際通訊社：這是關於毛澤東最重要，也最接近他內心的訪問之一。他當時很熱切地想要和美國達成協議，但當時的美國社會充斥著反共情緒，所以羅得理克的訪問並沒有獲得太多重視。

約翰．羅得理克，美聯社：一九四七年，我離開北平。離開時，毛澤東也在機場，他對我說：「羅德里，」那是我當時的中文名字，「我邀請你過兩年再來北平拜訪我。」果不其然，不到兩年，他真的到北京了。[5]

城市

大多數美國記者無法去延安，他們會留在北京或上海。托平在回憶錄中寫道：「北京這個迷人城市充滿古城牆，鋪著鵝卵石的狹窄街道上，有著過載的駱駝和農夫拖車，國民黨軍開著美國製卡車，以及外館光可鑑人的豪華禮車。」[6]當時還是新手記者的托平，發現自己的時間都沒有花在大新聞上。

西默．托平，國際通訊社：合眾社記者雷諾茲．帕卡德（Reynolds Packard）當時十分出名，他曾在義大利工作並報導過貝尼托．墨索里尼（Benito Mussolini），他的報導是出了名的不切實際。某次，他根據中國某間非常不可靠的新聞社資訊，寫了一篇關於一隻人頭蜘蛛的新聞，這則報導出來以後，我接到國際通訊社的電話，「聽著，除非你找到身上有兩個人頭的蜘蛛，否則不要報導。」這是一個很有名的故事，這也是導致帕卡德被合眾社開除的原因之一。

在北京待了六個月以後，國際通訊社將托平調到南京，蔣介石在一九二七年將國民政府遷都南京，那也是蔣介石擊退日本人後凱旋的地方。托平在那裡接受了美聯社的工作，報酬比以前更好，他也在那裡遇見了未來的妻子奧得麗．朗寧，她是切斯特．朗寧（Chester Ronning）的女兒，切斯特．朗寧是加拿大大使館資深官員，切斯特因為父母是傳教士的關係而出生中國，奧得麗當時在南京大學就讀。

奧得麗．朗寧．托平，攝影記者：整座城市充斥北方來的難民，我搭著人力車上學，每天早上都會看見屍體橫在路上，冬天時他們因為低溫而死，到處都是乞丐。

無家和飢餓的人充斥在街頭，加上惡性通貨膨脹與猖獗的貪腐，讓蔣介石失去鄉下和都市人對他的支持。

約翰·羅得理克，美聯社：我當時在上海報導當地的貧富差距，我們住在百老匯大廈（一棟俯瞰蘇州河的高樓，也是外國記者俱樂部的所在地），往下就能看見生活在舢舨上的窮人，從混濁的河道中撈水喝，生活狀況極為困苦。[7]

出身紐約、二十五歲的羅伊·羅萬當時才剛退伍，他到

一九四六年，美聯社的約翰·羅得理克和毛主席在位於延安市西北部偏遠小鎮的共產黨總部。一九四五至一九四七年期間，羅得理克在那裡待了七個月，與毛澤東和其他共產黨高層建立了特殊的友誼。（美聯社照片）

中國希望成為記者，結果卻在上海的聯合國善後救濟總署工作，他後來受夠了救濟行動裡的貪污，辭掉工作後決定回到美國，離開前，他到上海著名的華懋飯店喝一杯。

羅伊．羅萬，聯合國善後救濟總署：我完全不知道接下來要做什麼，當時我身旁站著比爾．格雷（Bill Grey，《時代—生活》雜誌中國分社總編輯），我們小聊一下，他問我都在做什麼，我告訴他，我之前在聯合國善後救濟總署工作和接案，他請我喝了幾杯酒，並問我內陸（河南）的戰況如何，因為《時代》雜誌沒有記者在那裡。我給他一份中國內陸的戰情報告，他很喜歡，並將其納入他的報導，刊登在《時代》雜誌上。

一個月後，羅萬成了《生活》雜誌駐中記者，他和攝影師傑克．比恩斯（Jack Birns）合作，比恩斯此前還在洛杉磯工作，一九四六年都在美國與《生活》雜誌接案合作。羅萬還在聯合國善後救濟總署工作時，認識了任職於國民政府民航空運公司的飛行員，他們負責將食物、藥物、武器和火藥運送到鐵路、公路和橋樑都被毀掉的地區。

羅伊．羅萬，聯合國善後救濟總署：當我以記者身分回到中國，第一件事就是回到上海龍華機場去看看我的飛行員老朋友，那裡是民航空運公司的總部。當時並無法透過電話了解太原、蘇州甚至是北京的狀況，若想知道這些地方的狀況，只能和這些飛行員一起飛上天，沒有目的地的隨意航行，心裡想著某些地方還有戰事在進行。

國民黨軍

西默．托平，美聯社：當時許多記者都非常喜歡共產黨，我們和國民黨軍密切接觸，也看到他們貪腐的程度，我們當時都將中國共產黨視為改革者。

奧得麗．朗寧．托平，攝影記者：任何在南京消息靈通的人都知道共產黨的勝利在所難免，那裡的外交官和國民黨軍過著像印度邦主一樣的生活，夜夜笙歌，街上卻有人還在挨餓。某天晚上，我和一名國民黨軍官一起開車回家，看見街上有人在吃草。我說道：「情況真的太糟了，我都看不下去了，你身為中國人一定更難受。」他接著說道：「他們在我們眼中不是人。」我當時心想：「難怪會有革命。」

亨利．李伯曼，《紐約時報》：現在回想起來，國民黨會遭受眾多批評，是因為人們生活在國民黨控制的區域，知道發生了什麼事。我們不太清楚共產黨控制的區域發生什麼事。[8]

羅伊．羅萬，《生活》雜誌：此時，我很確定國民黨軍不會贏：太多貪腐，太多參與作戰的將軍轉售軍火，將所得存回上海的銀行帳戶。

隨著共產黨軍的火力持續增強，羅萬在《時代》、《生活》兩本雜誌的出版人亨利．盧斯（Henry Luce）的幫忙之下，得到專訪蔣介石的機會。

羅伊．羅萬，《生活》雜誌：蔣介石通常不接受媒體採訪，但因為亨利．盧斯的關係，他答應接見我們，他非常緊張，我想他等不及我們趕快離開那裡，當時有一名女性口譯員。* 他試圖說服我們一切都在他的掌控之中，他們秀出大張的地圖和指示棒，點出國民黨軍在滿州國（中國東北）和共產黨的位置，展現他們已經做好萬全防禦。

我和傑克去過滿州國，我們知道情況不太好，那次見面，我們搭乘民航空運公司的飛機北上去奉天（瀋陽），我們一降落就看見每個人倉皇逃離這裡，蔣介石對我和傑克說謊，有錢人都已經跑走了，運兵列車持續往南行駛，國民黨軍都掛在火車引擎上面，我們看見國民政府拋棄武器，現場還有榴彈砲，我們去到奉天，盡可能到處拍攝照片。

共產黨當時已經在奉天城門。在奉天城市區的美國大使館，他們找到當時很活躍的美國外交官安格斯·沃德（Angus Ward），沃德被華府命令待在那裡，和勝利的共產黨勢力聯繫。

羅伊·羅萬，《生活》雜誌：他是國際間諜的典型，流利地說著中文、俄文等多國語言，整個人氣宇非凡，我們拍了照片，和他談了一個小時，他知道共產黨馬上就要來了，也已經準備好了。他接受到指令和他們接觸，他很願意留下來，急切地想知道他能做什麼，他的辦公室裡有許多袋麵粉和罐頭濃湯，一整年份的糧食供給。你可以持續聽到砲火的聲音，他最後終於說了一句：「你們最好趕快離開機場。」很幸運地，民航空運公司在有戰事進行的地方，總會在機場留下一架飛機以利撤退。

羅萬和比恩斯順利搭上從奉天起飛的最後一班飛機，他們意識到自己得到一條獨家新聞，其他記者都不知道這個城市已經淪陷了，這是連亨利·盧斯的《生活》雜誌都不會放過的報導，

「奉天已經是個鬼城了，」他打電話給《時代》雜誌時如此說道，「沒人準備在這裡做最後一搏，大多數的國民黨軍都紮營在鐵路旁等待撤退，在城裡，冷冽的強風掃過寬廣、空蕩蕩的大街，這個中國最富庶的工業首都，冷清又荒涼地如同衣衫襤褸、凍得半死的逃難者在斷垣殘壁中求生。」[9]羅萬和比恩斯獲得了五面全版的文章版面。

與此同時，安格斯・沃德被勝利的共產黨軍隊囚禁在美國大使館，關押了十八個月後才被釋放。

共產黨的勝利

隨著共產黨控制中國北方，爭奪華中控制權的戰役也隨之開展。

西默・托平，美聯社：我決定報導這場戰役，哈洛德・米克斯（Harold Milks，美聯社南京分社總編輯）載我到一個叫蚌埠的城市，位在淮河邊上、南京北方一百英里外。我計畫待在一個耶穌會裡，等到共產黨占領蚌埠，我就會跳出來說：「我是西默・托平，毛澤東在哪裡？我想訪問他！」但情況並沒有如此發展，因為共產黨的攻勢並沒有這麼快速，所以我在耶穌會度過

* 蔣介石的夫人，留美的宋美齡，她是丈夫最好的顧問，也是蔣介石和西方接觸的代言人，她豪奢的生活方式也象徵著國民黨的貪腐。她個性很好，對美國很友善。

一九四八年的平安夜，在我送出最後一篇報導後，米克斯寫了一篇簡短的報導：「西默．托平是今年聖誕夜美聯社最孤單的人。」

此前一個月，托平和奧得麗．朗寧結婚了，雖然他的父親切斯特還是持續在南京擔任加拿大的資深外交官，奧得麗卻被撤回加拿大。

奧得麗．朗寧．托平，攝影記者：某個下雨的晚上，我走在街上，踢到了一份報紙，我撿起來一看，發現是《溫哥華太陽報》（*Vancouver Sun*），頭版上一個小框框裡寫著：「今年聖誕夜世界上最孤獨的人可能是西默．托平，他待在蚌埠的修道院裡。」我心想：「天啊，我最好回信給他。」

徐蚌會戰持續六十五天，動員了一百萬名士兵，這是繼二戰之後最大的陸戰，托平從蚌埠前去報導。

西默．托平，美聯社：新年當天，我踏入共產黨控制的區域，我們被路障擋了下來，遇到共產黨游擊隊，其中一人拿著機關槍指著我，我看見他的手指放在扳機上，他不懂我說的中文。就在此時，其他幾位共產黨軍接手，我亮出我的證件，他們沒有太驚訝，他們將我抓起來，我們開始往前走。此時，我被丟到一匹馬上，前往宿縣，那是徐蚌會戰最後幾個戰役開展的地方。在那裡，十三萬國民黨軍被三十萬共產黨軍包圍。

我被丟進一間茅草屋裡，被一名共產黨政治委員審問，我告訴他，我來報導他們的故事，我希望能訪問毛澤東。我這三年的記者生涯裡最難忘的時刻發生在一九四九年一月七日，我整晚聽著砲火聲，黎明時，砲火聲變小，我起床後試著走出茅屋看看外面的狀況，士兵用槍指著我，把我擋下來，我回到茅屋內，政治委員走進來說道：「你得回屋裡，這個區域很危險，我們無法為你的人身安全負責，馬在外面等了。」接著，我發現共產黨勢力已經壓過國民黨駐軍，戰役結束了，戰場上還躺著死亡的士兵，共產黨勢力殺了及俘虜了五十幾萬的國民黨軍，這是國共內戰中很重要的戰役。在徐蚌會戰戰場上的那天早上，我就知道蔣介石大勢已去。

《時代》、《生活》的出版人亨利．盧斯因為父母是傳教士而出生在中國，他極度反對共產黨，還是蔣介石的忠實支持者。對他而言，這是沉重的一擊。

羅伊．羅萬，《生活》雜誌：在這一切結束前不久，盧斯把我叫回紐約和他一起共進午餐，這趟午餐之路很長，特別當你坐的是螺旋槳飛機時更是如此。我告訴他當地的情況，我告訴他一切都結束了，他真的很難過，他無庸置疑地因為我說的事很受傷也很不高興。

一九四九年初，蔣介石逃到臺灣，他一直統治臺灣直到一九七五年死亡為止，並不斷宣稱自己要反攻大陸的企圖。四月二十四日，共產黨占領了他的首都南京。

西默．托平，美聯社：我決定報導南京被占領的過程。我開車接了一位朋友，他是任職於法新社（Agence France-Presse）的中國記者比爾．關（Bill Kwan），我和比爾一起上了我的吉普車，我們決定去會見從西北方城門進來的共產黨軍，一直在戰鬥的他們已經精疲力竭。我們來到一個電信局，我和比爾很快地寫了一些東西，並擲銅板決定誰先發出報導，比爾贏了，我寫了一篇簡短卻詳盡的報導。當比爾的報導〈紅色勢力占領上海〉（"Reds Take Shanghai"）抵達法新社巴黎的編輯台時，他們還在等其他的資料，而我的報導則是馬上被美聯社刊登出來，我的報導是世界上第一個被發布的。

共產黨的下一個目標是上海。

羅伊．羅萬，《**生活**》**雜誌**：我們想要大篇幅報導上海淪陷前的最後幾天，我們瘋狂地工作並得到許多不錯的資訊。法國俱樂部的人們對戰事視而不見，繼續喝著他們的雞尾酒、打著他們的網球、和英國人在賽馬場上玩草地滾球，我們拍下了這所有的一切：夜總會、沿海的妓院、黑市和行跡可疑的情報員。我看著國民黨軍撤退到南京路，許多人將制服丟進黃浦江，試圖買到平民的衣服，我們真的完成了一大篇詳盡的報導，我們將其稱為〈上海淪陷前的最後幾天〉（“The Last Days of Shanghai”），但《生活》雜誌卻沒有刊登。

羅萬成功搭上最後幾班飛機離開上海。

羅伊．羅萬，《**生活**》**雜誌**：我當時有一種感覺，這是一座偉大、美麗、狂野、瘋狂的城市，我記得從上方往下俯瞰長江並心想，我可能永遠無法再回到這裡了。

第二章　觀察中國

一九四九年十月一日，意氣風發的毛澤東站在北京天安門上的講台，對著廣場上幾十萬民眾宣布中華人民共和國成立，經過幾十年的戰爭、動盪和壓迫，新時代來臨，卻沒有任何美國記者見證此刻。隨著共產黨的勝利，美國媒體大軍被迫離開中國，英屬香港成了持續追蹤中國的記者們主要的根據地。

約翰・羅得理克，美聯社：香港有一群特殊的新聞工作者被稱為「中國觀察者」，我們的工作就是在中國之外的地方報導中國，而這個地方就是香港。[1]

羅伊・羅萬，《生活》雜誌：我們將半島酒店的蜜月套房變成辦公室，這間套房一個月要價三百美元。我們盡可能地把工作做好，身為中國觀察者，我們當時真的心灰意冷，因為我們只能依靠別人的報導撰寫新聞，我只能根據二手材料撰寫報導，這樣的狀況讓我不太滿意。

不久之後，一九五〇年六月，蘇聯支持的北韓侵略親西方國家的南韓，許多國家在聯合國的保護以及美國的帶領下，成為南韓的同盟加入戰爭。一九五〇年代末期，美國勢力開始接近中國與北韓國界，北京政府加入北韓勢力，在將近三年的時間裡，美國和中國軍隊浴血奮戰，直到一九五三年停火，朝鮮半島分裂成兩個敵對的國家。

羅伊．羅萬是報導韓戰的許多中國通之一。

羅伊．羅萬，《生活》雜誌：我們當時在北韓的砲火下，沿著某條路撤退，零星的砲火不斷閃現，我們躲在一塊大石後面，兩位救護人員要來和我們擠在一起，其中一位停下動作說道：「如果我是你，我一定辭職。」

韓戰點燃了美國反共的情緒，莫瑞．佛朗森當時為美國軍方報紙《星條旗報》（*Stars and Stripes*）報導韓戰，他後來成了CBS駐亞洲記者。

莫瑞．佛朗森，CBS：美國記者完全陷入冷戰思維，我不否認自己也和其他人一樣，當我們從冷戰的角度看中國，我們便將其視為敵人。

一九五〇年代的美國，麥卡錫主義正盛行，共和黨參議員約瑟夫．麥卡錫（Joseph McCarthy）帶起這股風氣，不遺餘力地揭露任何可能遭共產勢力滲透的政府機關、媒體，和其他美國社會中的各個角落。毛澤東在中國的勝利加劇了這股反共風氣，引發了更大的獵巫風潮，尤其在麥卡錫和其支持者眼中，需要指出為「輸掉中國」負責的戰犯。

西默．托平，美聯社：完全無法想像居然存在這樣的辯論，我知道外交官都有回報國民黨政府貪腐、無能和沒效率，同時記者如我也不斷在報導現況，蔣介石失敗的領導，國民黨官員的貪腐，以及對農民的不公對待都是國民黨戰敗的原因，失去中國的是蔣介石和國民黨，但卻被麥卡錫拿來大作文章。

華府對中共的敵意也顯示於一九五四年日內瓦會議上的一個插曲，美中在這場國際會議上討論法屬印度支那的未來，席間艾森豪總統的國務卿約翰・杜勒斯（John Foster Dulles）拒絕與周恩來握手。一年後，周恩來在印尼一場和未結盟國家的會議上對美國媒體釋出善意，但也受到這種敵對態度波及。

約翰・羅得理克，美聯社：周恩來宣布美國記者可以回到北京，美國媒體公司從上到下歡欣鼓舞，我們都計畫要回去，事實上，法蘭克・施塔澤爾（Frank Starzel，時任美聯社總經理）提名我為北京分社總編輯，杜勒斯打斷了我們的談話，他說道：「不管怎樣你都不能去北京，如果你去了，就是一萬美元的罰款以及五年的牢飯。」他在我們頭上澆下了一桶冷水。[2]

儘管受到美國政府威脅，羅得理克還是執意前往北京。

約翰・羅得理克，美聯社：我想起幾年前和毛澤東在機場的談話，當時他說：「我邀請你過兩年再來北平拜訪我。」我發了一封電報給毛澤東寫道：「我離開一陣子了，一直沒機會赴約，但我現在人在香港，很希望能赴約。」兩天內我就收到回覆，「去蒙古烏蘭巴托取你的簽證。」我馬上分享這則喜訊給人在紐約的施塔澤爾，心想他應該會高興地跳起來，施塔澤爾的個性十分謹慎，他說：「不要去，我現在試著讓一名美聯社的英國記者進入中國，這樣你就不需要坐牢或者付一萬美元的罰款。」我說：「法蘭克，我要把握機會，讓我去吧。」「不行，我們再等等。」我們等了兩週，最後，施塔澤爾放棄了那名美聯社的英國記者，因為他無法進入中國，施塔澤爾說：「好吧，現在換你試試。」我發了另外一則電報，時機已過，我們錯過了一個歷史時刻，我也無法前往參與。[3]

然而，有極少數幾位記者違反禁令，其中一位是羅伯特．柯恩，一名加州大學電影系畢業的自由接案電影從業人員。一九五七年，他與一個美國學生團體參與第六屆世界民主青年日，一同參訪蘇聯，他和幾位旅伴獲得前往中國的簽證，但美國國務院強烈反對。

羅伯特．柯恩，獨立記者：國務院代表來到飯店，「國務卿不希望你們去中國。」當時的政策就是讓中國保持在一個「看不見真面目的敵人」的形象，但大家還是想要前往。我手邊有相機、底片以及一封支持函證明我是NBC特約記者。

柯恩成了第一位在革命後進入中國的美國聯播網代表，他們一行人拜訪了八個城市——北京、大連、長春、武漢、上海、南京、杭州和廣州，他拍攝了好幾個小時的影片，產出了許多短篇新聞在NBC新聞台播送，試圖打破中國相關的刻板報導，展示這個國家經過多年戰爭和革命的摧殘後努力重建的樣子。

羅伯特．柯恩，獨立記者：中國在大眾媒體上的形象是一個邪惡的帝國，甚至比傅滿洲還糟糕，你不了解他們，他們是高深莫測的東方人。* 美國人對中國一點概念都沒有，如果我能在這方面提供一點資訊，人們也會受益。NBC的《今日秀》（*Today*）播出了我產出的十一分鐘報導，但是卻以NBC的角度呈現，報導重點在於美國青年違反旅遊禁令，而不是中國的現況。中國人的生活、工業、軍事以及現正發生的事，這些都沒有呈現。

柯恩和其他人也受到總理周恩來的接見。

羅伯特．柯恩，獨立記者：我想問周恩來，「中國表示將支持新興獨立的前殖民地，但是其中有許多國家反對共產主義，你如何合理解釋支持反共國家的決定。」他回答，「現在我們的政策是支持這些國家，不過度在意他們的國內政策。」這對我來說很重要，因為他的回答展現了實用主義，中國已經準備好應付他們需要打交道的對象，不管他們的政治傾向為何。

回頭看看美國的政治氛圍，柯恩回國後遭聯邦調查局質問，也被政府機關騷擾。

羅伯特．柯恩，獨立記者：我的護照過期了，必須要申請新的，但是換發申請卻被拒絕。

柯恩必須上法院才能拿回護照，但對幾乎所有美國記者而言，中國仍是無法到達的地方。共產黨於一九五〇年代初期和中期大規模重建中國社會，掃蕩鴉片和娼妓等許多過去的壞習慣、提升人民的平均壽命、沒收地主的土地並重新分配給農民、一步步邁向集體耕作、提升工業生產，這些都是美國記者無法見識到的改變。

香港

一九五〇年代晚期至一九六〇年代初期，香港成了新一代中國觀察者的基地，這個四百平方英里的區域擠滿了從毛澤東革命下逃出來的難民；香港被許多人形容成共產中國身上的資本主義寄生蟲，是個充滿能量與祕密行動的英國殖民地。對擁有一幫情報員和支持者的共產黨而言，香

＊ 傅滿洲是虛構的反派角色，個性高深莫測、狡猾和殘忍，他象徵著「黃禍」的刻板印象，也成了美國對中國的態度。

港是他們和世界之間的橋樑，是北京政府取得外匯的主要來源，對美國和其他國家的記者和外交官而言，這是他們最接近中華人民共和國的方式。

伯納德．卡爾布在一九五六年至一九六一年間駐印尼為《紐約時報》報導亞洲的新聞，一九六二年至一九七〇年在香港為CBS工作。

伯納德．卡爾布，**《紐約時報》**，**CBS**：記者當時的執念就是追逐中國的新聞，我們該如何取得中國相關的資訊？我們閱讀任何可以取得的材料，把所有資料放在一起，試圖拼湊出中國的現況，但這就僅是拼湊出來的報導。

二戰時，卡史丹曾在印度和中國之間的山區為美軍服役，他被派到香港以前，曾在巴黎擔任《時代》雜誌外派記者七年。

卡史丹，**《時代》雜誌**：那種感覺很奇怪，你在香港報導這個偌大的國家，就像在百慕達三角洲報導美國的新聞一樣。

一九六〇年代，索樂文是一名年輕的中國研究學者，此後，他曾在尼克森總統主政時，在美國國家安全委員會為亨利．季辛吉工作，最後在小布希總統主政時擔任東亞暨太平洋事務助理國務卿。

索樂文，**美國國務院**：香港集合了來自世界各國政府、記者界和學界的人，儘管我們為不同的組織工作，我們基本上都在做一樣的的事：試著弄清楚中國的現況。我們會和記者等人分享資訊，我們所有人都在試著偷看竹幕裡發生的事。

一九五九年，卡史丹到香港為《時代》雜誌工作，但不久後就轉職到《華盛頓郵報》。他報導了文化大革命和一九七二年尼克森訪華。儘管尼克森總統非常痛恨《華盛頓郵報》，並試圖禁止卡史丹擔任隨團記者，但最終沒有成功。（凱薩琳・卡諾提供）

一九六四年至一九六八年，尼古拉斯．普拉特於美國駐港領事館服務。

尼古拉斯．普拉特，美國國務院：我們和媒體維持良好的關係，有些記者已經熟能生巧，也有自己的消息來源。我們通常會在餐廳聚會，這是分享資訊的方式，你得提供人脈、見解、報導之類的東西，或帶人同行，像是支付某種入場費一樣。那是一個十分活躍的社群。

羅伯特．艾里根先為《新聞周刊》服務，後來轉職到《洛杉磯時報》。

羅伯特．艾里根，《新聞周刊》、《洛杉磯時報》：學者、外交官以及各式各樣的間諜，大家都知道彼此是誰，我們分享所有事，也會討論各種事，激盪出不同的點子和報導的主題。

熟稔中文的艾里根是最學識淵博的記者之一。

羅伯特．艾里根，《新聞周刊》、《洛杉磯時報》：我還是大學生時便對中文產生興趣，接著我加入軍隊，幫軍中的語言學校設立中文部門，我在哥倫比亞大學攻讀中文和日文碩士，所以我發展出了「一些」見解，而不只有「一種」見解，也懂一些中國歷史和心理學，這部分我覺得非常重要。語言當然也很重要，當我去到亞洲時，我的中文已經十分流利。

當時，美國記者嘗試任何想像得到的方式取得中國簽證，但都沒有成功。

伯納德．卡爾布，《紐約時報》，CBS：我們幾乎完全沒辦法，我住在香港，在中國的邊陲，從窗戶就可以看見中國，但並沒有因此成為專家，我當時年紀輕，是只有一點學識的《紐約時報》記者，我想盡可能接近中國，我唯一能追蹤到的中國人是中國駐印尼大使黃鎮，他經歷過長征後存活下來，是一名進入外交領域的退役將軍，我一直試著在各種外交場合上見到他，我會悄悄接近他，他也會迅速遠離我。即使說他是為奧運而訓練，也是低估了他的衝刺速度。

儘管中國觀察者被中國拒於門外，他們還是積極尋找各種消息來源，其中一個消息來源是受政府操控的中國媒體。亨利．布拉德舍在香港為已經不存在的《華盛頓星報》工作，他曾為美聯社在莫斯科和新德里工作。

亨利．布拉德舍，《**華盛頓星報**》：當時有兩個主要的消息來源，一個是新華社（新華通訊社），另一個是中國廣播的文字紀錄，由英國廣播公司（BBC，以下簡稱BBC）以及美國外國廣播資訊處（FBIS）一起完成，觀察中國的我們每天都需要詳閱這些素材，不只要看他們說了什麼，更重要的是他們沒說什麼。我曾在莫斯科待過一段時間，已經習得觀察克里姆林宮的技巧，當你在閱讀《真理報》（*Pravda*）和《消息報》（*Izvestia*），你需要注意今天說的話和三個月前哪裡不一樣，我把這些原則帶到香港。我有一名信使每天都會送來一堆素材，我都會使勁地讀完所有素材。

羅伯特．艾里根，《**新聞周刊**》、《**洛杉磯時報**》：我們整個房間塞滿了人和收音機，快速地以中文記下當地的廣播內容，每天早上我走進辦公室，便會看到一疊手寫中文紀錄，這個工作勞力傷神，我們要仔細檢查每個消息來源，有時消息是錯的，有時又是對的。

羅伯特．基特利曾是《華爾街日報》派駐舊金山、紐約和倫敦的記者，於一九六四年被派駐到香港。

羅伯特．基特利，《**華爾街日報**》：讀《人民日報》真的會讓你抓狂，因為你必須試著從一堆廢話中找到一些有意義的語句。

約翰·羅得理克，美聯社：那些年北京發出來的報導都充斥著官腔和冗言贅字，但如果仔細閱讀，你會在字裡行間發現中國正在發生一些重要的事，某些人的名字被放在第三位，而不是第二位，因為他可能被降職、處決或發生其他事，就是這類的事，有點像是在做偵探工作。[4]

當時許多記者都必須依靠勞達一（László Ladány）神父，他是一名來自匈牙利、身型高大、戴著眼鏡的耶穌會神父，一九三六年至一九四九年住在北京和上海，接著搬到香港。勞達一從一九五三至一九八二年出版的《中國新聞分析》（*The China News Analysis*）成了非常重要的資源。

尼古拉斯·普拉特，美國國務院：勞達一是中國觀察者的大前輩，他備受尊敬，他的團隊每週都會出刊，資訊密集度與深度相當於一個十倍到十五倍大的團隊所能產出的分析報告。我記得有次到他的辦公室請他幫忙，他拉開抽屜，裡面有一台連接收音機的錄音機，他有條不紊地錄製不同的電台，做事很有條理，很受敬重。

勞達一最厲害的地方在於：不管是國家和地方的報紙和電台，他總能看穿中國官媒，總能知道官媒想說什麼，並分析出他們真正的意思。

羅伯特·艾里根，《新聞周刊》、《洛杉磯時報》：勞神父是非常厲害的中國觀察者，他對中國的直覺很準，能夠拼湊出發生什麼事，我們很依賴他的能力，他總會說：「你必須了解，如果他們說『大豐收』，表示快達到他們心中的目標而已，如果他們說『成果令人滿意』，表示只達到了理想目標的一半。」

難民

另一個重要的訊息來源是不斷從中國湧入的難民，大部分是從廣東或其他南方省分過來的，泰德．科佩爾是ABC於一九六〇年代末期駐香港的記者。

泰德．科佩爾，ABC：從中國逃出的難民總能帶來最精準的資訊，這波難民潮從一九四〇年代末期起，持續到一九五〇至六〇年代。

卡史丹，《時代》雜誌：我以前常去澳門，你會在澳門看到宗教組織開設的安養院接濟、照顧難民，他們同意讓我訪問難民，我從他們身上得到許多很好的新聞。

但是光靠難民也有其缺點，大多數難民的意見太侷限於自己的村莊和社群：食物的狀況、共產黨幹部說的話和做的事，以及他們面對的社會和政治上的控制。

羅伯特．基特利，《華爾街日報》：難民不是最主要的消息來源，但他們提供了很好的實際案例，他可以描述他們看到什麼，這非常有用，但這不算是中國政策的消息來源，只能算是對政策的解釋。

難民的描述不僅常常不完整，也因為來自極力想逃出中國的人，所以很多故事都帶有偏見，或者是為採訪者客製的故事。

羅伯特．艾里根，《新聞周刊》、《洛杉磯時報》：其中一名難民自稱曾是中國核電廠的攝影師，我們試探他一下，發現他說假話，他不是攝影師，也不曾到過中國的核電廠，他接著將這個故事賣給《每日電訊報》（*The Daily Telegraph*）某個相信他的員工。

也有某些故事是故意要操弄記者。

羅伯特．艾里根，《新聞周刊》、《洛杉磯時報》：你必須非常謹慎地面對你聽到的消息，某些是臺灣的國民黨政府或共產黨人刻意放出來的消息。但謹慎以對是值得的，你會發現不同人的敘述互相吻合，而就你所知，消息提供者可能彼此並不認識。

亨利．盧斯和蔣介石

作為《時代》雜誌的記者，卡史丹必須懂得如何自處：他的出版者是蔣介石的死忠支持者亨利．盧斯。

卡史丹，《時代》雜誌：為盧斯旗下的出版品撰寫報導是個挑戰，盧斯是有特定立場的人，他在中國出生而且極力反共。

蔣介石從臺灣繼續宣示他反攻大陸的意志，卡史丹開始在香港的工作後，他陪著盧斯到台北見蔣介石。

卡史丹，《時代》雜誌：蔣介石是他心中最偉大的英雄，他多次將蔣介石放在《時代》雜誌封面上。我們去到臺灣，和蔣介石有個晚餐之約，抵達圓山飯店時，行李還沒抵達。這當然是因為我們飛到臺灣後，幕僚用豪華禮車先載我們到飯店，我們不知道行李在哪裡，盧斯很擔心地對我說：「他們弄丟了我們的行李嗎？」我回覆：「他們也弄丟了中國大陸，不是嗎？」他對我憤怒的低吼。

我們在飯店裡聽蔣介石講著他反攻大陸的一貫言論，他講得很隱晦，所以盧斯說：「你對未來有什麼想法，委員長？」蔣介石說：「危險的日子要來了，危險的日子要來了。」像是某種預言，盧斯走出來說：「必須謹慎一點，最近必須謹慎一點。」這一切太愚蠢了，你不可能和盧斯認真討論中國相關議題，我們接著去吃晚餐，蔣介石坐大位，蔣夫人走上前來，身穿華麗旗袍、帶著玉項鍊，她對著盧斯喋喋不休地說道：「亨利，我們應該對華府的共產主義者有所行動。」她一直不斷這麼說道。

不久後，卡史丹離開《時代》雜誌，隨即轉任《華盛頓郵報》駐港記者。

美國駐港領事館

此刻，美國領事館變成中國觀察者在香港的重要基地。

尼古拉斯．普拉特，美國國務院：當時許多情報員在中國執行任務，有人會清點所有進口到香港的豬隻，有人會拍下鐵路車輛的序號以及各種其他事，也有收成以及其他類似的衛星照片，我們常常收到這些情報，並將其放進分析中。

西默．托平離開中國後，一九五〇年代大多數時間都被美聯社派駐在西貢、倫敦以及西柏林。

一九五九年，他加入《紐約時報》，被派駐到莫斯科三年，再到香港。

西默·托平，**《紐約時報》**：美國駐港領事館的事務比其他地方還多，他們訪問難民，幫忙偷渡地方報紙，幫忙協調從臺灣飛過中國領空的國民黨飛機，回報他們觀察到的事務，以及任何洩露到中國以外的事務，我身為一名記者，有很大的權限能夠使用這些資訊。

記者每天的例行公事就像在拼拼圖，耶羅德·謝克特於一九六〇年被《時代》雜誌派駐到香港。

耶羅德·謝克特，**《時代》雜誌**：你會從閱讀開始，接著前往領事館，和你在那邊的朋友、外國外交官談話，試著為了報導找尋線索。如果有難民靠近你，你可以從辦公室裡找個會說中文的人訪問他們，再整理成報導。

記者和外交官對現況總有截然不同的認知。

索樂文，**美國國務院**：美國領事館裡的官員對中國的現況意見分歧，有些官員會不斷對媒體灌輸他們的見解，某些像卡史丹的記者會在《華盛頓郵報》上發表文章，提出他的觀點和解釋，某些國務院資深官員閱讀他文章後說道：「怎麼回事？」或者「我們怎麼沒看過這個觀點。」媒體變成政府內部針對中國現況進行辯論的工具。

卡史丹，**《華盛頓郵報》**：某次，李潔明*打電話給我，他說道：「聽著，我能給你一條新聞。」他人在花園道，我人在堅尼地台，我們之間只有五步之遙，他說了一些事，很顯然想要灌輸我某些觀念，這就是中央情報局員工的做事態度。我當時在為《華盛頓郵報》工作，美國總統早餐時會閱讀《華盛頓郵報》。如果他把資訊循正常管道回傳，就會像是把訊息放進瓶子裡丟入大海，如果他對記者洩露消息，總統隔天早上吃早餐時就會讀到，所以記者必須非常小心，不能變成這名前中央情報局官員的傳聲筒，但同時也知道這名前中央情報局官員擁有很多有價值的資訊。

這些全心投入中國事務的記者、外交官和間諜被聚集在一起。

羅伯特．艾里根，《**新聞周刊**》、《**洛杉磯時報**》：我們組成一個小團體，我老婆眼中的「男子團體」，我們每個月固定見面，來自不同領事館、新聞機構、情報組織的成員一起討論、交換筆記以及彙整資訊。

尼古拉斯．普拉特，**美國國務院**：我認識所有人，艾里根的形象非常優雅大器，卡史丹隨和又風趣，也會透過問問題證實他的論點，基特利總是一副淡然的樣子，但他淡然的表象下藏著一顆清晰的頭腦，他總能得出簡潔有力的結論，他們都是我的朋友，我們一起合作。

卡史丹，《**華盛頓郵報**》：我們的妻小彼此都認識，你會和所有人一起去海邊、一起吃晚餐，我們就像是一個家庭，一個中國觀察者的家庭。

* 李潔明（Jim Lilley）長年任職於中央情報局，一九八九年發生天安門事件時，他正擔任美國駐華大使。

第三章　「海怪的爭鬥」

從一九五〇年代末期開始，中國進入了動盪期，從一九五八年至一九六二年，毛主席瘋狂、不切實際地寄望以「大躍進」將中國從農業經濟轉型成工業社會，卻造成經濟崩潰以及災難般的大飢荒，導致四千五百萬人死亡。

約翰・羅得理克，美聯社：毛澤東完全不懂經濟，他一心只想憑著全然的熱情，將中國提升到資本主義的前段班，但結果非常失敗，數千萬人死於飢餓，可以說是巨大的災難。[1]

大躍進期間，將近七億人被下放到超過兩萬五千個人民公社，這些人被迫在後院的熔爐鍊鋼，以期跟上西方的腳步。所有鍋子都被沒收，農活全面停止，緊迫所需的食物無法收成，對意識形態的狂熱已經超越常識，各省浮報農物收成紀錄，導致中央擬定過大的採購目標，讓農民沒食物可吃，幾千萬人挨餓致死。

卡史丹，《華盛頓郵報》：我們看見大躍進過後，屍體從海上飄進香港。

羅伯特・艾里根，《新聞周刊》、《洛杉磯時報》：最糟糕的大飢荒之一——甚至有人吃人的狀況。

所有細節還是模糊不清，當然，中國政府什麼都沒說，記者當時都不知道這場災難的規模有多大。舉例而言，一九六〇年，矯揉造作的澳籍記者理查．修斯（Richard Hughes）曾為澳洲和英國的出版品報導亞洲和中國許多年，他在新聞中表示：「我們以前常說過去的飢荒導致幾百萬中國人死亡，至少現在不管中國獨裁者多麼糟糕，不再有人死於那種規模的飢餓或困苦。」[2]

羅爾德．謝克特，《時代》雜誌：現在回想起來，死亡人數多到出乎意料，我們知道飢荒的狀況很糟糕，但我們很難得到一個可信的數字，我們不知道程度有多糟糕，也無法得到第一手報導，我們只能得到片面資訊。

艾德加．斯諾

那些年裡，唯一獲准參訪中華人民共和國的美國記者是艾德加．斯諾，他曾在一九三〇年代於延安訪問毛澤東和其他共產黨幹部，一九六〇年、一九六四年和一九六五年，他獲准在中國活動好幾個月，甚至得到一些難得的機會，包括會見毛澤東和周恩來總理。

約翰．漢彌爾頓，艾德加．斯諾傳記作者：對中國的領導層來說，如果有個美國人要來撰寫他們的事，那麼斯諾肯定是最適合的人選，他們認識並相信他，認為他會公正報導，如同他在一九三〇年代做的一樣。

姚偉當時是位年輕的中國外交部官員，他在斯諾來訪時擔任口譯。

姚偉，中國外交部：大多數的中國領導層將他視為老朋友，他們集結了當時在延安的人，暢談過去的時光。

一九六〇年，斯諾在中國待了五個月後，寫了一系列的報導。他的報導受到西方世界的批評，因為他只是輕描淡寫地描述大躍進造成的飢荒。

約翰．漢彌爾頓，艾德加．斯諾傳記作者：現在回頭看，人們會說：「噢！他不知道這麼多人死亡。」事實上，他問過別人：「我聽說有人死掉。」他的消息來源是老朋友，他們某些人根本不知道情況，就算他們知道也不會告訴他，他的工作很困難，他無法自由活動也無法單獨行動，沒有人告訴他任何消息，他們只會說出他們認為他應該聽到的，他很難得到對這個國家毫無偏頗的觀點。

但姚偉記得斯諾很願意挑戰毛主席。

姚偉，中國外交部：事實上，我知道他在不同的情況下問了毛澤東三次：「你不會對這種個人崇拜感到困擾嗎？」艾德加．斯諾非常認真，但毛澤東並沒有直接回應，只是問道：「美國不是有許多以喬治．華盛頓命名的城市嗎？」

斯諾於一九六四年和一九六五年參訪中國時，主要目地是產出對中國正面的報導，來抗衡美國國內長期對中國妖魔化的敘述，增加美中恢復友好的機會。

姚偉，前中國外交部官員，艾德加．斯諾傳記作者：他了解到如果寫了負面報導，如果他繼續糾結在這些事情上，他只是在那些不喜歡中國共產黨的情緒上火上加油，但他的確也寫了一些負面的報導，人們不記得他的報導可以如此負面。

事實上，周恩來告訴斯諾：北京當局還是希望能和華府建立良好關係。他在一次電視訪問中說道：「美中需要達到和平共處的共識。」一九六〇年代正值冷戰時期，斯諾寫了一本名為《河之彼岸》（*The Other Side of the River*）的書，也製作了紀錄片《四分之一的文明》（*One Fourth of Humanity*），但他很難在美國找到發展機會。雖然斯諾有許多很好的資訊管道，他的報導的影響力還是有限。

文化大革命開始

斯諾離開中國不久後，香港的記者開始察覺到有大事要發生，毛澤東經歷了大躍進的失敗後被迫退居二線，讓位給偏實用主義的領導人：國家主席劉少奇、周恩來與鄧小平，讓國家漸漸恢復元氣。然而，一九六五年末期，毛澤東和包含他太太江青在內的激進同黨說服大眾，大躍進以後的改革是某種對他革命遠見的背叛，這些說法逐漸演變成文化大革命，目標是要推翻實用主義的共產黨，並復興毛澤東認為逐漸衰微的革命精神。

羅伯特・艾里根，《新聞周刊》、《洛杉磯時報》：到了一九六五年，毛澤東的野心越來越大，他感覺他被親信背叛，因為他在大躍進後提出的重大措施並沒有被實施，他開始摧毀他一手打造的中國政府以及中國共產黨，一切就是這樣開始的，而且越變越糟。

尼古拉斯・普拉特，美國國務院：一九六五年十一月，《解放日報》的一篇報導激烈地抨擊舞台劇《海瑞罷官》，這是關於一名批評皇帝的官員辭官的傳奇故事。所有老一輩的中國譯者馬上說：「這齣劇很深奧，我們得非常、非常仔細地觀賞。」最後，這變成毛夫人和下屬用來對付北京市委員會的工具，為文化大革命揭開序幕。

一九六六年中期，毛澤東開始動員他的主要武器——紅衛兵，那是一群好鬥的高中生和大學生，他們受到毛主席鼓勵，要攻擊他心中「革命性」不夠的政治異端。

尼古拉斯．普拉特，美國國務院：文化大革命一直到一九六六年春天才算正式開始，接著一切都變了調，牆上開始出現海報，從一九六六年六月紅衛兵出現以來，《紅衛兵報》開始出版，派系鬥爭的受害者開始離開中國，所以我們有很多消息來源。

卡史丹，《華盛頓郵報》：當文化大革命開始，《紅衛兵報》才正要出版，大使館正在翻譯《紅衛兵報》，他們給了我翻譯的副本。有些加密的素材很棒，我在二戰時受訓成為編碼者，所以我很習慣解謎，我對這些非常感興趣。

只要記者仔細搜索中國媒體，就會從很多地方找到線索。

尼古拉斯．普拉特，美國國務院：我們派西默．托平去報導京劇節裡關於社會主義的主題，這個京劇節的重頭戲是一齣名為《桶》的獨幕劇，戲裡有好人也有壞人，好人是家裡的女性，壞人是男性，兩人為了一桶大便該放在私人還是公共土地上爭執，這齣戲看上去很好笑，但其實非常嚴肅，毛夫人非常喜歡，托平知道這齣戲以後，寫了一篇報導。

隨著大批紅衛兵湧入天安門廣場向毛主席致敬，政治動盪開始向全國蔓延。

羅伯特·艾里根，**《新聞周刊》**、**《洛杉磯時報》**：如果毛澤東沒有失控，很多事情也不會發生，當時處處都有鬥爭。

人在香港的記者試著拼湊出事件的細節。

羅伯特·基特利，**《華爾街日報》**：情況一片混亂，但資訊非常有限，當地報紙、《紅衛兵報》和宣言的翻譯中關於X組織攻擊Y組織的長篇報導，誰能知道這些報導的真實性？但很明顯地，有些事必須持續進行，即便你不知道細節，你也大概知道很多事正在發生。我大概知道毛澤東怎麼看他做的事，也知道結果是一場混亂和傷害。

莫瑞·佛朗森，CBS：我做了一則廣播報導談論文化大革命的瘋狂，但我能證實我所報導的嗎？不行。我只能說：「顯然這是……」，我們總是說：「根據線報指出」，而線報指的是總領事館裡的人。

《時代》雜誌記者白修德在二戰時因為報導中國而變得有名，他在一九六〇年代中期著名的紀錄片《中國：狂熱的根源》（*China: the Roots of Madness*）中，說出了中國觀察者的困境。

白修德，**作家**：香港美國領事館裡從中文翻譯而來的資訊如同瀑布般、堆積如山，這些一點一滴累積的資訊都沒有意義，因為我們不知道誰對誰在北京做了什麼，我們不知道他們怎麼想或他們如何決定，不論我們多努力研究中國，我們也無法預測到一九五八年的大躍進或一九六六年紅衛兵的肅清，這一切就好像一群海怪在我們看不見的深海裡爭鬥，只有表面的泡泡會告訴我們海底有著激烈的爭鬥，但我們不知道他們在爭什麼。[3]

索樂文，國務院：六〇年代關於文化大革命和紅衛兵運動的報導形塑了我們對中國的態度，當時白修德製作了《中國：狂熱的根源》，重點在於：這些內部的政治鬥爭呈現出中國方面的瘋狂和政治狂熱。

偷偷進入

美國人當時被禁止進入中國，專業攝影師奧得麗．托平於一九六六年夏天透過某種方式得到觀光簽證。

奧得麗．朗寧．托平，攝影記者：我當時以加拿大籍家庭主婦的身分進入中國，我走進香港觀光局說：「我想要觀光簽證。」兩週以後，我接到一通電話告訴我：「你的簽證獲准了。」我打包了行李，坐火車從九龍經過新界到羅湖，接著徒步過橋。我們在橋上看見了大幅的政治宣傳海報，當我來到南京，我見到了過去一起上學的同學，我很高興看見認識的人。他說：「我想等大家都睡午覺、警衛也不在時再見面。」我們走過以前在曾去過的地方，以及我以前住的地方，他接著說道：「奧得麗，不要去北京。」我說：「為什麼？」他道：「因為很危險，那邊正在發生很多事，大家都在抗議，別去。」但他沒告訴我為什麼，所以我還是去了。

她到了北京後發現整個城市一團亂。

奧得麗．朗寧．托平，攝影記者：到處都是紅衛兵，我站在國際俱樂部對面的圍籬上拍照，一位中國學生說道：「給我你的相機。」他開始靠近我，我說：「你不能拿我的相機。」接著我聽見對街的一個聲音說道：「奧得麗！奧得麗！」我轉頭看見法國軍隊武官紀業馬（Jacques Guillermaz）站在國際俱樂部的台階上，他說道：「快跑！快跑！」他告訴我這場示威行動很危險，充斥著滿是敵意的學生，他不太清楚實際情況為何，但他認為要趕快幫我擺脫當時的狀況，他幫我拿到火車票，我們去到廣東，我心想：「慘了，他們要沒收我所有底片。」他們沒有，他們只是說道：「快走！快走！」我帶走我所有的照片，這也成了《紐約時報》的封面故事。

「一些很棒的素材」

然而，對駐港的美國電視記者而言，報導中國的動盪是完全不可能的。

泰德．科佩爾，ABC：以內容而言，這真的是很難處理的報導，但更多的是影片的問題，為了影片，我們無所不用其極：我們開車到新界的邊境，架設巨大天線，放上一台攝影機，對著黑白電視機錄影，靠汽車電池為電視機供電；因為有巨大天線，我們才有辦法拍到廣東的電視節目，偶爾也會拍到一些很棒的素材。

因為只有一點點資訊，所以謠言滿天飛。

泰德．科佩爾，ABC：我清晨三點接到電話，當時紐約是下午兩點，某些ABC外電新聞部的笨蛋剛看到一則引用香港報紙的外電新聞。香港有一些非常糟糕的報紙，他們可能會報導毛澤東去世之類的消息，所以我可能會接到電話告訴我：「我們收到通訊社傳來毛澤東過世的消息。」我會說：「這裡現在清晨三點，你覺得我能做什麼？」「不知道，但你看看能不能確認這個消息。」

到了一九六七年夏天，文化大革命引起的暴力導致了幾乎全國性的內戰，此時，CBS加拿大籍記者毛利・薩佛爾以及英籍攝影師強尼・彼得斯（Johnny Peters）假裝自己不是記者，取得了觀光簽證。

毛利・薩佛爾，CBS：當時有一間巴黎的旅行社會提供簽證給學界之類的人，我當時申請時謊稱自己是業餘考古學家，攝影師說他是倫敦的旅行顧問，想要安排中國的旅遊行程，我們等了幾個月後，簽證突然就過了。

我們出發之後，大概有一個月都在經歷文化大革命，老實說真的很像愛麗絲掉進兔子洞，只不過真的是另一個世界。我們下了飛機，有人遞給我們紅寶書，也就是毛語錄，我們站在機場接待大廳，和一名觀光局的男士一起朗誦前面幾段話，接著我們搭著迷你巴士到飯店。

攝影師強尼・彼得斯將一台十六釐米的相機改造成八釐米的觀光相機，我身上也偷裝錄音設備，只能趁沒人注意時站起來一兩次，這很困難，因為到處都有人在監視，我們只能見機行事。

我們的每一天都是從背誦毛語錄裡的早晨祈禱文開始，這是宗教性的教義問答，你會看到街上的人都在做這些事，你會聽到擴音器裡傳出的祈禱文，人們會停下腳步大聲朗讀。

薩佛爾很快就惹上麻煩，他回憶道，在參訪上海附近的農業博物館時，導覽員聲稱：「博物館裡所有設備都是由當地人製作和設計，因為資本主義者、他們的走狗和俄羅斯人都在抵制中國的工業和農業器具。」薩佛爾靜靜地對攝影師彼得斯說，事實上，並不是所有的農場機械都來自中國。

毛利．薩佛爾，CBS：一名工作人員聽到我說的話，我因為「污辱人民的器具」被逮捕——真的是因為這項罪名。我們被反扭雙臂押出博物館，帶到飯店大廳，那裡設有臨時法庭，一名氣急敗壞的年輕女性坐在桌子後面當法官，她用英文大聲說出我的罪名「污辱人民的聰明才智和器具」。我說：「讓我解釋。」每次我說：「讓我解釋，」她就會說：「閉嘴！」我們的嚮導，那個和我們在機場見面的人，是一個很友善的人，他小聲在我耳邊說：「不要解釋，道歉就好，道歉就好。」所以她問了我一些問題，我說：「我想道歉。」她說：「讓我聽聽你的道歉。」我即興發揮說道：「因為深受西方政治宣傳、美國人以及他們走狗迫害，導致我相信中國人民做不出這些東西，當然，我在中國的經驗已經告訴了我真相，我想為這些錯誤道歉，一切都是起因於糟糕的教育。」不久後，這位法官開心得像柴郡貓一樣說道：「說得真好。」臨時法庭撤走，茶被端出來了，大家都笑了也都很愉快，我們也離開了。

薩佛爾的紀錄片是唯一在美國電視上播送的文化大革命第一手報導。

毛利．薩佛爾，CBS：《愛麗絲夢遊仙境》（*Alice in Wonderland*）是我唯一能想到的比喻，那是個不一樣的世界，截然不同的現實，感覺我們好像在某齣戲劇或歌劇裡，所有東西都像舞台道具，包含其中的人，就像《蒼蠅王》（*Lord of the Flies*）裡的世界，非常非常奇怪。

CBS高層絲毫不想控制他如何報導中國，但就連薩佛爾也無法躲過當時的政治敏感情勢。

毛利．薩佛爾，CBS：他們決定將此稱為《CBS：毛利．薩佛爾中國日記》。某天，我們在棚內拍攝時，理查德．薩蘭特（Richard Salant）說：「我們應該修改標題。」他是CBS總裁，一個非常信仰憲法第一修正案*、很棒的人。我說道：「為什麼？那我們應該叫什麼？」他說：「應該叫《毛利．薩佛爾的紅色中國日記》。」理查德顯然經過高人指點，我不知道，或者也只是擔心如果我們不稱之為「紅色中國」，我們就會被指控為對中共太客氣，所以就叫《毛利．薩佛爾的紅色中國日記》。

俄國人、中國人和尼克森

隨著文化大革命持續沿燒，中國和蘇聯的緊張情勢也持續上升，兩國曾經是關係緊密的盟友，但從一九五〇年代晚期開始走向不同的路，毛澤東堅決反對莫斯科當局和西方的「和平共存」政策，譴責蘇聯是放棄革命原則的「修正主義分子」**。在俄國的角度，他們認為毛澤東是意識形態上的極端主義者，挑戰著莫斯科在共產運動中的領導地位，多年來，兩邊都對彼此污辱和威脅。

亨利．布拉德舍，《**華盛頓星報**》：他們的敵對關係變得越來越明顯，中國發行自己版本的馬克斯主義，蘇聯試著保住他們的地位，情勢開始每況愈下。

一九六九年，烏蘇里江沿岸爆發了武裝衝突，那是位在蘇聯和中國東北之間的模糊國界。兩邊都上演了大規模的軍事行動，傷亡慘重，這是中國首次沒有試著掩蓋現況。

泰德．科佩爾，ABC：中國人在烏蘇里江沿岸對抗蘇聯，我們可以從中國的電視台得到對戰的影片，我們可以用這些影片作報導，這對我們來說是個改變。全球性共產霸權的概念不是真的，中國和蘇聯已經不對盤很久了。

中、蘇分歧是尼克森對中國改觀的催化劑之一，尼克森曾擔任美國副總統，他開始在與記者私下會面時透露一些資訊。毛利．薩佛爾曾和尼克森在香港共進午餐。

毛利．薩佛爾，CBS：那是一場私下會面的午餐，我們和他在聊關於越南的事，尼克森很不以為然，他說：「越南只是附帶項目而已，重要的參與者是中國，最重要的是我們必須認可中國，這只有共和黨的總統做得到。」顯然這是尼克森在成為共和黨總統參選人以前就想過的事，他可能認為這是一名美國總統能做到的外交政策中最重要的一項，而他是唯一能做到這件事的人。事後證明他是對的。

尼克森也找上了羅伯特．艾里根。

羅伯特．艾里根，《新聞周刊》、**《洛杉磯時報》**：他想知道中國是什麼樣子，有人告訴他

* 編按：《美利堅合眾國憲法》第一修正案，美國權利法案中的一部分，使美國成為一個在憲法中明文不設國教，並保障宗教自由和言論自由的國家。

** 編按：「修正主義」意指對馬克思主義做出「修正」的一種流派。一般都會稍微違背馬克思主義的基本原則，所以並非對馬克思主義忠實的繼承與發展。

我對中國很熟悉，他打電話給我，我很好奇，我和他在文華東方酒店見面，那四個小時的會面讓我印象深刻，他不斷問我關於中國的問題，他越問越細、越來越深入，大多數時間都是我在說話，他的頭腦很敏銳。

中蘇兩國的衝突以及中國國力的衰弱，即便是毛澤東與他的支持者自己造成的，卻也讓他重新思考對美國長時間以來的敵意。一九七〇年，他邀請艾德加・斯諾到天安門慶祝中國國慶，在一場訪問中，毛澤東告訴斯諾，中國很歡迎尼克森的來訪。

姚偉，中國外交部：領導很看重……那場訪問，他們希望每個字都用字精準，艾德加應該原封不動地將訪問交給雜誌或報紙。我很好奇，為什麼要這麼大費周章？就在那個訪問裡，毛澤東表示他歡迎尼克森來訪，就算是來觀光也行。

但尼克森政府卻沒有接收到這個訊息。

溫斯頓・羅德，亨利・季辛吉的助理：這是一場很重要的訪問，要不是政府裡職位較低的職員即使看到了，但不了解其重要性所以沒有上交給決策者，又或者是他們完全沒有注意到這個訊息。但無庸置疑的，毛澤東從來不隨便釋放訊息。

乒乓外交

這個邀請參訪的意願需要更明顯的暗示，一九七一年四月，美國乒乓球隊參加了在日本舉辦的巡迴賽，當時他們被邀請參訪北京。

茱蒂．霍爾佛羅斯特，美國桌球國家隊員：這一切十分突然，我們都沒預料到，我對中國不太熟悉，到處都有標語，有些是用英語寫的，例如：「全世界的人必須團結起來，打倒美國侵略者和他們的走狗。」但中國人對我們非常友善，我記得我問了某個人這個問題，他們說：「這是有分別的，我們和美國人是朋友，但這是在對付美國政府。」

梁戈亮是當時的世界桌球冠軍，與來訪的美國人對打。

梁戈亮，中國桌球選手：我們很高興能有這個交流機會，因為我們相信透過乒乓球能增進彼此之間的了解。兩國的友誼比比賽更重要。

茱蒂．霍爾佛羅斯特，美國桌球國家隊員：本趟旅程最重要的影響是改變了美國人對中國人的看法。那是人與人之間的交流，我們離開時分享了與他們一起經歷過的美好時光，他們是跟我們一樣的平凡人。桌球和運動是國際通用語言，超越了政治和分歧。

為了保證這個釋出善意的訊息不會被忽視，中國作出了史無前例的決定，讓三位美國記者獲准報導這趟旅程，其中一位就是美聯社的約翰．羅得理克。

約翰．羅得理克，美聯社：當時還有其他兩位美國人受邀，ＮＢＣ的約翰．里奇（John Rich）以及傑克．雷諾茲（Jack Reynolds），我們從廣東飛到北京加入乒乓球隊，周恩來在人民大會堂歡迎我，這是我參訪延安後第一次見到他，他握了握我的手說道：「羅得理克先生，好久不見了，對吧？」他對著大會堂比劃道：「這和延安的洞窟比起來如何？」我說道：「這裡好多了。」我告訴他：「我們獲准前往中國，希望這只是個開始。」他傾身向前透過口譯員說道：「羅得理克先生，你打開了大門。」他的意思是中國已經打開國門，他說：「美中兩國不合這麼多年，但現在我們處於必須友好的階段，我們希望更多美國人能夠來訪。」[4]

溫斯頓．羅德，亨利．季辛吉的助理：中國這一步最厲害的是，他們讓全世界以及國內對美國懷有敵意二十年的民眾知道，政策在改變了，雖然這僅僅是人與人之間的交流和文化層面上的事，並不是政府間的重大進展，但大家都看得到更具體的外交情勢正在改變。

打開國門

一九七一年五月，奧得麗．托平陪伴父親加拿大籍外交官切斯特．朗寧來訪北京，切斯特從一九四〇年末期還在南京大使館工作開始，便一直和周恩來保持友好關係。

奧得麗．朗寧．托平，攝影記者：我們一起共進晚餐，他問周恩來，托平（她的丈夫西默．托平）能否取得簽證，周恩來同意了，接著托平也取得簽證了。周恩來安排托平在我生日當天抵達中國，我們當時在杭州，我不知道托平要來，我們的中國朋友說道：「上車，我們必須去機場。」我說：「去機場？」他帶我到機場，托平下了飛機，這是周恩來送給我的驚喜。

托平來中國後沒幾天，《華爾街日報》的記者羅伯特．基特利以及長島《新聞日報》（*Newsday*）的發行者威廉．阿特伍德（William Atwood）也收到邀請，周恩來邀請記者共進晚餐，利用這種場合表達想要和美國改善關係的意願。晚餐後，中國官員再次向三位記者強調周恩來想要傳達的訊息有多重要。

西默．托平，《紐約時報》：中國官員告訴我們：「你們要了解晚餐時說的話有多麼重要。」我們送出了報導，也發現這些報導被擱置，直到被周恩來看過後才發出。

雖然記者還沒意識到，但季辛吉七月祕密來訪的準備工作已經開始。在周恩來和記者會面前幾天，周恩來在和切斯特與奧得麗父女的晚餐上，請奧得麗先離開。

奧得麗．朗寧．托平，攝影記者：他對爸爸說：「你能留下來嗎？」我和妹妹先回到飯店，爸爸有場祕密會議，我一年後才知道，周恩來當時問他：「我能相信季辛吉嗎？」爸爸當時因為越戰對季辛吉很反感，但他說道：「任何與美國人的交流對美中兩國都是好事。」

一九七一年七月九日，季辛吉和他三名同事祕密飛到北京，溫斯頓．羅德當時是季辛吉的特助。

一九七一年，《紐約時報》的西默．托平在北京與國務院總理周恩來會面。托平曾替美聯社報導過國共內戰。托平的岳父是加拿大外交官切斯特．朗寧，朗寧在一九四〇年代就結識了周恩來，後來也協助安排托平在一九七一年的訪問。（奧得麗．托平提供）

溫斯頓・羅德，亨利・季辛吉的助理：我們進入了未知的領域，我們和中國已經二十年沒有交流，我們之間只有不斷的政治角力和相互孤立。這很可能不會成功，我們非常在意要將此行保密。如果這趟旅程消息走露，國內強烈反中的人士以及支持臺灣的遊說團體很有可能會衝進白宮，逼迫我們取消行程或限制我們能做的事。

我們在中國待了四十八小時，花了好幾個小時和周恩來以及其他人討論許多國際議題，並規劃總統的中國行以及推進美中關係的計畫，其中也包含協調共同發布季辛吉中國行的消息。輿論也很重要，中國想讓一切看起來好像是季辛吉非常想來中國，中國則是親切地邀請他；而我想讓一切看起來像是中國是為了自己想要邀請尼克森，我們非常樂意前去拜訪，所以這是很艱難的協商。

一直到尼克森拋下參訪中國的震撼彈前，季辛吉的任務一直都是祕密。

伯納德・卡爾布，CBS：這代表了非凡的突破，也是外交上的重大賭注：拉攏中國讓蘇聯不安。

然而，尼克森從一開始就很害怕媒體會破壞計畫，他和媒體的關係是出了名地差，季辛吉祕密參訪中國時，他對《紐約時報》很生氣。繼西默・托平的旅程後，《紐約時報》極具影響力的專欄作家詹姆斯・賴斯頓（James Reston）也取得了簽證，他在季辛吉出訪時也待在北京。賴斯頓獲准訪問周恩來，即使周恩來對季辛吉的來訪隻字未提，尼克森還是憤怒地下令白宮停止與《紐約時報》的所有聯繫。

馬克思・弗蘭克爾當時是《紐約時報》華府分社社長。

馬克思．弗蘭克爾，《**紐約時報**》：當他們發表周恩來的專訪時，賴斯頓竟然有膽問中國對於「習慣抹紅別人的尼克森成為他們談判伙伴」有什麼看法。尼克森讀到這裡，自然會以他多疑的個性認為：《紐約時報》雜誌要透過污衊我喜歡抹紅別人，破壞我和中國的新關係。

在中國，毛澤東歡迎尼克森的決定激起一些反對聲浪，特別是他的接班人林彪，林彪是一位內戰時期宣傳毛澤東個人崇拜十分有功的重要將軍。一九七一年九月，香港的中國觀察者感覺到共產黨的領導階層發生劇烈動盪。

亨利．布拉德舍，《**華盛頓星報**》：當時在河內有一場接待中國代表團的餐會，通常敬酒詞都是「敬毛澤東主席與他忠實的副手林彪元帥」，這是標準的敬酒詞。約三天後，又有另一場中國代表團的接待會，敬酒詞卻變成「敬毛澤東主席」，沒了。天啊！林彪瞬間就被拋出領導層了，所以我寫道：林彪已經失勢，但我們不知道究竟發生什麼事。幾天後，俄國媒體宣布一架中國飛機墜落在蒙古的消息。

很快就傳來更具體的報告指出：林彪在失事的飛機上罹難，就在他被指控試圖推翻毛澤東之後。

卡史丹，《**華盛頓郵報**》：某天，我來到華府康乃狄克大道上由龍繩文經營的北宮餐廳，他的爸爸是龍雲*。龍繩文最近去過中國，也看過林彪和蒙古空難的相關文件。我在《華盛頓郵報》

* 龍雲，中國軍閥，於一九四九年和共產黨一起成立政府，擔任中國政府裡的許多名譽要職。

的頭版上刊出一份報導，尼克森政府氣炸了，他們認為只要刊出任何中國不喜歡的報導，都會讓這趟行程無法成行。

此時，索樂文正在美國國家安全委員會為季辛吉工作。

索樂文，季辛吉的幕僚：尼克森和季辛吉很在意媒體對中國國勢不穩定的報導，他們害怕遭到質疑：如果中國因為內部鬥爭而分崩離析，我們怎麼能為中國敞開大門？林彪的事件爆出時，季辛吉非常不開心，因為這讓中國政治看起來不穩定（事實上也是如此）。與此同時，這也會妨礙他們的策略：試著與中國關係正常化，作為與蘇聯抗衡的勢力。基本上，他所有幕僚都被禁止向媒體公開談論在中國看到的真實情況。

但對大多數的美國記者和新聞讀者而言，比起北京的內部政治情況，更重要的是：隨著尼克森的參訪，一個封閉超過二十年的國家似乎準備好要打開國門了。

第四章　改變世界的一週

一九七二年二月一個微冷的日子，理查．尼克森離開華府前往北京，他離開前對記者說了些話。

理查．尼克森：美中政府存在著極大的差異，未來也會持續存在差異，但我們要做的是找到一個方法，讓我們即使存在差異，卻不會變成戰場上的敵人。

對總統和同行的記者而言，這趟訪華之旅是一趟走入未知的旅程，丹．拉瑟是CBS負責白宮新聞的記者，後來成為《CBS晚間新聞》主播。

丹．拉瑟，CBS：我當時心想：「尼克森總統讓自己陷入了什麼處境？美國讓自己陷入了什麼處境？我們記者又陷入什麼處境？」這是當時的氣氛。

尼克森和媒體談話時，白宮工作人員為他在空軍一號上架設一台電視，讓他在搭機時可以觀看實況報導。德懷特．蔡平是工作人員之一，從尼克森一九六二年競選加州州長失利時就在他手下工作，他當時的工作是管理總統的行程。所有人都心知肚明媒體對此行的成功有多重要。

德懷特．蔡平，尼克森總統行程秘書：在白宮，我們會討論某個活動想要怎樣的標題、照片、報導和圖說，我們將預定要待在中國的那幾天，分成好幾個媒體區塊，發想出標題、圖說以及每個區塊想做的報導、呈現這些消息的方式。這是一門藝術。

尼克森的訪華之旅被他稱之為「改變世界的一週」，這將會重新形塑全球的政治情勢、改變冷戰的權力平衡、打開建立美中關係的大門，也是新聞史上的一大里程碑。在幾乎所有美國記者都被禁止進入中國二十年後，北京當局同意發放簽證給將近一百位美國記者和技術人員，並同意他們電視轉播最戲劇性的幾個時刻——美國總統的到來、周恩來總理的接待會、尼克森走訪長城和紫禁城。

報導無疑和外交細節一樣重要，這些報導將深深地改變了美國和國際上對中國的看法、激發尼克森改變美國政策所需的民眾支持，並為中國政府逐漸開放讓美國媒體報導這件事打下基礎。

媒體安排

最初，北京並不是特別歡迎和尼克森同行的大批美國記者。

姚偉，中國外交部：美中之間夾著韓戰以及冷戰的對立，中國當然對美國任何事都抱持著不信任的態度。許多人還是很多疑。

溫斯頓．羅德，亨利．季辛吉的助理：對總統和季辛吉而言，他們希望這個戲劇性的時刻能被廣泛報導，當然，中方一直都是非常多疑且遮遮掩掩，並盡可能地全面控制媒體，美中兩種文化和政治系統在這件事上相當衝突。季辛吉會半開玩笑地說，我們正用媒體大軍進攻他們，但季辛吉也非常會解釋為什麼報導這些事對中國有利，所以我們能報導的事比中國原先答應的還多。

白宮「先行辦公室」*負責人羅恩・沃克當時三十四歲，負責安排總統所有活動，在尼克森出發前一週，他去了兩趟中國，確認所有細節——維安安排、專車行進路線、宴會安排、參訪長城，以及如何面對媒體。

羅恩・沃克，尼克森媒體先行人員：我不認為他們理解他們即將面對的場面，我們告訴他們媒體一定會很無禮，他們會想報導這件事，你們必須立下一些規矩，我們會幫助你們執行，但我們幫忙你們的同時，你們也要幫忙我們。

與此同時，在美國眾多的新聞社中，記者們爭先恐後地想要同行採訪，德克・霍爾斯特德是通訊社負責白宮的攝影師，曾掌管合眾國際社在越戰期間駐西貢的國際攝影部門。

德克・霍爾斯特德，合眾國際社：公司間競爭十分激烈，大家都想同行採訪。這些人願意做出任何事，甚至願意為此開心地將媽媽推到飛機的輪子底下。

湯姆・賈里爾曾駐地亞特蘭大，為ABC報導過馬丁・路德・金恩（Martin Luther King）的刺殺案，當時是負責白宮的記者。

湯姆・賈里爾，ABC：同行的新聞媒體配額有限，隨著參訪行程越來越近，紐約新聞媒體

＊編按：「先行辦公室」（Advance Office）在尼克森時期由羅恩・沃克創立，用於安排總統行程細節；「先行」意指預先至活動場所勘查準備。該組織已更名為Office of Scheduling and Advance。

的興致越來越高漲，突然間，所有非技術人員、副總裁、總裁、執行製作，都假裝成收音人員和電工一起同行。

索樂文，季辛吉的幕僚：美國媒體和媒體官員都使出渾身解數，一名年輕女性甚至半開玩笑地問行政部門：「我到底要睡誰才能參與尼克森的訪華之旅？」

尼克森的「敵人」

尼克森堅決排除他最討厭的報社記者——《紐約時報》和《華盛頓郵報》。

馬克思．弗蘭克爾，《紐約時報》：尼克森說：「《紐約時報》的人不准跟。」他的某個幕僚說：「你不能這麼做，他們是國際性的報社等等。」他不情願地為了中國讓出一席，我利用我的職位（華府分社社長），讓白宮特派記者留在美國，我自己去了中國。但我上飛機後十分驚訝，我發現至少有六個來自副總統人脈的觀光客同行，他們完全沒有任何作用。我能理解電視台為技師和攝影師取得許多座位，但每個電視台也安排了許多與工作無關的人，很明顯這趟旅程都是為電視台安排的，我當時非常生氣。

卡史丹曾是《華盛頓郵報》亞洲特派首席記者，他當時已經回到華府。

卡史丹，《華盛頓郵報》：尼克森不想讓我同行，因為我任職於《華盛頓郵報》，他不喜歡《華盛頓郵報》，我可以讓你看尼克森的手寫筆跡，他在清單上劃掉我的名字，寫道：「絕對不行」。

與此同時，我也因為越戰報導被他列入敵人名單，這是另一個我不能同行的理由。*

最後，白宮發言人羅納德・澤格勒（Ron Ziegler）以及幕僚長霍爾德曼（H. R. Haldeman）說服尼克森讓卡史丹同行。

德懷特・蔡平，尼克森總統行程祕書：他會說：「我不管，他不能和我們去中國。」澤格勒會等個幾天再去和霍爾德曼說：「你知道我們不能這麼做，這是不對的。」霍爾德曼再去向尼克森總統提這件事，他會說：「我很不想這麼做，但如果他一定得同行，那好吧。」

轉播準備

尼克森出發前不到一個月，白宮和中國對媒體相關的重要事務還是沒有共識，包含這群媒體大軍會如何報導這些新聞。

羅恩・沃克，尼克森媒體先行人員：我們想了三種方法，第一，使用三架波音七四七飛機，讓電視台和通訊社可以報導，照片得以被傳送出去，第二，使用三輛新聞轉播車，第三是建造新聞轉播中心。

* 這份「敵人名單」包含超過五百人，其中不乏國會成員、工會、智庫、學者、名人和記者，這份名單在一九七三年的水門案聽證會被揭露。

基於國家的尊嚴，中國拒絕了沃克的前兩個提案，並在三週內，他們建造好了自己的新聞轉播中心，再由同行的美國電視台架設設備。

ABC製作人羅伯特．西根塔勒是當時的「記者團協調員」。

羅伯特．西根塔勒，ABC、記者團協調員：他們根據我們的要求建造了電視轉播站，裡面什麼都沒有，同行的美國電視台在波音七〇七上塞滿了電視轉播設備，一半的技師和所有設備都在波音七〇七專機上，兩個機動小組搭著曾空運總統坐車的空軍飛機來到中國，中國建造了轉播中心，我們填裝內部設備，一切都進展得很順利。

姚偉，中國外交部：當時還沒有任何數位設備，拍攝只能用三十五釐米和十六釐米的膠捲，膠捲還得沖洗出來。美國在老北京機場附近設立一個中心，所有電視台都會來這裡沖洗底片，並將底片傳送給「大鳥」，「大鳥」這個形容很有趣，指的就是衛星。

電視轉播器材在尼克森抵達前就先到中國，這又引發了其他問題。

羅伯特．西根塔勒，ABC、記者團協調員：他們抵達以後，第一組機動小組被派到天安門廣場探勘情勢，他們將鏡頭對準毛主席在紫禁城上的照片，過去的彩色電視轉播需要先定義相機裡的紅、綠、藍三原色。當天稍晚，我和對口單位負責人見面，有人舉報電視台工作人員對毛主席不敬，因為他們將毛主席拍成藍色（在定義相機顏色時，毛主席剛好呈現藍色），在誤會解釋清楚前，這一直是很大的癥結點。

「你好一號」及「你好二號」

尼克森前往中國的航程上，六位記者成功搭上空軍一號，得以與白宮工作人員同行。

湯姆．賈里爾，ABC：我們有其他兩位報社記者及攝影師，空軍一號上的空間配置和車廂沒兩樣，我們面前有一張桌子，四張面向彼此的座位，沒地方能睡覺，技師坐在後面的幾張椅子上，你真的不會想擠在空軍一號上，真的很令人煩躁。唯一值得開心的是：空軍一號會先飛往上海再飛往北京，我們當時心想，天啊，我們是第一批進入中國的人。

另外兩批媒體搭著其他兩班專機抵達。

德克．霍爾斯特德，合眾國際社：他們有兩架七〇七，一架是環球航空的七〇七，命名為「你好一號」，你好是中文裡的招呼詞，另外一架是「泛美航空飛剪號」，命名為「你好二號」。他們接著要煩惱誰搭哪架飛機，當然，所有記者都想一起擠上你好一號，攝影師則被放在「泛美航空飛剪號」上，當時有這樣的區分。

飛機飛越太平洋時，機上的乘客都很興奮。

丹．拉瑟，CBS：幾乎就像是派對的氣氛，「哇！我們終於上飛機要去中國了。」感覺有點像是要離開地球，準備前往某個遙遠的行星。

同行的記者中，只有少數幾位是資深的中國通。

卡史丹，《華盛頓郵報》：此行的記者大多都不太熟悉中國，他們一無所知。

NBC的芭芭拉．沃爾特斯就是如此。

芭芭拉．沃爾特斯，NBC：我對中國一無所知，沒人知道會發生什麼事，真的就像上月球一樣，我們會看到什麼呢？我們不知道該期待什麼。

沃爾特斯有自己的顧慮，她初登場就被定位為「今日女孩」，主要工作大概就是展現美麗形象、閒話家常、念廣告詞，然而，她高超的訪問技巧以及鏡頭上的專業形象，讓她躍升成電視台最受歡迎的名人之一。當時同行的女性記者僅有三名，她就是其中之一，而且她幾乎沒有報導國際新聞的經驗。

芭芭拉．沃爾特斯，NBC：當時NBC要求我報導這一系列新聞，我很害怕，因為我的程度遠不如一些資深記者，例如：艾瑞克．塞瓦瑞德（Eric Sevareid）、泰迪．懷特（Teddy White）以及華特．克朗凱（Walter Cronkite）。但我有一個優勢，我認識季辛吉。

克朗凱是CBS晚間新聞的主播，塞瓦瑞德是CBS最有名的記者和評論員，懷特曾於一九四〇年代為《時代》雜誌報導過中國，但懷特是罕見的例外，大多數記者對中國一無所知，他們對中國的認知都來自於二十五年以來的孤立和敵意。

伯納德．卡爾布，CBS：可以說當時大家還是持著「毛澤東吃嬰兒當早餐」之類的想像，到處都在誇大描述中國人，以及共產黨有多泯滅人性。

馬克思．弗蘭克爾，《紐約時報》：那是一段黑暗時期，雖然所有消息都被封鎖，但我們知道世界上還是有這個龐大的社會，一個古老、令人尊敬、世界上人口最多的國家，我們對此十分著迷，但一切都是未知數，我們什麼都不清楚。

落地

媒體專機你好一號以及你好二號先暫停上海。

德克．霍爾斯特德，合眾國際社：我們飛越海岸線後，大家都瞪大眼睛看著窗外第一次見到的中國，當然，這些都是走訪過許多國家的記者，但他們就像孩子一樣，每個人都想要擠到窗戶邊多看到一些什麼。

德懷特．蔡平，尼克森總統行程祕書：大家的興奮程度超乎想像，每個人都非常激動，也覺得很幸運能同行，不論是華特．克朗凱、芭芭拉．沃爾特斯或是《得梅因紀事報》（*Des Moines Register*）的記者，大家都非常興奮。

丹．拉瑟，CBS：我們初次踏入中國時非常激動，我們成功了，這是能講一輩子的故事。我們有一種創造歷史的感覺，這絕對是歷史上重要的一章，飛機艙門打開的那一秒，我們有一種登上某個遙遠星球的感覺，一切看起來都好奇怪，聽起來也好奇怪。

接著又去到北京，讓媒體能就位報導尼克森的到來。

德克．霍爾斯特德，合眾國際社：我們在尼克森抵達前一天到北京，登上巴士進入市區，當地沒有半輛車，只有腳踏車，這是我們面臨的第一個衝擊。

總統也先暫停上海，讓接待的官員、翻譯以及一名導航員上機，再繼續前往北京的最後一哩路。在為ABC報導的新聞中，湯姆．賈里爾描述了此一場景。

湯姆．賈里爾，ABC：尼克森總統、夫人以及官員們走下空軍一號的階梯，三名共產黨的高官以及當地官員前來接見。美國代表團走上紅毯，與前來歡迎的官員笑著握手。帶領中國代表團的是外交部副部長喬冠華，他前一年秋天帶著中國代表團前去聯合國。航廈裡外都沒有大批民眾，天氣陰涼，但是不會感到不舒服，美國國旗和中華人民共和國國旗在微風中飄揚。[1]

抵達北京

空軍一號起飛前往北京，當飛機即將降落時，尼克森和幕僚都很清楚電視上的第一印象有多重要，這會為接下來整趟旅程奠定基調。

羅恩．沃克，尼克森媒體先行人員：「中間。一號機。」我們知道世界一定會看見這趟旅程，一定會引發軒然大波，因為我們打開了大門，接觸到這十億個長期被孤立的人們，所以我們做的所有事都是為了那台攝影機。

出身波士頓的埃德．福希任職於華盛頓的CBS，負責與華特．克朗凱主播製作《CBS晚間新聞》。

埃德．福希，CBS：他們會排練所有事。霍爾德曼是尼克森最親近的幕僚之一，曾經任職於廣告業。從我第一次報導尼克森的活動以來，就可以很明顯地看出霍爾德曼是電視專家，也是電視狂熱者，他一直在想如何安排畫面。

德懷特・蔡平，尼克森總統行程祕書：抵達之後，尼克森總統與夫人會走下那條登機梯，隨後與周恩來的合照會是非常重要的畫面。那是隔天幾乎所有報紙都會出現的重要照片。

記者都守在北京機場等待，他們也想像著這個時刻會如何發生。

丹・拉瑟，CBS：當尼克森總統下了飛機，我很清楚知道，他一定仔細想過走下階梯後該怎麼做，像是握手的順序之類的事。

馬克思・弗蘭克爾，《紐約時報》：我想起一九五四年越南的會議上，約翰・杜勒斯拒絕和周恩來握手的那一幕，所以在機場看著尼克森和周恩來握手的那一刻，我很緊張，我記得我很努力想找到對的角度，因為我要在報導裡點出這個對比。

美國所有電視台都直播了尼克森抵達的這一刻。

德克・霍爾斯特德，合眾國際社：我們有六名平面攝影師、來自電視台的動態攝影師與收音師各一名，當時還開來一台平板卡車，只為了拍下尼克森走下飛機會見中國官員的時刻，當然，所有白宮特派記者都快步跑到飛機前方，為了拍下接見時的特寫。

羅伯特・西根塔勒，ABC、記者團協調員：在這種場合，我通常只有一種感覺，那就是還好轉播系統還有用，我當時並沒有將其視為多麼美好的歷史事件，但我很感激飛機停在我們想要的位置。這件事達成後，同行的美國媒體就知道他們將來能夠從中國報導新聞了。

記者不知道的是，就連總統夫人的外套顏色也是為了上鏡頭精心挑選的。

德懷特・蔡平，尼克森總統行程祕書：我們知道整個環境的基本色調就是淺灰、棕色和綠色，唯一是紅色的東西只有「資本主義豬」或者其他反美的政治宣傳標語，因此我們有了這樣的構想：尼克森夫人需要很厚的大衣，因為參訪時間是二月，一件紅色的大衣可以讓她脫穎而出又能表達立場，這果然達到了效果。

除了周恩來總理、一群官員、軍樂隊以及儀隊，整個歡迎的過程非常低調，尼克森、幕僚以及媒體到北京時也是如此。

馬克思・弗蘭克爾，《紐約時報》：我們被趕上一台巴士。非常不可思議，真的是一片寂靜，通常和總統一同出訪，接待的政府都會安排歡呼喝采的群眾夾道歡迎，但我們降落北京時，幾乎沒人注意到我們。

德克・霍爾斯特德，合眾國際社：這是我在其他國家沒有過的接機體驗，沒有「歡迎尼克森」的標幟，也沒有夾道歡迎想要看著他到來的人們，感覺很像半夜偷偷從後門溜進去。

馬克思・弗蘭克爾，《紐約時報》：此行讓我最印象深刻的是——天啊，這真的是個貧窮的國家，我們可以從巴士窗戶看見其貧窮和落後的程度，讓我大吃一驚。

尼克森總統習慣了典禮、大排場和群眾，這樣簡樸的接待讓其幕僚以及多疑的媒體擔心起此行的前景。

泰德・科佩爾，ABC：當尼克森的車隊開進天安門廣場，幾百名中國人聚集在廣場上，沒有人留意車隊，大家都騎著腳踏車，推著嬰兒車走過廣場。你可能會以為人們會注意到巨大的美國豪華轎車，以及插著美國國旗的護送車輛，但是這樣的事並沒有發生。

媒體下榻在蘇聯風格的民族飯店，附近還有個檔案中心。

馬克思·弗蘭克爾，《紐約時報》：他們為了電視台架設衛星，還有一個明亮、寬闊的媒體室讓我們放打字機，旁邊還有電話亭，讓我幾乎可以即時聯絡紐約、口述傳達新聞，真是個令人愉快的驚喜。

會見毛主席

尼克森被帶到釣魚台國賓館，表

訪華的尼克森總統與隨團記者合影。NBC的芭芭拉·沃爾特斯站在尼克森總統右側。她的身後是CBS主播華特·克朗凱。蹲在尼克森總統左側的是CBS的白宮記者丹·拉瑟。（尼克森總統圖書館暨博物館提供）

定行程先休息一下，接下來是與周恩來的正式會議以及宴會。

溫斯頓．羅德，亨利．季辛吉的助理：我們降落一個小時後抵達賓館，周恩來前來並對季辛吉說道：「主席想要馬上見到總統。」這讓我們措手不及，我們心想，根據他平常的模式，我們應該結束時才見得到他，而不是一開始就見到面，我們很開心一開始就能見到他。

邀請函只發給尼克森、季辛吉和一名會議記錄員，季辛吉帶上他的助理溫斯頓．羅德，而不是尼克森的國務卿威廉．羅傑斯；從促成總統出訪的談判過程開始，羅傑斯就不斷被排除在外，這是季辛吉和國務院權力鬥爭的一部分：兩方在互相爭取對美國外交政策控制權。

總統和毛主席會面了一小時，兩位領導人談的大多是很籠統的議題，然而，這場會面也表示毛主席樂見與美國展開新的互動模式。

溫斯頓．羅德，亨利．季辛吉的助理：我們很開心在一開始就見到他，因為這就是向中國觀眾、黨內幹部和人民甚至是世界各國說道：即便還不知道公報的談判以及行程中其他部分的結果會如何，至少他已經表達出正面的態度。

然而，羅德能參與會議，但國務卿羅傑斯卻被排除在外，這件事也讓尼克森和季辛吉之間變得很尷尬。

溫斯頓．羅德，亨利．季辛吉的助理：會議結束後，中方拿出一份公報，上面寫著包含我在內的與會人員以及我們的合照。尼克森和季辛吉對周恩來和毛澤東說：「羅德並沒有參與此會議，請將他從公報、媒體發布稿和照片中去除。」因為他們認為，如果只有季辛吉和尼克森與會，而羅傑斯卻不在，這會有點丟臉，但如果美方有第三人與會，而這人卻是季辛吉的私人助理，不是羅傑斯，那就太過分了。我了解這點，但我認為中方並沒有完全理解發生了什麼事。

羅德被從所有照片中去除，幾年後，中國給了他照片原檔。這件事凸顯了美國內部的緊張情勢很快就會到達頂點，就算尼克森的幕僚極力向媒體封鎖這件事也於事無補。

沒有任何美國記者能報導這場會議，這讓記者們十分憤怒。

丹．拉瑟，CBS：白宮已經宣布總統會去見毛主席，至於哪家媒體可以同行呢？答案是沒有任何一家媒體，包含我在內的各家媒體都十分不滿，有人抱怨道：「你怎麼可以這麼做？我們都繞了半個地球來到這裡。這就是你在操控媒體的具體案例，你在控制媒體。」

尼克森完全不在意，他已經達成他的目的：毛澤東和美國領導人第一次會面。

羅恩．沃克，尼克森媒體先行人員：周恩來接著帶著他來參加第一次在人民大會堂舉辦的人民代表大會，但當下沒有任何媒體在場。我們突然接獲他們在大會堂的消息，迅速趕到那裡，急忙就定位。

接待宴會

尼克森和周恩來會面結束後，媒體集結在大會堂的階梯上，看著總統抵達接待宴會，這是另一個專為美國電視設計的行程。

索樂文，季辛吉幕僚：華府和北京有著十二小時的時差，他們因此特別安排在晚間舉行，為的是能在美國晨間節目中播出。美國人早上可以喝著咖啡，看著尼克森和周恩來在北京的晚間宴會中敬酒，一切都是精心策劃的。

美國晨間節目的觀眾可以看到尼克森和周恩來相互敬酒，談論美中之間的新關係，兩人熱絡的交流在電視上一覽無遺，這就是白宮想看到的。

德懷特．蔡平，尼克森總統行程祕書：我們知道一定會有敬酒的畫面，這是我們想要看到的，我們就是要這樣的鏡頭。

的確，尼克森在宴會開場敬酒時自豪地說：「比起世界歷史上的其他場合，更多人能看到和聽到我們在這裡說的事。」

隔天，短暫的拍照行程後，尼克森和季辛吉開始與周恩來協調在公報上建立新美中關係的基礎。雙方都認同需要保密，但周恩來保證官媒《人民日報》會強調毛澤東和尼克森在北京的會面。湯姆．賈里爾在ABC的報導中提到這件事。

湯姆．賈里爾，ABC：共產黨掌控的《人民日報》解答了所有疑問。當天報紙針對尼克森到訪刊登了整頁的頭版報導，其中包含三張照片和兩個斗大的標題。在這有幾百萬讀者的報紙上，中國透露的資訊，和尼克森政府透漏給美國記者的閉門談話要點差不多，《人民日報》和白宮幾乎是同調的：兩位領導人進行了一場真誠且認真的談話。兩國媒體都沒能得到更多細節。

流於表面

真正的會談在閉門後才展開，記者被帶往「精心設計」的行程，參訪幾個中國的工作單位。

丹・拉瑟，CBS：你必須跟著腳本走，如果不照做，就只能坐在媒體中心或飯店房間裡，等著被競爭對手打敗，我們都知道自己被操控得多嚴重，卻又無能為力。

泰德・科佩爾，ABC：每天早上，我們都會收到一份行程清單，你可以從第一欄和第二欄中各挑一個行程，你可以去中國和北韓的友誼交流活動，或者去參訪某間醫院。

芭芭拉・沃爾特斯，NBC：我們去中國叫我們去的地方，坐在中國為我們準備的車子裡，尼克森夫人每天都有行程，例如學校參訪行程，展示學校有多先進，唱著「放牛吃草」這首歌。這些都是和政治無關的事，但這些生活樣貌對我們來說很新鮮。

總統到訪的第二晚，他和幕僚被帶去觀賞《紅色娘子軍》，一齣「革命芭蕾舞劇」，故事講述一名農民女子逃出邪惡地主的手掌，到海南島的紅衛兵娘子軍營裡避難。文化大革命期間，這齣芭蕾舞劇是被批准在戲院上演的八齣樣板戲之一，也是毛主席夫人江青的最愛。江青曾是一名演員，她比毛澤東或周恩來都更激進，反對任何與西方的協議。

芭芭拉・沃爾特斯，NBC：文化大革命就是由她負責，她說：「這就是你們該聽、該看，該在學校學的事。」一扯上和文化相關的事，毛夫人可能扮演著比她丈夫更重要的角色。

美國電視台全程直播這齣戲。

羅伯特．西根塔勒，ABC、記者團協調員：這比其他活動都還要困難，CBS的主管從來沒看過這齣表演。

尼克森看著穿著軍服、揮著槍桿的芭蕾舞者，對著毛主席慷慨激昂的唱著頌歌，毛主席一邊坐著周恩來，另一邊坐著周恩來政治上的死對頭——江青。最後，尼克森禮貌性地拍了拍手，過沒多久，記者問起他的看法，他試著給出正面看法，幾經思考後，尼克森告訴記者：「芭蕾舞劇……當然，你們都知道，有其想要傳達的意涵，這也是芭蕾舞劇的功能之一。這齣戲傳達了很強烈的訊息，同時也是一齣十分具戲劇性和優秀的劇碼。」

馬克思．弗蘭克爾，《紐約時報》：紅色娘子軍打敗資本主義走狗。尼可森以他最恭敬的態度坐在台下，看完了這齣極具羞辱性的表演。這件事總括了這趟旅程：中國一直在戳美國的痛處，而尼克森基於他自己的理由，還是吞下去了。

隨行人員

所有與尼克森同行的記者身邊都有中國政府指派的「隨行人員」，他們既是翻譯也是導遊，同時也要「確保媒體守規矩」。

埃德．福希，CBS：文化大革命持續沿燒，我們身邊的隨行人員也幾乎都像機器人一樣。一週過去後，我們開始比較認識他，他也比較放鬆下來，但卻感覺這個人不只是翻譯和隨行人員，而是情報員。

丹．拉瑟，CBS：隨行人員都很緊繃，他們收到的指示是：別讓他們去他們不該去的地方。

泰德．科佩爾，ABC：我記得我從翻譯身上得到一件重要的啟示，我說：「幫我個忙，我們到每個地方，都想體驗當地的幽默，告訴我一個中文笑話。」我接著只得到他空洞的凝視，我說：「你懂吧，笑話，讓人發笑的話語。」我得到的答案一律都是：「我不知道任何笑話。」這令人不寒而慄，我認為正值文化大革命的人們，完全被威脅地驚恐不安，很怕說錯話或做錯事，幽默對他們來說風險太大了。

攝影師和技師也有隨行人員，這些隨行人員還要試著弄清楚報導這次總統來訪需要用到的複雜科技。

德克．霍爾斯特德，合眾國際社：尼克森抵達機場當天，導播說：「切換到一號機，傳送三號機畫面。」砰、砰、砰，中國隨行人員看得目瞪口呆。轉播結束後，隨行人員轉過來對著廂型車裡的導播說：「我想這一切我大概都懂，我了解新聞、了解衛星，但你一直說的一句話我聽不太懂，是否可以請你告訴我，什麼是『他媽的音軌』？」

隨著尼克森的參訪繼續進行，記者對於只能報導事先經過安排的場景，感到更加心灰意冷。

丹．拉瑟，CBS：我們向白宮的媒體代表抱怨。但即使你抱怨，代表只會聳聳肩表示，我們人在中國，只能順著中方的意思。

馬克思．弗蘭克爾，《紐約時報》：我們之中有幾位記者不斷糾纏隨行人員，問說：「我們對這些事先安排的場景感到很厭煩，真的無法和當地民眾互動嗎？」

結果：中方安排了人民公社的參訪。

埃德·福希，CBS：我想我們看見了一個精心設計的波坦金村*。這個安排很有可能是中方和白宮共同努力的成果。

包含《華盛頓郵報》的卡史丹以及《華爾街日報》的羅伯特·基特利在內的幾位記者被帶到北京大學。

羅伯特·基特利，《華爾街日報》：我們遇見革命委員會副主席周培源，一名芝加哥大學畢業的物理學家。他才智過人、很有成就、在專業領域享有盛名。他坐在那裡著說道，多虧了毛主席的想法，他們重新改組大學，讓工人和農夫能夠進來。這根本是一派胡言，但你會同情他，因為你知道他也不相信自己說的話，他就是個俘虜。

卡史丹問起聶元梓的下落，聶元梓是一名公務員，她於一九六六年五月公開譴責大學裡的高官，因此在文革早期竄出頭，但她之後卻被肅清和監禁。

卡史丹，《華盛頓郵報》：我想知道她怎麼了。我和他們坐在一桌並開始問問題：「聶元梓後來怎麼了？」他們回答：「史丹先生，你嘗過這道乳鴿了嗎？」他們一直在閃避問題。

某些記者決定甩掉隨行人員，自己想辦法。

馬克思·弗蘭克爾，《紐約時報》：我記得獨自走在一條巷弄裡，每次我在牆上看到一個洞，就會發現一群小孩從牆的另一邊跟著我，我印象最深刻的是那些孩子的表情有多麼驚恐，他們從未見過長鼻子或皮膚上毛這麼多的人，這些孩子會看得很入迷，接著突然大哭起來。這實在是太驚人了。

丹．拉瑟，CBS：我好不容易甩掉隨行人員幾分鐘，來到距離大約四分之三街區之外的小店，我和攝影人員同行。店裡的中國人看見我們十分驚訝，當攝影機開始拍攝，隨行人員來到店裡了，他們看了看彼此後說道：我們不想入鏡，另外，這件事本來就不應該發生。隨行人員清楚表明我們不該在這裡，應該回到飯店。

但拉瑟還是不斷嘗試。

丹．拉瑟，CBS：我走出飯店前門，剛好及時趕上一輛巴士，隨行人員也試著趕上巴士，說道：「那個西洋蠢蛋到底在巴士上做什麼？」我搭了大概二十五至三十分鐘，身旁沒有翻譯，巴士似乎開到了路線的終點，我不會說中文，司機試著告訴我，你必須下車，我試著告訴他：「如果你不介意，我想待在巴士上，直到你掉頭往回開為止。」那是一個很尷尬的時刻，但那是我唯一一次成功甩掉隨行人員。

＊編按：「波坦金村莊」（Potemkin village）指專門用來給人虛假印象的建設。

為電視媒體量身打造

平面記者和電視記者的關係開始變得緊張。

馬克思．弗蘭克爾，《紐約時報》：我們之間開始分裂，平面媒體想要實際和中國民眾接觸，如同參訪北京大學那樣，想要記錄某種真實的外交進展，但電視媒體只想轉播他們覺得夠新奇的畫面，以滿足他們的好奇心和需求。

芭芭拉．沃爾特斯，NBC：平面媒體很受不了我們，由馬克思．弗蘭克爾和泰迪．懷特帶領的《紐約時報》團隊，曾為中國寫過許多很全面的報導，但現在我們在他們發出報導前便開始轉播，他們非常不滿。

造成這個緊張情勢的原因其實是白宮，他們認定了電視的力量，所以特別以電視報導優先。

德懷特．蔡平，尼克森總統行程祕書：我們每天都知道參訪行程是如何被報導的。每小時我們都知道參訪行程是如何被報導的。我們會從白宮媒體部門收到報告，情況像是奧運比賽一樣，資訊會不斷更新。

卡史丹，《華盛頓郵報》：尼克森真正想要的是一場華麗的電視秀，他不想要平面記者，他根本不在乎平面記者，他只在乎電視，他想要一場華麗的電視秀。

溫斯頓．羅德，亨利．季辛吉的助理：我認為平面媒體對電視媒體的抱怨還算合理，但就美國國家利益而言，只好委屈他們。

長城

沒有任何一刻比尼克森登上長城更能彰顯電視的影響力。

湯姆·賈里爾，ABC：長城看上去就像風景明信片，高度比大家想的都還高，攝影師背著沉重的器具，大口喘氣，但那是攝影的大好機會，他們有絕佳的拍攝位置，而且這個畫面是必須拍到的。

埃德·福希，CBS：巴士帶我們到那裡，總統一個小時後抵達，在此之前，我們有時間先架設機器。尼克森會和夫人以及一整群中國和美國官員一起到來。天氣將會很冷，所以CBS發給我們很好的大衣、帽子以及內搭長褲。華特·克朗凱預期氣溫會很低，所以他穿了一雙獵鴨人會穿的電熱襪，但一直被漏電的襪子電到，我猜他最後把襪子的電池拿出來了。

馬克思·弗蘭克爾，《紐約時報》：我記得大家都在搶占位置拍攝尼克森總統和夫人，電視媒體最在意他們的位置，他們得將膠捲交給遞送員，讓遞送員趕在同業之前送到北京的轉播中心。克朗凱和其他人很幼稚地吵著他們的位置，以及他們的遞送員如何能儘快離場——我們所有人都被彼此圍住了。那是我唯一一次感受到電視媒體也和平面媒體一樣辛苦。

如同弗蘭克爾《紐約時報》的報導裡所述：「美國的三軍統帥……自信地走過長城上綿延幾百碼的銃眼，他的視線透露了他知道每台重要攝影機的位置。」

尼古拉斯·普拉特結束香港領事館的工作後，回到國務院擔任中國事務處處長，接著又升上國務院祕書處主任，他在此趟訪華之旅擔任國務卿威廉．羅傑斯的幕僚。

尼古拉斯．普拉特，美國國務院：此行印象最深刻的景象並不是尼克森登上長城，而是一台巨大的多媒體卡車停在長城旁，卡車上拉下來一條條線材，記者透過衛星連結全世界。這是此行的重點，白宮精心策劃了這一切。中國也了解美國希望達成的目標，而且非常支持白宮的努力。

景象真的很壯觀，尼克森一度說不出話，停頓幾秒後，他對記者說：「我想你也只能下這樣的結論：這是一座偉大的長城。」

美國電視台的工作人員在中國長城等著報導尼克森的訪華之旅。白宮將這次的訪問定位為一場「電視盛宴」，並說服中國讓他們對總統行程進行史無前例的直播報導。這些影像有助於鞏固美國公眾對尼克森外交破冰之旅的支持。（埃德．福希提供）

明十三陵

尼克森從長城去到另一個著名的景點——明十三陵，這裡埋葬了從一三六八年至一六四四年統治中國的明朝十三位皇帝。

泰德．科佩爾，ABC：那時是二月下旬，外面冷得要死！但那裡到處都是中國人，彼此互相拍照，聽著收音機野餐，我當時心想：「這真的太愚蠢了。」所以我告訴同行的工作人員，「巴士來接我們時，我們不要上車，去躲在那棟建築物後，晚一點再出來，我想知道這些群眾會發生什麼事。」果然，記者一離開，卡車便開進來，一群幹部提著籃子進來，撿起所有的錄音機、相機以及手提收音機放進籃子，將人們趕上卡車後便離開了。

姚偉，中國外交部：你可以看出這一切都是精心安排的戲，我覺得很丟臉，我的同事也是。

泰德．科佩爾，ABC：亨利．季辛吉後來告訴我，我們的報導播出後，他收到來自周恩來的道歉，他說：「我們的手法真的有點拙劣，很抱歉我們做了這樣的事。」

隨著美國總統大選訂在一九七二年十一月舉行，有些記者開始覺得他們不過是尼克森巨大競選廣告裡的道具。

馬克思．弗蘭克爾，《紐約時報》：當年是選舉年，我們完全理解為什麼這一切都發生在一九七二年初，這麼說來，我們只是特定政黨宣傳的工具。

丹．拉瑟，CBS：此行集合了所有競選行程的元素和核心價值，我們無疑就是參加了尼克森爭取連任的競選行程。

「全然地格格不入」

相較於為記者精心策劃的公開行程，記者完全不知道尼克森和中國的閉門會議內容，這讓他們更加心灰意冷。

湯姆．賈里爾，ABC：什麼消息都沒有，我們想知道：他們有討論臺灣嗎？他們有討論蘇聯嗎？他們有討論軍事相關話題嗎？他們有討論未來的貿易往來嗎？

然而，當媒體離開北京，前往尼克森接下來的停靠站——景色優美的杭州以及上海，他們還是得不到任何資訊，只能專注在中國的奇特之處。

芭芭拉．沃爾特斯，NBC：一切就是全然地格格不入。我記得我想要熱水，因為當時我需要用熱水消毒隱形眼鏡，但每一次我要熱水，他們都會給我茶。

東西也丟不掉。黛安．索耶（Diane Sawyer）是白宮發言人羅納德．澤格勒的一名年輕幕僚，她後來成為NBC晚間新聞主播。一件很尷尬的事發生在她身上。

埃德．福希，CBS：我們當時在巴士上。正當巴士準備開走，一名中國男子跑出飯店，手上拿著絲襪，看起來十分焦躁不安。他以為有人掉了東西，結果是黛安．索耶前來認領，我猜她只是將絲襪丟掉。那段黑暗的日子裡，中國當時還是個貧困的國家，這個人無法相信有人會丟掉一雙完好的絲襪。

此時，記者已經日以繼夜工作了好幾天，身為《紐約時報》唯一一位記者，馬克思．弗蘭克爾還是硬撐著。

馬克思．弗蘭克爾，《紐約時報》：大多數的日子都要準備三篇文章：一篇新聞稿、一篇新聞分析，還有記者筆記。*這占了我大多數晚上的時間，我幾乎每天都要吞阿斯匹靈，我發現鬍後乳很有提神效果，我當時有一瓶鬍後乳，我會塗在臉上提神。

德克．霍爾斯特德，合眾國際社：我幾點起床，可憐的隨行人員就得幾點起床。大概到了第三晚，清晨約五點，我從黑黑的房間走出來，隨行人員攤在地上說：「拜託，霍爾斯特德先生，你必須多休息一點，如果你不多休息，很快就會死掉。」

NBC的芭芭拉．沃爾特斯的處境特別艱困，許多男同事都討厭、迴避她。

芭芭拉．沃爾特斯，NBC：我在社交場合認識亨利．季辛吉。有一次他請我幫他的女性朋友買禮物，媒體以為他洩露機密資訊給我，但他給我的只是一份禮物清單。

埃德．福希，CBS：芭芭拉．沃爾特斯一直都是很厲害的競爭對手，坦白說，我還記得我們很擔心她會得到一些我們不知道的資訊。她和總統、第一夫人關係都很好，而且可能還有其他的消息來源。我們總是特別注意她。

＊編按：記者筆記（reporter's notebook）通常以記者個人的觀察紀錄為主，而非一般紀實的報導文章。

芭芭拉．沃爾特斯，NBC：我有點激怒他們，因為我是女性，也不像他們曾在美聯社、合眾國際社付出那麼多心力，他們覺得我有得到特殊待遇。最難受的是，晚上我們工作結束後，沒有人會邀請我和他們一起吃晚餐，沒人會說：「你想一起喝杯啤酒嗎？」這是趟很重要的旅程，但我卻很孤單。回家以後，我發現到我其實做得很好，這可能是我人生中最重要的經歷，雖然我當時並不這麼覺得。

上海公報

尼克森和季辛吉在祕密會議裡與中國達成公報上的協議，美中的癥結點是臺灣，美方還是決定和臺灣維持正式外交關係以及安保條約，雙方後來找到一個解方：美方認知到（acknowledge）北京對臺灣主張的所有權，同時強調美國會致力於讓這個議題被和平地解決。但國務卿威廉．羅傑斯對公報上的文字完全不知情。

卡史丹，《華盛頓郵報》：我知道美中代表團雙方在起草上海公報時遇到困難，但我不知道問題竟是發生在美國代表團內部。

問題在於中方不願意接受公報裡提到臺美共同防禦條約，所以公報草稿上隻字未提。

尼古拉斯．普拉特，美國國務院：直到我們在開往杭州的飛機上，馬歇爾．格林*和國務卿羅傑斯才得以看到上海公報。他們沒有看到公報草稿，沒人傳給他們先看過，但公報已經由中國共產黨中央委員會認可。他們仔細分析公報，並說：這裡有一些錯誤，沒提到某些該提的議題，漏掉了安全防禦的部分。季辛吉很憤怒，尼克森也很憤怒，但你知道的，如果你沒讓專家幫你把關，你很有可能會弄錯了什麼。

尼克森知道，如果他看起來像是放棄美國對臺灣的承諾，很可能會激怒國內保守勢力支持者。如果內幕曝光，很有可能會招致抨擊。最後，他不得不要求中方重新回到談判桌，接續談判。

德懷特·蔡平，尼克森總統行程祕書：這件事受到很大的關注，情況很令人擔心，總統很焦慮，幕僚很焦慮，如何向國內的保守勢力解釋這件事也很令人焦慮，那幾個小時需要非常謹慎小心地面對。

經過幾個小時艱難的談判，中方仍不願讓步。最後，季辛吉和周恩來同意直接刪掉任何關於美國對亞洲區域安全承諾的相關的文字。

丹·拉瑟，CBS：我們不太清楚談判桌上發生了什麼事，但媒體間總覺得他們遇到的困難比預期的還多。大家認為他們不至於互相咆哮，但很明顯地他們遇到了問題。每個人都著眼於臺灣處境，但他們卻很難解決這個問題。

上海公報於二月二十七日在上海亮相，上海是尼克森的最後一站。公報中最關鍵的一段文字寫道：「美方認知到（acknowledges）海峽兩岸所有中國人都堅持有一個中國，且只有一個中國

* 馬歇爾·格林（Marshall Green）是東亞事務助理國務卿，國務院裡的亞洲專家。

（there is but one China），台灣是中國的一部分，並對這一立場不表異議（not to challenge），它重申它仍寄希望於（reaffirms its interest）由中國人（Chinese themselves）自己和平解決台灣問題。」保守黨的反對勢力仍憤怒地反對這個說法，《底特律自由新聞》（*Detroit Free Press*）二月二十八日的頭條斥責道：「他們得到臺灣，我們得到蛋捲。」[2]但那只是小眾觀點。

尼古拉斯．普拉特，美國國務院：這段文字十分巧妙地迴避癥結點，讓我們避開臺灣議題，直接討論如何和中國大陸建立關係。

再者，尼克森的十分正確的算計到：對大多數的美國人而言，電視轉播裡的慶典、盛大排場和興奮感比公報上的細節更為重要。

湯姆．賈里爾，ABC：尼克森知道他即將得到超乎想像的政治紅利。對外交官和專精於國際事務線的記者而言，他們很重視談話結束後有沒有發出公報，但對我這樣的綜合型記者而言，他已經做得很好了。

溫斯頓．羅德，亨利．季辛吉的助理：這是二十世紀下半最大的三、四件事之一。登上長城的是尼克森，和中方敬酒、去看芭蕾舞劇、參訪紫禁城、雙方領導人相談甚歡的畫面，這些事都真的發生了。

尼古拉斯．普拉特，美國國務院：可以說那週的參訪旅程讓美中關係在美國人民心中打下基礎，這是很大的覺醒，他們越來越注意到中國。這是個很大的轉變。

「不為人知的王國」

記者也和觀眾一樣著迷於在中國看到的一切。

伯納德．卡爾布，CBS：這是中國，一個神秘的、龍一般的、不為人知的王國，一個祕密的國度。電視呈現的一切都很新奇，因為在中國，不論你將鏡頭轉向何處，都會拍到有異國感的照片。我們沒有機會去再教育營，我們都看不到這些東西，只能報導被精心安排的行程。

羅伯特．基特利，《華爾街日報》：感覺有點像是那種愛上已經不存在的早期中國。你知道的，那種異國感的中國、馬可波羅這類的事。

尼克森和幕僚在上海機場和周恩來道別後，中國還為筋疲力盡的記者準備了另一場宴會。

馬克思．弗蘭克爾，《紐約時報》：我真的睡倒在餐盤上、撞倒桌子，需要別人叫醒我。這段時間耗盡了我的力氣，我後來仔細算了一下，八天內我寫了三萬五千字。

埃德．福希在媒體專機上等待餐點。

埃德．福希，CBS：飛出上海的航程裡，泛美航空的媒體專機為我們準備了漢堡和熱狗，我從來沒覺得熱狗這麼好吃。

從老中國通，到絕大多數沒去過中國、報導過中國的記者，每個人的腦子都在高速運轉，試著消化他們看到的事。

卡史丹，《華盛頓郵報》：尼克森將其稱為「改變世界的一週」，確實是如此，你不得不佩服尼克森。尼克森很聰明，我認為人民也準備好了。將中國放在蘇聯對立面的效果很好，我認為戲劇性地凸顯「共產主義並不是單一個體」很有效，這種外交上的三角關係讓俄羅斯很擔心。

芭芭拉．沃爾特斯，NBC：很重要的是，這趟旅程改變了我們對中國的觀感，也改變了中國對美國的觀感。

伯納德．卡爾布，CBS：電視對美國觀眾的影響很不可思議，對美國觀眾而言，中國突然之間活了過來，這是最重要的事，而剩下的部分就只是針對此事做的評論而已。

德克．霍爾斯特德，合眾國際社：尼克森的訪華之旅無疑是最重要的總統出訪行程，除非某個總統上火星，不然沒有人能再主導如此重要的旅程了。

第五章　一個時代的結束

尼克森出訪期間，美國記者得以瞥見他們嚮往的中國，但他離開後，周恩來代表的溫和派與「四人幫」（由毛澤東夫人江青代表的激進派）之間，權力鬥爭愈演愈烈，美國記者再次被擋在中國之外，被迫從香港解密中國複雜的政治角力。

史蒂夫・貝爾出身愛荷華，曾在一九六〇年代末期報導過越戰，他在一九七二年至一九七四年擔任ＡＢＣ駐香港記者。

史蒂夫・貝爾，ＡＢＣ：當你身為在香港的中國觀察者，你唯一能做的是從斷斷續續的訊號看著廣東電視台，加上逃出中國者所說的一切，並諮詢中國事務專家。但這就像在使用通靈板一樣，你永遠都在從眾多相互矛盾的徵兆中尋找現實。

布魯斯・鄧寧曾報導過越戰，他當時被ＣＢＳ派駐東京。

布魯斯・鄧寧，ＣＢＳ：我們會派一名攝影師，帶著特殊的底片相機和鏡頭到邊境，那裡收得到廣東電視台的訊號，他會架設一台手提電視，轉到廣東電視台並拍下螢幕畫面，我們通常能得到的中國畫面只有這些黑白、畫質粗糙的影像。

一九七三年春，美中同意互相開設聯絡辦事處，距離建立正式外交關係只差一步，兩邊辦公室的運作已和大使館差不多——在此工作的都是外交官，都致力於促進雙方政治和貿易的連結。儘管雙方都承認在臺灣議題上不同調，但透過這種方式，仍為雙方未來的合作打下基礎。北京當局同意這麼做，是因為他們認為尼克森在一九七二年競選連任後，會迅速與臺灣斷交。儘管中國堅持在雙方關係正常化以前，任何美國新聞媒體都不能在北京開設分社，但隨著聯絡辦事處的建立，一九七三年有三間美國有線新聞台被邀請派遣工作團隊到中國進行長時間的訪查。

艾佛·達斯寧，CBS：這是除了尼克森出訪以外，他們第一次讓美國電視記者到中國，他們讓每一間電視台進到中國各別拍攝一部紀錄片。

CBS製作人艾佛·達斯寧曾在哈佛大學學習中文，他曾嘗試進入中國好幾年，但都沒有成功。尼克森出訪時，他曾製作一部極具爭議性的紀錄片《對中國的誤解》（*Misunderstanding China*），由CBS老牌記者查爾斯·庫拉特（Charles Kuralt）擔任旁白，這部紀錄片探討大多數美國人受到電影、紙漿雜誌*和幾十年來的極度偏差的印象影響，缺乏欣賞中國極其複雜實況的眼光，進而對中國產生負面的態度和偏見，庫拉特將其稱為「偏見的雜燴」。

艾佛·達斯寧，CBS：我花了好幾個星期在暗房裡看所有的素料，這是一個探索的過程，誰曾認真思考過陳查理或者關於傅滿洲的電影？**我們從來沒有這樣認真思考過。《對中國的誤解》原本的片名想要叫《黃禍以及其他我們以為自己認識的中國》，冷靜下來後，決定將片名訂為《對中國的誤解》，這個片名非常好，因為每次進廣告，主持人都會說「廣告後繼續《對中國的誤解》」。這個片名也反映了一些事實，我們會誤解是因為我們幾乎一無所知，當你無法去到一個地方，你便很容易相信對其最糟糕的看法。

然而，隨著尼克森的出訪，美國人的態度將再次受到媒體影響。

史蒂夫．貝爾，ABC：如果你想知道媒體的影響力，只要看看一九七二年至七三年的美中關係，便會有點概念了。尼克森此行做了十足的電視媒體操作，對美國人造成很大的影響。他們的態度有了很大的轉變，從認為中國人只是一群遊牧民族，越過終年積雪的山脈到韓國殺美國人，變成可愛溫馨的中國百姓。

然而，一九七三年，達斯寧和團隊在上海拍攝紀錄片時，美國人和中國人之間仍存在著巨大的鴻溝。

艾佛．達斯寧，CBS：中國人對我們充滿好奇心：「這裡有美國人！」我們出門走在街上會被包圍，他們會湊上前來，讓我們完全動不了。當然，中方幫助我們的作法是清場，我們在上海這個世界上最大、最擁擠的城市之一架好攝影機，街上卻杳無人煙。我試著解釋這樣是行不通，我不是來這裡看像舞台布景一樣的上海。最後，攝影師說服中方提供一台有帆布罩住的小貨車，將相機放在後方，我將帆布拉開讓攝影機拍攝，我們就這樣開過街頭，捕捉上海的日常生活，雖

* 編按：指以廉價木漿紙製作的低品質雜誌。

** 陳查理是一九二〇年代至一九四〇年代出現的角色，他是六部小說和許多好萊塢電影的主角，他是一名虛構的偵探，雖然個性很好，卻也帶著美國對亞洲人的刻板印象：過度有禮貌、說話習慣漏掉冠詞和第一人稱代名詞，像是「可以問問題嗎？」（May ask question please?）

然這樣拍攝不是非常順暢，但還是成功了。

達斯寧和他的工作人員常常覺得他們和中國隨行人員意見不合。

艾佛．達斯寧，CBS：根本的問題是這樣的：這是他們的國家，但這是我的電影，必須要符合美國觀眾的期望。我們必須按照我們的方式，不能按照著他們的方式。這個問題時不時就會浮現，我們喜歡讓事情自然發生，中方喜歡事先規劃；我們想盡可能貼近現實，中方想要控制，必要時還會用演的。我們的意見不斷拉扯，試圖突破文化差異和政治差異的挫折感不斷堆積，我們一直希望能訪問官方，但得到的回覆都是：「我們不太習慣接受訪問。」我想取得新聞，也想要中國人說出心裡話，我想尊重他們做事的方式，但要深入事情的核心非常困難。天氣又熱又濕，總是感覺筋疲力盡，不論你受過多少專業訓練，不論你知道或任認為自己知道多少事，你只是越來越感到心灰意冷、沒耐心、脾氣差，身心俱疲只為了一則新聞。

在中國兩個月、拍攝了七萬英尺長的膠捲後，達斯寧製作出了一小時的紀錄片，包含一段上海官員受訪的片段，此官員原先不願受訪，但最終被說服了。也有達斯寧到當地居民家中拜訪的片段，居民偶爾會突破共產黨陳腔濫調的樣板評論，呈現中國社會更細緻的樣貌，這是大多數美國人從未見過的。

CBS的團隊離開後，ABC記者泰德．科佩爾及史蒂夫．貝爾也來到中國，準備花十週拍攝紀錄片。

泰德．科佩爾，ABC：我們的計畫是看看中國不同身分的人們——軍人、學生、工人和農人等。文化大革命期間，大家都是工農、軍農，都是這種被創造出來的綜合型身分。我們花了一整天在上海市外的一間大學，一些時間在武漢，還有一些時間在天津市外的一支軍隊。情況不算太差，但我們被非常嚴密地監控，他們也已經先篩選過可以與我們談話的人。

最令人難過的是一段師生關係，他們讓我們旁聽一堂大學裡的英文課，教授是一名三十幾快四十歲的女性，她顯然很害怕她的學生。學生們直接為她上了一堂政治課，他們能被選來坐在大學課堂裡，不是因為學業表現，而是因為思想純正。

在一場發人深省的訪問中，科佩爾問老師：「如果你犯錯了，學生就會很嚴厲地批評你，這樣不會讓你難當老師嗎？」她回覆道：「有時我會覺得不好意思，一開始我也曾感覺丟臉，但我漸漸發現，學生批評我只是想幫我。」[1]

泰德．科佩爾，**ABC**：一個月還是六個星期後，我們回到中國，學生們都去收成棉花了。老師也在其中，肩上背著一個大麻袋採棉花，我問她：「你不覺得做這件事有點奇怪嗎？你是學者，你是知識分子。」她回覆道：「不會，這個經驗很有用，讓我能更了解學工、學農和學兵，我很感恩能在這裡。」她嚇到說不出話，只能想到這些。

二〇〇五年，史蒂夫．貝爾回到中國，找到三位他和科佩爾於一九七三年訪問過的學生以及那位老師。

史蒂夫．貝爾，**ABC**：我的目的是要了解他們一九七三年時說了多少真話。我先將老師拉到一旁，她告訴我，她來自一個不錯的家庭，但在文革期間被批鬥成布爾喬亞，她當時極度害怕，她說道：「每天早上起來，我會往窗外看看有沒有批鬥我的海報，我害怕到想死。」學生都不知道這些事，諷刺的是，他們現在長大成人也成了教育工作者，但他們過去在大學裡，完全忽略了老師所面臨的焦慮，這真的很不可思議。我讓他們一起接受訪問，他們十分震驚。訪問結束後，一名坐在老師旁邊、曾是學生的年輕女性，將手放在老師的膝蓋上說道：「很抱歉，我們當時不知道。」這名前學生說：「我們當時太幼稚，不知道究竟發生什麼事。」我坐在旁邊看著這一切發生，認為這是真情流露，他們真的不知道老師經歷了什麼，她也從未向他們提及，當我看著這位前學生在訪問最後，將手放在老師的膝上說「我很抱歉」，我做的第一件事是轉頭確認攝影師還在拍攝，因為這是我在中國經歷過最具啟發性的一刻。

ABC的紀錄片《中華人民共和國的人民》（*The People of People's China*）於一九七三年十二月播送，內容激怒了中國領導階層裡的激進派，科佩爾和貝爾的翻譯李丹（Li Dan）也付出了代價。

史蒂夫．貝爾，ABC：當我們在中國時，四人幫的勢力還很強大，紀錄片的最後一段談到中國政治現況，當我們試著探討文化大革命，我們用了毛主席的照片搭配感覺不太吉利的音樂。這讓四人幫極為不滿、大肆批評，也導致我們的翻譯李丹被送進再教育營。

李丹被關了一年多才被釋放。

權力鬥爭

與此同時，領導階層的權力鬥爭加劇，隨著毛主席的健康每況愈下，他的夫人江青和激進派的伙伴將矛頭指向總理周恩來以及鄧小平，批鬥他們重視經濟產出大於思想純正。一九七三年，實用派主義者鄧小平曾在文化大革命中遭到整肅，現在已經恢復職位並當上副總理，肩負著復甦國家疲軟經濟的重責大任。

亨利．布拉德舍當時還是《華盛頓星報》派駐香港的記者。

亨利．布拉德舍，《**華盛頓星報**》：我可以看出黨內因為政策而產生的緊張關係和意見分歧。我為報社寫了一系列報導，從邏輯上來理解，就是毛澤東不滿周恩來政府運作的模式；雖然表面上可能看不出來，毛澤東也很少公開談論此事，但他們的關係似乎有些緊張。

因為卡在美國對臺灣支持的議題，美中正常對話無法進展，所以這一系列關於中國領導階層不合的報導讓亨利．季辛吉十分不滿。

亨利．布拉德舍，《**華盛頓星報**》：季辛吉曾多次試圖阻止編輯刊登我的報導，他打電話給《華盛頓星報》的編輯說道：「你不會想刊登這篇報導，這是不對的。」季辛吉不想讓任何人因為中國正在發生的事，而認為他的政策可能是錯的，或是認為季辛吉對中國現況有誤解。

北京也有人對布拉德舍的報導不滿。

亨利．布拉德舍，《**華盛頓星報**》：一九七四年春天，寫完那一系列報導後，幾名非美籍記

一九七〇年代末，《時代》雜誌的理查・伯恩斯坦在中國的火車上。當時，要到北京以外的地點，駐華記者必須提前十天申請許可，通常還會由政府隨行人員陪同，以監視他們的報導活動。（劉香成提供）

者參訪北京，他們在北京的外交部被告知「這裡一切都很好，團結一心且平和，香港記者是一群卑鄙的人，其中又以布拉德舍最為卑鄙，他報導的事都不是真的。」，北京的外交部告訴全世界：「布拉德舍是他們之中最卑鄙的，他再也無法踏入中國一步。」

然而，其他記者也得到了類似的結論。如同其他報導中國的記者，理查．伯恩斯坦也在哈佛大學學中文，他當時剛成為《時代》雜誌派駐香港的記者。

理查．伯恩斯坦，《時代》雜誌：現在回想起來，我們中國觀察者社群、外交官和記者對當時的狀況多少都理解正確。我們知道有權力鬥爭，即便中國政治宣傳機器極力否認，並譴責提到領導階層分歧的西方記者。事實上，極度激烈的政治鬥爭真的正在進行，一方是周恩來和鄧小平，另一方則是毛澤東。

香港情報站

中國持續禁止外國人進入，記者和外交官只能繼續仰賴過去二十年間觀察中國所發展出的技巧。曾被《紐約時報》派駐南非和印度的記者約瑟夫．萊利維德，於一九七三年搬到香港，期待能儘快在北京開設報社的分社。

約瑟夫．萊利維德，《紐約時報》：我當時心想，尼克森已經去過中國，所以大選之後，中國應該就會開放，對吧？實則不然，這也是為什麼我最後還是在香港觀察中國。

萊利維德困在英國殖民地，十分仰賴美國大使館提供的線報。薄瑞光當時是名派駐香港的年輕外交官員。

薄瑞光，美國國務院：我們需要了解很多關於中國的背景知識，從細節中看出端倪。我們有一名中國員工名叫羅文森（Vincent Lo），他當時很有名，和其他中國觀察產業的同事一樣，他們可以看著一張照片或中央委員會的名單，便馬上正確地告訴你「這個人曾和他在中國人民解放軍第三野戰軍一起服役，所以他當然會在這裡，這兩個人在這張照片的位置顯示他們一九二八年一起在湖南待過。」這些線索常常顯示誰上位、誰下台，以及這些人之間的關係。

約瑟夫．萊利維德，《紐約時報》：我和文森每兩週會在文華東方酒店的快船廊吃午餐。他是非常厲害的分析師，我們相談甚歡，因為我很欣賞他的聰明才智。我以為我會很討厭觀察中國，結果我並不討厭，有些可以讓我追查的小祕密。真正重大的問題是周恩來的狀況，顯然他正遭到攻擊，這是我們要追蹤的新聞。

《多倫多環球郵報》

中國禁止北美洲記者進入北京的一連串地毯式禁令中只有一個例外：從一九五〇年代起，中國政府便同意讓《多倫多環球郵報》派駐一名記者。一九七一年，報社將這項任務派給二十六歲的約翰．伯恩斯，他從小在英國長大，但青少年時期搬到加拿大。

約翰・伯恩斯，《多倫多環球郵報》：我當時是《多倫多環球郵報》的記者，也算是《紐約時報》的記者，因為他們無法派駐記者，所以當時有個聯合報導的協議，從我降落中國的那一刻起，《紐約時報》上有任何關於中國的報導都會掛上我的名字。

伯恩斯於一九七一年五月抵達中國，不太順利地展開了報導任務。

約翰・伯恩斯，《多倫多環球郵報》：我從香港新界走過木頭鋪面的橋，來到中華人民共和國。我在橋中間遇見一名垂頭喪氣的傢伙，他自稱是派駐中國的德國記者，在他身後還有一小群駐北京的西方記者；表情哀傷的德國人用著不祥的語氣說道：「掉頭！回去！你要去的地方很瘋狂，救救自己吧！」說完，他就踏著沉重的步伐往香港去。[2]

在他少數幾次和中國高官的會面中，為了處理中國灌輸給他的政治宣傳，伯恩斯很快地發展出對策。

約翰・伯恩斯，《多倫多環球郵報》：我很早就學會身為外國記者必須要學會的一課：每個說謊的官員都會說出某些真相，而且天知道他們有多少說謊的官員。我曾訪問過一名中國官員，這段訪問可能在別人眼裡看不出什麼，但對我而言卻是破綻百出，儘管他們盡力掩飾許多事，你還是可以從中得到許多。

我感官敏銳、四肢健全，而且擔任記者這個關鍵的角色，讓我得以挖掘真相。大多數人總會說在文化大革命期間報導中國有多麼艱難，但我發現了腳踏車的優點：我可以在晚上騎著腳踏車出門，騎進各條城市裡的胡同，或者騎進鄉下村莊。我感覺整個中國都攤開在我眼前。

人們都非常友善，對我而言，這是在中國生活和工作的重要特點，他們很願意告訴我幾乎所有事；另外，那段期間人們都在受苦，受苦的人們非常渴望說出自己的故事，有時甚至有點太過渴望了。我認為身為一名負責任的記者應該要謹慎小心，不要為了報導而讓這些人陷入危險；然而，不論政府和共產黨多麼努力想在記者眼前掩蓋文化大革命，他們所做的一切都只是徒勞無功。

身為跑者也能貼近中國真實現況，我開始在清晨或晚間跑步——不是想要躲過監視，而是當時的交通太險惡了，路上太多腳踏車，在晚間跑步比較安全。我透過跑步得知了大量資訊——中國跑者也會在晚間出來跑步，世界各地的跑者之間都有深厚的情誼，你可以和隨便一個人一起跑一個小時，藉機深入認識一個城市和社會，大家之間都有一個基本的信任。

某天清晨，我跑過國家安全部總部，聽到一串齊發的槍響，我確定我聽到的是處決的聲音——早上六點的齊發槍響，有時候還會接著一聲手槍的槍響。我對著中國派給我的翻譯說：「他們應該在裡面處決人民。」「不、不、不，」他說道，「只是步槍試射。」毛澤東過世時，我們才開始知道真相：果然，他們就是在處決人民。這是其中一個例子，顯示不論他們多努力掩蓋中國真實現況，都是徒勞無功。

伯恩斯因為身在中國，才有機會解開領導階層鬥爭的線索，這是他在香港的同行做不到的事。

約翰．伯恩斯，**《多倫多環球郵報》**：國家元首抵達時，你可以跟去機場，如果是重要的國家元首，政治局就會出現，他們會分成截然不同的兩群人，一群是以江青為首的四人幫，還有另外一群人，他們大多在共產黨史上都更加備受尊崇。兩群人之間會有人在機坪上來回穿梭——那個人就是周恩來。你就算不是擁有五十年資歷的漢學家，也能了解發生什麼事。

伯恩斯發現自己的報導常常惹怒中國政府。

約翰・伯恩斯，**《多倫多環球郵報》**：我很習慣半夜三、四點接到電話，電話另一頭冷漠地說道：「來外交部一趟。」我會開車經過杳無人煙的街道，將我的福斯金龜車停在外交部外，走進一間為存放毛澤東肖像預留的空房。政府高官會走進來斥責我，他們總是身穿毛式中山裝，每次都以刺耳的聲音對著我咆哮道：「你污辱了中華人民共和國的領導，你濫用了中華人民共和國的善意，這些是嚴重的罪狀，你還有什麼想說的嗎？」

我很快就知道必須使用十九世紀卑躬屈膝的那一套：不論你是不是真心的，只要能展現歉意就會沒事。我會說：「我一直試著誠實報導中國的現況，但是我無法接近中國人的生活和高官，我會盡力了解現況，但我有時可能會出錯，如果是這樣的話，我道歉。」接著馬上就會聽到某人態度放軟，巧妙地說道：「我們接受。」氣氛也會在一瞬之間改變。「喝杯茶嗎？」同樣的情形發生很多次，你就會了解到什麼是真正敏感的議題。

與季辛吉同行

一九七四年八月，理查・尼克森因為水門案被迫辭職，傑拉德・福特繼任成為總統；福特讓亨利・季辛吉留任國務卿，並承諾會沿續尼克森和中國修復關係的政策。十一月，季辛吉飛到北京，儘管約瑟夫．萊利維德過去申請中國簽證都遭到拒絕，但他於季辛吉專機在東京加油時，成功地和《紐約時報》駐國務院新聞記者對調。

約瑟夫．萊利維德，《紐約時報》：他一到東京，我們就讓駐國務院記者伯尼．格維茲曼下飛機，換成我假扮成《紐約時報》駐國務院新聞記者上飛機。我們比他們高明，在不妨礙到季辛吉情況下，他們無法做任何應對，因為這是季辛吉的專機，美國政府也同意這麼做，所以我就上機了。

這是季辛吉第七度出訪中國，但是出現重大突破的機率似乎不高：北京積極想讓雙方關係正常化，但堅持華府必須先斷絕與臺灣的外交關係，這對福特總統是很嚴重的問題，因為美國還是很支持臺灣，特別是共和黨的保守勢力。此外，季辛吉長期以來的對話窗口周恩來罹患癌症，季辛吉出訪前先禮貌性打了通電話給住院的周恩來，但顯然其他的官員——特別是副總理鄧小平以及外交部長喬冠華，會主導後續的協商。

約瑟夫．萊利維德，《紐約時報》：周恩來住院時，頭上纏著的繃帶十分誇張，看上去好像是動了腦部手術。第一天晚上，鄧小平突然出現在人民大會堂，取代了周恩來的位置。這一切都很戲劇化。

周恩來將日常的外交事務都交給鄧小平，鄧小平態度直接又強硬，他批評季辛吉企圖緩和美蘇關係，並背棄和臺灣斷交的承諾。萊利維德在報導中提到季辛吉在北京最後一天宴會上的情況「席間，中方由喬冠華代表敬酒，似乎有點不尋常的簡略和輕描淡寫，完全沒有提到任何進展，與季辛吉的敬酒詞不太相符。」[3]

約瑟夫．萊利維德，《紐約時報》：他們最後帶我們去蘇州，我們去了許多壯闊的園林，看見一個年輕女孩在跳繩、唱歌。外交部長喬冠華和季辛吉在花園裡，我去看女孩們跳繩並仔細聽著；不到三分鐘，喬冠華就毫不意外地帶著季辛吉登上假山，季辛吉說：「真是可愛的小女孩，她在唱些什麼？」一名站在旁邊的男性馬上說：「她在唱我們不能放棄臺灣。」

季辛吉此行唯一的成果就是中方邀請福特總統隔年參訪。

新世代

夏偉是哈佛大學畢業的年輕漢學家，一九七五年春天，他受邀與二十名美國左翼分子一起參訪中國，夏偉當時正在為《紐約客》撰寫文章。

夏偉，《紐約客》：那是一趟很有趣又很令人困惑的旅程。我會說一點中文，花了幾年和中國人相處，我以為我知道怎麼和他們互動、怎麼避開一些文化盲點，但當時再多的理解，都無法縮小外國人和中國人之間的差距。那年是一九七五年，毛澤東還在世，文化大革命的結束也還遙遙無期，所有關於友誼的浮誇之詞都缺少真實情感背書。當他們知道我為《紐約客》撰寫文章後，我們之間出現了許多摩擦；我們在山西省的樣版農村大寨村時，他們對我作家的身分很敏感，他們告訴我，我將會在我的洞穴待好幾天。我們都住在山西黃土山丘的洞穴裡。這是我第一次有像這樣的感覺：在中國不太確定自己犯什麼罪，觸怒了「老大哥」被刻意排擠，幾天後才被決定放出來。

我記得我們飛到北京的飛機是中國人買的第一架波音七〇七，我記得我們順著一條老舊的雙線道開車進城，路上完全漆黑，你會覺得有點像走入當前的北韓。

夏偉算是一九七〇年代崛起的新一代中國記者。大多數人都還是駐紮在香港。包德甫曾在哈佛大學學過中文、報導過越戰，也曾是《紐約時報》裡發表五角大廈文件的團隊成員之一，他即將接掌《紐約時報》香港分社，接任心灰意冷的約瑟夫．萊利維德。萊利維德已經放棄等待中國當局同意他們開設北京分社，並回到紐約。

包德甫，《紐約時報》：我寫那些報導的前幾個月都有點害怕，害怕這些報導會回過頭來傷害我，害怕我所寫的完全是錯的，因為我們只是根據少數人對現況的理解來下判斷，我們只是做出假設，我們無法去到中國，無法親眼見證，無法親身接觸，我們無法做一般記者會做的事。但每篇報導出來的結果基本上都是正確的，我開始有了更多信心，也不再那麼害怕。

其他記者也陸續抵達，包含一對從哈佛大學畢業的年輕情侶：傑伊與琳達．馬修斯。琳達任職於《華爾街日報》剛成立的亞洲版，傑伊則任職於《華盛頓郵報》，傑伊從大學便下定決心，追隨卡史丹的腳步，他是報社派駐亞洲的前輩。

香港出生的秦家驄從一九六七年來，便在紐約幫《紐約時報》編輯中國相關的報導，他的正式職稱為「區域專家」，由當時已是報社外電編輯的西默．托平所創的職位。一九七四年，秦家驄離開《紐約時報》回到香港，他和琳達．馬修斯一樣加入亞洲版的《華爾街日報》。

秦家驄，《華爾街日報》：我在耶魯大學學習漢學、在哥倫比亞大學取得新聞學碩士學位，一九七三年和左翼美國學生團參訪中國以後，一九七五年末，我為了接CBS的案子來到香港。

與此同時，羅伯特．艾里根還住在香港，他從一九五〇年代便開始追蹤中國新聞。如同布拉德舍的報導，艾里根的報導也長期觸怒中國當權者，他們都名列北京當局的黑名單；如同約瑟夫．萊利維德，艾里根也是透過亨利．季辛吉的幫忙才能於一九七五年十月到達中國。季辛吉當時回到北京為福特總統十二月的參訪做準備。

羅伯特．艾里根，《洛杉磯時報》：多虧了季辛吉，我一九七五年才能去到中國。季辛吉說，他會請周恩來給我簽證，「我下次去中國時會帶上你。」中方說我不能去，季辛吉說：「你們不能控制我媒體團隊的成員，艾里根不能去，我也不會去。」後來就成功了。

艾里根後來寫出了一篇他在出訪時和中國外交部高官的談話。

羅伯特．艾里根，《洛杉磯時報》：他說，我對中國的報導雖然精確，但太過批判，這樣的精確性是他主要反對的點；他說：「沒錯，我們是有錯，但為什麼要寫出來呢？只要改變你的寫作角度，我們就會給你簽證。」我回覆道：「如果你們給我簽證，我可能因為能近距離觀察而改變寫作角度，但也可能不會。」他大發雷霆地說：「除此之外，你的中文真的好過頭了。」從共產政權官員口中聽到這句話真是憂喜參半，我很榮幸的同時也很洩氣，顯然要過很長一段時間我才能再進到中國。[4]

毛澤東衰弱的身體以及福特的中國行

季辛吉離開北京前兩天，毛澤東同意會見他。

羅伯特．艾里根，《洛杉磯時報》：季辛吉中國行的最後一晚，我們在吃晚餐。亨利先去見毛澤東後回來，我們以為他會談毛澤東，但他說：「很抱歉，我不能和你們說毛澤東的事。」某人接著說道：「如果你們不知道他說了什麼，我來告訴你們他說了什麼。」他說道：「毛澤東的狀況很糟，這也是他不能告訴我們的原因。」

的確，季辛吉的助理溫斯頓．羅德當時也在會議裡，他在此行後給了福特總統一張祕密備忘錄，他寫道：「毛澤東病得很重，看上去就是如此。儘管他的頭腦還算清楚，但他已經無法像過去一樣送我們到門邊；他已經快要完全無法說話，只能透過書寫或模糊的咕噥聲；他就快要『上天堂』了，他描述了他的許多病症。」[5]

十二月初，福特總統抵達北京，NBC資深記者羅恩．尼森於一九七四年被指派為福特總統的白宮發言人。

羅恩．尼森，福特時期白宮發言人：中國當時面臨了很艱難的時刻。毛澤東，革命英雄和共產中國創立者，年紀很大且病得很重，其他高官都往上升官填補空缺。

慶典和排場還是一樣，但相較於尼克森於一九七二年的出訪，福特的參訪行程被認為充滿不好的觀感以及外交失誤，而總統對外交事務的陌生加劇了這一切。

湯姆．布羅考是NBC駐白宮記者。

湯姆．布羅考，NBC：外交政策並不是傑拉德．福特的強項，特別是對中國的外交政策，他有點像是被亨利．季辛吉牽著走。在中國待了二十四小時後，我們開始抱怨一連串的拍攝行程，我們無法得知總統做了什麼，也不知道總統正在做什麼；我們對於這些事很不滿，我們只是在旁邊走來走去，並沒有得到很多資訊或好的簡報，一切都是照行程走而已。

羅恩．尼森，福特時期白宮發言人：當時管控很嚴，由中方完全控制。

泰德．科佩爾，ABC：即便我們能自由地到處晃，但我們顯然晃到一個他們不希望我們進入的地方，我因此被逮捕。一些當地居民圍過來，在我反應過來以前，我就被包圍了，接著幾名警察經過，將我們帶回局裡，我們必須在那邊等上好幾個小時，他們打了一些必要的電話，接著我們就被釋放了。

北京當局對華府無法和臺灣斷交感到失望，並認為美國面對蘇聯時不夠堅定，再加上毛澤東每況愈下的身體，美方都不敢確定福特會不會見到毛主席。

羅恩．尼森，福特時期白宮發言人：中方永遠不會公布隔天的行程、誰會和福特談話，特別是福特是否能見到毛澤東。

突然間，在總統出訪北京的第二天，會面確定了；但是毛澤東無法再控制他帕金森氏症的症狀，他說話含糊不清，助理在費力翻譯之前，還必須先理解他含糊的話語。

羅恩．尼森，福特時期白宮發言人：毛澤東年紀很大且病得很重，他說的話在我耳裡就只是無意義的話語，翻譯卻能翻譯成漂亮的英文句子。

後來，記者聽說這持續了兩小時的無意義談話，因為福特的失言而結束。

湯姆．布羅考，NBC：毛澤東很明顯快不行了，會面的最後，季辛吉告訴毛澤東：「主席，這場會面向我展示了您還有時間，您將會長久活下去，並持續領導您的人民。」毛澤東接著提起神，說道：「我的神在召喚我回去了。」接著亨利說道：「不是，您的時間還沒到。」福特此時屈身向前說道：「主席，您想做什麼就做吧，亨利總是一直指點別人該做什麼事。」他在叫毛澤東去死！於是大家趕緊將福特趕出去。

官方文字紀錄證實了這段對話，「國務卿季辛吉說，他很開心毛主席服從他的命令，也就是不去天堂，福特總統說，他希望幫國務卿把話說清楚，這樣主席才能安心上天堂。」[6]

蓋瑞．杜魯道（Garry Trudeau）是福特中國行的媒體團中一名不尋常的成員，他創造出風靡四方的諷刺連環漫畫《多恩斯伯里》（*Doonesbury*）；杜魯道從耶魯大學就學時就開始畫連環漫畫，他在當年獲得了普利茲獎。

羅恩．尼森，福特時期白宮發言人：同行的有各式各樣的人，我們有其他專欄作家，但我不記得還有其他漫畫家；蓋瑞．杜魯道的漫畫主題都是時事，所以他能同行，我一點都不意外。

毛澤東的女性翻譯員讓羅恩．尼森印象深刻，成為《多恩斯伯里》中哈妮這個角色的靈感來源，哈妮是這部漫畫裡最著名的角色之一。杜魯道從諷刺的角度切入中國，提出了許多令人驚訝的見解，例如：哈妮解釋她如何為生病的毛主席翻譯。

摘自《多恩斯伯里》：他很常改變心意，雖然他的話是金科玉律，但我必須對他的話負責。舉例而言，上週一，他叫我把長城拆掉，因為那是古代暴君的象徵；星期二，我向他回報一千五百英里的長城都拆掉了；星期四，他告訴我他反悔了，希望再把長城重建回來；星期五晚上，我告訴他，我親自動員了兩千萬名工人，將整座長城重建回來。其實我整個星期都在看電視，但他認為我是個天才。[7]

福特的訪問並未取得突破，雙方無法對於如何進展沒有共識。芮效儉於一九三〇年代出生於中國的傳教士家庭，他在一九九〇年代初曾擔任美國駐華大使，當時是美國國務院中國事務處的副處長。

芮效儉，美國國務院：此行的重點是要告訴中國，美中關係正常化的過程，在福特總統順利連任前都不會實現，他希望在一九七六年大選連任；當然，中方對此非常失望，因為他們以為尼克森會在兩任內完成這件事，但尼克森也沒有做完他的第二任任期，所以福特的中國行很緊繃；如果福特不打算推進美中關係正常化，那對鄧小平而言，就沒什麼好談的了。

湯姆．布羅考，NBC：從很多跡象看來，我們知道中方不開心。福特一度做了一個很糟糕的決定，連吃兩天中國菜已經讓他膩了，所以他帶著幕僚搭乘空軍一號，一起去吃一頓牛排晚餐；當天稍晚排定了一場會議，中方為他準備了盛宴，讓他捱過漫長的四道菜宴席。那真的不是一趟成功的出訪。

龍年

一個月後，一九七六年一月八日，周恩來死於癌症，享壽七十八歲。周恩來在當時飽受中國人愛戴，被許多人視為是對抗毛澤東激進政策的力量；他過世的消息引發全國性的哀悼，伴著害怕江青為首的激進派會再次掌權的恐懼。鄧小平雖然遭受批鬥，但仍然由他宣讀追悼詞，他顯然透過讚美周恩來，間接批評激進派。值得一提的是，毛主席並沒有出席追悼。

我當時剛到香港，周恩來過世是我參與的第一個大新聞，此時，在香港市區的大東電報局大廈裡，我們已經可以監看到廣東電視台，不用再像幾年前的記者，跑到邊界架設手提電視觀看。每天晚上，我和同事會聚集在大東電報局大廈六樓，觀看公祭上不可思議的場面；最終，中國央視轉播的畫面已經戲劇化到足以變成一篇電視新聞報導。

然而，隨著喪禮結束，毛澤東並沒有指派鄧小平接任周恩來擔任總理，而是由無派系色彩、政治上較為可靠的前湖南省委書記華國鋒接任，權力鬥爭也持續進行。

周恩來過世不久後，激進派對鄧小平的批鬥愈演愈烈，大學校園裡會出現海報譴責鄧小平走上了「資本主義的道路」；四月初的週末正值清明節，是中國人祭拜祖先的日子，數十萬人聚集在天安門廣場，放置花圈紀念周恩來，很明顯是間接對江青為首的激進派表達不滿。

理查．伯恩斯坦，《時代》雜誌：對我而言，清明節的示威也許是我第一次感覺到轉機，我記得當時心想：人們還能示威真是太好了。我們能清楚感受到領導階層的分歧，但更重要的是，有一大群，甚至可能是大多數的中國人並未被洗腦，他們多少知道自己想要什麼，以及知道他們被這些統治者奪走的權利，也許他們甚至不如我們所想的那麼崇拜毛澤東。

大眾對文化大革命的殘酷積怨已深，激進派無疑將此視為一種威脅。四月五日，他們派出警力移除花圈、解散群眾，短暫的暴力衝突隨之展開，導致車輛建築物被燒毀，幾百名民眾被拘留。

對我們這些身在香港的記者而言，報導這起事件真的是難上加難，我們沒有影像紀錄，所以CBS和其他新聞網都以廣播新聞播送；我們要花上好幾個小時才能聯絡上外館人員，以及少數住在北京且願意接受採訪的外國人。

包德甫，《**紐約時報**》：我當時很依賴許多香港、英國和美國的外交官，以及一些我們聯絡得上的中國觀察者，他們算是基本的消息來源。

勞達一神父是匈牙利籍的耶穌會神職人員，對從境外追蹤中國的人而言，他每週出刊的《中國新聞分析》一直是很重要的消息來源。秦家驄回想起和勞達一神父談到這些抗議。

秦家驄，《**華爾街日報**》：抗議者將花拿到天安門紀念周恩來，但一夜之間花都不見了；我記得和勞達一神父講到這件事，他說這次抗議一定是有組織的，不可能只是自發性的。他們去哪裡買這些花？在中國，你需要有供給者和許可才能買到任何東西，不可能只是人們各自出門去買花，他在想的是這件事——這一定是派系鬥爭。

抗議被鎮壓的幾天後，這個巧妙的推論被證實了。激進派將動亂怪到鄧小平身上，所以鄧小平從他的官位上被拉下來，這是他在不到十年內第二次被整肅。

當年春季尾聲，毛主席做了生前最後一次公開亮相：接見新加坡總理李光耀以及巴基斯坦總統佐勒菲卡爾・阿里・布托（Zulfikar Ali Bhutto）。如同包德甫在《紐約時報》寫道，毛澤東「年紀大又虛弱，如同半透明的瓷器一樣脆弱。」[8]毛主席顯然氣數已盡，記者們都積極準備報導他的死亡。

包德甫，《紐約時報》：《紐約時報》習慣先寫好訃聞，他們打算為毛澤東撰寫滿滿四頁的訃聞，這是他們寫過最長的訃聞，他們說道：「我們想讓你來寫。」我說：「這會花上我一些時間。」他們說道：「你用空閒時間寫吧。」我說：「我肯定做不到，我想要回去中國，閱讀任何我能找到的資料，與人談話。」他們最後給我一個星期，《紐約時報》無廣告的四頁全版是很長的篇幅，我日以繼夜地持續撰寫。

七月二十八日，強度七點六級的地震重創了唐山，那是一個位於北京東方一百一十公里外的城市。地震於半夜來襲，幾乎所有人都還在睡覺，所有建築物幾乎都被夷為平地，奪走了無數人的性命，估計約二十五萬人因此喪生。這是嚴重的自然災害，這麼重大的新聞，記者卻完全無從報導起；在北京的少數幾位外國記者都被禁止接近唐山，只能得知一點點消息；如同四月報導天安門抗議一樣，我們所有駐香港的記者都只能監看中國官媒，並試著用電話聯絡北京的外國人。我和一名在北京的年輕加拿大女學生變得很熟，她為我描述首都的狀況，因為北京也感受得到地震，人們都睡在街上；我記得我每天都去香港火車站等大陸來的火車，試圖找到一個可能有錄下北京情況的外國旅客，不過最終還是無功而返。儘管唐山大地震是二十世紀最嚴重的自然災害之一，但只有幾張照片留下，且完全沒有影片紀錄。

理查．伯恩斯坦，《時代》雜誌：華國鋒拒絕了毛毯這類物品的援助，我記得我十分震驚，因為我們當時很清楚這是一場巨大的災難，加上中國又是如此貧窮，成千上萬人流落街頭。他們拒絕接受援助是基於中國能自給自足的意識形態。

毛主席過世

中國的傳統上認為，自然災害預示了一個朝代的衰亡。九月九日，唐山大地震後不到兩個月，毛澤東過世了。這是一條重大新聞。

湯姆．布羅考，NBC：一九七六年，我接掌了《今日秀》，《今日秀》過去報導的內容和現在略有不同，我在清晨兩點接到電話告訴我毛澤東過世了，我們直接暫停當天的播出；我們不知道事情會怎麼發展，我們盡力做到最全面的推論，但一切都是徒勞無功。

布魯斯．鄧寧，CBS：北京傳來他已經過世的消息，我們接著開始發送廣播素材。沒人進得去中國，所以一切都只能搭配上檔案資料裡的影像紀錄。我們就好像在黑暗中玩填字遊戲。

《時代》雜誌的耶羅德．謝克特因緣際會下剛好在中國，他當時正在報導福特政府前國防部長詹姆士．施萊辛格（James Schlesinger）出訪中國的新聞。

耶羅德．謝克特，《時代》雜誌：當時我們在西藏，我們深夜時聽到毛主席過世的消息，他們派了一架飛機來把我接回北京，前國防部長施萊辛格將會代表美國出席喪禮，所有黨內同志都會前往致意。我們抵達北京，開進城市時，一輛車都沒看到，但街上的人們都在放聲哭泣，這是一種大規模的情緒宣洩，好像家裡的長輩過世一樣，城市裡也瀰漫著一種失落與未知的氛圍。

毛澤東的遺體開放公開瞻仰一週，大批民眾前來瞻仰遺容。九月十八日，總理華國鋒成了中國名義上的新領導人，在天安門廣場對著一百萬名中國人發表紀念演說。

布魯斯·鄧寧，CBS：中國央視轉播好幾個小時的喪禮畫面，想要畫面的人都可以翻拍，這是我們的畫面來源，剩下能做的就是打電話到北京，希望能聯絡上新華社一類的通訊社，一起想辦法收集能收集到的資訊。

謝克特是唯一一個在那裡接收資訊的美國記者。

耶羅德·謝克特，《時代》雜誌：喪禮上，我們都向毛夫人致意，也見到其他四人幫的三位成員；*我看著他們，他們看起來十分滿足，他們就是在等待這一刻，等不及看到遺體下葬。我回去寫了篇報導傳回紐約，隔天早上，施萊辛格打電話給我，請我去他的房間，我到了之後他說道：「中方憤怒地抱怨你的報導，你在報導裡寫到四人幫似乎試著奪權，我告訴他們，即便你是來中國作客的，我也控制不了你。」他很清楚地表示了我讓他丟臉，但這就是美國人做事的方式，你就是寫你想寫的東西。我們當然也討論了這件事：既然我的報導是從中央電報局發出去的，顯然有拿走了報導的副本，交給當權者，讓他們很快地就表達了他們的不滿。

《時代》雜誌最後沒有刊出他的文章，謝克特對此感到失望。

耶羅德・謝克特，《時代》雜誌：《時代》雜誌並沒有在報導中提到四人幫，原因我不清楚，他們刪減所有對內部鬥爭的質疑片段；我猜測，他們認為一位歷史人物剛過世，這麼做是不太得體的。

《時代》雜誌錯過了一個巨大的獨家新聞，但卻從劉香成手中得到一些獨家照片。劉香成出身香港，爸媽來自中國大陸，但他卻在美國長大；他當時是駐香港的自由攝影師，並且成功到達廣州。

劉香成，《時代》雜誌：香港人只需要回鄉證就可以進中國，而我有回鄉證；我記得很清楚，我看到的不是人們悲傷的臉龐，而是很不可思議的事：我感覺人們有點鬆一口氣的感覺。即便是帶著黑紗弔念毛澤東的人也一樣，所有人的肢體語言都是一種鬆了一口氣的感受；我很清楚地記得，我感覺那是轉變的開始。

四人幫下台

共產黨暗地裡的權力鬥爭確實已經到達高峰，江青以及激進派試圖將毛澤東生前的影響力據為己有，持續控制官方媒體，密謀全面掌權，但更多領導階層裡的溫和派代表，持續爭取到華國

＊　四人幫指的是江青和她三位重要伙伴王洪文、張春橋和姚文元。

鋒和其他重要軍事將領的支持；十月六日，他們策劃了一場政變，江青和她三名重要的盟友因此被捕。

理查·伯恩斯坦，《時代》雜誌：我們根本無法事先得知四人幫的情勢有多脆弱，也沒預料到在毛澤東死後，他們居然這麼快就被逮捕了。

包德甫，《紐約時報》：儘管他們幾乎已經全面掌權，這些人顯然非常不受歡迎。毛澤東過世後，他們最大的靠山消失了，他們因此迅速失勢。

四人幫的下台讓舉國歡騰，但美國記者依然無法進入中國，只能依賴旅人的口述以及影片紀錄。與此同時，江青和她的追隨者成了「人格暗殺」的目標，最著名的是，他們出現在一系列類似漫畫的海報上，這讓電視新聞記者有些畫面能放在電視報導裡。

身為電台記者，我從未做過新聞報導。茱蒂斯·盧柏曼（Judith Lubman）是我的美國女性企業家朋友，她的公司從中國進口貨物，她的老公史丹利是中國法律體系的專家。茱蒂斯和史丹利邀請我參加十月中旬、半年舉辦一次的廣東交易會，她帶著一系列令人驚艷的彩色照片回到香港，這些照片的內容都是將江青和四人幫譴責為「披著人皮的狼」以及「惡性腫瘤」的海報。她給了我這些照片，身為努力取得照片的人，儘管我當時的職位不高，CBS還是讓我為晚間新聞寫一篇報導，這是我的第一篇電視報導。

與此同時，四人幫很快地就被從毛澤東喪禮的官方照片中剔除。

秦家驄，《華爾街日報》：四人幫垮台以後，他們被從當時所有的影像和照片中去除；我記得在照片上還看到一隻袖子——他們把人從照片上去除，卻留下了袖子，他們成了失去人格地位的人。

一九七六年底，中國獲得了久違的平靜。

一九七六年是龍年。在中國神話裡，龍年通常預示著動盪，但沒人能預料到那年中國會發生這麼多劇變，從大地震到周恩來和毛澤東相繼過世，政治肅清和中央政變。隨著這年接近尾聲，我不是唯一感到筋疲力盡、承受太多驚嚇的人，我和其他一起觀察中國的同事都在猜想，接下來還會發生什麼事。

第六章 開放

吉米・卡特（Jimmy Carter）於一九七六年總統大選打敗福特。經過了幾個月的祕密協商，卡特總統於一九七八年十二月十五日宣布美中建交；作為部分建交條件，華府同意放棄（withdraw）對中華民國（在台灣的國民黨政府）的外交承認（diplomatic recognition）。一九七九年一月初，十二位駐香港的美國記者史無前例地被准許採訪鄧小平，他即將出訪美國以鞏固這個歷史性的外交突破。《華盛頓郵報》的傑伊・馬修斯從香港飛往中國報導這件大事，和其他人一樣，他也因為採訪鄧小平感到雀躍。

傑伊・馬修斯，《華盛頓郵報》：訪問鄧小平時，他首先和我們所有人握手，這也是我報導的開頭；我和鄧小平握手，這名歷史人物引領了中國西方化的浪潮。

羅禮賢是出身麻省的ABC駐港記者，一九七〇至一九七五年報導越戰和柬埔寨的新聞。一九七五越共勝利後，他是唯一還留在西貢的美國記者。

羅禮賢，ABC：我們訪問了將近一個半小時，大部分的討論都是關於改革或蘇聯，沒人討論關於人權的議題。最好笑的部分是鄧小平習慣不斷吐痰；他很愛抽菸，特別是熊貓香菸；他右手邊擺著一個巨大的痰盂，當我們站起來問問題時，他會等待翻譯，並開始集結一大坨痰，就在口譯員開始為他翻譯以前，他會將痰吐進痰盂裡。當我和一名中國研究學者談起這件事時，他說：「這很尋常，他以前常常這麼做，讓人們不知所措，人們會困惑地看著他的行為。」隨後，安排訪問的外交部發言人上前，對三間美國新聞網說道：「我們只有一個請求，基於友誼與合作的立場，能否不要使用任何鄧小平吐痰的影像和聲音片段？」基於友誼與合作的立場，我們踏出了自我審查的第一步。

鄧小平出訪美國

鄧小平於一月底、二月初出訪美國九天，那是一個重大的轉捩點，穩固了中國在美國大眾心中的新形象：

一九八一年，ABC 的羅禮賢正在進行攝影。起初中國不允許美國媒體的攝影團隊進駐北京，因此在 ABC、NBC 和 CBS 設立分社後，駐華記者必須負責兼顧所有的攝影工作。（羅禮賢提供）

中國不再是敵人，而是朋友，是一起對抗蘇聯的盟友。

約翰．羅得理克，美聯社：鄧小平個子很小、很活潑，非常機智，喜歡開玩笑；他不像大多數的中國共產黨員，大多數的共產黨員都有一個共同的缺點——他們缺乏幽默感、太嚴肅，但他不是。他看得見很多細節，從這個角度來看，他很有魅力。所以當這個小個子抵達美國，美國大眾和報紙的反應十分熱烈，我去到華盛頓加入其他記者的行列時，他正要展開他在美國意義非凡的壯遊。[1]

羅禮賢，ABC：幾乎就是美國總統出訪的規格，電視台和通訊社聚在一起，租了一架飛機，我們飛在鄧小平後面，如同記者對待白宮的態度一樣，紐約、華盛頓、亞特蘭大、休士頓和西雅圖每一站都停。

中國外交部資深官員姚偉負責處理鄧小平美國的媒體行程。

姚偉，中國外交部：鄧小平是一個想得很深入的人，他深知過去幾年來美中對彼此的敵意，他想要改變這個情況。我是先遣部隊三人之一，還有一位禮賓官員和一名保鏢。從我的觀點來看，首要任務之一是開一場不會傷害他形象的記者會。CBS、NBC當然想要單獨進行專訪，但我否決了，當時的鄧小平已經七十幾歲了，新聞台一個接著一個會沒完沒了；如果要做訪問，就大家一起做聯訪，當然，他們都同意了。

羅禮賢，ABC：最有趣的一個停靠站是休士頓，鄧小平去了林登．詹森太空中心，我們做了中國想要成為太空強權的報導。鄧小平好奇地想知道太空人如何搭乘太空梭上月球，他還問了完全是他風格的問題：「他們怎麼上廁所？」這是他提出的重要問題之一。

如果要舉出一個鄧小平讓美國大眾為之興奮的瞬間，那就是他戴上牛仔帽，在牛仔競技表演裡坐上驛馬車的那一刻。

羅禮賢，ABC：搭上驛馬車繞競技場一圈是很棒的體驗。那一刻，所有的中方代表在我眼裡似乎都非常放鬆，他們隨處坐下喝啤酒，享受美好時光，就像你在牛仔競技表演會做的事。

在ABC的報導裡，羅禮賢讚賞地提到：「鄧小平不僅是去了西方，而是西化了。」

這個象徵意味濃厚的元素也在中國引起迴響。

姚偉，中國外交部：牛仔帽是很美國的事物，這件事很自然地發生了；中方並沒有計畫「鄧先生，戴上這個牛仔帽。」他很有魅力地自己戴上帽子。一年多前，我們一位外交官來到華府，被拍了一張戴著牛仔帽、穿著牛仔襯衫的照片，讓他在中國遭到撻伐，人們認為身為外交官的他不該這麼做，但鄧小平卻不在意。

約翰．羅得理克，美聯社：這是一趟很棒的旅程，現在的美中關係並沒有如此密切，很難想像一九七九年鄧小平出訪時的那份狂喜，這是兩國關係的里程碑，我們當時真的對雙方感覺都很好，比任何時候都好。[2]

羅禮賢，ABC：報導都是非常正面的，鄧小平登上了《時代》雜誌的封面，出現在各大電視台上。他是一個很偉大的改革者、很可愛的共產黨員，幾乎被美國視為共產英雄，所強調的一切都是改革；對他而言，不管黑貓、白貓，會捉老鼠就是好貓。

開設分處

隨著美中建立外交關係，中國政府同意讓美國新聞機構到北京開設分處，卡特政府也歡迎中國派駐記者到華府。除了記者會外，鄧小平離開華府前，和計畫外派記者的新聞台、報社負責人見面。《華盛頓郵報》指派了傑伊．馬修斯，《洛杉磯時報》決定派他的妻子琳達．馬修斯。

琳達．馬修斯，《洛杉磯時報》：我們當時不知道能不能一起被批准外派，對此，我們欠鄧小平和《洛杉磯時報》的傑克．尼爾森*人情；在鄧小平和華府各新聞單位負責人的小型會議上，傑克舉起手問道：「長官，你可能不知道這件事——《洛杉磯時報》的記者和《華盛頓郵報》的記者是夫妻。他們很擔心無法同時取得簽證。」鄧小平和幕僚簡短說了一下話後回覆道：「他們會一起拿到簽證，如果我們沒這麼做，就侵害了他們的人權。」我永遠感謝傑克．尼爾森舉起他的手，以及感謝鄧小平。

《時代》雜誌派了他們駐香港的記者，理查．伯恩斯坦。

理查．伯恩斯坦，《時代》雜誌：不論是學界、中國學生或平凡人，任何被中國文化和文明吸引的人，或者那些發現中國有一些蘇聯沒有且討人喜歡特質的人，他們都感覺滿懷希望。也許這股興奮感源於：你和一群長久沒交流的人終於有了重大進展。美國渴望中國能變好、能進步，能符合政治宣傳中的形象。

《紐約時報》派了包德甫去報導。

包德甫，《紐約時報》：我一直認為自己真的很幸運，不只是因為我能進到中國開設《紐約時報》分社，搭上一九四九年以來，美國記者在北京開設分社的第一波潮流，也是因為我抵達的時機，剛好是中國自一九四九年以來第一次稍微對外開放。

一九七八年十二月底，共產黨召開了「中央委員會全體會議」，這是一場歷史性的大會：鄧小平提出了一系列基於「務實主義」的改革方針，在農業、工業、科學技術與國防等「四個現代化」的基礎上進行經濟發展，並以此取代思想正確性，成為共產黨的首要目標，解開毛澤東統治期間的思想束縛，幾乎所有被毛前主席整肅的對象都恢復原職。鄧小平呼籲黨員「解放思想，實事求是」，與其繼續過著清苦生活，以及不斷的階級鬥爭，現在的重心轉變為市場機制的擴大使用，以及大幅增加國際經濟交流。在「改革開放」的基礎下，全體會議是政治情勢的轉捩點，這在接下來幾十年會大大地改變中國的情勢。與美國建立連結是鄧小平策略中很重要的一環，不只創造一個更好的國際環境，也利用美國的資金、科技和專業知識來加速中國的發展。

初到中國的記者和位在美國的編輯，都很著迷於改變中的中國以及其前景。劉美遠是來自俄亥俄州的美籍華裔記者，她開設了《新聞周刊》的分社。

劉美遠，《新聞周刊》：一九八〇年代前葉，中國的報導主題是一系列的鄧小平，都是中國開放、美中關係友好這類的新聞，很棒吧？中國現在是好人，因為蘇聯是壞人，鄧小平是可愛的

* 傑克・尼爾森（Jack Nelson），《洛杉磯時報》華府分社社長。

共產黨員；我們寫了很多這類的報導。

一九四九年革命以前，劉美遠的父母就移民美國，她因為個人因素，非常渴望能報導中國。

劉美遠，《新聞周刊》：我出生於美國，但我父母出生於中國，不只如此，我哥哥也出生於中國，但沒有和父母一起移民到美國。我對中國很著迷，一直很想要學中文，想要知道關於這個國家的一些事；很長一段時間以來，這件事是不可能的；然而，一九七〇年代末期開放後，我就來了。我知道父母很提防共產政權，但對我來說，我的動機是相當個人的：這個與我有著深厚淵源的中國究竟是什麼樣子？我想要了解，我好像是要完成某種個人使命。

鄧小平出訪美國不久後，劉美遠飛到北京，第一次見到她的哥哥。

劉美遠，《新聞周刊》：我哥哥大我十歲。父母剛結婚沒多久，想要去美國留學；二戰結束後，他們把握機會去明尼亞波利斯，把我哥哥留給外公外婆照顧，以為他們學成後就會歸國；沒想到，二戰過後緊接著國共內戰，他們完全無法回國，所以我哥哥是被外公外婆在蘇州撫養長大的。

見到他的感覺很奇怪，我們有著相似的長相，但彼此卻很陌生，我們好像認識彼此卻又完全不熟。他是個非常溫暖、安靜的人。他有家人在海外，所以從未上過大學；他在工廠裡工作，但也因為他父母在海外，所以他在當時的待遇又比較好一些。我買了電視和一些東西給他，他還可以擴建他在蘇州的房子，情況看起來開始好轉了。

美國媒體很快就發現，北京的生活體驗和他們短暫訪問中國時很不一樣，儘管他們被像「貴客」一樣對待，卻還是有著諸多限制。約翰．羅得理克回到中國重啟美聯社中國分社。

約翰．羅得理克，美聯社：設立分社遇到的問題非常多，共產黨員不知道怎麼處理，他們從來沒有和我們互動過，但這是一件大事，所以他們也盡力配合。[3]

外國居民當時被要求住在只有外國人能居住的聚落；當時沒有足夠的公寓，所以中方將記者放在一棟骯髒、蘇聯風格的建築物裡。

理查．伯恩斯坦，《時代》雜誌：我們大多數人都住在「前門飯店」，一間蘇聯風格的飯店。我們之中許多人以前就彼此認識，我和傑伊．馬修斯、琳達．馬修斯、包德甫一起在哈佛讀研究所，接著我們同時間一起在香港，又一起到了北京。中國試圖控制我們這樣的人，我們有著相同經驗，對這些經驗也有類似的看法。當然，身為記者，我們也相互競爭，我和《新聞周刊》記者劉美遠有著十分友好的關係，但她也是我的競爭者，我不希望她報導的新聞比我好，反之亦然。

劉美遠，《新聞周刊》：我們雖然是競爭關係，但我們同時也有一種革命情感。

布魯斯．鄧寧從東京搬到中國，開設CBS分社。

布魯斯．鄧寧，CBS：我們住在前門公社，一起吃早餐、午餐和晚餐，一起看著來來去去的人；這是一種集體生活的方式，我們在午餐或晚餐時會交換新聞，就像一個緊密的小圈圈。

劉美遠，《新聞周刊》：住在這棟中式飯店的感覺就像開拓者，對於帶著家人和小孩的記者尤其是如此：飯店工作人員會隨時進到你房間清理，不管門有沒有上鎖，也不管你是不是在洗澡，或者你是不是在換衣服，他們都會直接進來；我的房間裡還充斥著蝙蝠。

羅禮賢，ABC：中國人根本無法進到飯店，他們若想進到外國人居住的飯店，都會被盤查。一般而言，除了在飯店裡的中國員工外，其他都會被拒於門外。

劉美遠，《新聞周刊》：我從來沒有管理過分社，更別說開設分社了。我發現我們必須自備所有東西——迴紋針、打字機、打字機專用紙、打字機色帶、能書寫的筆和其他小東西，都必須從香港帶進去，因為當地的工具不太好用；我們要自備釘書機，當地民眾還在使用針線裝訂紙張。類似這樣的事。

現在我們用電腦就能即時發送報導，很難想像當時寫一篇報導需要花多少時間，但費時的不是撰寫報導本身，我們都知道撰寫報導是怎麼回事。我得先用電動打字機在飯店房間打出報導後，騎上腳踏車到「電報大樓」——當時還是創社初期，我們甚至沒有時間進口車子；那邊有一個巨大、陰鬱、黑暗的大廳，大廳裡有一名職員，有時職員會為我用電傳打字機打出報導，但多數時候我需要自己繕打；繕打時電傳打字機會吐出一長條帶子，我們必須在傳送報導時，把帶子放到機器上，整個過程會耗費好幾個小時；有時職員不在，有時有別人在排隊，所以你得排隊等電傳打字機，真的和石器時代沒兩樣。

約翰．羅得理克，美聯社：一開始，我們得將副本拿到電報局，用相同的方式傳送照片；北京的局處不讓我們在辦公室架設機器，但最終我們還是架了。即便如此，情況有時還是很艱困、很複雜，你必須打出一些奇怪的數字，電傳打字機才能運作，有時你在晚上九點收到報導，等報導傳到東京和紐約已經是早上五點了，大概就是這樣。[4]

傑伊和琳達．馬修斯還得面對另一個問題：他們是夫妻，但也存在競爭關係，雙方的雇主都不太開心。

傑伊．馬修斯，《**華盛頓郵報**》：《華盛頓郵報》習慣讓外派記者在出國前簽署一份備忘錄，我的備忘錄裡有一段文字寫道：「你不能在任何新聞上被太太比下去，如果你能常常將她比下去，那就沒關係。」我開心地簽了這份備忘錄，但我們後來發現外派記者都會合作。

琳達．馬修斯，《**洛杉磯時報**》：某天晚上，我們參加一個派對。波音的美國代表喝得有點醉，便開始抱怨起一架中國訂購的波音七〇七不見了；我們把他拉到旁邊說道：「多說一點，聽起來很有意思，你覺得飛機去哪裡了，飛機墜毀了嗎？」他說：「不是，是在上海的機棚裡，他們將飛機拆解，試圖設計他們自己的飛機，我們在波音裡都稱其為七〇八，因為太像七〇七了。」

我記得回到飯店房間，對著傑伊說：「我們一定要寫這則新聞。」當然，我們必須得到波音的回覆，於是我們分頭進行報導作業和分享筆記，這是我們當時在那裡最明目張膽的合作，我們分別將報導送到編輯台，並說明天一定要刊出來，我們解釋道，因為另外一個人也寫了這篇報導。

馬修斯夫婦的合作常常讓《紐約時報》包德甫十分不滿，他的房間就在他們隔壁。

包德甫，《**紐約時報**》：當時我們都使用打字機，打字機的聲音很大，如果她在寫報導，我便可以聽到她在打字，如果我在寫報導，她也可以聽到我在打字；如果她起床去郵局透過電報線發送報導，我也會知道她去了，我去發送報導，她也會知道。她和她先生《華盛頓郵報》的傑伊．馬修斯常常一起出去追新聞，我有時會覺得處於劣勢，好像他們聯合起來對付我一樣。

琳達・馬修斯，《洛杉磯時報》：我記得那是唯一一次包德甫真的對我們生氣，他坐在椅子上說道：「我不喜歡你們聯合起來對付我。」

對抗體制

報導了毛澤東激進政策崩毀以後，記者們便發現他們不斷被中國的體制控制，中國對電視台記者特別有戒心。

羅禮賢，ABC：中國官僚體制對電視十分反感，比起其他媒體，他們更害怕電視，他們覺得：西方電視台一定會將中國形塑成一個退步的國家。在中國官僚眼裡，不管錄下的或播送到全世界的是什麼形象，都會是負面形象。

布魯斯・鄧寧，CBS：他們知道如何對付平面媒體，但電視媒體有點嚇到他們，所以他們非常謹慎；起初每個電視台都只能獲得一個簽證，所以我去了中國，但沒有攝影團隊，也沒有製作人，我必須自己拍攝。

珊蒂・吉爾摩曾被NBC派駐休士頓，她當時接受了外派北京的工作；在此之前，一位駐香港的記者因為這份工作太困難而拒絕了這份工作。

珊蒂・吉爾摩，NBC：我接到NBC總裁比爾・斯摩爾（Bill Small）的電話，他需要一名記者外派北京，一位駐香港多年的記者不願意去，他在香港住得很習慣，不想搬去北京住。

直到一九八三年，美國電視台才能派攝影師到北京，但「缺乏攝影師」只是記者面臨的挑戰之一而已；在外國記者和中國人民之間，共產黨當局強行砌起一堵牆，阻礙採訪。

理查．伯恩斯坦，《時代》雜誌：沒有寫在法律裡的不成文規定才是最嚴格的——中國民眾是被禁止和你說話的，法律並沒有如此規定，但人們都很害怕跟外國人說話。當時每個記者都在找少數幾個敢於談話的民眾，我也有幾名受訪者，這非常、非常重要，光要交朋友就已經非常、非常困難了，更別說是尋找線民，一切都被控制得很嚴格。

布魯斯．鄧寧，CBS：你不能邀請中國朋友到你的辦公室、飯店或公寓，要和中國人接觸非常困難，幾乎不可能交到真正的朋友。我記得某次和一名中國朋友在公園談話，旁邊有人看著我們，一對情侶走上前說道：「你們在做什麼？」一名外國人和一名中國人見面就會啟人疑竇。

基本上沒有審查制度，你不必將新聞稿或報導交給當局，但他們讓蒐集新聞的過程變得很困難。在傳送階段，我們必須先預約衛星服務才能發送，我們以衛星傳送報導素材之前，他們會要求我們先播放一遍，表面上是為了技術原因，但很明顯地，他們只是想知道播送的內容，如果有他們不想播出去的內容，就會出現「技術問題」。

包德甫，《紐約時報》：對我來說，每天的挑戰就是試圖戳破中國官方希望呈現的開心假象，試著挖掘中國人真正生活的情況。當美國記者第一次來到這裡，很少人能夠看透這一切，因為中國很封閉，中國人也無法和別人交流，所以他們也不太了解中國的日常生活。

姚偉，中國外交部：這是源於過去許多年的敵意，我不覺得你可以怪這些拘謹的中國官員，他們很怕犯錯。

秦家驄開設了《華爾街日報》的分社。

秦家驄，《華爾街日報》：我先去了中國外交部，見到姚偉，他說，你想和誰談話都可以，他們和你談話不需要許可，這讓當時的我留下好印象，但他卻沒有告訴其他人這件事；所以每當我和一個中國人談話時，他就會說我不能和你說話，我會說你不需要許可，當然，沒人相信。我最後受不了，要到了新聞部門的電話，我打電話說道：「告訴他，他和我說話不需要許可。」

理查．伯恩斯坦，《時代》雜誌：我在那裡時，一名美籍華裔的朋友來訪，他介紹我認識一名正在念大學的親戚，那是一位很聰明的年輕人，他很想認識我。對許多中國人而言，他們內心很衝突，與外界斷絕這麼多年後，他們很興奮能有機會和外國人交流，但他們也很害怕。

他叫小顧（Xiao Gu），我待在中國這段時間可能見過他五、六次，我會和他在友誼商店或國際俱樂部外面見面，他上了我的車，我們會開到某個地方，也許是在公園裡走走或者聊天，或者去百貨公司裡走走；他從來沒到過我的公寓，因為他必須先向保全登記。

幾年後我回到美國，電話響了，是一位從洛杉磯打來的袁先生；我不認識任何來自洛杉磯的袁先生，他說：「我是小顧。」我說：「天啊，是小顧。」他說他來到美國，在洛杉磯做生意，生活過得還不錯，他在紐約進行一個投資案，所以會到紐約幾天，他說他想請我吃午餐？

我說：「天啊，小顧請我吃午餐，真是風水輪流轉。」我們吃過午餐後，他告訴我，我離開中國後兩、三天，他就被捕，拘留了三天三夜，最後他被指定要回爸媽家。當他到家時，他看到三名公安局官員，他們告訴他，希望他能監視接替我來北京的記者；他們知道他認識我，他說，對，他透過親戚見過我一次，但我們之間沒有什麼關係。他們放了一段錄音，裡面都是他每次打電話給我，自稱小顧的錄音；他們還有一系列照片，證明他上了我的車，和我一起走在公園或百貨公司；他們密切注意著我們整段很單純的關係，記錄了所有細節。

當然，我知道他們在監視外國記者，但他們監視的程度真的讓我很驚訝：這是一段再單純不過的關係，他沒有什麼不能洩漏祕密，他說的話不可能包含會被查禁的內容，或者危害到中國國家安全，或危害到任何東西，但他們還是那麼嚴密地監視著我們。

記者們即使感到挫敗，還是盡全力地打破障礙。

包德甫，**《紐約時報》**：我一直在想，該如何才能見到中國人。我會找一些合適的地方，我會去公園，我會去百貨公司試著和一些人談話。我聽說搭火車或許有機會和中國人說到話，我去了一趟上海，上海到北京搭火車要二十個小時，我決定搭火車去，並且坐在一個中國人旁邊，藉此寫出一篇報導；我從中國旅行社買了一張票，他們沒有問我任何關於我的事，但當我一上火車，車掌小姐便說道：「你一定就是那位美國記者。」顯然他們一直都在追蹤我，她隨後對著整個車廂裡的乘客宣布道：「我們車上有一名美國人，他是一名外國記者，他會說中文。」基本上就是警告全部旅客不要和我說話。

《新聞周刊》的劉美遠、《華爾街日報》的秦家驄以及此時任職美聯社和《時代》雜誌的攝影師劉香成發現，身為華裔的他們只要穿著適當，就能偽裝成當地人。

劉美遠，《**新聞周刊**》：我看起來就是中國人，對我來說，事情簡單多了，但我還是得穿上毛領灰色大衣、戴上一頂大帽子；鞋子很容易露出破綻，所以你得穿中國鞋偷偷溜出來，這樣民眾才會認為你是當地人，不然，民眾會跟蹤你，調查你和誰說過話，偷聽你說什麼，即便只是偷偷溜出來和進京上訪*的人們談話也一樣。

那段期間，我最大的成就是：某天晚上我偷溜到這些上訪者住的地方，他們住在一個溝渠裡，上面蓋著類似防水帆布的東西，我和他們提及文化大革命以來還沒被平反的錯誤。當我回到前門飯店，守衛攔住我、不讓我進去，因為他們以為我是當地人；我告訴他們我的身分，他們臉上出現驚恐的表情，「天啊！我認不出你。」以及「你出去作了什麼我們不知道的事？」

秦家驄，《**華爾街日報**》：我有幸認識知名劇作家曹禺，我心想：「好吧，既然我認識曹禺，我要訪問他。」我問道：「我可以訪問你嗎？」他說：「當然，但你需要許可。」我打電話給新聞司說道：「我想訪問曹禺，他已經同意了，只是跑個流程，他需要你們的許可。」接電話的人說：「好的，我們會再看看。」

幾天後，他們回電說道：「抱歉，曹禺太忙無法見你。」我說：「不可能，他已經同意要見我了，你只要跟他說一聲。」他再次回電說道：「不，他沒空見你。」我說：「我明天要和他吃午餐，你怎麼能說他沒空見我？」他說：「這樣的話，如果你明天和他一起吃午餐，那你就可以訪問他。」

劉香成，**美聯社**：我能打電話聯絡作家、藝術家，到他們家裡拜訪，和他們一起吃飯，拍攝他們，他們會告訴我他們的現況，那段時間應該是我當駐外記者最棒的經驗之一。

離開北京

許多很有趣的發展都出現在北京之外，但是記者卻發現要離開首都並不容易。**包德甫**，《**紐約時報**》：如果你想去上海、廣東或其他城市，你會需要取得許可，這就會牽涉到外交部新聞司，如果你想去外國人不被允許進入的區域——中國非常多這種地方，有時還會需要從公安局那裡取得許可；當時只有少數幾個城市開放。

我曾在那些國外流通的精美中國雜誌上，看見一個中國東北的滑雪勝地，我覺得如果能去那裡，一定會很好玩，所以我向新聞司申請；幾週後，他們回覆我道：「我們很遺憾，中國沒有滑雪勝地。」我附上雜誌照片重新申請，我說：「應該有，這是證據，就印在你們的雜誌上。」又過了好幾週，他們回覆道：「沒錯，但我們很遺憾，這個區域不開放給外國人。」所以我心想：「他們就是不讓我去。」

不久後，我的美國商人朋友和他太太剛好下榻北京飯店，他穿越大廳時肩上扛著滑雪用具，我問他們：「你們去了哪裡？」他們說道：「我們剛去滑雪勝地。」就是我想去的那個，他們說

* 編按：「上訪」是中國特有的政治表達、請願及申訴方式。

那裡很棒。我有點惱怒，我又重新再向新聞司申請一次，並告訴他們這對美國夫婦才剛去過；幾週後，他們回覆道：「沒錯，包德甫先生，您是對的，中國人也會滑雪，中國有那個滑雪勝地，那裡也曾經開放給外國人，但我必須很遺憾地通知你，現在那裡沒有雪。」就這樣沒有下文了。他們會用各種方式讓你感到挫敗。

劉美遠，《**新聞周刊**》：那些日子裡，你需要旅行許可才能出北京，所以政府會組織記者去報導新聞。

珊蒂．吉爾摩，**NBC**：每當記者能成群出北京，我們就會把握機會，因為出了北京，你能藉機看到一點中國人真實的生活，不然你根本沒機會看到。

羅禮賢，**ABC**：那些日子裡，中國人很愛這種團體旅行，我最喜歡的行程是為《夜線》（*Nightline*）報導大慶油田新聞。當時非常寒冷。我們每到一個地方就會多一名隨行人員，從北京出發時就已經有一名隨行人員跟著，到了哈爾濱又多一名，到大慶附近的鎮上又多了兩名，當我們抵達油田，身邊已經多有八名隨行人員了。

中國官僚體系裡一直激烈爭辯著「該開放多少權限給記者」，外交部新聞司的姚偉積極爭取放寬限制。

姚偉，**中國外交部**：我們一直希望開放更多城市，外國人無法進去很多城市，新聞司儘力在嘗試開放，「讓人們進去有什麼好害怕的？」很多時候，他們不是害怕外國人會打探國家機密，而是不想讓人看到中國貧窮的一面。

劉香成，《時代》雜誌，美聯社：人們會非常生氣，因為他們說我拍下了中國落後的一面。媒體之旅都有既定行程，重頭戲是當地官員的「簡短介紹」，通常都會持續好幾個小時。

珊蒂．吉爾摩，NBC：這些簡報一次會持續兩到三小時，內容都充滿政治宣傳意圖，但也有機會能拍照、攝影，蒐集到一些日後能寫成報導的有用資訊。

姚偉，中國外交部：去到任何地方，公社領導、工廠廠長都會發表一段很長的歡迎演說，總是以一堆制式口號開場——在中國共產黨的領導下、在毛澤東思想的領導下等等。

這對電視記者來說是特別大的阻礙。

羅禮賢，ABC：他們會堅持讓你坐下來喝杯茶，如果你是攝影師，這會讓你瘋掉，我就快被搞瘋了。我不是一個很傑出的攝影師，所以我需要爭取多一點時間拍攝，但我被安排坐下喝杯茶，我只想趕快離開；冬季的日光非常短暫，你會想停止這個茶席上的冗長談話，離席並拍攝一些東西，這是駐中電視記者面對較令人困擾的問題之一。

改變中的中國

然而，隨著中國正在經歷重大轉變，美國記者開始緩慢且掙扎地突破中國的表象，洞察中國實際的樣貌。

珊蒂．吉爾摩，NBC：報導的主軸是對西方的經濟開放：中國開始發展出一種類似私人企業的組織，用來改革社會主義主導的經濟體；我盡可能依循這些故事線撰寫報導。此外，我試圖聚焦在宗教上，報導中國開始放寬宗教限制，讓人們回到教堂。這是一瞥人們生活樣貌的報導：生活在那裡是什麼樣子？交通是什麼樣子？巷弄裡的生活又是如何？這類報導一直都很受歡迎。

你可以走到街上，拍攝街景、腳踏車、行走的人們、冬天堆疊在人行道上的包心菜、商店等等；你可以向民眾問問題，雖然許多人不一定想回答，因為他們擔心受訪的後果，即便只是「你過得好嗎？」這樣非政治性的問題也一樣。若想進入一個中國企業、集體耕作的農場、工廠，就會需要好幾個星期的準備時間、電話往來，並懇求、哄騙外交部裡的官員發放許可，讓記者能出去做他們的工作，這個過程真的很讓人感到挫敗。

布魯斯．鄧寧，CBS：我們很多人試著寫出和「紅色中國威脅」不一樣的報導，點出「他們也是活生生的人」：這是世界上最大的國家，他們是怎麼樣的人？整體來說，我們有很多很棒的感受，在早期，幾乎所有事物都可以作為新聞播送，處處瀰漫著新奇感；我們在北京有分社，我們有一群人在中國，他們願意播送任何新聞。

羅禮賢，ABC：當時，中國對西方的開放讓人十分驚訝。ABC、NBC和CBS一九七九年的節目反映了很多事：中國正在開放，在改革架構下，鄧小平列出的所有微小創新都被大力宣揚——第一間私營餐廳、第一輛私用汽車，以及其他一系列的「第一次」。大家對記錄生活瞬間的故事都很渴望，特別是有好照片的報導；現在或許很難理解，但你必須知道：七九年到八三年這段期間是中國的「出道」，美國的電視觀眾幾乎沒看過中國的樣貌，所有視覺上有趣的東西基本上都會受歡迎。

布魯斯．鄧寧，CBS：我們寫過私營餐廳的報導，民眾會在自家開設餐廳，這是一些私人企業的初期範本。我記得自由市場剛出現在北京郊區時，只有幾名農夫架起簡陋的檯面販售農產品，但這與國家商店相比，已經是一大進步，農產品的品質也顯著提升。

琳達．馬修斯，《洛杉磯時報》：一九八〇年的耶穌受難日，部分在文化大革命時被迫關閉的教堂又重新開放；我們走進一間教堂，遇見了謝模善。合唱團在為主日崇拜練習，他們拿著手抄的讚美詩集，因為真正的讚美詩集在文化大革命時被燒掉了；他們以中文歌唱著：「信徒應該奮起。」那個在中國教堂裡的時刻感覺很魔幻，因為在此之前，這個教堂已經被當作工廠很多年了，現在裡面有個合唱團，還有幾個耶穌會會士。

鄧小平改革開放的其中一項政策是：批准國家東南海岸設立四個特區，做為市場經濟的實驗區域；他希望這四個特區能帶動經濟發展。這是自共產革命以來，私人企業和外國資金這類的資本主義活動第一次被許可，甚至還被積極推動。第一個特區是深圳，當時還緊鄰香港邊界的小漁村。

秦家驄，《華爾街日報》：深圳當時什麼都不是，只是一個小村莊，人口很少；第一次到那邊根本看不到什麼東西，他們什麼都還沒做，但他們說了他們的計畫。現在那裡有幾百萬人，中國可以在幾乎一夜之內建立起這樣的城市，真難以置信。

劉香成，《時代》雜誌，美聯社：他們攤開藍圖告訴我們，他們要在這裡建一條高速公路，在這裡蓋一間假日酒店和會議中心，他們要在這裡蓋一個港口，同行的記者心想：「是喔。」

理查．伯恩斯坦，《時代》雜誌：我想我們弄錯的是：我們完全低估了中國能如此快速地改變。根本沒人預測得到。我們顯然沒有預測到中國的發展程度可以像其他許多國家一樣。

鄉村地區也開始產生巨大的變化：鄧小平批准解散人民公社——激進派毛澤東思想的象徵，一九五〇年代末期大躍進設立的「集體農場」也被各個家庭的小農場取代，這些小農場讓鄉村地區收入極速上升。

布魯斯．鄧寧，CBS：我們報導人民公社如何逐漸解散，人們開始有了自己的土地，自己的牲畜；我們報導了集體合作、共產的系統開始瓦解。

劉美遠，《新聞周刊》：人民公社是毛澤東思想典型的象徵；人民公社解體後，被家戶為主的農場取代，結果卻比大型的集體農場還多產，沒有什麼比這更有說服力了。在記者團集體參訪的過程中，你面臨的挑戰是該如何寫出和其他人不一樣的報導。

有一個記者團去了安徽，參訪一個人民公社被解散的地方；我偷偷走進一個家庭，他們很興奮，一名農夫說道：「我有一塊這樣的地。」他們拆解了一台手推車，一人一半，「我鄰居拿到輪子，我拿到剩下的部分。」我心想：「這樣怎麼用？」但他們很開心。

美國記者抵達時，中國剛好在推行嚴苛的「一胎化」計畫生育政策，由鄧小平批准，設計來促進經濟成長，並抑制人口成長：一九八〇年的中國已經有將近十億的人口；這個政策讓超過一個孩子的家庭面臨沉重的罰鍰。這是很令人心痛的社會實驗，許多人被強制結紮或墮胎，並讓一整個世代的人不能體會「和手足一起長大」是什麼感覺。在每個人心中以及中國社會，這個政策留下重大傷疤；對記者來說，這是重大新聞。

珊蒂．吉爾摩，NBC：我們去北京一間「計畫生育醫院」，獨家拍到一些待在醫院裡的女性，許多人被迫墮胎、結紮等等；我們在附近發現一名官員，他利用圖表追蹤附近所有女性的月經週期，以及誰被准許生育，一切真的很不可思議。我當時認為這是一則很重要的新聞，這可以彰顯了：即使中國已經在談改革，但國家的力量還是如此無孔不入、令人生畏。

就像在中國的許多事情一樣，隨著馬修斯這樣的記者越挖越深入，他們也發現現實更加複雜。

傑伊．馬修斯，《華盛頓郵報》：我們兩個都很想知道鄉間人們的生活，看看人們生活的方式和政府所說的落差多少，尋找某些政策上的缺陷，例如：一胎化政策。鄉間並沒有徹底實施這些政策，我們很早就寫了關於這件事的報導。

琳達．馬修斯，《洛杉磯時報》：我們某次到訪一處公社，公社領導人的太太已經懷上了第四個孩子，她說道：「反正天高皇帝遠。」他們非常清楚他們能夠躲過一胎化政策的懲罰。

針對剛到中國的美國記者，外交部安排的旅程之一是去西藏，儘管這個旅程仍有著諸多限制。西藏地區於一九五九年被中國軍隊占領，接著受到文化大革命摧殘；這個地方一直禁止記者進入。

秦家驄，《華爾街日報》：我記得他們告訴我們即將受到的特別待遇。我們在西藏時，其中一個人要求去某間特別的寺院，那個西藏人說：「它不存在。」「不存在是什麼意思？書裡都有寫。」他說道：「它不存在。」後來才發現這座寺院在文化大革命已經被摧毀了，這也是他說「不存在」的原因，但它曾存在過，接著官員們說到達賴喇嘛，他們用各種方式詆毀他，但人們走進修道院在地上膜拜的樣子很令人敬佩，他們是如此的虔誠。

羅禮賢，ABC：那趟旅程很短，只有四天，而且不太有自由行程，我們去了一般的景點——大昭寺、布達拉宮和一間修道院，那裡會有當地官員接受訪問。那是一趟十分令人驚艷的旅程，你第一次去西藏一定會很驚艷，因為那是一個很棒的地方，但我的報導裡令我最驕傲的是，我們捕捉下了中國人和西藏人在拉薩很明顯的緊張情勢，即便在當時，這個情勢也已經非常明顯。

體力透支

外國記者在中國能撰寫某些新聞，但還有很多新聞是記者觸及不到的，他們得想辦法擺脫隨行人員和共產黨幹部，這件事讓他們精疲力竭。

劉美遠，《新聞周刊》：我們在諸多人身限制下工作，不斷被監視，電話永遠被監聽，總有人偷聽你說話，甚至還有你不能和中國人談戀愛這類的規定。

包德甫，《紐約時報》：我的團隊裡有一名中國人助理兼翻譯，他其實是公安的人，他的主要工作就是監視我，我還有一名司機也是負責監視我，他們每週六必須去某個會議上報告我這週所做的事。

某些美國人發現了有一群年輕的菲律賓人人竟然能幫助讓他們更了解中國，齊托・聖・羅馬納、艾瑞克・巴庫里奈和吉米曾於一九七一年和一群左翼學生從馬尼拉到中國進行一趟「友誼之旅」，那時他們知道菲律賓強人總統斐迪南・馬可仕（Ferdinand Marcos）已經下令，如果他們回國就會被逮捕。

吉米，《新聞周刊》，《時代》雜誌：我原來只是剛好意外參與了一個三週旅程的觀光客，那段期間內，菲律賓政治情勢突變，我因為參與過激進的學生活動而名列黑名單，所以我最後在中國待了超過三個星期。

艾瑞克・巴庫里奈，NBC：我站在反馬可仕學生運動最前線，我也是受中國友好協會之邀，進行某種國民外交的年輕領袖代表團成員之一，在我們三週參訪行程的第三天，馬尼拉發生了爆炸案，此後發生了一連串事件導致戒嚴，我們在通緝名單上，只要一抵達馬尼拉就會被逮捕，所以我們決定等待，原本以為只會等幾個月，沒想到卻等了十五年。

美國記者抵達時，他們三人都已經從中國的大學畢業，說著流利的中文，提議帶著記者們看看不一樣的中國。

吉米，《新聞周刊》，《時代》雜誌：我對北京和中國很熟悉。我也曾兼職教過英文，所以我已經有一群朋友、老同學和教過的學生，這群朋友能讓我詢問或幫我查核某些新聞或謠言。我們先是朋友，我後來才當上記者，所以他們信任我，這是我的一大優勢。

艾瑞克・巴庫里奈，NBC：我們是外國人，所以知道美國記者想看什麼，我們也熟悉當地，知道當地人擔心什麼，並能適當安撫他們的疑慮，我們就像橋樑一樣，站在一個獨特的位置上。

齊托．聖．羅馬納，ABC：吉米是第一個做這件事的人，因為他在《新聞周刊》的劉美遠底下做事，之後才到《時代》雜誌，也是因為他，其他記者才會問道：「要去哪裡找像你這樣的人？」

羅馬納後來去了ABC，而NBC的珊蒂．吉爾摩則是聘僱了艾瑞克．巴庫里奈。

珊蒂．吉爾摩，NBC：我在中國的整段期間，他就是我的得力助手，幾乎跟著我跑了每一則新聞，他知道標準是什麼，知道我們要得到什麼資訊，與此同時，他也非常清楚知道你可以做什麼、可以怎麼躲過麻煩，以及當局准許什麼事，這麼一位如此西化、稱得上是美國記者的人在北京為我和NBC工作，真是難能可貴。

即便有如此得力的助手，報導中國還是一件艱難的任務。

羅禮賢，ABC：我們大多數在一九七九至八一年來中國的人，都已經從國外追蹤中國許多年了，我們對中國充滿熱情，但這反而也扯了我們的後腿。

劉美遠，《新聞周刊》：他們都帶著與現實不符的中國印象抵達，這裡完全不是理想的、美麗的天堂，而是一個落後、貧窮的國家，充滿人權以及體制問題，給人一種現實與想像脫節的感受。某些人因此打從心底對中國反感，感覺被中國背叛，有些人甚至變得很刻薄。

理查．伯恩斯坦，《時代》雜誌：不知道為什麼，但外國媒體總會漸漸地開始鄙視自己的駐地。說「鄙視」可能太嚴重了，但我們確實如此。我們肯定對新聞司（Information Department）

的看法一致，我們曾經稱其為「沒新聞司」（lack of information department）。

批評政府

嘲笑政府很容易，但有些人不該被當成笑柄——那一小群直言不諱的異議人士，以及受激進毛澤東思想迫害的人。北京「西單民主牆」上的海報，呈現了受毛澤東思想迫害者所承受的悲傷。

包德甫，**《紐約時報》**：突然之間多了好多海報，這是自共產革命以來，他們第一次能夠抒發感受，說出發生在他們身上的故事。他們會被人以非常可怕的方式虐待：大吼、大肆批評、指控為右翼、毒打、逼著跪在碎玻璃上、吊在天花板上。我當時為《紐約時報》報導這些事，這類的報導太多了。

曾在哈佛大學學習中文的包德甫，遇見一名在共產革命前曾讀過哈佛大學的人。

包德甫，**《紐約時報》**：一九四九年，他本來可以留在美國，他在哈佛大學有一份工作，但他很愛國，相信共產黨在中國的作為是對的，所以回國了；沒想到，他馬上就因為曾受西方教育而遭到懷疑。他在大躍進時被打為右翼，在文化大革命時再次被監禁；他的兒子曾在北京就讀醫學院，卻因為父親是右翼而被退學，女兒也因此失業。他們都被送去勞改或到農場去工作，他花了十五年才回到醫院，但沒人願意和他說話，因為很多當時指控他的人都還在那裡；他說他持續好多年每天都被毒打，被關在一間黑暗的小房間裡，不斷被灌輸政治思想，逼他說出相同的自白，重複好幾百次。他最嚴重的罪就是接收西方教育。我為《紐約時報》寫了這篇報導。

然而，有些電視記者發現：高層沉浸在對中國的幻想中，對中國的人權問題的報導沒有興趣。

羅禮賢，ABC：每當我提出人權議題或更具批判性的報導，紐約那邊都不太有興趣，這一部分跟「電視」這個媒介有關，你很難取得適合報導的畫面：中國有很多美國人沒看過的優美景象，相對來說，少數異議者的報導並不是很有吸引力的電視畫面。

珊蒂・吉爾摩，NBC：即便我能找到一兩個人訪問，他們也一定不願意上鏡；我很注意不讓任何人惹上麻煩，我知道他們就算沒被關，也肯定會被抓去訊問。

劉青是少數的異議人士之一：他積極投入西單民主牆的運動，主編了一份名叫《四五論壇》的非官方雜誌。劉青公開了另一位重要異議人士魏京生的審判紀錄；魏京生被判監禁十五年，因為他在民主牆上貼出一篇文章，呼籲中國在鄧小平提出的四個經濟目標外，再增加「第五個現代化」——民主。理查・伯恩斯坦去到劉青北京的家中和他談話，幾週後，劉青被捕並被判三年「勞改」，劉青在獄中寫下了兩百頁的自述，裡面記述了他必須承受的惡劣生活環境以及毒打，他服刑到一半，獄中日記就被偷渡出來。

理查・伯恩斯坦，《時代》雜誌：那是我在中國時的一篇大獨家，我們握有一名中國人如此詳細的記述，從逮捕、訊問、監禁、所謂的「審判」、再次監禁、刑期等一切，這是由一名極其聰明，也非常誠實的人所寫出來的故事。

伯恩斯坦後來離開了《時代》雜誌，幾年後，他在為《紐約時報》撰寫的文章中提道：

我馬上就知道其重要性：它記錄了巨大、神秘的「古拉格」*，外面的人過去只能從傳言和轉述中理解這個制度。劉青鉅細靡遺地描述了他的經歷，他寫到公安局訊問人員「無謂的憤怒」，牢房裡一直都很冷，以及「無產階級獨裁」的「無限上綱」，暗指警察能夠恣意妄為。

伯恩斯坦一回北京就被警察傳喚去訊問，指控他涉入「非法活動」。

理查·伯恩斯坦，**《時代》雜誌**：我被拷問了一整天，當時有四、五個訊問人員，還有一名翻譯，但訊問大多都是以中文進行。他們知道所有關於劉青手稿的事——即使我沒有透露任何姓名，並為了這個堅持，我已經做好了坐牢的準備。我其實有點愚勇，因為他們本來就知道所有人的名字了。

伯恩斯坦在他《紐約時報》的文章中寫道：

> 公安局的訊問某方面來說蠻可笑的：主要的訊問人員先對我表明了「中國人享有全面的民主權利」，接著，他嚴肅地宣告，如果我不停止我的「非法活動」，我將會承受所有後果。我離開以前，我被告知我的六捲膠捲裡，有三捲已被公安警察沖洗出來，而且不會還給我。「為什麼？」我問道。「你拍了這些底片，所以你自己知道為什麼。」他們如此回覆。這個回答令我十分震驚。我知道中國進行事關重大的訊問（會讓人監禁，而不只是單純警告的訊問）時，訊問技巧之一是：不告訴被告他所犯的罪名，而是告訴被告，如果他先承認了他「知道」自己犯下什麼罪，就會得

* 編按：源自蘇聯的勞動改造系統 Gulag（ГУЛАГ）。

到赦免。

「但我不記得那些膠捲裡拍了什麼。」我抗議道，告訴訊問人員這些膠捲是我在好幾個月前的旅程裡拍攝的，而且我都沒有去到禁止進入的區域。

「你知道它們哪裡有問題，」人員重複說道，「因為照片是你拍的。」

「我能看看那些膠捲以回想我拍了些什麼嗎？」我問道。

「不准。」他說。[6]

《時代》雜誌刊出劉青日記的片段後，劉青被安排了一場未公開的祕密審判，他被多判七年監禁，總共服了十一年的刑期才被釋放。一九九二年，他被准許離開中國到美國。

劉青，中國異議人士：伯恩斯坦公開了我的日記，向全世界揭發中國政府的行為；這是我希望達到的目標，我很感激他，我完全沒生氣。

然而，劉青的命運點出了外國記者在中國面對的主要困境之一：在一個專制的體制裡，你很可能讓你接觸的人陷入危險。

珊蒂．吉爾摩，NBC：如果我和這個人交好，他們會不會被抓去訊問？如果我讓他們上鏡，他們會不會因此失業？你如何權衡利弊？我很謹慎，不讓任何中國民眾捲入任何爭議性的報導裡，我擔心他們會被抓去關，這會讓我因此良心不安。

劉美遠，《新聞周刊》：我們大多數人提到線人時都特別謹慎，即使如此，我們還是會看到自己不夠謹慎的後果。

包德甫遇見一名年輕女子，她願意談論最禁忌的話題之一：性。

包德甫，《紐約時報》：衣服被故意設計得不性感，沒有人公開示愛，沒有跳舞，性被與資產階級做聯結；但我很快就發現，中國人當然也有活躍的性生活，也有性需求。這名女性不知道出於什麼個人的理由，可以很自在地談論中國人關於性的價值觀。

包德甫在《紐約時報雜誌》一篇〈中國的愛與性〉文章中，他雖然沒有提到這名女性的真名，但他如此描述：「一名三十幾歲的辦公室職員……一名瘦高的女性、顴骨突出、帶著疑惑的神情」[7]以及她的狀況。

包德甫，《紐約時報》：我們可能太掉以輕心了，因為我們太常見面，也自以為我們躲得過監視；她也過於輕忽，她會從辦公室打電話給我。我很確定他們可以追蹤這些電話，所以我從未打電話給她，我知道這樣等於露出把柄；但她會打給我，這讓我越來越擔心，我認為她太過輕率。最後，她真的被捕了，我很確定她被送去勞改；我後來聽說她被釋放了，想和我聯絡，但我當時已經回到美國，覺得寫信給她只會讓她更難過。這件事沉重地壓在我心頭，這麼多年來都是如此。

然而，即便記者和線人們持續在國家的鐵腕中掙扎，鄧小平卻持續開放經濟，逐步廢除毛主席留下的激進痕跡；好幾年來，這樣緊縮、開放的循環成了中國改革過程的主要特徵。

四人幫的審判

隨著異議人士受到壓迫，鄧小平也將所謂的「四人幫」——毛澤東遺孀江青和她重要的盟友——送上審判台，要他們為文化大革命的暴行負責。一九八〇年的這場審判是大新聞，國家經過多年的動盪後，終於得到情感宣洩，但外國記者卻被禁止參與審判過程。

羅禮賢，ABC：那是個不可思議的大事件，毛澤東的遺孀、四人幫在天安門廣場旁邊的法院接受審判，但我們外國記者完全被擋在門外。

包德甫，《紐約時報》：四人幫接受審判後，會在晚上播出新聞片段，我會在看過新聞後撰寫我的報導。當晚會看到新華社以及《人民日報》的報導，至少我們在電視新聞上，可以看到中國人希望我們看到的事。一般民眾對政府以及那群共產領導人積怨已深，因為幾乎每個人的生活都遭逢劇變，包括身體上的受傷、死亡、失業、失學、家人小孩被帶走、不斷被毒打、被批鬥等。人們在文化大革命經歷的創傷令人難以想像，所以這對中國來說真的是情感宣洩。

中國電視台上的畫面很戲劇性，特別是江青讓人難以置信的挑釁態度：她毫無悔意、無視庭上人員的指示、打斷控方證人陳述、利用毛主席的名諱為自己過去的行為辯護。中國領導人讓這些片段都被播出，技巧性地指出毛澤東也必須為文化大革命的暴行負責；當國家正隨著鄧小平提出的改革前進時，這是一個很重要的訊息。

秦家驄，《華爾街日報》：她說她都是聽從毛主席的話辦事。這場審判彰顯了一件事：中國理解到他們必須對這些人做點什麼。他們在談的是法治國家，感覺應該訴諸法律途徑，所以他們安排了這個審判。

美國新聞台急需影像紀錄來報導審判，而國營媒體「中央電視台」是唯一的來源。

羅禮賢，ABC：央視拍攝了審判影像紀錄，而影像的使用權引發了一場大戰；某次是江青在牢房內的影片，ABC和CBS開始競標這段影片的使用權，我們真的很想要這段影片，但最後CBS贏了。

布魯斯．鄧寧，CBS：我們和央視簽了一份合約，讓央視提供素材；這是一份特別的合約，因為CBS也會提供節目素材給央視，所以他們對我們的要求欣然同意。

「中國特色社會主義」

央視上展現的新興創業潮流，顯現出全中國正在開展的事：隨著鄧小平的「中國特色社會主義」的確立，市場、競爭、外國資金、個人財富被允許在共產黨的保護下蓬勃發展。鄧小平拔擢了兩名年輕官員，作為推動他改革的前鋒：其中一名是自由派的胡耀邦，他曾在文化大革命被整肅，但在毛澤東死後回復原職，並於一九八二當上共產黨總書記；另一名是被提名為總理的趙紫陽，他曾在中國人口最多的省分四川擔任省委第一書記，趙紫陽以大刀闊斧的改革為人所知，提倡市場導向政策，大幅度提升四川的經濟成長，鄧小平要求他在全國督導類似的政策。

在這個變動的時代，就在趙紫陽正要接受新工作前，他同意接受包德甫訪問。

包德甫，《**紐約時報**》：出乎意料之外的是，有人告訴我，我即將和趙紫陽會面；接下來，他竟然單獨出現在我的飯店，這讓我很驚訝。中國共產黨官員都配有一大群隨扈和保鏢，根據中國的禮儀常規，中國高級領導人不會到低階外國記者下榻的飯店，我真的很驚訝，我對他願意敞開心扉感到印象深刻，我們愉快地、坦承地暢談他執行的經濟改革，他多麼樂觀其成，以及他的大願景；他非常謙虛、開放、思考縝密，我印象很深刻。

當第一代美國記者開始著手他們具重大突破的任務，這變成很重要的主題。

布魯斯．鄧寧，**CBS**：我會說我很樂觀，感覺中國有機會往正面的方向去。

傑伊．馬修斯，《**華盛頓郵報**》：我們滿懷希望。這個強盛的文化開始回來了，開始創立企業，創造一個更能回應人民需求的政府，讓人們更自由的談話（雖然在大眾媒體上還是有所限制）；這為中國人的生活帶來了有趣、充滿希望的改變，激盪出許多幽默、創作藝術、拍電影等過去從沒出現過的事物，並朝著有趣的方向發展。我生性樂觀，總是相信人生充滿希望，我認為這時期的中國充滿了希望。

琳達．馬修斯，《**洛杉磯時報**》：經濟顯然開始改善，自由市場正在運作，有許多私人土地，人們可以更自由的選擇從事什麼工作，更多人可以上大學，種種跡象都顯示中國正在提升。

就連政府對媒體的控制也開始改善。

秦家驄，《**華爾街日報**》：我一九八三年離開時，中國正在漸漸對記者開放，那時他們開始定期開記者會：外交部每週固定開記者會，他們會指派每個部門的發言人，並給出他們的電話號碼。在此之前，這些都是不可能的。

然而，報導中國還是一件難事，許多記者相信，持續不斷的管制仍會讓這些好消息相形失色。

理查·伯恩斯坦，《時代》雜誌：中國人真的是「搬石頭砸自己的腳」，他們對你控制的程度會讓你覺得，即便他們說真話，你都覺得是謊話。

隨著毛澤東的時代變成回憶，「希望」成了鄧小平時代的社會氛圍。

劉香成，《時代》雜誌，美聯社：我拍了一張照片，照片裡的高中生坐在天安門廣場上讀書，這是他們首次恢復大學入學考試；他們家裡都沒有電，所以他們才會去天安門廣場，在路燈下讀書。身為攝影師，我很感動。

在這一九八〇年代的尾聲，學生們會再次回到天安門廣場，但這次是為了截然不同的原因。

第七章 「你寫出我們心裡所想」

一九八六年九月，毛澤東逝世正好十年，鄧小平接受CBS的記者、《六十分鐘》（*60 Minutes*）的節目主持人麥克・華萊士（Mike Wallace）訪問，該節目是美國每週更新的新聞節目中，收視率最高的。

華萊士：我問鄧小平，中國是否會倒退回經濟改革前的日子。

鄧小平：只要人們認為現行的政策是正確的，任何想要改變的人都會被拉下台。

加拿大籍的巴里・蘭多是麥克・華萊士長期合作的製作人。

巴里・蘭多，CBS：會見這名帶來改變的人，是一個非常重要的時刻。

鄧小平提到黨內分歧、領導人被迫下台兩件事，後來都成真了。他受訪三年後爆發了一九八九年的天安門事件，但受訪時，緊張的情勢尚在深處蠢蠢欲動。對當時大多數的美國記者而言，鄧小平放棄毛澤東思想、採取市場機制的改革開放、讓中國改頭換面仍是主要的新聞。

一九八四年，約翰・伯恩斯離開《多倫多環球郵報》來到《紐約時報》工作；他以《紐約時報》記者的身分回到中國，遇到了馬毓真，一名十年前曾譴責他報導過於批判的外交部官員。

約翰・伯恩斯，《紐約時報》：我說：「馬先生，我一直很困惑，你曾警告過我快十次了，有時我真的很害怕，但為什麼你不逮捕我，讓我入獄，或者直接把我驅逐出境？」我永遠不會忘記他的答案，這對外派記者來說可謂終生難忘，他說道：「因為你寫出我們心裡所想。」

邁克·帕克斯曾為《巴爾的摩太陽報》（*Baltimore Sun*）報導過越戰，並於一九七九年為《巴爾的摩太陽報》在北京開設分社；他在一九八〇年加入《洛杉磯時報》替補琳達·馬修斯，琳達在中國待滿一年後，和她的先生傑伊為了寫書而離開北京。

邁克·帕克斯，**《洛杉磯時報》**：聽說每位中國丈夫都想給他的太太「三大件」——手錶、縫紉機和腳踏車，他們還會為婚禮買更多家具。我去到任一個村莊，都會看到新的或翻新過的房子；我們也看到店裡架上還有很多商品，沒有被配給。我當時正在寫一篇經濟相關的文章，報導一個我從未看過、甚至根本沒人見證過的發展模式：如何將一個國有經濟變成市場導向經濟，以及如何處理他們從未遇過的問題。

理查德·霍尼克擁有俄國研究碩士學位，過去曾被派駐東歐，一九八〇年代中期被《時代》雜誌派駐北京。

理查德·霍尼克，**《時代》雜誌**：改革進展的狀況是當時主要的議題。我的其中一項專業是蘇維埃經濟，我十分熟悉計畫經濟以及國有制；我很早就發現中國進行了所有簡單的改革，他們不再做一些蠢事，例如：叫農夫在該種麥的地方種米。他們達到了一些最容易完成的目標，而我在等著報導他們下一個目標，因為在這些體制裡，如果你不往下一個目標去，就會遇到障礙和瓶頸，就會產生貪腐；如果無法保持改革的動能，這個體制就會陷入這些困境，而那個時期，中國改革的動能已經開始下降了。

即使鄧小平的改革計畫已上軌道，國內因改變而產生的緊張情勢卻越來越明顯，這也成了美國和其他外國記者重要的題目。鄧小平在接受麥克・華萊士訪問時，對內部政治鬥爭給予的曖昧回應，顯示了領導階層之間存在著鬥爭，而這個鬥爭將會持續整個十年。鬥爭的一方是胡耀邦與趙紫陽，總書記胡耀邦是高層首領，被許多人視為鄧小平指定的繼任者，而總理趙紫陽受許多知識分子支持，他希望改變中國社會主義的基本架構，將國家控制去中心化，放寬對私人企業的限制來提升經濟效能；但另一方面，其他領導層高層，特別是具有影響力的黨部大老，對改革的步調和影響感到不安，害怕太多自由會威脅到共產黨政權。鄧小平必須擔任權力調停人的角色，平衡黨內敵對派系的摩擦，讓他的改革計畫持續順利進行。

約翰・伯恩斯，《紐約時報》：門戶開放政策並不穩定，鄧小平必須保住自己的位置，並試著穩住政治局和中央委員會之間搖搖欲墜的關係；正因如此，很多事還是老樣子，包含外國媒體的管理體制：許多老面孔都還在那個系統。這真的很令人洩氣，因為我們知道中國社會正在經歷巨變。

邁克・韋斯科夫在大學時期學過中文，曾為《巴爾的摩太陽報》工作，他在一九八一年從傑伊・馬修斯手上接管《華盛頓郵報》北京分社。

邁克・韋斯科夫，《華盛頓郵報》：限制時鬆時緊，有時候像是呼吸到新鮮空氣，讓人誤以為已經開放了，但「清除精神污染」活動很快又隨之而來。

波坦金村莊

想要更深入了解這一切，就必須看看北京以外的地方。記者離開首都出差必須在十天前申請許可，被迫坐著聽當地官員無止盡的「簡短介紹」，但記者們還是發展出應對策略，以取得真實的資訊和洞見。

理查德・霍尼克，《**時代**》**雜誌**：很多時候你要一直申請旅遊許可，同時，我也很清楚他們想要我看到什麼；在這個時間點，他們很注重鄉鎮企業，所以我要求去看一個鄉鎮企業。他們讓我去到四川成都南邊的一個地點，我相當了解波坦金村莊，而這個地點就是個波坦金村莊；他們一直告訴我們「人們生活過得多好」，你要是去到像這樣的地方，你就是知道他們已經把最好的一面展現出來，所以你必須從此回推中間值大概是什麼樣子。

這類官員的簡報通常會塞滿枯燥的統計數字，但偶爾會藏有極為驚人的資訊。《華盛頓郵報》的邁克・韋斯科夫發現了一則震驚世界的新聞。

邁克・韋斯科夫，《**華盛頓郵報**》：我們開始提到生育率這類統計數字，出生性別比極其懸殊，男、女比好像是三比一或四比一。我問道：「為什麼統計數字這麼奇怪？」他說：「村裡的人都想生兒子，如果懷上的是女兒，他們會選擇墮胎，或出生後再殺害。」他們沒有意識到這個情況有多可怕，這是個需要被報導的故事，自此以後的每一場報導旅程，我都會進行這類的訪問。後期的訪問變得更加深入，我能列出許多在無意間成為共犯的公社領導人，我也從醫生和第一手資訊裡聽到很多傳聞：醫生會被命令殺害孩子，如果孩子不是計畫中要生育的，醫生會在孩子從子宮出來時，用產鉗穿過孩子的腦袋。就是這類的恐怖故事。只有大規模的殺嬰行為，才能解釋男女出生性別比的極度不平衡。

韋斯科夫害怕被驅逐出境，所以他一直等到他的中國行結束，才在一九八五年初於《華盛頓郵報》上，發表三篇震驚世界的系列報導，標題為「中國的計畫生育政策導致許多人殺害女嬰」。根據詳盡的中國統計數據分析、中國官媒的陳述，以及他能訪問到的駭人故事，韋斯科夫寫道：「一胎化政策下的社會中，人們發瘋似地想生男孩；這個現象可見於官方報告中，女嬰溺死、窒息而死、中毒身亡和被拋棄的數據；人們越來越喜歡以科學的性別鑑定和迷信的儀式，來預測未出生的孩子性別，只要女性被認為懷上女孩就會墮胎。」[1]

邁克・韋斯科夫，《華盛頓郵報》：中國的反應當然是否認，這對他們是很嚴重的指控，他們在《人民日報》的頭版上譴責《華盛頓郵報》，並特別對我指名道姓。國際上也對此做出應對，聯合國當時在資助中國的計畫生育，其中有一個美國為主要贊助者的計畫，美國大概投入了五千萬美元；當時還是雷根總統主政時期，他直接切斷了金援。

這則新聞很有力地說明：即便中國變得更加開放，與世界的連結更加緊密，但外國記者這些年來寫出的中國內部問題，還是能引發國際譁然。然而，對於美國許多新聞組織的編輯而言，中國正面新聞的重要性持續蓋過負面新聞，這常常導致記者和上司之間的緊張關係。

「天啊！」元素

一九七〇年代，孟捷慕是《華盛頓郵報》的年輕記者，報導過水門案，後來轉職《洛杉磯時報》報導美國最高法院，並於一九八四年成為《洛杉磯時報》北京外派記者。

孟捷慕，**《洛杉磯時報》**：整個一九八〇年代的重點是認知差異。中國正在開放，但不如住在美國的美國人想像的那樣開放。有些人對於中國給人的新鮮感——所謂的「天啊！」元素——不以為然，如果你住在中國，就會看到中國西化的層面有多膚淺。

當時越來越多遊客來到中國，他們會下榻在「建國酒店」或「新長城大酒店」*，他們會有種興奮不已的感受；在美國公司眼中，中國人真誠地想和他們合資，而不是只想要西方的科技和管理技術，美國公司對此留下深刻的好印象。但如果你住在中國，你就會看到改變是如此緩慢而且困難重重，特別是在政治層面上；對於母國國內的陳腔濫調，每個時代的駐中國記者都有不同反應，而八〇年代的記者有著對「天啊！」這個形容的反感。

資深駐亞洲記者邵德廉花了很多年為《基督科學箴言報》報導越戰，他於一九八五年接替邁克．韋斯科夫，擔任《華盛頓郵報》外派記者。

邵德廉，**《華盛頓郵報》**：中國此時已經開放了許多。我不期待政治情勢有太大的改變，

* 一九八〇年代中期，「建國酒店」和「新長城大酒店」是北京唯二中外合資的西式飯店。

但你會看到很多實驗：除了經濟層面之外，在藝術和音樂方面更是如此，人們更敢於發表意見。我試著控制自己不要被「中國首創」弄得興奮不已；中國觀察者和一般大眾都曾對中國抱持不尋常的樂觀態度，幾乎要到了亢奮的程度。「中國要變成一個資本主義國家了，他們在買我們的東西。」我試著削弱這個觀點，因為我對這個看法有一點遲疑；我可以在很多地方看到國營事業的痕跡，即便他們藏得很好，即便鄉鎮企業看起來像私人企業，但很多時候他們都不是，他們都只是中國體制的一部分罷了。

理查德．霍尼克，《時代》雜誌：不幸的是，《時代》雜誌想要的是：中國人喝著可口可樂，開著凱迪拉克。這樣不是很棒嗎？《時代》雜誌和財星美國五百大公司中的三十五位執行長一起參訪中國，我們訪問了鄧小平，他給我很好的印象：他非常親切、有魅力、風趣，他會面對直接的問題，與大家都相處融洽。

吉米是霍尼克在《時代》雜誌的同事，曾是菲律賓左翼分子，從一九七一年開始住在中國。

理查德．霍尼克，《時代》雜誌：吉米有人脈，他認識很多人，可以促成很多事，但他同時也有著犀利的觀點；身為一個完全不認識中國的人，我很依賴他提醒我什麼時候逾矩或者過度解讀。

吉米，《時代》雜誌：這些年來，我認識了很多朋友和老同學，這讓我更能理解人們的生活和思維。我的最大優勢是我可以穿上所謂的毛式中山裝，戴上一頂帽子並直接展開日常對話；雖然我不時會流露一點口音，但他們會以為我是中國當地人，因此更能展開自然、真誠的互動。我們做的各式報導中都有關於改革的問題，有時我會對自己說：這不是我所理解的現況；特別是聽到「天啊！」元素時，你就知道這不太對勁。

但在霍尼克和吉米的報導工作上，鄧小平的個人魅力帶給他們大問題。

理查德．霍尼克，《時代》雜誌：我和吉米在一九八五年九月為《時代》雜誌寫了一大篇封面報導，敘述中國改革遇到的困境，但鄧小平極具個人魅力和傳奇性，我認為他因此愚弄了許多在訪問現場的編輯，讓他們完全被征服；他們回到紐約後提出了一個要求：告訴我們為什麼應該選鄧小平為《時代》雜誌年度風雲人物。現在責任轉移到我們身上：給我們一些理由，讓我們選他成為《時代》雜誌年度風雲人物。他們陷入「天啊！」的中國迷思裡：我們來報導中國人喝可口可樂、中國變成資本主義，他們得了「中國變得像我們一樣」症候群。鄧小平已經被選為雜誌年度風雲人物一次了，而中國的情況也不是那麼順利，所以我們很難給出他們想要的東西；情況開始越變越糟，因為你不是往前就是倒退，他們已經開始倒退了。與此同時，《時代》雜誌並不想刊登任何其他類型的文章，所以當時真的很讓人灰心。

不管如何，一九八五年底，《時代》雜誌提名鄧小平為年度風雲人物，這是六年來的第二次。

鄧小平和麥克．華萊士

在《時代》雜誌的報導出刊前，麥克．華萊士試著為《六十分鐘》爭取訪問鄧小平，這位中國領導人從未做過一對一的電視訪問。

巴里．蘭多，CBS：我們多年來在北京向當局申請，也透過華府的中國駐美大使館申請；中國駐美大使館告訴我們說，我們取得採訪權，請我們去大使館聊聊。麥可與我飛到華府，在大使館裡吃了一頓豐盛的午餐，在場的有大使、三四名助理以及發言人。我們畫大餅，告訴他們這一定會引起轟動，因為這是他第一次接受訪問；我們告訴他，西方世界會想聽鄧小平說了什麼，他會是《六十分鐘》新一季的第一集，誰知道呢？或許會變成一小時的特別節目；我們把所有條件都放上檯面。

華萊士訪問過許多重要人士——埃及總統艾爾．沙達特（Anwar Sadat）、巴勒斯坦解放組織的亞西爾．阿拉法特（Yasser Arafat）、伊朗的柯梅尼（Ayatollah Khomeini）以及其他無數政治人物和名人，但是一九八六年九月的鄧小平專訪仍是一個特別的挑戰。

巴里．蘭多，CBS：我們最大的挑戰是：如何讓鄧小平看起來像個普通人？對任何電視訪問而言，他都不能看起來像是個理論家；特別是對廣大的觀眾而言，他在訪問中應該要看起來像是個普通人。在訪問鄧小平以前，我從未看過麥克．華萊士在訪問前如此緊張；沒人知道他在電視節目上會展現什麼樣子，我們不知道他會說什麼，但我們必須讓他的回應看起來像個普通人。這是個大挑戰。

華萊士抵達北京時，他和約翰．希翰見面，希翰是報導中東和東歐多年的資深記者，於一九八五年成為CBS的駐中記者。

約翰·希翰，CBS：我和麥克·華萊士曾合作過許多訪問。我在埃及幫他安排了西爾·阿拉法特和艾爾·沙達特的訪問，他會在訪問前請我先列出一些問題，告訴他這些問題的重要性。我記得我建議他問鄧小平關於蘇聯邊境上，美中合作情報團隊的事，這是一隻監視俄國人的精良情報部隊；我建議他以具體實例，提問中國違反智慧財產權的相關問題；我記得我建議了一個關於中國大量失業者和遊民的問題，以及政府打算如何處置。他寫下這一切。

接著，我參與了麥克和中國官員的對談，鄧小平的女兒也在場；中方要讓他明白這場訪問的重要性：「華萊士先生，我們希望你了解，這是歷史上一件很特別的事，鄧先生從未接受過這樣的採訪，就連在中國電視上也沒有。」我心想，特別強調這個訪問的歷史重要性就是在暗指：你別問太難回答的問題。

巴里·蘭多，CBS：訪問是在某個巨大的政府大廳舉行，一般訪問都只有我們和攝影團隊，但這次不一樣：幾百名中國官員就坐在我們後面。這是一個截然不同的訪問，完全就是鄧小平的表演；與此同時，中國電視台也錄下了整場訪問。我們以幾個問題展開了訪問，鄧小平很僵硬，他又講回意識形態，我們試著讓他更開誠布公一點。

約翰·希翰，CBS：我坐在那裡聽麥克做球給鄧小平：沒有任何一個困難的問題。我不敢相信我所聽到的。

巴里·蘭多，CBS：麥克問到鄧小平對文化大革命的看法，他在當時也受到極大的迫害，兒子在大學裡被從窗戶丟下去導致終身半身不遂；鄧小平不願談這件事，他說：「這不重要。」

臉上完全沒有表情，沒有怒意，也沒有對他兒子的事流露出任何感情。他不斷想打發我們，有人暗示時間到了，我們心想，天啊！我們飛越了半個地球，訪問到鄧小平，卻得不到什麼內容。

約翰．希翰，CBS：當說好的時間到了，麥克說道：「主席，你同意讓我們再多錄二十分鐘嗎？」鄧小平欣然同意地說：「當然。」我說：「現在他終於要問真正的問題了。」二十分鐘過去了，他還是在做球給鄧小平；我不懂發生了什麼事，我不知道為什麼麥克要這麼做。

巴里．蘭多，CBS：中方有著完全不同的觀點，他們自然地認為這是一個很棒的訪問——「偉人」在闡述內心想法，許多人都不曾聽他說過這些。

但回到紐約的CBS總部，蘭多和華萊士都很掙扎。

巴里．蘭多，CBS：我們必須剪出至少十至十五分鐘的優質訪問放到節目裡，最後，我們將訪問剪到七至八分鐘，我一看之下發現有點無聊，再將訪問剪到六分鐘後給執行製作人唐．休伊特看，但無聊到他好像中途就睡著了。

約翰．希翰，CBS：唐說：「這完全就是垃圾，一點新聞點都沒有，我們不能播這個。」

巴里．蘭多，CBS：最後，他同意做成一檔節目，裡面可能只有四分鐘的真實訪問畫面，再加上很多中國的畫面搭配說明；整個節目就像個災難，因為我們和鄧小平共享了這個歷史時刻，卻呈現不出任何有生命力、有人味的片段。我和麥克．華萊士一起做過一百多場訪問，這可能是我們做過最爛的訪問。

華萊士曾向中方承諾：訪問會做成黃金時段的電視節目。中方很生氣，約翰．希翰和CBS

北京分社很快就面臨到嚴重的後果。

約翰．希翰，CBS：我被叫到外交部，他們叫我坐下來，請來一名高階官員，他讀了一篇聲明：「希翰先生，CBS北京分社社長，外交部和整個中國政府宣布對你和你的公司實施不合作政策。」

一趟「最美好」的旅程

對《紐約時報》的約翰．伯恩斯而言，失去官方合作的挫敗，讓他做了一個災難性的決定。愛德華．麥克納利是在北京大學教書的律師，長大星則剛從美國留學後回到中國，伯恩斯在兩人的陪同之下，騎著機車重遊艾德加．斯諾一九三〇年代的路線。

約翰．伯恩斯，《紐約時報》：我決定掙脫束縛、無視旅遊禁令，親眼看看中國。我選擇騎中式摩托車，因為全中國都有這樣的摩托車，備用零件很容易取得。我們決定重遊艾德加．斯諾準備撰寫《紅星照耀中國》時所走過的路線，我們停在艾德加．斯諾曾待過的村莊，試圖尋找與他談話過的家庭。

伯恩斯其實受到外交部官員馬毓真私下鼓勵。

約翰．伯恩斯，《紐約時報》：晚餐期間，他說：「告訴我你要去哪裡。」我們在筆記本上畫出路線。他對我說：「你到四川時，不要走這條路線，那裡太多敏感設施。」後來才知道那裡有個中國測試導彈的基地。「不要走那裡，走這裡。不要申請，你申請了也不會過。如果你在路上被攔下來，請他們直接聯繫我，我會告訴他們，沒關係，他是中國的朋友。」我不是來從事間諜活動，我是要了解門戶開放政策對中國人民的意義。

我從中國東北邊一路到西南邊，過程中學到了很多。共產黨好像消失了一樣，中央集權似乎也不再存在；我們來到一個像是外國人在一九二〇年代後就不曾看過的中國，真的很有意思；當我們走進內陸，看見創業精神和新措施的力量，你就會理解這個沉睡的巨人正在甦醒——私營礦坑、私營汽車經銷商、私營的一切，中國私營企業的潛能已經被釋放，在我們去到的地方遍地開花，言論自由的風氣也是。這是一趟最美好的旅程。

最後，在陝西和四川的邊界，伯恩斯和他的伙伴被拘留。

約翰．伯恩斯，《紐約時報》：我們闖入了外國人真的沒看過的地方。我們特意避開省會，因為他們有電話；但我們最後還是做錯了一件事：我們打破了自己的原則，決定在省會的一間飯店過夜。我們很快就被逮捕了。如同我之前收到的建議，我請他們聯絡北京；在兩、三天還算舒適的監禁後，省書記已經得到北京的回覆，告訴我們，一切都沒事了，你是中國的朋友，我們要為你們辦一場宴會，因為你們是第一群拜訪我們的外國人。宴會上氣氛歡愉，喝了許多茅台酒，一切都沒事了；他們將我們和摩托車放上火車，回到北京。我寫了一篇關於這件事的雜誌文章。

幾週後，伯恩斯和家人抵達北京機場準備開始假期，他突然又被逮捕了。

約翰．伯恩斯，《紐約時報》：我們坐在出境大廳，一名男子拿著一份十分正式的文件走向我，說我被指控從事間諜活動；在中國從事間諜行動的懲罰是槍斃，情況很可能難以收拾。我被帶到監獄，典獄長站在我面前說道：「你可以抱持希望，但也要有心裡準備。」他們帶我進一間牢房，牢房門上以鮮紅的大字寫道：「間諜罪在中國是死罪。」幸運的是，我很了解中國，我知道這一切都是偽裝，我不會被槍斃。

十分愚蠢的審問過程開始了，他們對我的旅程一點興趣也沒有，但這卻是導致這場假逮捕行動的原因：他們說我闖入了中國洲際飛彈基地，還竊取了國家機密。原來我們曾過夜的某個洞穴旁，正好是洲際飛彈基地；我們為什麼會待在洞穴裡呢？我們沒有進去省會是因為那裡有電話，但中方將其解釋為我們在蒐集情報，他們說，除了睡在洞穴裡的荒謬故事，我們無法證明當晚住哪裡，我們就是在那晚闖入基地的。

這些審問通常都在清晨三四點，他們拿著我的筆記本進來，我有一個象形文字般的塗鴉，國家安全部官員王將軍過去一直對我不錯，他說：「念出來。」我說：「讓我解釋一下，這個念不出來，我自己都念不出來了。如果真的是間諜活動相關的內容，你認為我真的會念出來嗎？這樣沒意義。」他說：「伯恩斯先生，請念出來。」同樣的鬧劇持續了好幾晚，我念著我的筆記本，我只能說真的非常無聊，一陣子後甚至連他都放棄了，提議我們一起玩桌遊。

與此同時，溫斯頓・羅德也在積極處理這件事，他曾於一九七一年陪同季辛吉祕密到訪中國，一九七二年尼克森和毛澤東的會面他也在場，現在則被雷根總統指派為美國駐華大使。

溫斯頓・羅德，美國駐華大使：我很努力和中國人交涉，因為根據那裡的體制，你一旦進入審判，大概百分之九十九的機率會被判有罪，所以你必須確保自己不會被審判。我花了很多心力和他們解釋這件事可能的影響，並讓這件事看起來很危急。

最後，尼克森寫一封私人信給鄧小平才解決這件事，尼克森雖然討厭《紐約時報》，但他喜歡約翰．伯恩斯。

約翰．伯恩斯，《紐約時報》：他後來告訴我，他當時正帶著美國企業代表團在蘇聯活動，他從《國際先驅論壇報》（*International Herald Tribune*）上得知這件事。他對我有一定程度的欣賞，因為我曾報導過他用前總統身分參訪中國，以及在當地受到的接待，儘管他當時並沒有受到美國前總統應有的待遇。他給鄧小平的信裡寫道，他是個好人，沒有受雇於美國政府或任何情報組織；基本上就是放了他的意思。

當時我什麼都不知道，溫斯頓．羅德在清晨兩點將信送到外交部，清晨五點，他們把我從牢房裡拉出來，叫我站在一台攝影前，他們開始宣讀我在中國犯下的罪，當然，一切都是以中文進行。我不停打斷他們說道，這都是謊言，我沒有在打探情報。他們不停地說：「你沒有說話的權利。」我說道：「我不在乎我有沒有權利。」最後，經歷了十五分鐘的鬧劇，他們放棄了，把我的衣服還我，上手銬和腳鐐後推進囚車，把我載到機場。

伯恩斯被推上一架前往香港的飛機，他同行的中國旅伴長大星被囚禁了幾個月後才被釋放，至一九九〇年代才被允許移民到美國。對其他在北京的媒體而言，伯恩斯這件事傳達的意義似乎很明顯。

孟捷慕，《洛杉磯時報》：這不僅是約翰．伯恩斯誤闖禁地到內部區域被趕出來，這是警告其他記者不要去太多不該去的地方。

約翰．伯恩斯，《紐約時報》：當我抵達香港，美國領事和另一名男子在啟德機場的柏油路上歡迎我；我知道那名男子是中情局的人，因為他曾在北京出任務，現在是中情局香港分部部長。雖然我們離航廈有幾百碼遠，但我可以看到圍籬旁的一排電視攝影機，我記得我對他們說道：「你們人在這裡，就是在入我於罪。」

伯恩斯後來才知道他被拘留真正的原因。

約翰．伯恩斯，《紐約時報》：我們不知道的是，當時美中情報機構之間產生爭執，其中一名非常資深的中國國家安全部官員從香港叛逃到美國，中國要求美國交出叛逃者，但美國拒絕了。

伯恩斯是很有名的《紐約時報》記者，所以他被中國情報機構當作談判籌碼；香港的美國官員很急切地想知道中方問了他什麼，當伯恩斯說他們沒有問到叛逃者時，美國人就失去興趣了，但伯恩斯很擔心他的名聲受創，因此開了場記者會澄清他不是間諜。兩年後，一名中國資深官員參訪聯合國時，遇見了《紐約時報》的編輯，他承認伯恩斯是清白的，他口中的國家安全部裡的「壞分子」才是罪人，並說中國隨時都歡迎伯恩斯到訪。但伯恩斯當時已經搬到加拿大了，《紐約時報》派葛鋼接替伯恩斯，葛鋼是一名曾外派過非洲、會說中文的記者。

葛鋼，《紐約時報》：在我剛抵達時，我建立我對中國的印象：光要將行李從飛機上卸下來就花了四小時，這不是一個有效率的國家；我記得我和辦公室主任站在那裡，等了又等，等了又等，這就是我對中國的第一印象。

改革和貪腐

儘管中國還是非常官僚、充滿禁令，葛鋼發現他還是比前輩更能自由地活動；廣東外辦有一名非常友善的官員幫忙，他給予許可，讓葛鋼能待在一個廣東西部的小村莊過一週。

葛鋼，《紐約時報》：在鄧小平和趙紫陽的農業改革政策下，我想看中國鄉村經歷什麼改變。我花了九天在廣東西部這個小村莊，感覺很棒，舉例而言，他們為了恢復祭拜祖先的傳統做了很多努力，他們試著重建村裡的族譜，因為紅衛兵曾到這裡摧毀祠堂、族譜等一切；風水師也回來了，他們負責幫忙決定房子的面向、墳墓在山上的位置、人們結婚的日子；此外，錢莊也陸續崛起，有一位村裡做借貸生意的有錢人，儘管不是黨裡的官員，他還是成為某種地下村長。這讓我們看到中國小部分的鄉村開始經歷一些快速的改變，《紐約時報》刊了一整頁的報導。

為了繼續挑戰底線，葛鋼和德國《明鏡周刊》駐北京記者史蒂芬．西蒙斯（Stefan Simons）決定從上海一路搭便車到香港。

葛鋼，《紐約時報》：我們沒遇到什麼問題。溫州是我們搭便車到達的地點之一，這裡的發展總是領先全中國。這裡有私營銀行，你可以走進銀行和經理談話；所以黨內怎麼看這些私營銀行？行員會指著牆上說道：「看到那些匾額了嗎？溫州市委書記送的，表揚我們提供資金給溫州的企業。」

但是效率低落、混亂、不平等，尤其是改變的過程中產生的貪腐，都加劇了人們的不滿。

邵德廉，《**華盛頓郵報**》：你會和別人談到貪腐的狀況，談到黨內幹部或者他們的親戚在撈錢，或高官的兒女發展得很好。我認識一名私人企業老闆，我們後來變成朋友，他必須賄賂官員才能獲得電力，他擁有自己的企業，但他必須付錢給當地機關才能讓他的企業繼續營運。

引起最多民怨的貪腐模式被稱為「管道」：高官以國定價格低價買入商品，再轉到開放市場裡賣出，換取暴利。

艾鼎德畢業於哈佛大學東亞研究學系，曾是《彭博商業周刊》駐港記者，轉職《新聞周刊》後，於一九八六年被派駐北京，她和邵德廉注意到相同的問題。

艾鼎德，《**新聞周刊**》：有種叫「管道」的手法，那是一種套利行為，他們放鬆部分價格管制，如果你是聰明的中國企業家，你可以低價買入、高價賣出；各地的人們都被弄得很慘，農夫被弄得很慘，因為他們的收成被低價收購，並在其他地方以高價賣出，貪腐的規模十分巨大。

很快地，人們便不再沉默。

第八章　測試底線

一九八六年，學生示威在上海和其他幾個城市展開，上千名年輕人走上街頭，要求終結貪腐，爭取更多自由以及更開放的政治體制，這是鄧小平改革以來，最大規模的人民抗議。

葛鋼，**《紐約時報》**：我飛到上海，許多學生遊行上街，氣氛歡欣鼓舞，他們不知道什麼樣的危險正在等著他們，他們覺得自己掌握了敘事的主控權、未來的人生，以及中國未來的方向，他們過度自信地以為自己能改變中國。

約翰．希翰，**CBS**：一開始只有學生，沒多久，一群非常支持學生的工人加入他們；這只是剛開始而已，一切都還難以預測，除非共產黨找到方法結束，否則一定會繼續成長。

天文物理學家方勵之啟發了許多學生，他在安徽合肥的「中國科學技術大學」擔任副校長；因為公開為人權和思想自由發聲，方勵之在文化大革命時被送去再教育營，這個經驗讓他對共產體制更加質疑，他開始在寫作與授課中提到這個體制的缺點，並開始有越來越多追隨者。抗議爆發一個月前，他在上海的交通大學演講，他說：「核心的問題在於，如果中國改革要完全依賴黨內高層，中國就不會變成已開發國家……需要領導人批准的民主不是真民主……民主是每個人都擁有自己的權利。」[1]

艾鼎德，《新聞周刊》：我們第一次知道方勵之這號人物時，他還在合肥的中國科學技術大學，他會舉辦一些「沙龍」和學生對談，學生非常愛他；我第一次見到他是在北京大學，我看到他和學生對話，學生非常興奮。他是一個不凡的奇才，一名天體物理學家，他的想法都奠基在科學之上，他希望能看見政治民主化的中國，他從科學理論解構馬克斯主義；他非常勇敢，他做的事不會為他帶來私利，他是那種相信自己有著更大的使命的知識分子，他的使命就是追求真實；他抓住了大學學生的想像力和理想主義，有點像是「我們想讓中國偉大，我們該如何讓中國偉大？我們該如何借鏡世上其他最好的國家，讓我們深愛的國家更偉大呢？」

當時社會上許多人都還很害怕和外國記者交談，而方勵之和其他帶有批判性的知識分子卻十分容易親近，讓艾鼎德和其他記者很開心。

艾鼎德，《新聞周刊》：那些願意探討改變國家的知識分子、經濟學家、理論家、作家和藝術家，很多都是我們後來認識的人，這對記者是一件振奮人心的事。他們想認識我們，所以我們也慢慢了解他們；如果你會說中文的話，就能了解更多。他們帶我們看見現況，他們知道他們在冒險，他們經歷過文化大革命，知道事情可以演變成多糟糕和可怕，但當時北京瀰漫著一種高張的興奮感以及知識上的騷動。

跨年夜當天，遊行蔓延到首都，並延伸到了北京大學。

葛鋼，《紐約時報》：我們一群人決定辦一場新年派對，結果因為北大裡的抗議，一切變得十分混亂。大家都已經日以繼夜地工作，所以我帶了一瓶香檳，我想這樣一定會很有趣；我們做了許多訪問後，終於在靠近午夜時得以坐下來，我們坐到車上以防冷死，喝了一點香檳後又回去工作。

黨部的領導階層對於如何回應抗議活動，意見極為分歧：儘管鄧小平和其他黨內大老要求強行鎮壓，但總書記胡耀邦拒絕譴責示威者或他們的啟蒙導師，也拒絕停下政治改革的腳步，他持續支持政治自由化，但黨內的保守勢力還是占上風。

孟捷慕，《**洛杉磯時報**》：黨內回應的方式是將方勵之和異議記者劉賓雁*開除黨籍。我聽到這個傳聞，便打電話給一名在《人民日報》工作的朋友，我說：「今天稍晚有時間一起喝茶嗎？」她說道：「我今天傍晚都很忙。」「還是吃個午餐呢？」她說：「無法。」「晚餐呢？」她說：「你想問什麼就在電話上問，你們外國人總是疑神疑鬼的。」我接著告訴她，我聽說方勵之和劉賓雁被開除黨籍。她說：「沒聽說這件事。」大概半小時後，電話響了，她說：「你聽到的是真的。」我需要聽到她證實消息，我才能著手寫報導。我下次見到她時，她說：「你在電話上小心翼翼是對的，我因為和你談話被警告。」

同一週，胡耀邦被拔去共產黨總書記的頭銜，雖然鄧小平一直在提拔和保護胡耀邦，但黨內大老說服鄧小平相信，因為胡耀邦意識形態上的鬆懈，導致異議分子遽增，鄧小平因此決定開除他的接班人。與此同時，新一波「反對資產階級自由化」運動興起，質疑西方政治概念並強調政黨控制重要性；這波運動成為保守勢力削弱鄧小平改革力道的方式。

葛鋼，《**紐約時報**》：無庸置疑的是，這個時刻的共產黨強力地停下任何朝向政治自由化的行動，而經濟政策的後果會如何還是未知。

艾鼎德，《新聞周刊》：他們開始了這個反資產階級自由化的運動，我決定到一個村莊裡問問村民的看法；這對記者來說並不是一件容易的事：你必須得到省級外辦的同意，再來是鄉鎮層級的同意。等我到了村莊，大概有二十個黨內高官跟著我，我記得我到了一名農夫家中，試著和他談話，二十名政府高官跟著我走進房子裡，整個村莊的人基本上都在窗外看著；這些農夫完全嚇壞了，他們不知道發生什麼事，我轉向一名女性說道：「我想聽聽你對資產階級自由化的運動有什麼看法。」她看起來完全嚇到了，不知道要說什麼，最後她說：「我們應該支持資產階級自由化的原因是……」官員在旁說：「不對，不對，你應該要反對資產階級自由化。」我心想：「天啊！我對這個可憐的農夫做了什麼？」

持續改革

儘管胡耀邦被革職、保守派影響力提升，鄧小平還是堅持繼續推動經濟改革，他提名務實的趙紫陽代替胡耀邦成為黨總書記。

* 劉賓雁曾於一九五七年因為他批判性的文筆被開除黨籍，於文化大革命後恢復黨籍。一九八〇年代，他持續撰寫貪婪、貪府和濫權相關的報導。

葛鋼，《紐約時報》：趙紫陽不只是改革派，他還是改革派的領導；鄧小平或許訂下了整體的大方向，但趙紫陽卻是實際執行的人，趙紫陽是那個走到鄉村進行改革的人。

受蘇聯訓練的工程師李鵬被提名為總理，趙紫陽被迫和保守派的李鵬分享權力，但經濟和社會自由化的改革還是持續進行；此外，鄧小平也暗示有計畫地讓政治體制變得更有效率、更能反應民心。

殷阿笛是《新聞周刊》記者艾鼎德的丈夫，他被《華爾街日報》於一九八七年初派到中國。

殷阿笛，《華爾街日報》：從那段期間到一九八九年六月四日之間，社會上有兩大問題：一個是經濟陷入危機，中國才剛開始第一次重大的經濟改革，這顯然帶來了經濟上的開放，也帶來了「物價上漲」這類國家主導的經濟體從來不需要面對的問題，這是國家潛在的挑戰；另外，政治面和社會面逐漸自由化，人們開始測試底線，例如：爭取言論自由和呼籲改變。這兩大主軸基本上是互相關連的，當政府很積極地面對經濟挑戰時，我認為有人也看準機會挑戰政治層面的事，因為知道政府無法一心二用。

我在一九八七年中開設了CNN北京分社；在此之前，我為了成長中的倫敦電視台擔任五年的流動記者（roving correspondent）。我發覺社會上的氣氛十分樂觀，鄧小平和改革派似乎占了上風，至少表面上看來是如此；一九八六年末至一九八七年初的政治緊張情勢似乎已經減輕了，當時有著社會正要開放、國家對人民生活的控制即將鬆綁的感受。我和我的團隊報導了中國最早的迪斯可舞廳、外國商人到中國，以及中國越來越想和外面的世界交流的氛圍。

我的團隊由收音師兼剪輯師米奇・法卡斯（Mitch Farkas）和攝影師辛德・史特蘭組成，法卡斯是韓裔美國人，他的父親馬文是從一九五〇年代就駐地亞洲的攝影師；辛德則是無所畏懼的CNN資深攝影師，我和她第一次合作是在一九八三年的貝魯特，當時正值黎巴嫩內戰的高峰，她接著去了整個中東和非洲；她請了一年假期在南京學中文，當時假期正好結束。

辛德・史特蘭，CNN：我們最早報導的幾則新聞中，有一則是關於中國第一次的彩妝展。展會在一個展覽中心裡舉行，當時的年輕女性大多都還紮著辮

一九八八年，CNN北京分社記者齊邁可、攝影師辛德・史特蘭以及收音師米奇・法卡斯在西藏拉薩。CNN對一九八九年天安門事件的報導是後來所謂「CNN效應」的最早案例，彰顯出即時電視新聞報導具有形塑民意的力量，並在危機時推動美國和其他國家採取相應的政策。（齊邁可提供）

子、穿著毛式中山裝，她們為了不一樣的面貌破門而入，他們想實驗不一樣的化妝品，想要看起來漂亮，想要西方人用的化妝品，這真的很讓人驚歎。

一九八七年十月，中國第一家肯德基正準備在北京天安門廣場上開幕、店址就在毛澤東陵墓視線可及的範圍內。此時，政府同意讓NBC派遣主播湯姆．布羅考到中國進行為期一週的現場連線報導，主題是「改變中的中國」。

湯姆．布羅考，NBC：一切都正在改變，誰都想像不到改變的範圍有多大。

NBC報導最精彩的部分是，布羅考被批准在週日談話節目《與媒體見面》（*Meet the Press*）上訪問趙紫陽，這是第一次中國領導人同意接受美國主流電視台週日晨間秀的訪問，這位新上任的總書記坦承自己很想快改變，並告訴布羅考：「我們不會避諱批評思想保守、僵化、不支持中國改革的人。」

湯姆．布羅考，NBC：那場訪問裡，他談到了我們應該提供年輕人經濟機會：這不是毛澤東主義的教義。

中國研究學者兼記者夏偉，以及他人脈很廣的中國太太白芳幫助NBC安排了趙紫陽的訪問。

夏偉，《紐約客》：他說了一個多小時，完全沒有腳本；他不僅談了一個小時，整段時間他還配著啤酒；他身旁有幾瓶啤酒。

湯姆．布羅考，NBC：他們都知道鏡頭什麼時候切到我，他會趁那個時候喝一杯，接著他們會幫他換一瓶新的，整場訪問他可能喝了兩夸脫*的啤酒。他非常坦率，並沒有迎合美國觀眾，我對他印象很深刻，他有種沉靜、知識分子的自信，同時也很健談。

夏偉，《**紐約客**》：就是在這種時刻，你會看見中國加入這個世界的可能性——政治和經濟層面皆是如此。

西藏暴動

然而，幾乎是同一時間，西藏爆發了反對中國統治的暴力抗議活動。

殷阿笛，《**華爾街日報**》：和尚上街抗議、引起騷動，我們很多人都過去了。我們違反了一條寫得非常清楚的規則：我們不該未經官方許可就前往西藏。但體制內還是有漏洞，我們前往四川成都，再從那裡搭飛機到拉薩；我們一行十幾個人，下榻在中外合資的飯店，租了腳踏車，每天都出去寺院。我們能看到正在發生什麼事，並和抗議中的和尚交談。

葛鋼，《**紐約時報**》：他們試圖控制我們，但我們很快就分散在整個城市裡，那時候，他們唯一能監聽我們的飯店是「假日酒店」。我們出去訪問了極度不滿的和尚，有些和尚中了槍，西藏人對中國侵略的大規模抗議持續了好幾天。

* 編按：約一．九公升。

殷阿笛的妻子艾鼎德並沒有衝去拉薩。

艾鼎德，《新聞周刊》：我坐在北京的辦公室，我是《新聞周刊》分社長。某個星期二，我們聽說西藏的和尚在抗議，這對我很重要的原因是，我在一間周刊工作，一週結束於星期六，星期二還算是一週的開始。我聯絡我的編輯說道：「這太棒了，這是大新聞，我得去一趟。」他們說：「我不確定這麼是否合適，現在一週才剛開始，我們等等看事件怎麼發展再決定。」我必須有點不甘心地說，這就好像他們只有在《紐約時報》看到整起事件的報導後才相信這是真的，但他們那時還沒看到《紐約時報》的報導，只有聽到我的消息。我坐在北京的辦公室，我先生是《華爾街日報》的分社長，我們很多朋友都是記者，他們都跳上飛機前往拉薩了。

薄瑞光是美國駐華大使館的政治處長，他和另一位「美國駐成都總領事館」的同事也一起在那週去拉薩。

薄瑞光，美國國務院：機場沒有任何飯店接駁巴士，所以我們必須搭一般巴士，這是一個好機會，因為一般巴士會先進入市中心，也就是所有事情發生的地方；我們真的看到示威者向警察丟石頭，當時還沒看到任何人開槍，但很多人在丟石頭。

持續不斷的騷動終於讓艾鼎德《新聞周刊》的老闆感興趣了。

艾鼎德，《新聞周刊》：他們在《紐約時報》上看到這起事件後，對我說：「天啊！艾鼎德，趕快去拉薩。」

與此同時，抗議持續進行，中國有關單位命令拉薩的美國記者離開。

葛鋼，《紐約時報》：中國派來軍隊，他們決定把我們所有人都趕出去，這樣我們就無法報導他們即將對西藏人做的事。

薄瑞光，美國國務院：那是一個很令人難忘的場合，所有媒體都被集合到一場會議裡；我們說這是領事相關的問題，所以我們必須在場。我們看著他們告訴媒體，他們在那裡是多大的錯誤，因為他們沒有按照規定在出發十天前申請許可。那是個高音量且氣氛火爆的會議，我記得我代表媒體說了幾句話，當然，那沒有產生什麼效果。

與此同時，艾鼎德剛抵達四川成都，她在這裡遇到了《華盛頓郵報》的邵德廉，他也在試著去拉薩。

艾鼎德，《新聞周刊》：我去到成都的中國旅行社，那天星期四，他們剛宣布西藏進入戒嚴，並停止販售前往拉薩的票；我心想：「完蛋了。」我一定得到拉薩。我站在窗邊，看見兩名有點像嬉皮的人，他們在停止販售前剛買到去拉薩的票，我對他們說：「如果你願意把票讓給我，我會給你們票價三倍的錢。」我發誓，他們對著彼此說道：「那我們去希臘好了。」所以他們就出發去希臘了，我拿到了那兩張票，上面當然沒有我的名字，也沒有邵德廉的名字。

那天晚上，所有被從拉薩趕出來的記者都被關在假日酒店。

葛鋼，《紐約時報》：當你被關在飯店裡，除了開派對以外，也不能做太多事，所以我在房裡開了一場盛大的派對；薄瑞光來了，一名成都總領事館的人來了，還有記者們也來了。你打開門就會看到中國便衣公安分散在走廊上。

薄瑞光，美國國務院：我記得那天晚上大家都很開心，喝了很多酒，整夜喧鬧，葛鋼還遇上了一些麻煩。

葛鋼，《紐約時報》：公安試著進到房間裡，那幾天只有犛牛能吃，我們吃了犛牛點心、犛牛漢堡、啤酒等任何我們能在假日酒店取得的東西；那些公安試著闖入房間裡，我們將他們推出去，我被認為造成了一個「不愉快的時刻」，他們將我帶走，並審問了好幾個小時。

薄瑞光，美國國務院：我被西藏所謂的「自治區」高官叫去參加一場會議，他們向我（美國外交官）投訴我國公民葛鋼先生的行為；我算是接受了他們的投訴，但也沒給出任何承諾。

隔天早上，記者都在拉薩機場等著離開，而艾鼎德和邵德廉從成都搭乘的飛機降落了。

艾鼎德，《新聞周刊》：飛機是星期五早上六點，我不知道我該如何報導，我只知道要去拉薩，那時候我們還不知道在拉薩的記者都被驅逐了。我和邵德廉去機場時，我們試著讓自己看起來像嬉皮背包客；除了我們以外，其他在機上的人都是中國人。我記得我排到前面，查驗護照的人看看護照，再看看拿反了的機票，不知道為什麼，我們就這樣被放行上飛機了。我們抵達拉薩時，不開玩笑，所有前一晚被遣返的記者要搭同一架飛機離開；我隔著柏油路看著他們，某人對我和邵德廉說：「千萬別去假日酒店，因為你會馬上被遣返。」所以我和邵德廉找到一些嬉皮人士，去到一個叫犛牛酒店的地方；我們合住一個房間，我記得那裡兩三層樓高，地板上有一個洞，那基本上就是廁所了。

艾鼎德花了一天在拉薩，訪問批評政府的和尚。

艾鼎德，《新聞周刊》：我和邵德廉騎著腳踏車到哲蚌寺，我不知道為什麼我們會成功，所有監視設備一定都在看我們，真的很好笑，兩個外國人騎著腳踏車，氣喘吁吁地想到寺院去。我們把腳踏車丟在半路，爬上去到寺院的後門偷偷溜進去，發現了幾名會說中文的和尚；我們待的時間長到足以讓我們採訪整件事情的始末，以及警察如何進到寺院。整條路上都是中國的公安，我不知道我們怎麼穿過他們的，也不知道為什麼能穿過，但我們成功了；我們接著到拉薩市中心的大昭寺和一些和尚談話。回到飯店之後，我覺得我的頭因為高山症要爆炸了；隔天早上，有一架飛出拉薩的班機，所以我們在待拉薩一天後就飛回成都。我成功將報導交給那些紐約的蠢蛋，他們一開始說：「這個故事看起來不有趣。」，後來又改口說：「去一趟拉薩。」

在拉薩爆發抗議不久前，NBC的湯姆．布羅考被准許前往西藏，做電視台「中國週」需要的報導。

湯姆．布羅考，NBC：我帶了達賴喇嘛的明信片進西藏，隨行人員說達賴喇嘛在當地已經沒有立足之地了。我順時針走，朝聖者都是走順時針；我身後有一支攝影團隊，我將達賴喇嘛的明信片舉在我面前，人們雙膝著地、情緒激動地哭了起來。隨行人員很快就知道是怎麼回事，我們也被趕出去了。

湯姆．布羅考回中國做NBC預排的節目工作前，先去印度訪問了達賴喇嘛。

湯姆．布羅考，NBC：事情突然亂成一團，隨行人員說我弄錯了，我沒有照著安排和規則走，即便我回到美國後，我還是被中國駐美大使館叫去；大使夫人把我太太拉到一旁說：「湯姆弄錯了。」我太太說：「你去過西藏嗎？」大使夫人回覆：「沒有。」我太太說：「我和他一起在那裡，我不覺得他弄錯什麼。」

通訊社

儘管有著重重阻礙，許多記者還是有辦法旅行，但美國的通訊社——美聯社和合眾國際社——面對了不一樣的壓力。魏夢欣擁有哥倫比亞大學新聞碩士與哈佛大學東亞研究學士學位，於一九八七年加入美聯社北京分社。

魏夢欣，美聯社：美聯社讓一切變得很困難，很害怕沒人守在新華社的機器旁。「天啊！難道我們整個辦公室都要出去跑新聞，沒人顧新華社的機器嗎？如果傳來鄧小平逝世的消息怎麼辦？」他要一直到一九九七年才過世，我在那裡的整段時間裡，一定要有人守在辦公室，等著接收鄧小平過世的消息，所以我們很難離開辦公室。

桑萬一九八三年因為學中文第一次來到中國，他是美聯社的年輕記者。

桑萬，合眾國際社：我住在合眾國際社的辦公室，我的公寓就在辦公室裡，我從來沒有離開過辦公室。你每天到辦公室的第一件事就是拉電報線，有新華社、路透社和合眾國際社的電報線，這就是我的工作，讓老電報機正常運作。

鐘同仁的母親來自中國，他是美聯社東京分社的成員，但多數時間都在北京。

鍾同仁，美聯社：美聯社有點像新聞吸塵器，看遍所有當地報紙、晚間新聞，根據其他新聞社不會處理的資訊來源和政府公告撰寫報導。美聯社是許多外國記者的參考基準，我們的資訊大概出現在許多人最後看到的新聞中。我知道許多記者會打電話來說：「你們會翻譯《人民日報》的社論嗎？因為我們沒有人可以做」或者「我拿不到素材」，他們想等我們的報導。

邵德廉，《華盛頓郵報》：我有幾位在通訊社工作的朋友，我很幸運能和他們保持聯絡，因為他們常常能得到我們無法馬上得到的素材，他們有點像是奮力拼搏的前線部隊。

第十三屆代表大會

一九八七年十月二十五日至十一月一日，中共召開第十三屆全國代表大會，這是中國第一次開放外國媒體參與部分議程，這和我第一次來中國時有極大的差別：一九七三年八月，我和一群學生在北京，當時正值第十屆代表大會，一直到發出公報後人們才知道有這場會議；這次他們建立了外國媒體中心，定時舉辦媒體簡報會，記者能進入人民大會堂，參與開閉幕以及其他重要場合。

經過了年初的政治動盪，改革派似乎占了上風，包含鄧小平和幾位保守勢力大老在內，政治局委員有一半的人宣布退休；儘管胡耀邦在一月被拔除總書記的頭銜，他仍是政治局委員。

魏夢欣，美聯社：鄧小平下台是很大的一件事，他主動退位，這是鄧小平從華國鋒手中接管黨部以來，第一次的和平政權轉移，這是中國政治上的一大轉變。

鄧小平仍是中央軍委會主席，軍委會控制了中國的軍隊，顯然他還是國家最高領導人，但趙紫陽明顯想加速改革。

魏夢欣，美聯社：趙紫陽在工作報告中呼籲：政治改革的速度應該跟上經濟改革。這是促進政治改革的一大推力，就在上個冬天，他們才剛以「不至於太暴力」的方式，壓制學生抗爭和呼籲改革的聲音；趙紫陽的呼籲改變了大眾對中國未來方向的看法。

趙紫陽告訴將近兩千名代表，中國尚在「社會主義初級階段」，他與黨的意識形態分道揚鑣，宣布任何能加速現代化的經濟政策都是可接受的。他保證會減少黨對政府的干涉，並呼籲加強政府和人民之間的「協商和對話」。雖然細節尚未明朗，但顯然趙紫陽很願意打造一條新的道路，他在代表大會後和外國媒體的深度交流也凸顯了此事。

吉米，《時代》雜誌：他當上總書記的記者會很令人難忘，他沿著擺滿點心的桌子走出來，我們在桌子的另一端，試著將麥克風推到他前面，他走得非常緩慢，回答了很多來自國內外媒體的問題，這是過去不會發生的情景。

趙紫陽穿著一套雙排扣、直紋的時髦西裝，回答了無數的問題——這些問題都沒有先被審查過。西藏的事件當時常出現在頭條上，我問他極度敏感的人權相關問題，他忠於共產黨的說詞，譴責了那些批評中國政策的美國評論家，但我還是很慶幸能看到這種媒體問答，這對西方政治人物很稀鬆平常，但卻從未在中國領導人身上看到。

殷阿笛，《華爾街日報》：我們許多人都很驚訝地感覺到一切很不一樣，我們大概知道趙紫陽身為經濟改革者，理念上是相對自由的，但他在國際鎂光燈下也是如此從容，在這樣的氛圍下，很難讓人不去期待，也許會出現一批大大改變中國的新團隊。

一九八八：最開放的一年

一九八八年，潘文加入美聯社的北京分社，他曾在史丹佛大學主修東亞研究。一九八〇年，他於南京大學就讀，成為首批在中國讀書的美國人。

潘文，美聯社：一九八八年是

一九八七年十月，《紐約時報》的葛鋼、《時代》雜誌的吉米、《明鏡周刊》的史蒂芬·西蒙斯、《芝加哥論壇報》的約瑟夫·里夫斯（Joseph Reaves）以及《時代》雜誌的理查德·霍尼克在北京人民大會堂報導中國共產黨第十三次全國代表大會。這是外國記者首次獲准報導中共的全國代表大會，象徵中共的開放。（羅賓·莫耶提供）

很令人興奮的一年，中央美術學院第一次舉辦裸體藝術展，社會上瀰漫著一種無限可能的氛圍，奇特的事件不斷發生，幾乎每週都會有新鮮事。當時能清楚感覺到某種改變即將發生。

邵德廉，《華盛頓郵報》：一九八八年是最開放的一年，當時真的很令人興奮，我做了藝術和音樂相關的報導，也報導了正在改變的事，人們比過去更敢於談論性愛、嘗試不同的工作，各種實驗不斷在進行，媒體方面也鬆綁了一些。

辛德．史特蘭，CNN：他們不想用傳統的方式做藝術，他們不想畫雲霧繚繞的大山、寶塔和寺廟，他們想像安迪．沃荷（Andy Warhol）一樣，畫一些以毛澤東為題的有趣圖像。從西方引入的藝術和音樂與社會上既存的完全不一樣，他們是完全不同的世代，他們對藝術、音樂和性很好奇，他們不想被否定。

殷阿笛，《華爾街日報》：對我而言，當時的一場藝術展覽說明了社會現況。基本上，人們覺得他們可以做以前不能做的事；政府允許這些滑稽的年輕藝術家接手北京一間有名的藝廊，展出新型態、具啟發性的、政治上富有挑戰性的、奇怪的表演藝術。警察知道這可能會演變成奇怪的場面，但還是發生了。我記得有一類藝術變得很受歡迎：沃荷風格的毛澤東肖像畫。第二天，那裡出現帶著鏡子的電話亭，和一名年輕的中國藝術家，她好像是中國官員的女兒；她的表演藝術是掏出一把槍，一把真槍，對著鏡子射擊，讓鏡子碎裂。真的很瘋狂。

在這樣一片活躍的氣氛中，包柏漪成了中國與日俱增的叛逆藝術家、知識分子、美國記者之間的重要橋樑，她出生於中國，是美國駐華大使溫斯頓．羅德的妻子，也是一名成功的小說家。

溫斯頓．羅德，美國駐華大使：關於改革和開放的討論越來越多，我們在大使館裡也討論很多，特別是我太太，她身為作家，在文化界、學界和改革界的人脈都很廣。

邵德廉，《華盛頓郵報》：包柏漪幫了很多忙，因為她會舉辦沙龍，邀請作家和藝術家來參加，我透過她遇到許多一流的知識分子和藝術家。

艾鼎德，《新聞周刊》：羅德夫婦人脈真的很廣，也非常能掌握社會脈動，特別是包柏漪，她認識很多藝術家和知識分子，他們會在大使館裡辦很多活動，她很會連結人與人之間的關係。如果她喜歡你，她會特別介紹有趣的中國知識分子讓你認識，大使夫人能這麼做真的很不可思議。

美聯社的桑萬和羅德夫婦還有一層特別的關係。

桑萬，合眾國際社：我女朋友黃德莉是包柏漪的祕書，我幾乎每天都和羅德大使賢伉儷一起打網球，那是我的消息來源，他們把幾乎把我們當成自己孩子一樣對待；我們經常出入他們的住處，那是個沙龍，他們會邀請許多人來家裡，從文化部長英若誠到劇作家曹禺，這些場合我都在場。

一九八八年夏天，中央電視台播放了一系列六集的紀錄片《河殤》，由六名年輕的知識分子撰寫、製作，他們認為是時候該改變中國壓抑、向內探尋的文化了；黃河長久以來是中國古代文明的象徵，他們以黃河裡緩慢流動的江水象徵這種壓抑、向內探尋的文化，主張應該敞開心胸，面對科學、民主、自由市場和外在世界。這系列紀錄片造成了轟動，因為它極具啟發性地批判了中國的孤立和落後，也暗批了共產黨在其中的角色，吸引了近兩億觀眾收看，受到趙紫陽和改革派的支持，卻被黨內保守勢力大肆批評。黨內當時幕後的政治角力尚未浮上台面。

艾鼎德，《**新聞周刊**》：突然間，大家都在討論這部紀錄片，這基本上是由一群以蘇曉康為首的前衛地下知識分子促成。在鑽研中國文化與文明後，蘇曉康認為中國文明奠基在封建制度上，而共產黨是這個封建社會的延伸，需要用西方的解方來打破、粉碎；中國基本上應該學習西方怎麼做，因為中國以前的作法都是應該被摒棄的垃圾。顯然這種說法很令人震驚，不可思議的是，這種紀錄片能在中國的電視台上播送；這是個重要象徵，但我們記者當時不知道這象徵了什麼，也不知道是哪個派系或誰讓它出現在電視上。

《河殤》帶來的爭議剛好在一個特殊的時間點爆發：國家解除了長久以來的價格控制，造成搶購和擠兌，觸發了大家對經濟狀態與日俱增的不滿。

殷阿笛，《**華爾街日報**》：經濟狀況越來越糟，這是可以報導的主題，你可以去店裡看看商品價格，你可以訪問在買東西的人，他們會願意很直接地告訴你他們的感受以及經濟現況，如此一來，你可以得到相對容易了解的資訊，但你不懂的是幕後的爭論。

紀思道曾在哈佛研讀政府學，後來又取得法律學位。一九八八年末，他在太太伍潔芳的陪同下，來到中國接手《紐約時報》分社，伍潔芳是美國華裔移民第三代，也是《紐約時報》雇用的第一位亞裔美籍記者。

紀思道，《**紐約時報**》：我對非洲非常感興趣，也學過阿拉伯語，所以我一直預期《紐約時報》會派我去西非，因為我會說法語；或者派我去阿拉伯世界，因為我會說阿拉伯語。沒想到，我突然接到一通電話，問我想不想學中文和外派中國。

伍潔芳，《紐約時報》：或許因為我是華裔美國人，所以對我來說，去中國是一場冒險，我們很輕易地就見到很多人；我們非常幸運，當時真的沒有限制，社會風氣非常開放，我們遇到了各行各業的人。

紀思道，《紐約時報》：我和潔芳都試著花多一點時間和中國民眾相處，我們有很多中國朋友，我們花很多時間試著和人們討論社會議題以及他們的看法；我們真的剛好碰上黃金時代，因為在天安門事件以前，你真的可以和社會菁英有許多很棒的交流，那段時間裡，我

一九八八年，《紐約時報》的紀思道和伍潔芳在《時代》雜誌的北京分社辦公室外。在報導天安門事件後，這對夫妻檔的報導試圖調和中共的嚴厲鎮壓以及中國在一九九〇年代浮現的驚人經濟動能。（伍潔芳提供）

們真的可以建立很多人脈，又因為潔芳是華裔，她有點像是「國家的朋友」，人們可以比較自由地和我們交朋友，如果我們兩個都是白人，可能就沒那麼容易。

與此同時，社會上和經濟上的緊張情勢上升，加劇了黨內改革派和保守勢力的鬥爭。方勵之雖然被共產黨革除黨籍，他還是持續為改革發聲，也變成了媒體寵兒。

紀思道，《紐約時報》：我們認識方勵之，他是我們最早認識的人之一，我很喜歡他，所以我們寫了很多關於他的報導。

殷阿笛，《華爾街日報》：我很愛方勵之，天體物理學家出

一九八八年十二月，《新聞周刊》的艾鼎德和被視為異議人士的天體物理學家方勵之在北京的聖誕節派對。直言敢諫的方勵之是西方記者的寵兒。六個月後，隨著天安門鎮壓事件的發生，方勵之成為中國的頭號通緝犯之一，並在美國大使館尋求庇護一年後獲准前往美國。（艾鼎德提供）

身的他，用某種澄澈的視角看世界，認為自己應該要說出真相；我認為他很了不起，他顯然啟發了不少大學裡的學生去測試底線。

一九八八年接近尾聲時，艾鼎德和殷阿笛舉辦了一場盛大的聖誕派對。

艾鼎德，《**新聞周刊**》：我們住在外國人的聚落裡，中國人想要拜訪還需要通過警衛，這對許多中國人來說是很可怕的經驗，警衛會記下他們的名字、問他們是誰；我們很意外所有的中國朋友都來了，最開心的是方勵之和他的太太李淑嫻也來了。

殷阿笛，《**華爾街日報**》：前衛的藝術家和方勵之都來參加派對，大家一起唱聖誕頌歌，老實說，一九八八年也許是我和太太事業上最好的一年，因為感覺充滿希望，中國的未來好像充滿無限可能，經濟和政治上的未來好像都在計畫中。

艾鼎德，《**新聞周刊**》：這一群中國人和西方人開始唱起聖誕頌歌，在那個時刻，一切好像都有可能發生、一切都做得到，而且一切都充滿希望。

六個月後發生了天安門的血腥鎮壓。

第九章　北京之春

一九八九年二月，中國和蘇聯宣布，蘇聯總統米哈伊爾・戈巴契夫（Mikhail Gorbachev）將於五月十五日至十八日到訪北京，與鄧小平進行一場高峰會。戈巴契夫在國內提出了許多爭議性的政治和經濟改革，在國際間則採取較溫和的姿態。這場高峰會可能會終結世上兩大共產霸權持續了超過三十年的敵對狀態，雙方在一九六〇年代末甚至差點開戰。對鄧小平而言，在主導了美中關係正常化之後，這場高峰會將是他政治生涯上的里程碑，讓中國以主角之姿登上國際舞台，不再是強權外交下的一個棋子，而是有自主權的強權。對北京的記者而言，這肯定是這幾年來最大的中國新聞。

稍後在二月，新任美國總統喬治・布希（George Bush）會到訪中國，他曾在一九七〇年代主導美國在中國的外交任務，對布希而言，目的是要鞏固和老朋友鄧小平的關係。

溫斯頓・羅德，美國駐華大使：新任總統回到曾擔任聯絡辦公室主任的地方，一定會迎來熱烈的歡迎，人們現在已經忘記我們在一九八〇年代末期，曾賣了許多武器給中國，我們還和他們合作把武器送到阿富汗給聖戰者對抗俄國人，我們在中蘇邊境一起安裝了祕密雷達裝置來監視俄國人，我當時也有去視察。這是我們在拓展關係上的高峰，布希將成為第一個登上國家電視台直播節目和中國人民談話的美國總統，我們請中國同意讓我們在天安門廣場上拍攝人群湧入、他向大家問好的畫面。我們也面對到一些問題：你不可能避談人權問題。我們討論了該怎麼做，怎麼將訊息傳達給中國人以及中國的改革派，同時也要顧及美國觀眾、國會和人權團體，我們不想讓總統在這件事上毫無建樹，但我們也不覺得這該是此行的主軸。

當布希的前任總統雷根於一九八八年訪問蘇聯時，他在美國駐莫斯科大使的住處會見了蘇聯異議人士以及人權分子，面對中國，羅德打算邀請異議科學家方勵之參加布希在喜來登長城飯店為幾百名達官顯要主辦的宴會。

溫斯頓．羅德，美國駐華大使：白宮請我們匯整賓客名單，大概五百人，絕大多數都是中國官員和政治界名人，但我們認為這是個好機會，可以象徵性地邀請幾位改革派人士，一些沒有威脅性的溫和政治改革派以及學者，其中就包含方勵之和他太太。我們知道他很有爭議性，但他也是有名的天體物理學家，名義上還是在中國政府底下工作。表面上，我們在賓客名單上將他列為天體物理學家，在不引起爭議的情況下，布希應該在宴會中做些什麼。我們把名單寄到華府讓他們確認，我特別標記這個人可能會引起爭議，但因為前述原因我們必須邀請他。國務院和白宮批准了這份名單。

這個舉動引起了中國當局的不滿

溫斯頓．羅德，美國駐華大使：就在總統抵達前，中方開始抱怨，他們說如果方勵之在場，領導人就不會出席，最後，為了保住顏面，中方同意出席宴會，只要方勵之不坐主桌且不召開記者會就行。

但中國當局卻不守信用，在前往喜來登長城飯店的路上，警察攔下了方勵之的座車，阻止他進入宴會會場，這是近二十年來美國總統參訪中國最糟糕的時刻。

艾鼎德，《**新聞周刊**》：我聽說方勵之要召開記者會，他出現了，還有許多便衣警察，方勵之出來說明事情經過。

殷阿笛，《**華爾街日報**》：中國官僚的目的就是讓方勵之不要加入晚宴；他們成功了，但他們無法讓世界不關注這一切，因為一瞬間這變成了大事件。中國官員處理事情的一貫作法總是會搞砸一切，他們擔心公關形象和外界輿論而選擇高壓處理，但卻總是得到反效果。

出身德州的詹姆斯．貝克是布希的律師和多年摯友，當時擔任美國國務卿。

詹姆斯．貝克，**美國國務卿**：總統並不樂見此事，因為這是他第一次出訪，但這起事件已經蓋過了此行的新聞，至少從媒體的角度看是如此。他對此非常不高興，對於方勵之怎麼會在賓客名單裡，我們內部產生激烈爭吵。

布希的國家安全顧問布倫特．史考克羅（Brent Scowcroft）並未選擇譴責中國，反而希望能緩和與北京的關係，所以為《紐約時報》和《華盛頓郵報》的記者舉行了一場背景簡報會*，會中他將責任推到一名「資深行政官員」身上，也就是溫斯頓．羅德。

溫斯頓．羅德，**美國駐華大使**：史考克羅的背景簡報會就是在說：都是因為大使館邀請這個人，總統出訪才會搞砸，他們沒有向我們確認，才會導致現在的災難。這是我人生中最挫敗的一件事，因為責怪我的是白宮，而不是中國。我傳了一封祕密訊息給史考克羅說道：「你在中方眼中很軟弱，他們的行為如此差勁，但你卻是責怪自己的團隊。這個舉動讓新總統對中國傳達了不好的訊息，呈現出你們在面對中國時，立場多麼不堅定。你現在承認這個尊重人權的舉動是錯的，這將會勸退其他中國的改革者。你甚至完全摧毀了我的誠信，我在這裡已經無法發揮作用了。」

不到兩個月後，羅德就不再是駐華大使，改由中情局資深中國專家李潔明接任，當布希在中國擔任美國特使時，他正好擔任中情局北京情報站站長，但北京對方勵之的高壓對待，說明了中國領導階層有多麼緊張。

艾鼎德，《**新聞周刊**》：我們大概知道，天啊，中國不在乎這會不會在美國變成新聞，儘管這件事會讓中國在國際上丟臉，我們知道黨內有人會說「夠了」，以及我們不能讓這種事發生。那是一個很重要的時刻。

點燃引線

中國領導層有緊張的理由，即便在布希到訪前，方勵之年初就已寫了一封公開信給鄧小平，呼籲釋放政治犯；他的號召啟發了「民主沙龍」，那年冬天在各大學校園裡百花齊放。

＊編按：「背景簡報會」（background briefing）是一種為記者補充額外背景資訊的記者會。

艾鼎德，《新聞周刊》：我記得去了幾場沙龍，可能有一百個人，某些知識分子會坐在前排，談論政治改變和經濟改革。這已經越線了，黨內的強硬分子不會坐視不管，你知道的。

桑萬，合眾國際社：我記得方勵之在我面前說道：「誰都不怕誰。」你就知道引線被點燃了。

胡耀邦過世

四月十五日，胡耀邦於激烈的政治局會議召開前一週因心臟病過世，他雖然一九八七年被拔除總書記的頭銜，卻還是政治局的委員之一。合眾國際社記者桑萬當時的女友是包柏漪的祕書，他搶先聽到消息後馬上告訴他的老闆——分社長戴夫．史懷斯伯。

桑萬，合眾國際社：我接到德莉的電話，我是這樣知道這件事的。戴夫知道我的消息來源是美國大使，我的消息是直接來自大使館的最高層，其他人都不知道這個消息。

出身長島的史懷斯伯畢業於波士頓大學，從一九七九年開始為合眾國際社效力，他蓄鬍、菸抽個不停又酗酒，是駐北京的媒體裡最有趣的人之一，但他的人脈、對中國的了解和報導技巧都備受推崇。

桑萬，合眾國際社：戴夫很喜歡喝酒，沒錯，但如果有大事發生，我會看到他走進辦公室。他的狀況不可能過得了酒測，但他可以坐下來，打出一千字邏輯清晰的報導，我從未見過也再也沒見過他這種奇才。

根據桑萬的資訊，史懷斯伯寫出了第一篇關於胡耀邦過世的報導，在接下來的週末，校園裡都張貼起海報悼念前總書記的過世，他對很多學生而言，象徵著推動共產黨和中國社會自由化的努力。

紀思道，《紐約時報》：在胡耀邦過世前好一陣子，李鵬和趙紫陽間的緊張關係就已經很明顯了，我認為學生也注意到了，這也是他們抗議的原因，黨內高層分裂時他們趁虛而入。我們最好的中國朋友之一在北京大學，胡耀邦死亡的消息宣布後，那位朋友打電話給我，說北大裡有許多大字報，我們開車過去，看到一小群人在那裡，當時還看不出運動之後會如此發展。

四月十七日星期一晚上，幾千名學生遊行到天安門廣場，呼籲黨內領導層接續胡耀邦自由化的改革。合眾國際社的戴夫·史懷斯伯在清晨兩點鐘打給我，我才知道遊行的事，他後來成為我的摯友之一，我們像是建立了合眾國際社和CNN之間的資訊同盟；身處這兩個欠缺資金、苦苦掙扎、弱勢的的新聞組織，我們盡可能地互相幫忙。我馬上叫醒攝影師辛德·史特蘭和收音師米奇·法卡斯，我們抓起設備馬上前往天安門。

幾千名群眾湧入天安門廣場，大喊著「胡耀邦萬歲」、「民主萬歲」、「自由萬歲」，一些學生拿著寫著「中國魂」三個字的白色布條紀念胡耀邦，當群眾開始唱起共產黨黨歌——國際歌，學生們從廣場中央的人民英雄紀念碑上垂下一條布條，從那時起，一場悼念活動變成了公開的政治示威。

辛德·史特蘭，CNN：他們放上花圈、拉起布條，他們很聰明，因為他們在悼念胡耀邦，並利用合法的悼念活動開始爭取更多自由和民主。

回到分社後，我打電話到CNN亞特蘭大總部告訴他們，我們有一條很棒的新聞，請他們預定衛星轉播。一九八九年，十分鐘的衛星轉播需要兩千美元，而且CNN很討厭預定獨家轉播，他們偏好和其他電視台一起分擔轉播的開銷，但我說服他們這是很重要的新聞，值得預定獨家轉播，這後來變成美國電視台第一篇關於那年春天北京抗議的報導。儘管我們都很興奮，我卻已經開始擔心接下來會發生什麼事，在我的報導最後，我站在鏡頭前問了一個問題：「政府多久以後才會開始鎮壓這個對政府權威的挑戰呢？」

準備迎接戈巴契夫

然而，在CNN和美國其他新聞媒體的總部裡，他們關注的重點都不是天安門廣場，而是蘇聯領導人戈巴契夫即將到訪中國一事。伯納．蕭在CNN開播當年加入，曾在ABC擔任記者將近十年，他是CNN黃金時段新聞的主播。

伯納．蕭，CNN：共產勢力兩大強權終於決定在北京見面，解決這個長達十年的爭執，這是歷史上重要的一刻。CNN是全年無休的全球性電視台，所以我們必須到現場報導。計畫從高峰會幾個月前就開始進行，CNN當時還沒有很多錢，但我們知道會需要很多錢和人力。

艾利克．米朗是CNN特別任務小組的資深製作人，多年來，他處理過總統候選人辯論、高峰會和其他重要事件的轉播。

艾利克·米朗，CNN：我們有個大膽的想法，我和齊邁可說：「我們想要帶我們的衛星天線，我們想直接從天安門上轉播。」從天安門上可以俯瞰天安門廣場，據我所知，還沒有人這麼做過。我和一名工程師去了北京，邁可安排了一場和外交部的會議，我們說：「拜託，我們想轉播。」我們會現場轉播群眾看到戈巴契夫的反應。

我們向他們解釋，你可以看到這位官員的表情、聽他問道：「這對你們來說是這麼大的新聞？」我們說：「沒錯，這是中國很重要的時刻，也是俄羅斯很重要的時刻，更是世界上重要的時刻。」我們也是在那時要求使用「微波發射器」，我們當時認為微波發射器相當不可思議，這是一個和書本差不多大的裝置，但可以將主播邁可和伯納·蕭的轉播畫面傳回北京的總部。

CNN沒想到的是，中方同意讓他們帶衛星天線和微波轉播設備，但堅持天線必須要設在天安門五英里外的喜來登長城飯店，比起媒體轉播設備，他們更在意街頭不斷加劇的抗議行動。

悼念和抗議

四月二十二日星期六，中共舉行了胡耀邦的國葬，隨著鄧小平和許多黨部高層聚集在人民大會堂，會堂外的天安門，上萬名學生舉辦了他們自己的紀念儀式，將花圈放在人民英雄紀念碑下，唱著中國國歌。雖然示威者被一排警察擋在大會堂的台階下，看著黨部大老魚貫走進大會堂參加典禮，他們態度平和地大喊：「我們需要對話」以及「李鵬出來」。

般阿笛，《華爾街日報》：有鑑於周恩來一九七六年過世時發生的事，我們必須了解這不會是一次性的事，可能即將發生很重大的事，從一九八八年以來，我們看到大眾不斷想要測試底線，我記得有種感覺，這可能會持續一段時間。

當局也有相同的擔憂，四月二十六日，《人民日報》刊出了一篇社論，嚴厲譴責示威活動為「反革命動亂」，企圖「讓整個國家陷入混亂」。隔天，學生們的反應是反抗當局並遊行十英里，從北京大學遊行到天安門廣場。這是第一次有大批非學生人士參與示威，許多北京市民都上街鼓勵示威者並贈送食物和飲料。

紀思道，《紐約時報》：四月二十七日是我三十歲生日，少數學生從北大出來開始遊行，其他一些學生也加入，我們一路走到天安門廣場，場面真的很壯觀，當天正好是我的三十歲生日，根本就是一場派對！

潘文，美聯社：在人群中感受到的自由，真是令人陶醉！

般阿笛，《華爾街日報》：我太太是《新聞周刊》的記者艾鼎德，她懷著八個月的身孕，但非常投入在這則新聞中，她和學生們一起遊行，中國民眾手拉著手圍著她，幫助她安全穿越人群，還有母親會對著我們說：「謝謝你們在這裡見證這一切！」我記得在遊行的前線，對於我看到的景象感到感動、意外、驚訝卻又暗自開心，那個時候你會覺得整個北京都團結起來，我很高興能看到外國記者在那裡，讓全世界看見現在正發生的事。

艾鼎德，《新聞周刊》：那是一種樂觀的感受，你好像第一次相信事情不會出錯，我們只是單純覺得，如果他們覺得這樣沒問題，那代表改變一定正在進行中。

五月初，前中情局官員李潔明到北京接任美國駐華大使前兩天，他先到華府和溫斯頓・羅德碰面。

李潔明，美國駐華大使：我們共進了晚餐，在電視上看到天安門的示威，我對溫斯頓說道：「這是真的嗎？沒有人在背後指使吧。」溫斯頓回道：「沒錯，這是真的，這完全是民眾自發性的活動，你得注意這件事。」

戈巴契夫預計於五月十五日抵達中國的前兩天，廣場上的學生們決定以絕食提升抗議的強度，一開始只有幾百人響應，但很快就擴展到三千人的規模，在這個食物短缺的國家、許多人都記得不久前幾百萬人餓死的往事、人們最常用的問候語之一是「你吃飽了嗎？」絕食激起了強烈的情緒，也引起了廣大群眾的支持。

駐地東京的鍾同仁會說中文，他也和美聯社的同事一起報導這件事。

鍾同仁，美聯社：五月十三日，學生開始絕食，我記得辦公室裡有些同事感到惱怒，因為我們必須不斷花時間追蹤發生什麼事。

鍾同仁和許多電視台記者、工作人員一樣，人不在北京卻被中方批准簽證來中國報導戈巴契夫的來訪。

約翰・希翰，CBS：為了這次會面，我們向官方申請帶進各種設備以及工作人員，我們最後從國外帶了五十七人進來，其中包含幾名攝影師、許多記者、製作人、剪輯師，任何你想要的都可以。

戈巴契夫抵達

儘管有抗議活動，CNN還是得到政府許可，能夠從天安門講台上現場轉播，從那裡可以俯瞰天安門廣場，對於報導五月十五日星期一的戈巴契夫歡迎典禮，無疑是個有利的位置。電視台的工程師在講台上架設微波發射器，將信號傳送到架在喜來登長城飯店花園裡的衛星天線，從那裡再將訊號透過衛星傳回美國。但我和 CNN 駐莫斯科記者史蒂夫．赫斯特、以及全球收看CNN的幾百萬名觀眾，在那個早上，都會看到學生完全占領了中國領導人打算歡迎戈巴契夫的舞台。

艾利克．米朗，CNN：我有很多很棒的報導，可以看到邁可身後就是天安門廣場，天安門廣場邊是人民大會堂。突然之間，戈巴契夫不在那裡，我們等了又等，最後，聽到傳聞說是取消了歡迎典禮，邁可說：「天啊！中國人臉丟大了。」我們的俄國分社長史蒂夫．赫斯特說道：「這是前所未見的，俄羅斯人和中國人被學生智取了。」

羅禮賢於一九八〇年代初在北京為 ABC 開設分社，現在則是外派莫斯科，為了戈巴契夫的到訪而回到中國。

羅禮賢，ABC：他們無法用人民大會堂外的區域來舉辦官方活動，那是他們招呼貴賓的地方。於是，他們改在機場舉行歡迎典禮，讓戈巴契夫從大會堂的後門進入，我們當時很驚訝，因為這對中國領導階層來說是種羞辱。

這件事還因為現場轉播而更加丟臉。

丹．拉瑟，CBS：這就要說到科技的快速進步，一九八九年可以做到一九七九年做不到的事。晚間新聞播報的內容，可以在世界任意地方、任意時間播放，我們的現場轉播不只是為了晚間新聞，白天的播出時間也占了很大部分，這幾乎是完全想不到的。

戈巴契夫到訪當天，我和CNN的同事一起抵達，繼續我們在講台上的轉播，卻發現中國官員撤銷了許可。

艾利克．米朗，CNN：他們告訴我，不能從天安門上轉播了，我們說我們必須繼續轉播，這是我們看過最扣人心弦的畫面，所以我們在天安門廣場的角落設了轉播台。

CNN工程師發現廣場上的微波轉播設備可以傳送訊號到央視，再接力穿越北京傳到喜來登長城飯店CNN工作站的天線，從那裡將訊號傳上衛星，CNN亞特蘭大總部收到訊號後再從電視播出。不知道為什麼，這個作法成功了，很有趣的是，央視的工程師也沒有試圖阻擋我們，顯然他們和其他普通中國人一樣都很支持示威者。

辛德．史特蘭，CNN：我們從廣場上轉播，對我們來說，這件事再好不過了，我們在天安門上現場轉播呢！現在你可以用手機從任何地方現場轉播，但在當時真的是不可思議的時刻。

一個朝代的結束？

在接下來的幾天內，示威者人數快速上升，有時甚至超過一百萬，這有一部分是受到戈巴契夫改革蘇聯的努力鼓舞。

羅禮賢，ABC：我大多數的受訪者都對戈巴契夫這名改革者抱持著正面態度，中國需要一群新世代的改革者。

夏偉是長期研究中國的學者，他當時也在北京。

夏偉，《紐約客》：天安門廣場就像是很好的攝影棚，任何記者去到天安門廣場，那裡都會有上千名演員等著他們，他們有很多很棒的故事，可以一直接著下去，好像永遠不會結束的電視影集，也印證了美國版的世界歷史觀點——大家都想更像我們，我們的一切很吸引人。

艾利克．米朗，CNN：我們總是會懷疑美國觀眾想不想看國際新聞，答案是肯定的，從美國和世界其他角落的觀眾得到的回饋是「多給我們一點，這些畫面和故事都太棒了」。你知道的，每次齊邁可播報新聞，就好像他有一些什麼新的、引人入勝的小趣聞，那段時期對中國人來說非常自由，美國觀眾看得目瞪口呆，我們也都是。

不只是美國觀眾，美國之音的報導也讓中國觀眾看到抗議相關的獨立報導，奧爾．佩辛在成為駐北京記者前，曾多次被美國之音外派。

奧爾．佩辛，美國之音：外國廣播主持人當時的影響力不同凡響，對中國這樣封閉的社會而言，短波廣播還是有很大的影響力，這件事很重要，人們會手寫記錄下新聞廣播的內容，用油印機印刷後貼到城市裡的電話線杆上。

如同CNN，其他的新聞媒體也開始派人二十四小時待在天安門廣場。

辛德．史特蘭，CNN：剛開始感覺有點像胡士托音樂節，這些孩子人生第一次行為逾矩。想像那種「突然能這樣表達自己」感覺。他們有平面媒體和救護站，還有人會為他們帶來食物，就像一個天安門廣場上的城市。

鍾同仁，美聯社：一開始就像是個全天候的派對，有人彈著吉他，有人徹夜未眠，儘管是在深夜，廣場上還是充滿活力，有一種好事要發生的感受，我們不知道結果是什麼，但也許會是正面的、是好的，因為當時還沒有任何鎮暴警察進來。

身陷財政危機的合眾國際社儘管只有較少的人員和資源，他們還是堅持繼續報導。

桑萬，合眾國際社：合眾國際社當時已經身陷困境，我們的對手是美聯社、路透社、法新社，他們有的資源比我們多太多了，但戴夫卻讓我們能和他們旗鼓相當。

辛德．史特蘭，CNN：天啊，戴夫，他很風趣也很憤世嫉俗，他對中國愛恨交織，幽默感幫助他挺過報導中國時面對的困難，他永保好奇心並且想參與其中。

此刻，CNN和合眾國際社就像同一個組織般運作，我和史懷斯伯就像是無名小卒，CNN和其他三大電視台競爭，合眾國際社則和其他通訊社競爭。我們分享一切，盡可能地幫忙彼此，一天見面或談話好幾次，交換彼此的線報。

站在示威者這邊？

記者努力想和學生領袖建立關係，對美聯社的潘文而言，他必須要做一個艱難的決定：在絕食運動正值高峰時，帶其中一名學生領袖——北京師範大學學生吾爾開希去吃晚餐，卻不能寫進報導裡。

潘文，美聯社：他用了美國新聞媒體的那套說道：「可以不要寫進報導裡嗎？」我說：「可以。」他說：「我有點餓，可以叫碗麵嗎？」有趣的是，他了解這一切如何運作，你會怎麼做？你會寫「吾爾開希結束絕食，吃麵配啤酒」嗎？我決定不寫任何事，因為我感覺他可以成為很有用的線人，他也

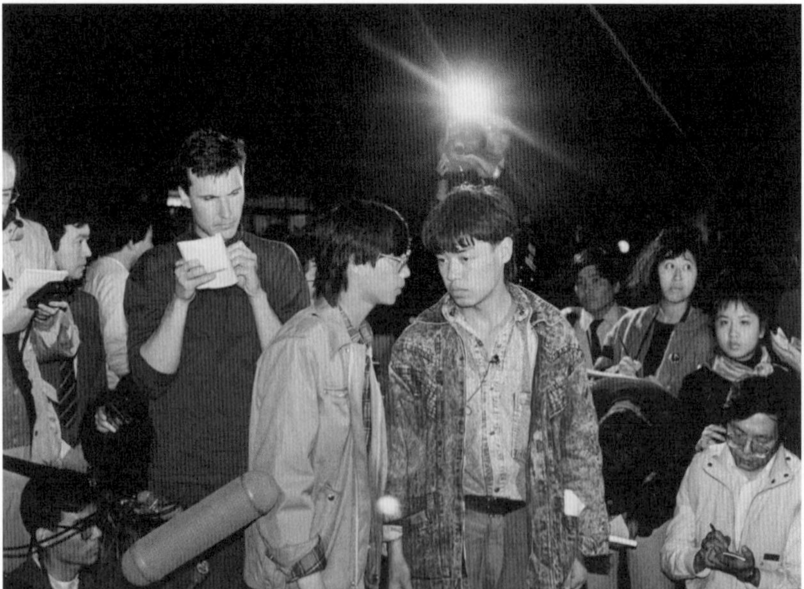

一九八九年五月，美聯社的潘文和學生領袖王丹和吾爾開希在天安門廣場。潘文在六月三日至四日晚間親眼目睹軍隊的鎮壓。兩週後，他被中國驅逐出境，但在一九九〇年代末獲准返回中國替《華盛頓郵報》工作。（潘文提供）

真的成為很好的線人，我得保護他，所以我這麼做了。後來，有很多人批評我的做法，但在那個當下，我認為我的作法是對的。

這只是其中一個例子，說明許多記者都毫不避諱地支持學生。

鍾同仁，**美聯社**：媒體是站在示威者這邊的，感覺好像不會以壞的結果收場，更不可能是悲劇結尾。廣場上的示威者肯定都很激動，北京市民都來看看發生什麼事，順便看看媒體。

殷阿笛，《**華爾街日報**》：理想主義、勇氣以及那股純然的興奮之情，老實說，真的很難不把焦點放在他們身上。

截稿壓力、篇幅限制和面對不熟悉中國的讀者，這些原因導致記者過於簡化學生的訴求。

紀思道，《**紐約時報**》：這背後原因當然很複雜，人們會被許多不同的事物驅使，有些人是因為經濟，很多是因為厭惡貪腐。我們常將其簡化為「追求民主」的示威，雖然我們常常試著解釋這個簡稱背後代表的事情，但我不確定效果如何。

邵德廉，《**華盛頓郵報**》：學生在意的是終結貪腐、政府負責、媒體和言論自由、公開政府和黨部高官的財產數字，他們要這場活動被視為愛國、合理的抗議活動，我們可能常常讓其聽起來太像美國的民主運動。

殷阿笛，《**華爾街日報**》：但這並不影響其身為人民要求改革的運動本質，也許以「民主」概括一切太籠統，也許我們將這個運動和西方或美國主導的民主混為一談，但這個運動明顯就是源於社會上許多的不公義，人民對一個完全不會反應民心的政府提出抗議，抗議一個不會分享權力、專制的政府。

伯納．蕭，CNN：我認為，人們要記得的是，這些示威者並沒有傑佛遜式民主的概念，他們首先想要的是尊重，他們想要言論自由，他們希望能相信報紙和其他媒體。他們想要終結貪腐。當你仔細思考他們正式提出的這些訴求，便會發現他們想要的事物會威脅到權力結構和共產黨，這是黨內大老無法容忍的。

李潔明，美國駐華大使：關於學生、絕食以及訴求的報導在我們眼裡都很合理，也被媒體加強報導。報導刊出後，學生的形象變得很好，他們看起來很純潔。事情發生前，華府的人們都覺得事情不會變糟，人們都過度樂觀，小看了中國共產黨和軍隊鎮壓民眾的能力。

就連一些資深的中國觀察者都被這樣的喜悅沖昏頭。

夏偉，《紐約客》：很難不相信一切可能會結束，體制要改變了，不只是我們，大多數中國人可能都感覺好像一個朝代要結束了。一九八九年的西方媒體報導說出了一種我們希望相信的感受：中國歷史正朝向一個更加開放、民主的方向前進，並再次印證了美國版的世界歷史觀點：大家都想更像美國。這種想法很吸引人。我想我就像是困在西方視角的囚犯，即便是我們這些已經待在中國多年的人也一樣，我們太過天真地相信事情會快速改變。

「沒有好下場」

不是每個人都這麼樂觀，將近十年前為《新聞周刊》開設北京分社的劉美遠飛到中國接替艾鼎德，懷孕的艾鼎德已到香港生產。

劉美遠，《新聞周刊》：我一九八八年都待在仰光，那裡也爆出學生示威，但緊接著就是非常血腥的鎮壓，我從很早就相信，這場運動不會有好結果。

邵德廉，《華盛頓郵報》：我有預料到不好的結局，但我沒想到會動到軍火。

桑萬，合眾國際社：我想起了中文裡的一句話——「沒有好下場」，我的中國朋友也會這樣說，我不會假裝自己曾經相信過「可能會有好結果」，即便到了大屠殺的那晚之前都是。

從一開始，我就很擔心抗議會被鎮壓，我單純無法想像共產黨能容忍這種抗議行動，但每次我認為共產黨會出手時，從胡耀邦的葬禮、第一次從北大遊行到天安門，到戈巴契夫來訪時占領廣場，當局都沒有出手。然而，這樣只是讓我更緊張。戈巴契夫的參訪行程到一半時，我記得我聯絡了美國外交官朋友，要求召開緊急會議；我們在北京飯店喝著咖啡，我說出了我多麼擔心街上可能會見血，他一直說，一定有其他的辦法，鄧小平不會損害他的改革政策，但我沒有被他說服。

對大多數媒體而言，示威者將中蘇高峰會變成小新聞，戈巴契夫來訪帶來的羞辱，讓領導階層的權力鬥爭越來越白熱化，憑藉著鄧小平的支持，李鵬主導的強硬派控訴趙紫陽支持學生並要求鎮壓運動。

夏偉，《紐約客》：我認為我一直誤判這場示威活動對領導階層帶來多大的羞辱，接著，我想到我一直都知道中國的顏面問題有多重要，你越對這些人施壓、越在公開場合羞辱他們，他們就越不可能屈服。

第十章　天安門廣場鎮壓

五月十七日晚間，政治局在緊急會議上決定實施戒嚴。五月十九日星期五天亮前，看起來憔悴又蒼白的改革派中共總書記趙紫陽，來到天安門廣場對學生喊話。

伯納・蕭，CNN：我還記得趙紫陽來到廣場時那個非常悲傷的時刻，他眼眶含淚、走進年輕人裡，對他們說道：「我來晚了。」對學生來說，他親自來到廣場說明了很多事，「我輸了，你們很快就會感受到政府的憤怒。」我感覺自己呼吸越來越急促，越來越緊張，因為他就像死神一樣帶來了壞消息，這對我來說，就是一個事情要改變了的紅燈。

這是趙紫陽最後一次公開亮相。

戒嚴

一整天以來，鎮壓行動的流言傳遍北京，潘文在早前的示威行動中，和一名年輕軍官交了朋友。五月十九日傍晚，他們祕密會面，軍官向潘文讀了一篇北京黨部高層給他的演講稿，內容是當晚即將宣布戒嚴。

潘文，美聯社：我坐在他的車裡，他讀著演講稿，基本上就是說即將進入戒嚴，所以我在宣布戒嚴五小時前我就知道這件事，但我太累了所以就沒報導。

那天晚上，總理李鵬上電視宣布實施戒嚴，軍隊已經抵達北京郊區，記者們擔心最壞的情況可能會發生，我已經在天安門廣場上轉播一整天，李鵬發表談話時我還在轉播，我們很擔心軍隊會進來，CNN現場轉播站在廣場北邊一支大旗杆旁，四周圍著三尺高的水泥牆，我和攝影團隊都覺得，如果現在開始掃射，我們只要躺在牆邊可能會暫時獲得掩護。

魏夢欣，美聯社：我邊拍照邊看著一切發生，我開始哭了起來，因為我突然意識到這是什麼意思，他們即將進到廣場鎮壓，一定會暴力鎮壓，一定不會有好下場。

桑萬，合眾國際社：當他們終於宣布戒嚴，戴夫以他沒那麼好的中文說道：「我要坦克。」我們出了廣場，找到第一個新聞點，拍下了第一張照片，我一路開到盧溝橋（北京市中心西南方十英里外），那裡有一排T-72戰車，我人生中從來沒看過這樣的狀況。

武澤爾是曾為美國軍事情報組織工作多年的中國分析師，當時是美國駐華大使館陸軍武官。

武澤爾，美國駐華大使館陸軍武官：情報組織的教育訓練就是避開媒體，但我將媒體視為盟友，如果他們有道德底線，那我們可以互利共生。有人會向我說道：「我看到或聽到這個，這合理嗎？」我會說「是」或「否」或「合理，但你可以去這個地方查證看看。」或者我會告訴他們有事情發生了，他們可能會想前往某某地點，或給他們看些他們會有興趣報導的資訊。

武澤爾是某些值得信任的記者的重要消息來源，例如：合眾國際社的戴夫．史懷斯伯、桑萬以及我的CNN團隊。記者和情報人員常常發展出這種互利模式，特別是在危機出現的時刻，對史懷斯伯、桑萬以及我們CNN而言，和武澤爾的關係確實十分寶貴。

桑萬，合眾國際社：我會拍照並記錄這些裝甲車的識別資訊，這對大使館很重要，他們也會回敬一些資訊：我們都看得到的衛星照片，這在當時可是等級極高的機密。武澤爾給我看二十五萬人的軍隊包圍首都是什麼樣子，看起來像是個巨大甜甜圈。他指著中心點說道：「我們在這裡。」他們從四面八方而來。

武澤爾，美國駐華大使館陸軍武官：我們看著軍隊慢慢聚集，在某個時間點，聚集了十二到十四支解放軍分隊，大概十五萬至十六萬名重裝軍人伴隨著坦克在外面，靜靜地包圍著北京，共產黨告訴軍隊這是一個反革命的危機，他們對黨的忠誠度現在正受到考驗。

軍隊在首都郊區被成群的市民擋住去路，出乎眾人意料的是，軍人們停止向前。

伯納．蕭，CNN：身為一名主播，我一直試圖保持冷靜，新聞越緊張，我就越要冷靜，因為情緒在電視上會被放大，而且我知道全世界都在看我們的報導，但我幾乎快要失控。當我知道宣布戒嚴後，我可以感覺到一股怒氣，我一直試圖壓下這股怒氣，不要呈現在鏡頭上。我腦中有個情緒溫度計，從那天天亮起就開始上升，我們報導了民眾擠到載滿士兵的裝甲車旁，這些士兵個個都全副武裝，民眾對著士兵說：「你是我們的一分子，不要去廣場，不要痛打我們，不要掃射我們，你是我們的兄弟，我們是你們的孩子。」我不想讓任何人指控CNN帶有偏見，不論是支持絕食或支持政府。即使如此，我的情緒還是會湧了上來，有好幾次我都必須暫停我的工作。

但對我而言，我最心痛的時刻是聽到中國政府說道：「CNN，停下你們正在做的事。」

停止轉播

五月二十日星期六早上九點，兩名表情嚴肅的中國官員來到CNN在喜來登長城飯店的工作站，要求電視台停止現場轉播。

艾利克．米朗，CNN：他們說：「你們現在播報的內容和戈巴契夫無關，你們的執照只能轉播戈巴契夫的活動。」總裁從CNN亞特蘭大總部告訴我，我們有租約，「你必須讓我們繼續轉播，如果你們要我們停止，必須以書面告知。」突然間，我們成了一個新聞點，因為阻止美國媒體轉播是一件大事，我心想：「我們必須轉播這件事，這會是很棒的電視新聞。」突然間，ABC的攝影師進來說：「我聽說你們要被關閉了，同事叫我來拍一些畫面。」我心想：「我真的想要他拍我控制室的畫面嗎？」但我們沒有攝影機，我們所有攝影機都出動去拍軍隊和廣場了，於是我說：「不然你攝影機借我拍攝轉播，你再給我權限，讓我使用你們攝影機拍攝的畫面。」他說道：「我得問問總部。」他接著又說：「算了，他們派我來拍一些畫面，你就做吧！」

接著就是電視新聞史上最難忘的一刻之一，CNN成功接上攝影機，他們面對的僵局被現場轉播到世界各地。

伯納．蕭，CNN：看見政府官員走進你的控制室說道：「停下你正在做的事。」我感到十分憤怒，我不能在電視上展現出來，但我的手氣得發抖。

艾利克・米朗，CNN：事情是這樣落幕的：齊邁可、東京分社長約翰・路易斯、莫斯科分社長史蒂夫・赫斯特和伯納・蕭一起站在花園裡，他們看著螢幕，看著樓上發生的事，看著天安門發生的事，他們都發揮了專長。資深中國通邁可說道：「情況不樂觀，肯定會使用暴力。」他預測到了六四的發生。這群資深媒體人走回控制室說道：「我們可以寫一封信給你。」我給他筆和筆記本，他傾身向前，鏡頭推進拍攝他寫下的中國字，他同時也寫了英文。伯納・蕭說出了這樣一段話：「我們來這裡報導高峰會，卻捲入了一場革命，再見，來自北京的報導。」導播將畫面淡出後帶到一個孤獨的人，他站在天安門廣場的一台巴士上，巴士上的旗幟持續飛揚，轉播切到黑畫面結束。

伯納・蕭，CNN：此時，亞特蘭大傳來消息，布希總統也在看，所以現在是一國首都對另一國首都做出回應，不是透過外交管道，而且只憑CNN現場轉播報導的消息。不可思議。你可以說這是「CNN效應」的開始，事情發生得很短暫，所有反應和決定都是根據當下發生的事情，這為一個外國首都帶來許多壓力。

詹姆斯・貝克，美國國務卿：天安門事件首次展現了全球科技革命的力量以及媒體影響政策的能力。

李潔明，美國駐華大使：這真的是一則大新聞，占了所有美國電視新聞的版面，因為資深媒體人就在現場，他們說的話很重要，這無疑是我第一次見證媒體的力量。

伯納．蕭，CNN：那天晚上，我回到飯店哭了起來，我為什麼哭呢？我很氣我們不能再做我們的工作了，我也想到身為美國公民，我是民主之子，自由是我所知道的一切。經過這些日子以來的示威、高漲的情緒，人民請求認可和尊重，但我隱約意識到這些黨內大老最終還是會鎮壓年輕學子。

「比試著進入中共總部還糟」

儘管每天都聽到軍隊和坦克在前進的消息，但預期中的鎮壓卻一直沒有到來，廣場上還是擠滿了抗議者。

鍾同仁，美聯社：有些人想要主導一切，城裡隨機散布著檢查哨，廣場裡的人試著形成自己的小城市，他們會請記者出示媒體證，才讓他們進入到人民英雄紀念碑底下。我記得看著某些加拿大觀光客亮出信用卡，他們也揮手讓行，情況十分混亂。

桑萬，合眾國際社：這些中國學生重建了階級秩序，他們都參加過共產黨青年團，大半輩子都在被訓練做這件事。

邵德廉，《華盛頓郵報》：學生有自己的保安體制，我必須通過十一個檢查哨才能見到領導人，最後有點演變成我和保鏢的推擠競賽，我記得心想，這比試著進入中共總部還糟。

吉米，《時代》雜誌：我記得去到天安門廣場，看見廣場上糟糕的情況，很髒亂，領導者們開始失去對場面的控制。

辛德．史特蘭，CNN：日子一天天過去，氣氛開始改變，情況開始變得糟糕，歡快的氛圍陸續被人們生病的情況取代。現場不再只有學生。我有一把梯子，那是我在紀念碑上的位置，我每天都坐在那裡。

疲憊與援軍

隨著記者一個個筋疲力盡，新聞媒體引入新血，他們隱藏記者身分以觀光簽證入境。美聯社駐曼谷的攝影師傑夫．懷登飛到香港，告訴美國大使館他弄丟護照，因為護照上有中國記者簽證的印章，他拿到新護照後從當地旅行社取得觀光簽證。富有國際經驗的攝影師強納森．希爾本來在亞特蘭大總部工作，後來也從美國得到觀光簽證。

強納森．希爾，CNN：我一到那裡，馬上被分派到大夜班，拍攝學生睡覺的照片，有人噴著消毒噴霧試圖降低害蟲數量，以防有事發生。

CNN東京分社長約翰．路易斯在北京飯店租到一個有陽台的房間，可以直接清楚俯瞰天安門廣場，是一個地勢有力的觀察點，也是疲憊員工可以休息和充電設備的地方。

此時，天安門廣場上的抗議者已經開始意見分歧也筋疲力盡了。

劉美遠，《新聞周刊》：他們和政治局一樣開始出現派系，彼此之間爭奪影響力和權力，策略上無法達成共識，每個人都想當主角。

其中一個巨大的分歧是要留在廣場上，還是要宣布勝利並離開。

潘文，美聯社：我記得我盡可能試著和更多學生領袖溝通，我覺得他們該回家了。身為記者，我覺得我越過了倫理底線，但我認為這樣下去結局不會太好。

鍾同仁，美聯社：他們舉辦了一場投票，結果很兩極，一部分的人覺得已經達到效果了，可以宣布勝利回宿舍去，另一些人說，我們必須繼續下去，因為我們已經蓄積了能量，歷史會證明我們是對的。

夏偉，《紐約客》：他們決定不要宣布勝利回家，這是一個巨大的錯誤。但他們並不是一個中央集權的組織，不像共產黨可以迅速決定並執行。當時，從各個省分來的學生不斷湧入，情況已然失控，這已經無關決定的好壞，一切都失控了。

抗議者繼續堅持留在廣場上，新聞媒體也不斷引入新血。CBS派了從紐約來的記者理查·羅斯，美聯社則從首爾調來攝影師劉香成，他曾在幾年前報導過中國，其他媒體則是開始縮減人力。

吉米，《時代》雜誌：我記得六月四日前一週，大家以為一切要結束了。

劉美遠，《新聞周刊》：大家都是人，都會感到疲憊。基本上，《新聞周刊》只有一半的人在北京，因為另一半想去香港喘一口氣。許多記者在大事發生前就離開了，因為他們太累了。

五月三十日，隨著「民主女神」雕像的到來，廣場上的氣氛劇變。民主女神是一個三十七英尺高的雕像，由中央美術學院學生以石膏和木頭建成，雕像被直接放在天安門正前方，和毛澤東的肖像面對面，這是一個十分出色的政治表達，擺明了直接和共產黨正面對決。

雕像的到來重振了學生的士氣，大批人群再次湧入廣場，態度強硬的中國領導階層已經開始緊張，因為大眾對抗議運動的支持迅速增加，特別是好戰的工人組織不斷出現，這是壓倒駱駝的最後一根稻草。

鎮壓開始

鍾同仁，美聯社：六月二日晚上，我輪晚班留守辦公室，我記得聽到外面有喘氣聲，我往外面的長安街一看，看見幾百名軍人往廣場慢跑去，我上車往同樣的方向開去，他們沒有帶武器，他們到了廣場後，被生氣的市民推著轉身，並訓斥這些十七八歲步兵說道：「你們在做什麼？你們應該保護人民。」

如果這是軍隊要展示實力、說服人民離開廣場的行動，那麼成效不彰。但隔天情況就不一樣了。

潘文，美聯社：我在天安門西邊的木樨地吃晚餐，當時已經宣布請大家離開街道，巴士擋住了往市中心、我們所在地的小橋，人們開始向軍隊丟石頭，軍隊靠近巴士、下了卡車，此時，他們開火了，我看見人們不是倒下就是中槍。我當時有手機，所以我打電話給分社長吉姆·亞伯拉罕斯（Jim Abrams），告訴他軍隊已經開火了。人們將巴士點燃，軍隊開來了裝甲運兵車，他們撞開巴士，開始一路沿著長安街往東到市中心，我騎上我的腳踏車穿梭在巷弄裡，我會在一些路口停下來看看發生什麼事，人們會丟汽油彈進坦克裡，軍方也有傷兵，我接著在中南海（廣場西北邊，領導階層居住的區域）附近徘徊，並從東邊進入廣場。

合眾國際社的桑萬也在木樨地。

桑萬，合眾國際社：我到現在還清楚記得那個聲音——「啪啪啪啪啪」，那是AK-47步槍半自動模式的開火聲音。

廣場上的攻擊

從CNN在北京飯店的房間陽台，我可以清楚看到長安街幾百公尺以外的廣場北端，我們成功保留了一條電話線，可以直通亞特蘭大CNN總部。現場轉播時，我可以看到紅色的曳光彈，偶爾聽到幾聲槍響，我對著觀眾說：「天安門上的鎮壓正在進行中。」

紀思道，《紐約時報》：我跳上腳踏車，往天安門廣場的方向衝去，你可以聽到槍響，人群往反方向衝，我不斷想著這是個瘋狂的工作，因為槍響四起，所有正常人都會往反方向衝，只有你是往廣場方向前進。

劉美遠，《新聞周刊》：即便他們只是隨意亂開槍，並沒有真的想要殺害人，槍響四起時還進入廣場真的很愚蠢；許多人意外受傷，子彈非常接近你，讓你不只聽到射擊的聲響，還聽得到子彈飛過的聲音，到處都是裝甲車，我腦中還看得到很多片段——人們中槍、流血的屍體被放在類似救護車的三輪車上，人們對著軍人恣意大喊，一切就是恐懼與混亂，偶爾還會看到某些車著火。

辛德・史特蘭，CNN：接著，最不可思議的事發生了，裝甲運兵車開到毛主席肖像前被點燃著火了。我很震驚也很不可思議，你不敢相信這種事真的發生了，屍體開始被運進廣場，子彈飛過我們身邊，你會聽到哭聲和尖叫聲，一台裝甲運兵車著火了，我想許多士兵都死在裝甲運兵車裡。

傑夫・懷登，美聯社：抗議者爬上我在拍攝的裝甲運兵車，我只有帶一點底片和電池，因為我不想讓自己記者的身分太明顯，我的底片和電池要用完了，但我拍了很多很好的照片。我往街上看，那裡還有另一部裝甲車著火，我走近那輛著火的裝甲車，很擔心如果我拍了照片，他們會向我開槍。

我不知道會發生什麼事，這些抗議者瘋了，他們在坦克前放上障礙物，我從後面拍了幾張照片，有人抓住我，他們抓住我的相機，我以為他們要把我撕裂，他們對著我大叫，我亮出我的護照說：「美國人，美國人！」其中一名領導人走過來，他拿著我的護照看了一眼，再讓群眾安靜下來，他說道：「你拍照，你拍照。」

他們指著一名蜷曲、倒在地上死去的軍人，我拍了一張照片，我不能拍更多照片，因為電池電量有限。此時我心想，這很好笑，我眼前是二十世紀最大的新聞，我每六十秒只能拍一張照片，人們在丟石頭，他們都瘋了，他們到處跑來跑去，有人著火了，在地上滾來滾去，有人試著撲滅他身上的火。我低頭看著相機，等閃光燈的就緒燈亮起，拿起相機拍了一張照片，突然轟的一聲，我回頭看再往下看，身上都是血，相機和鏡頭全毀，衝擊力道太大，有人向我丟石頭，我不覺得是故意的，只是抗議者丟的石頭剛好往我臉上打。幸運的是，相機救了我一命，我已經因為流感病得像條狗一樣，現在又加上腦震盪。接著我看著面前一台裝甲車，門打開了，一名軍人爬出來，我還記得他的制服熨燙得多麼工整，群眾拿著刀和棍棒向他移動，當時我意識到，我必須離開這裡。

我騎腳踏車回到美聯社辦公室，時間好像過了一輩子一樣，因為那裡有著火的巴士、爆炸的車，還有飛過人民大會堂的紅色曳光彈，一切好像慢動作一樣，幾乎就像是《現代啟示錄》（*Apocalypse Now*）的場景，我回到美聯社辦公室，攝影師必須在暗房內用老虎鉗把底片從相機拿出來。

強納森．希爾，CNN：情況非常混亂，坦克直接開向我們，群眾也圍過來，我們聽到一些槍響，說道：「我們必須離開這裡，這裡不安全。」接著回到北京飯店。

辛德．史特蘭和合眾國際社的戴夫．史懷斯伯決定留在廣場上。

辛德．史特蘭，CNN：我們也會恐懼，也常自問「我們到底留在這裡做什麼？」但這就是身為記者的職責：我們留在我們應該留在的地方，我們在見證歷史，這是我們可以帶來的改變。

如果你不站在現場，就無法真實記錄這一切——這就是戴夫要做到的事，戴夫就是想在那裡，看著事情如何發展。我們沒有手機，沒人知道我們在哪裡，但我確信：這一切結束前，齊邁可知道我是不會回去的。

現場轉播

CBS記者理查．羅斯、攝影師德瑞克．威廉斯（Derek Williams）和收音師德克斯特．梁（Dexter Leung）在廣場西邊找到一個有利的點，羅斯透過一支巨大、笨重的手機現場轉播。

理查．羅斯，CBS：我們能直接拍攝到廣場上的狀況，清楚看到廣場的動向，但卻不用身在其中。我們很快就被注意到，一支小隊從軍隊中分出來，直接走向我們，一名軍官走向我們，他看了我一秒後揍了我一拳，手機掉下來，我倒在地上。

羅斯描述戴著頭盔、肩上扛著槍的軍隊向前進，軍人們朝著CBS的團隊走來，美國觀眾聽到羅斯透過手機大喊：「他們朝著我們過來了，我們試著後退離開，我要走了！我要走了！我要走了！我要走了！我要走了！」

理查．羅斯，CBS：所以觀眾聽到的是「我要走了，我要走了」（I'll go, I'll go），聽起來像是在說「不、不」（Oh no, Oh no），手機落下、槍聲響起，然後就斷訊了。

丹．拉瑟，CBS：必須要讚美一下羅斯，軍人逮捕他時，他正在用手機現場轉播，過程中他還被毆打，但他還是冷靜地、盡可能地繼續轉播，中國政府想要封鎖消息，但像理查・羅斯這樣的記者就是傳播消息的信使。我們和羅斯失聯後，很長一段時間都不知道他在哪裡，我們知道他一定有被毆打，但我們不知道他的傷勢有多嚴重。

紀思道，《紐約時報》：在當晚的激動和恐懼中，我已經忘記那天是星期六，截稿期限比平日早，所以事情變得很複雜，再加上我當天在外面逗留得太晚，我沒有按照時間交稿時，外電編輯台和潔芳都很擔心我出事了。

伍潔芳，《紐約時報》：真的很可怕，我們才剛結婚沒多久，卻馬上陷入這種恐懼，我記得情緒激動地打電話給外電編輯，他試圖讓我冷靜，他說：「幫我一個忙，你現在要做的是開始記錄。」我說：「記錄什麼？」他說：「你知道的，試圖追蹤死亡人數。」

紀思道，《紐約時報》：我當時非常害怕，在廣場上，我試著讓一排人牆擋在我和軍隊之間，但我記得我很快就發現自己比大多數人高出幾英吋，所以我在其中非常突兀。人群裡有人中槍，我的筆記本在那晚因為恐懼而浸濕了汗水，我跑到協和醫院，各個角落布滿了許多血跡斑斑的民眾，一名救護車司機讓我看車上的彈孔，我接著從那裡跑回家，趕緊發出報導，比平常晚許多，傳到紐約時剛好趕上截稿時間。

當這一切正在發生時，我繼續透過電話現場轉播，華府時間當時是下午，北京則是大約清晨兩點，國務卿詹姆斯・貝克上了CNN，CNN才剛和他敲好一個週末談話節目。我很快地更新一下現況，說我看到子彈和屍體，接著白宮記者兼節目主持人查爾斯・比爾鮑爾（Charles

Bierbauer）對著貝克說道：「國務卿先生，美國政府現在有打算對中國政府採取更強硬的外交策略嗎？你們有打算做更多事嗎？」

詹姆斯・貝克，美國國務卿：我當時很驚訝，當我現場連線時，事情才剛開始發生，我當下像是現行犯一樣手足無措，我還清楚記得心想：「我該怎麼回應？」完全措手不及，這無疑地彰顯了這個事件帶來的震撼。

理查・羅斯和德瑞克・威廉斯現在被中國軍方拘捕，而收音師德克斯特・梁成功帶著影片逃脫。

理查・羅斯，CBS：我眼睛以下都是血，衣服上也布滿血跡，兩名軍人將我強行帶走，他們拽著我和德瑞克走上人民大會堂。

劉美遠，《新聞周刊》：我在北端，紫禁城和廣場之間，必要時，我想回到北京飯店拍下清楚的照片，路上有樹叢和路燈可以當掩護，我其實進不了忠烈祠裡，情況真的太危險了。

辛德・史特蘭，CNN：這是一個超現實的場景，屍體會從外面的街道、正在進行鎮壓的地方送進來，就發生在廣場周圍，還沒輪到廣場裡。我們從紀念碑上下來，整晚玩著貓抓老鼠的遊戲，廣場旁有一群觀眾，我們會躲在觀眾後面，試著擠上前拍攝再往後退，你可以聽到子彈聲和槍聲。

對許多記者而言，截稿壓力和傳送報導要解決的技術性問題讓他們在重要時刻缺席。邵德廉還留在《華盛頓郵報》分社。

邵德廉，《華盛頓郵報》：我接到從北京飯店打來的電話，電話還能通，但我還是不斷擔心電話會被切斷，他們不想讓外界知道這件事，我是分社長，我必須想辦法讓消息傳出去，幾乎就像通訊社一樣，必須打電話給華府讓他們知道發生什麼事。

吉米還待在《時代》雜誌的辦公室內，而《新聞周刊》每週的截稿日是星期六。

吉米，《時代》雜誌：我們當期的雜誌已經截稿了，封面和中國無關，因為大家都以為可能會結束，我聯絡紐約的編輯，他決定要更改封面，他們延後印製就是為了更改封面。

約翰．希翰，CBS：我大多數時間就是坐在攝影棚裡，我們將我們整個工作移到香格里拉飯店，我不斷做報導，我們為紐約準備好了線路，你只要拿起麥克風說：「紐約好，這裡是北京」，就可以報導了，有時我會和攝影團隊一起快速出去收集素材再馬上回來。

「我的心在哭泣」

辛德．史特蘭，CNN：在廣場上，有些學生手拉手圍著紀念碑，他們唱著歌，孩子們很緊張，但他們很堅定。

桑萬，合眾國際社：我們會聚集在紀念碑旁，因為學生架設了無線電系統，讓他們可以持續發送廣播直到最後一擊，他們從紀念碑上以喇叭大聲放送，我心想軍隊會殺光他們。

但天快亮時，四名曾絕食抗議的自由派知識分子和軍隊協商，讓剩下的學生能離開廣場。

潘文，美聯社：我和剩下的學生留在廣場中間，直到他們和軍隊展開協商，我接著和他們走出廣場，整段時間我都和美聯社保持聯絡，你就是得完成你的工作，描述你眼前所見。我心想，現在很難將新聞報導出去，說出發生什麼事，以及即將發生什麼事，但這是我人生中最不可思議的經驗。

辛德．史特蘭，CNN：我們和他們一起離開廣場，他們有些人很失望地哭著，身上纏滿繃帶，有些人則是流了一點血，垂頭喪氣，還有人持續唱著歌。我們面臨了兩難，我們錄下了很好的畫面，但我們該怎麼送回去？一名戴著老舊紅軍帽、穿著毛式中山裝的老人，騎著後面拖著平板拖車的腳踏車，他讓我們坐上拖車，學生給我們毛毯，我們把身上的東西都蓋起來，他載我們回到北京飯店。

史特蘭為了提防大廳裡中國公安，將錄影帶藏在戴夫．史懷斯伯停在飯店外的車上，再上樓回到CNN的工作站，在那以前，我都不知道她和戴夫去了哪裡，他們是否安全，我記得看到她時快哭了，給了她一個大大的擁抱，她接著拿出一包起司球，把它們倒進盤中說道：「生日快樂，邁可」，諷刺的是，六月四日剛好是我的生日。

記者大多都見過大風大浪，但看到這場鎮壓行動還是相當受到衝擊。丹．拉瑟當時已經回到紐約播報CBS晚間新聞。

丹．拉瑟，CBS：看著軍隊往天安門廣場移動時我很緊張，但身為主播還是必須控制情緒，軍隊很明顯是帶著武力進到廣場，或許在某些人耳裡聽起來很老套或幼稚，但我的心在哭泣。一下主播台，我就選擇花點時間步行回家，因為我需要思考，因為我曾在天安門廣場上，我認識了一些人，我甚至會說，我從沒想過會和某些年輕人建立友誼。

紀思道，《紐約時報》：對我們而言，中國之旅有點像蜜月之旅，我們剛搬來這裡時才剛結婚，還很興奮地跑遍整個國家，感受開放的氣氛，我們結識了許多趙紫陽陣營的人，他們想像著一個更開放的國家，那些推動開放的措施都是真的，他們很興高采烈。當另一個陣營贏了，我們的朋友一個一個進了監獄，我們看到軍隊開火，真的感覺被背叛和一陣酸楚。

死亡人數

理查．羅斯，CBS：天才剛亮，光線還有點晦暗不明，空氣中布滿了抗議者離開後來自營地的煙，我們被推進兩部吉普車裡，司機和一名官員坐在前方，我記得當我們開過廣場，他站起來抓著扶手，廣場上的工人正在清理碎石，但卻沒有屍體，也沒有催淚瓦斯的味道，我不記得看見救護車，廣場看上去完全不像曾經發生過大屠殺。

隨著軍隊想要加強控制，他們持續在北京其他地方開火。

鍾同仁，美聯社：有時會看到有人躺在地上，我看著一名穿著白色上衣、藍色洋裝的女孩，她的胸口紅成一片，民眾將她放上三輪車、送去醫院。

羅禮賢，ABC：我們坐上救護車，坐了一個小時，接了許多人後回到醫院，情況真的很可怕，儘管我去過越南和柬埔寨，但我那晚看到那麼多血還是很難受。

紀思道，《**紐約時報**》：當時有個最讓我震驚的景象之一：有一位年輕人，大概是我這個年紀，他背後中槍卻還繼續努力活下去，你知道他做的事並沒有比我做的事還危險，他只是運氣不好。

伍潔芳，《**紐約時報**》：我們打電話給一些醫院，其中一些醫院後來被規定不能和外國人交談，我們在這些醫院收到命令前及時聯絡到。

邵德廉，《**華盛頓郵報**》：我們想知道死亡人數有多少，所以我們開始聯絡每一間我們能找到的醫院，幾間醫院拒絕了我們。突然間，整個社會氛圍從開放轉變成恐懼，我決定親自去看看其中一間醫院，我到了醫院後，有些在外面的人說道：「別讓外國人進來。」一名勇敢的醫生站出來說：「我帶他進去。」我們進到一個暫時的停屍間，許多布滿彈痕的遺體堆在那裡，醫生後來打電話告訴我：「我被懲罰了。」，意思是要我別再去了。我接著試了一招，我試著裝病進醫院，我說我肚子怪怪的，櫃檯的人回覆：「先生，你真的生病了嗎？你是誰？」我說：「好吧，我是記者，我正試著釐清現況。」接著他就把我趕出去了。

不久後，究竟有多少傷亡人數的爭議就引爆了，並一直延續到今日。

鍾同仁，**美聯社**：一名記者和紅十字的人談過話，他說至少五百人被殺害，這並沒有獲得任何證實，我們報導了這個數字至少一天。

桑萬，**合眾國際社**：我和中國紅十字會談過話，他們說，他們精準記錄下來的數字是超過兩千人。

奧爾．佩辛，美國之音：美國之音裡，我們決定說「也許有幾千人」。

邵德廉，《華盛頓郵報》：我們知道大概是幾百人，因為人們目擊了掃射，這邊一些，那邊一些，加總起來差不多是這個數字，如果超過兩千人，我們應該會看到更多屍體。我感覺為了報導可信度，我不能隨便給出一個我必須收回的數字。

紀思道，《紐約時報》：潔芳不斷打電話到醫院希望得到傷亡人數數字，所以我們會有一些數字，有些是官方數字，有些由剛好在醫院工作的朋友提供，接著他們就被下令不能給出數字。兩千六或兩千七這個原本應該是來自紅十字會的數字，我們很早就聽說過了。對我們來說，這好像累積得太快，不太像真實的數字，我非常懷疑，這和我手上的數字不相符。此外，死亡人數和受傷人數之間有一個很著名的相關性，如果有兩千七百人死亡，受傷人數將會是五倍至十倍之多，但很明顯沒有那麼多人受重傷，很明顯就是有人在誇大其詞，這是我們在新聞裡常常看到的：當糟糕的事情發生，受害者和犯罪者都會說謊。我很懷疑這些流傳的數字太誇張，決定保守一點，所以我寫了一篇文章，主張數字可能比這個還低，現在想來，我覺得我是對的。

羅禮賢，ABC：我們從來無法確定那晚的傷亡人數，我們只知道有很多人傷亡，醫院很緊張，我認為不管是一百或一千人，都帶來了極為嚴重的後果，不只是因為被殺害的人們，對中國的名聲也是如此。

那個星期天早上，我回到 CNN 在喜來登長城飯店的辦公室不久，我收到一名中國朋友傳來的情報，有傳言說軍隊可能會突襲飯店並沒收我們的錄影帶，我因為擔心紀錄會被沒收，便帶著錄像到美國大使館，新聞參事麥金尼．羅素是我的好朋友，他讓我進去，但羅素不願意說話，因為他怕大使館被監聽，所以我們交換紙條，我解釋我的擔心，他同意幫我們保管錄影帶到一切平息，最後，並沒有突襲，但那些錄影帶還是留在大使館裡幾天。

六月四日稍晚，CBS的理查．羅斯和德瑞克．威廉斯被釋放了。

理查．羅斯，CBS：我受了傷但不嚴重，我又餓又髒又累，除此之外，一切都好，我們一行人走到附近的飯店，第一個歡迎我的是NBC記者基斯．米勒，也是我的老朋友，他歡迎我的方式好像是他以為我已經死了。

坦克人

隔天早上，六月五日星期一，暫時代理美聯社攝影編輯的劉香成，要求傑夫．懷登從北京飯店拍一些天安門的照片。

劉香成，美聯社：我們收到總部來信寫道：「可以拍一些廣場的空景嗎？我們想看廣場的現況。」

傑夫．懷登，美聯社：我穿著一件外套，把攝影器材藏在裡面。我有一個焦距四百毫米的望遠鏡頭，但鏡頭很細，可以放進左邊口袋裡，增倍鏡放在另一個口袋，底片放在內褲裡，相機機身藏在後面口袋。我騎著腳踏車朝著北京飯店騎了大約兩英里遠，地上都是碎石、焦黑的巴士以及石頭，我心想，這不算太糟。我可以聽到附近零星的砲火聲，感覺不太遠。突然之間，我靠近一座大橋，看到橋上四台坦克砲，上面擠滿扛著重機槍的軍人，我騎著腳踏車經過，心想「不敢相信我竟然在做這樣的事」。

終於抵達飯店後，我聽見傳言說，有其他記者的底片和相機被沒收，我必須想辦法進到飯店裡，我不知道該怎麼做。當我一抵達，我看見黑暗的大廳裡有一名穿著骯髒T恤、短褲和涼鞋的大學生，我朝他走去並說道：「你好，我是喬，你好嗎？我一直再找你。」接著我小聲說道：「我是美聯社的記者，你可以讓我去你房間嗎？」他馬上就懂我話裡的意思，他說：「當然，請跟我來。」我們往上走到他六樓的房間，我開始拍攝經過的坦克車，這些坦克車推走一些燒得焦黑的巴士，有時你會聽到一點鈴聲響，他們會用一輛小推車將死傷人士送到醫院，我花了一點時間拍這些畫面。

強納森．希爾在CNN的飯店房間陽台上也架設了相機。

強納森．希爾，CNN：我們在那裡架了一台相機，試圖保持清醒，我們已經好幾個小時都沒睡覺了。前一晚，我們儘力地把影片拍好，你可以看見孩子躺在擔架上被抬出來。

鍾同仁，美聯社：我坐在北京飯店前的街上，拿著一台相機，我知道軍隊會在卡車上到處廣播，任何持有相機或望遠鏡的人可能會被當場「處理」，我問了旁邊的人：「什麼意思？」他說：「這表示你可能會被當場射死。」我們聽見廣場方向傳來槍響，我們可以聽見坦克的聲音。

傑夫．懷登，美聯社：我腦震盪，整個人昏昏沉沉的，我聽見坦克的聲音，走到窗邊，我還清楚記得那個陽台，我頭頂正上方有一個彈孔，所以我知道他們可以輕易地槍擊陽台上的我。我看見一整排坦克從路上開來，我心想：「這是一個很好的畫面，我身上有望遠鏡頭，這會是一張壓縮效果很好的照片。*」一名提著購物袋的男子走到坦克前面，開始揮舞著袋子。

強納森．希爾，CNN：另一名攝影師說道：「你看，那個在坦克前面的人！」我將鏡頭拉近並開始錄影，整排坦克停下來時，那名男子擋住了坦克，他們開始試著朝他頭頂上方開槍企圖嚇唬他，子彈飛行的高度基本上就是我們所在的位置，大概在四樓或五樓的陽台，子彈很靠近，你甚至可以聽到子彈飛行的聲音。此時，我們只能將攝影機固定好，我趴下並透過陽台往下看，這樣太危險了，子彈到處亂飛。

傑夫．懷登，美聯社：我在等著他中槍，把焦點對在他身上，等了又等。距離有點太遠了，我回頭看了看床上，我有增倍鏡可以把四百毫米的焦距變八百毫米，我開始考慮：「我應該賭一把，回到床上拿增倍鏡嗎？我可能會錯失關鍵畫面。還是我拍廣角一點？」我抓住機會，跑回床上，拿了增倍鏡，裝上相機，將光圈開到最大。一張、兩張、三張。

鍾同仁，美聯社：人們到處逃竄，從我身邊四散而去，他們往坦克的反方向逃跑，逃到可以躲藏的小街。我舉起相機，只拍了一張相片，接著躲起來，因為你不知道子彈在瞄準哪裡。

傑夫．懷登，美聯社：掃射結束後，一些人走了過來，他們抓起那個男人後便跑走。我記得

* 編按：望遠鏡頭能在視覺上壓縮前景與後景間的距離。

坐在窗邊的小沙發上，學生問道：「你有拍到嗎？你有拍到嗎？」我說道：「我不知道，我真的不知道。」我真的很擔心，因為我心想我一定搞砸了，但是我心裡有個聲音告訴我，也許我拍到了，但我不確定。

劉香成，美聯社：他打電話給我說道：「香成，我拍了一張照片，我覺得我拍到了，一個男人站在坦克前。」我直覺地給出了一些建議：「好的，現在回捲底片，將底片從相機上退下，把相機和底片分開放。」我說：「把相機放在飯店房間，下樓到大廳。」那個早期的年代有很多外國學生，我說：「找一名年輕男性或女性，問問他們是否願意將那捲底片帶出去。」

傑夫．懷登，美聯社：我拿著底片問他（一名外國學生），他能不能將我的底片藏在內褲裡，騎腳踏車送到美聯社辦公室。

劉香成，美聯社：四十五分鐘過去，一名綁著馬尾、背著背包的美國人出現了，手上拿著美聯社的信封說道：「劉先生在嗎？」我們的日籍攝影師把底片拿去沖洗，我走出來後看著那張底片，就是這張底片，拍到了。

強納森．希爾，CNN：我們在回去看之前，都不知道我們拍到了什麼，我們將錄影帶拿回工作站，我們有一台小裝置可以傳送影片，那是索尼提供給我們試用的原型機，它可以掃描影片的每一個畫格，掃描一個畫格並透過電話線傳輸需要一小時的時間，我們傳了五個畫格、拷貝了錄影帶並送到機場，我們找到一名願意幫我們把錄影帶帶到香港的觀光客。

傑夫．懷登，美聯社：隔天早上，我騎腳踏車到美聯社辦公室，我看著版夾上來自世界各地的訊息，真的很棒，來自美聯社總裁的恭喜，來自世界各地的恭喜訊息。

約翰．希翰，CBS：看過那張照片的人都將忘不了那個畫面。

傑夫．懷登，美聯社：我拍下照片時，感覺沒什麼特別的。一直要到後來，我才了解這張照片的影響力有多大。這張照片有了自己的生命，我猜對很多人而言，這會觸及到很私人的情感，因為這個人代表了我們為生命中的事物奮鬥，我們都在為了某些事奮鬥著。我們掙扎著要付出房租，或者我們在對抗老闆，或者我們或多或少都在為某些事奮鬥。我們還是不知道這個人是誰，或許這樣是最好的結果，因為這幾乎就像無名戰士一樣，他真的變成了許多人的象徵，大家看著這個畫面心情都很激動。對我而言，這只是另一個拍攝任務，我從未想過這張照片會變得有名，並且在接下來的幾年獲得越來越多名聲，而且似乎越來越有名，這真的很棒，真的。

對我而言，坦克人這張照片無疑是二十世紀最有代表性的照片之一，幾十年後，這名年輕人的身分還是沒人知道，但這張照片一直是個人挺身而出對抗國家力量的象徵。

另一方面，因為一切發生得太快，鍾同仁並沒有仔細看他的底片，也很快就忘記了這件事。二十年後，他的照片才被刊出，這是唯一一張從平面角度拍攝坦克人的照片。

後果

同一天，異議物理學家方勵之先躲在《華盛頓郵報》記者傑伊．馬修斯的飯店房間後，再到美國大使館尋求庇護。傑伊．馬修斯為了幫助邵德廉而飛到中國，美國外交官薄瑞光則是來處理一樁神祕、離奇的行動。

薄瑞光，美國國務院：人們在街上掃射，空氣中瀰漫著一種惡夢的氛圍，我們到飯店接他們，讓他們躺在小箱型車的地板上，載他們到大使館，他在那裡待了一年才出來。

與此同時，北京到處傳著流言，軍隊已經分頭進行鎮壓行動，隨著解放軍對著美國記者和外交官住的聚落開火，流言愈演愈烈，邵德廉才剛送妻小到機場。

邵德廉，《華盛頓郵報》：我付了兩百元讓她去機場，因為他們必須躲避一排排的坦克和焦黑的巴士，她一直待在機場飯店，直到有機會搭上飛機。我回到住的地方試圖入睡，但我聽到的都是公寓附近自動化武器正在對著什麼東西開火的聲音，聲音很大。我翻身起床，好不容易摸到電話，打電話給華盛頓說道：「我不知道這裡發生什麼事，我不知道現在幾點，但你們聽。」我拿起電話，我不知道他們在瞄準什麼，但每個人都壓低身子躲避。

武澤爾，美國駐華大使館陸軍武官：大使館會被掃射的部分原因是：一支CNN團隊前一天在我的陽台上觀察、拍攝正在發生的事。隔天，我其實已經被警告：「十點以後就待在你的公寓裡。」我的公寓被掃射了大概四十輪，他們就是打算把那邊射爆，我心想，他們就是想阻止CNN和其他記者。

邵德廉，《華盛頓郵報》：我大概是第一個報導第三十八軍的人，指揮官跑到醫院聲稱他無法工作，這些都是駐紮北京的軍隊，他們不想對抗自己的人民，我剛好有機會撿到這篇新聞，所以我認為軍隊裡的關係緊張。

在當時緊張的情勢中，這類報導讓「內戰可能引爆」的謠言開始流傳。

約翰．希翰，CBS：當時有些瘋狂的傳言像是，這個省分的軍隊和另一個省分的軍隊，他們真的很有同情心，他們會變成反政府勢力。

鍾同仁，美聯社：這是人們想要相信的傳言，特別是記者。這是一則好新聞，人們想要相信中國領導階層之間存在衝突，因為他們不想相信所有兵力都在對抗人民。

這個傳言讓許多記者都在猜測內戰的可能性，一名西方國防武官的見解也支持他們的報導。

武澤爾，美國駐華大使館陸軍武官：一切都是胡扯，這個傳言被一名武官散播，這名武官來自一個太平洋南方的大國盟友，這個國家的人民口音很有趣，國內還有袋鼠。他顯然聽到傳言，在某個路口看見坦克面向四方，他認為這是防禦陣勢，他不清楚自己在說什麼。

殷阿笛，《華爾街日報》：我身為記者最大的悔恨就是寫了一篇報導，推波助瀾加深內戰可能發生的恐懼，我們從資深外交官那裡聽到這件事，我們從可靠的中國線人那裡也聽到這件事。我不認為當時的報導是正確的，我很後悔我們寫了這篇新聞，這似乎提升了內戰傳言的可信度。

紀思道，《紐約時報》：我認為這是新聞界不太光彩的一刻。

當北京逐漸尋回難得的平靜，政府發出了一份通緝名單，方勵之和吾爾開希等學運領導人都名列頭號通緝人士。

鎮壓行動過後沒多久，ABC的羅禮賢錄下一名叫肖斌的男子，向一群旁觀者大聲斥責鎮壓行動。

羅禮賢，ABC：我們拿起相機拍攝，他非常激動地說著話，此時，我們無法從北京透過衛星傳送畫面，所以我們將錄影帶送到香港，錄影帶畫面原封不動地透過太平洋衛星傳送到加州再傳到紐約。

兩天後，羅禮賢打開中國電視台，中國人攔截了ABC的衛星訊號，得到了肖斌大罵的畫面。

羅禮賢，ABC：我們看到他在我們拍攝的影片裡聲稱：「這些混蛋殺了幾千人，我看見坦克碾過他們。」接著就是公告，「如果你認識他，請向當地公安舉報，他因為散布謠言被通緝。」我們這才發現我們害他陷入嚴重的麻煩。

肖斌最後被判下放勞改營十年。

羅禮賢，ABC：我報導過戰爭、去過越南，經驗過不少事情，但因為我們的作為害人去坐牢，還是很讓人難過的事。

與此同時，政府也開始轉向美國媒體。

奧爾．佩辛，美國之音：在大屠殺幾天後，美國之音辦公室發生了奇怪的事，我們接到很多假來電，我們接起電話，對方會以英文說道：「請問是美國之音嗎？」我會回答，是的，他們會說：「去你媽的。」這很詭異也有點可怕。

六月十四日，佩辛遭警方傳喚。

奧爾．佩辛，美國之音：一名官員向我宣讀了一張命令，其中包含一篇長篇文字，怒斥美國之音關於大屠殺與其主因的報導，最後以我被驅逐出境做結，期限是七十二小時。

同樣的事也發生在潘文身上。

潘文，美聯社：我很緊張，我被質問關於我在天安門廣場附近的活動，以及我和某位解放軍官員的關係（潘文在鎮壓行動前於廣場上遇到並成為朋友的官員），我說：「是的，我認識他。」他提供了很有用的觀點，但他說的國家機密卻毫無可信度可言，但他們不斷想挖出更多事，我也不斷否認，他們最後離開了。大概三分鐘後又回來，手上多了一份藍色文件，文件寫道，你不友善也不配合，我們給你三天的時間離開中國。約一小時後，我和奧爾．佩辛登上了晚間新聞，兩位駐中記者被驅逐出境。我花了大半輩子試圖了解中國，我計畫在這裡停留許多年，突然間，這個微小的夢想破碎了，我有一種失落感，因為我將中國視為第二個家。

國家政治宣傳機器繼續高速運作，共產黨聲稱，幾乎沒有證據證明天安門「廣場上」有人死亡，並攻擊外國記者以「天安門大屠殺」簡化事件。

辛德．史特蘭，CNN：你可以說天安門廣場附近發生屠殺，但你不能說天安門廣場上發生屠殺，因為他們要將學生趕出去，而他們確實做到了。

鍾同仁，美聯社：當時媒體常以「天安門大屠殺」概括一切，政府則試著利用這件事對付媒體。

劉美遠，《新聞周刊》：中國當局可以利用這個文字漏洞宣稱沒有人死在廣場上，後來事情越來越清楚，大多數的傷亡其實都發生在廣場西邊。

理查．羅斯，CBS：從當時一直到現在，人們還是會對我說：哪裡不一樣？當天晚上很多人遭殺害，差別在於時間和情況，差別在真相，差別在寫出真相很重要。

正當奧爾．佩辛打包準備離開北京，他接到美國之音辦公室的來電。

奧爾．佩辛，美國之音：我坐在辦公桌前，電話響了，和之前一樣，又是一名中國男子以英文說道：「請問是美國之音嗎？」我心想：「不會吧，我還要接多少這樣的電話？」我說：「沒錯，這裡是美國之音。」他說：「好的，不要氣餒。」我說：「不好意思，你說什麼？」他說：「不要氣餒。」我說：「好的，你也不要氣餒。」他說：「好的。」我們就掛電話了。

鎮壓行動兩週後，中國外交部邀請外國記者參觀廣場，一片靜默，軍隊發言人堅稱，北京任何地方都沒有發生屠殺。

辛德．史特蘭也在場，她的口袋裡放著一個她一直都會帶著的幸運符。

辛德．史特蘭，CNN：我曾經隨身帶著某塊石頭。他們終於開放廣場，他們帶我們看了一圈。有趣的是，我常常深入口袋抓住這個石頭，你懂的，那是一種下意識的習慣，但石頭在我的口袋裡破掉了，我記得當時心想：「這個謊言太強大了。」

第十一章　後天安門時代

一九九〇年代，中國進入政治上的冰河期。隨著一九八九年十一月柏林圍牆倒塌、一九九〇年東歐共產主義崩潰、一九九一年蘇聯解體，北京的共產黨強硬派決定避免讓中國踏上類似的命運。在實施軍隊鎮壓後，他們加強控管，施行專制的意識形態統一，肅清與抗議活動相關的自由派分子，追捕、監禁那些無法逃過一劫的社運人士。對於派駐北京的美國記者和他國記者而言，一九八〇年代末的美好時光已經被一股恐懼氛圍取代。

艾鼎德，**《新聞周刊》**：一切就像科幻電影《天外魔花》（*Invasion of the Body Snatchers*）真實上演，這裡儼然成為截然不同的國家，沒有人願意和你說話。每個人都嚇壞了。這是我見過最令人震驚和沮喪的事情了。我們又待了一年，這絕對是我新聞職涯中最艱困的一年，因為沒有人願意和我們交談，若沒有人願意和你說話，如何進行報導就成了棘手的問題。當時我們住在使館區裡。每當我開車出門，不遠處總有兩輛摩托車跟著我，他們沒有要躲起來的意思，他們想讓我知道他們正緊緊跟著我，這樣的做法非常有效。我猜他們是想看看我究竟去了哪裡，跟誰說了話。但結果是，接下來一年內我沒拜訪過任何人，我有足足一年的時間沒見到任何朋友。

紀思道，**《紐約時報》**：我通常是個性格溫和的人。每當我們在開車時，那些國家安全部的人總會緊追在後，遇到轉彎時，我發現自己暗自希望那些車失去控制，然後被捲進公車底下。

般阿笛，**《華爾街日報》**：當時確實是一段黑暗期。我記得天安門事件後幾個月內，我們偶爾會在使館區聽見夜晚的槍聲和汽車刺耳的剎車聲響，你不禁想像到底發生了什麼事，那是毛骨悚然又極為壓抑的一段時期。

紀思道的妻子伍潔芳也是《時代》雜誌的記者，她剛生了一個寶寶，但中國當局拒絕核發簽證給他們的孩子。

伍潔芳，**《紐約時報》**：當時我到香港生產，我準備回去時，他們卻不發簽證給我兒子，照理來說，我們應該取得簽證，因為他即將成為我們的家人，我們必須取得居留許可，但他們就是不給，後來我們替他申請到旅遊簽證。我帶著我的寶寶去了趟外交部，向他們解釋這孩子即將和我們一起生活，我們必須取得簽證，但他們回覆：「抱歉，我們不能核發簽證給你。」我們推測唯一可能的原因是，他們不喜歡思道的報導。我不斷提出請求，在旅遊簽證即將期滿時，他們終於批准了，我認為他們是想藉此給我們一個教訓。

紀思道的報導顯然激怒了強硬派的國務院總理李鵬。

紀思道，**《紐約時報》**：我寫了一些關於李鵬的報導，他的辦公室團隊非常生氣。我認為國家安全部企圖陷害我，我接到幾通電話，有位中國女人打電話給我，試圖勾引我和她上床，還有幾件事讓我感覺很像設計好的陷阱。我們從幾位中國朋友口中得知，中國政府可能想把我們趕出去。接著我見到了國家安全部的副部長。他表示，他們針對如何處置我進行了一番討論。他建議我寫一封信。他說我不必道歉，但信裡必須提到幾點——我很遺憾造成了誤解，我期待美中關係獲得改善，諸如此類的內容。我按他的要求寫了封信，情況果然得到改善，但有很長一段時間，我們離開公寓時都被人跟蹤。

方勵之的命運

與此同時，方勵之夫婦仍待在美國大使館，得以躲過駐守在外的中國國家安全部人員，但自由之路仍遙遙無期。一九八九年十一月底，方勵之獲頒「羅伯·甘迺迪人權獎」（Robert F. Kennedy Human Rights Award）。參議員愛德華·甘迺迪（Edward Kennedy）派夏偉前往北京，了解方勵之是否願意接受此獎項（此舉可能讓他的處境變得更為複雜），同時也希望進一步掌握這位天體物理學家的近況。

夏偉，**《紐約客》**：我不知道大使館會不會允許我這麼做。當地中情局特工過來接我，他不讓我在車上說話。李潔明大使邀請我赴宴，於是我前往大使館。晚餐吃到一半，大使把手指放在嘴唇上，示意我過去。我跟著他穿過廚房，下樓來到院子裡，裡頭一片漆黑，接著再經過了一些低矮的房間。他敲了敲門。門打開了。我們走了進去。裡面有幾名守衛。我們再敲了敲另一扇門。門打開了，方勵之就在裡面。我們聊了很久，得知方勵之想要這個獎項。

經過數個月的祕密談判，一九九〇年六月，中國領導人終於同意讓方勵之夫婦前往美國，名義上是接受治療。但對一些記者來說，持續的監視、壓力和令人沮喪的整體情勢已經變得令人難以承受。

翻天覆地的變化

殷阿笛，《華爾街日報》：天安門事件後的那一年情況變得非常糟糕，我們很快就筋疲力盡了。一九八八年是我們職業生涯中最振奮、最開心的一年。那一年是如此不可思議，令人激動無比。我們在北京結識了許多一輩子的摯友，甚至比其他地方還要多。但在天安門事件過後，整體氛圍變得如此黑暗、封閉，我們真的不想再繼續待下去了。

到了一九九〇年，越來越多憤怒且深感失望的記者在天安門事件後陸續離開中國，殷阿笛和太太艾鼎德前往其他地點展開特派任務。

華裔美籍的孫曉凡取代了邵德廉在《華盛頓郵報》的工作。一九七〇年代末，在美中關係走向正常化前，孫曉凡是少數獲准在北京大學讀書的美國人。

孫曉凡，《華盛頓郵報》：我認為對派駐中國的美國記者而言，天安門事件後是最艱困的時期之一。人們不想和你交談，這點可以理解。他們對美國記者執行更嚴格的審查。要說服別人與你交談是一件很困難的事。

從一九八七年起，麥健陸一直在臺灣替《華爾街日報》工作，他於一九九〇年中期從殷阿笛手中接管《華爾街日報》北京分社。

麥健陸，《華爾街日報》：我在天安門事件後抵達中國，這讓我沮喪無比。所有特派記者都在談論天安門事件。每次晚餐，他們都會聊到這個話題：「你當時人在哪裡？你看到了什麼？」人們怨聲載道。我認為，當時經歷過天安門事件的記者真的不得不離開中國。多數人一、兩年內就離開了，因為他們經歷了整件事情，讓他們感到憤怒和失望。中國的一九八〇年代是一段生機勃勃、充滿希望的時期。接著發生了天安門事件，突然間一聲轟隆巨響，情勢丕變。

天安門事件的陰影

與此同時，中國共產黨仍擔心自己會淪落與東歐和蘇聯共產政權同樣的命運。

孫曉凡，《華盛頓郵報》：我認為中國的菁英確實擔心，如果他們不出手控制局勢，就會走上與蘇聯和東歐同樣的道路。緊張的關係持續存在，對於記者來說，總會忍不住拿中國與蘇聯進行比較。

天安門事件的陰影和持續不斷的政治高壓無疑影響了對中國的報導。

吉米，《時代》雜誌：天安門事件的陰影確實主導了我們對美中關係以及中國對外關係的報導。

伍潔芳，《紐約時報》：我認為這完全形塑了我們的報導方式。沒有任何事能取代天安門事件的重要性。我們沒有遇過如此戲劇性的事件。

一九九一年，國務院官員芮效儉被任命為美國駐華大使，接替李潔明的職位。

芮效儉，美國駐華大使：天安門事件對於美國人民產生了情感上的影響。每當你在美國電視上看到有關中國的報導，總會出現那張學生站在坦克前的影像。這代表當你提及中國議題時，這份帶有貶義的中國形象勢必會成為報導的一部分。

泰德．科佩爾在ＡＢＣ的《夜線》節目擔任主持人已有超過十年，表現十分傑出，他在鎮壓後不久回到北京，並製作了紀錄片《天安門悲劇》（*Tragedy at Tiananmen*）。

泰德．科佩爾，ＡＢＣ：電視報導非常直接了當，不講究細節，也沒有什麼高明的手法。影像總是具備極大的影響力。影像比敘述帶有更大的意義。

文字有點像是附帶元素。直到網路世代來臨之前，電視一直是重要的溝通管道。

芮效儉，美國駐華大使：不幸的是，這些強大的影像是負面的。媒體只想盡可能展現令人震撼的影像，因此他們勢必會自我篩選，以決定呈現的內容。這也是政府官員和媒體打交道時經常抱怨的問題，媒體喜歡呈現不完全符合事實的報導，因為這種報導更具戲劇性。

一九九〇年五月，趙紫陽遭撤職後，中共上海市委書記江澤民接替他成為總書記，並同意接受ＡＢＣ芭芭拉．沃爾特斯的採訪，藉此平衡負面報導。這是自天安門鎮壓事件以來，中國高層領導人首次接受外國媒體採訪。

芭芭拉．沃爾特斯，ＡＢＣ：亨利．季辛吉替我背書，因此江澤民非常愉快地坐下來，儘管眼神冷峻，卻不時面露微笑。問及天安門廣場事件時，因為他懂一些英語，他引用了莎士比亞的話表示：「無事生非。」（Much ado about nothing）或許對我而言，最可怕的時刻是，採訪過程中，我等到機會拿出坦克人的照片。我們不知道那位年輕人的下場如何，我向江澤民提出了這個問題，但他沒有起身離開，也沒有對我說：「沃爾特斯女士，你是個間諜。我們要把你驅逐出境，讓你坐飛機回家。」提出這個問題需要很大的勇氣，但這張照片實在太有名了，我必須拿給他看。我認為他們對這次的專訪並沒有感到非常愉快。

ABC，江澤民專訪：

沃爾特斯：「你知道這位年輕人後來的情況嗎？」

江澤民：「我認為這位年輕人並沒有被坦克殺死。」

沃爾特斯：「你有下令逮捕他嗎？據說他被抓起來處決了。」

江澤民：「我無法證實你提到的這位年輕人是否被逮捕了。」

沃爾特斯：「所以你不知道他的下場如何。」

江澤民：「我認為他從來沒有被處決。」

一九九〇年六月，隨著時序來到鎮壓事件的一週年，北京的緊張氣氛持續加劇。中國當局決心阻止任何紀念活動，並派出大量軍警到北京市，封鎖天安門廣場。冒險突破防線的記者和攝影團隊受到粗暴的對待或遭到拘留。當天晚上，許多記者聚集在北京大學外圍。我們可以聽見學生不斷呼喊口號，但我們無法進入校園，最終甚至被警方趕走。CNN的收音師米奇．法卡斯和其他人被人拿槍指著，被迫張開雙腿和雙手並趴在牆上；同時，一位《洛杉磯時報》記者、他的攝影師妻子和一位德國電視台記者則遭到毆打。美國、德國和其他國家的大使館紛紛針對媒體遭受的對待提出正式的外交抗議，但中國當局仍充耳不聞。西方媒體和中國政府的關係降至多年來的冰點。

朋友與管道

天安門事件期間，紀思道和伍潔芳與一位清華大學的學生劉尚恩（Shawn Liu）成為朋友。他在鎮壓後遭到逮捕，後來設法逃出北京，但在一九九〇年六月，他回到了北京，並向這對夫婦尋求幫助，希望能逃出中國。

伍潔芳，《紐約時報》：他替我們工作了一段時間。他很了不起，非常出色。我們十分仰賴他。我們後來變得很熟。

紀思道，《紐約時報》：他曾經簽字帶我們進入清華校園。鎮壓過後，他試著否認一切，但當局手中握有這份紀錄。他聲稱他只是在路上遇到我們，但他們不相信他。後來他逃走了，試圖逃往香港。但他遭到逮捕，被關進監獄裡。最終他逃了出來，回到北京，並與我和潔芳祕密會面，請我們幫助他逃離中國。我們不知道該怎麼做。我們相信劉尚恩，但他也承認自己曾被關進監獄。你可以很容易地想像中國當局跟他提出的交易：只要他讓我們中了這個圈套，他就會被釋放出獄。我們對於自己的道德義務感到非常掙扎。一方面，他才十九歲，如果我們不幫他，他很可能會被逮補。另一方面，如果我們幫助他，我們不確定他是否能成功逃到國外，但我們可能會被驅逐出境，《紐約時報》的北京分社也可能面臨關閉，這等於是我們背叛了對《紐約時報》的義務。我另一方面，當你身處一個國家，就必須遵守當地的法律，不能到處幫重刑犯逃離他們的國家。我和潔芳在漫長的散步中不斷討論這個問題。最後潔芳說：「聽著，他幫助了我們，也幫助了我們的讀者。我們必須做點什麼。」所以我們小心翼翼地協助他，同時確保我們有全盤否認的餘地，並挑選一些絕不會被拍攝到的地點，幫助他順利逃往香港。我飛到香港，協助他祕密前往美國。這是完全違反職業道德的行為，但我們非常高興我們這樣做了。

紀思道和伍潔芳與中國國安機構的對抗已經到了走火入魔的地步。

紀思道，《**紐約時報**》：我們是如此的戰戰兢兢。放假時，我們會讀諜報小說，只為了弄清楚他們如何玩諜報戰。他們會在保險箱上放一根頭髮，如果頭髮不見了，他們就知道有人打開過保險箱。我們真的用了這個方法，只因我們非常擔心自己會為別人帶來麻煩。

儘管《華盛頓郵報》的孫曉凡在報導時處處受到壓迫，但她仍維繫了她在一九七〇年末於中國留學時與一位年輕人建立的友誼，他名叫白偉基，現在已經是一位外交部官員。

孫曉凡，《**華盛頓郵報**》：我在學生時代認識他時，他夢想成為美中關係的專家。他讀了每一本有關中國的英文書。他總是在解釋共產黨政治以及近期的發展。我們變成了好朋友。我發現他能清楚地為我解釋局勢的發展，這些資訊在當時是非常不透明的。我也和他的妻子成為好友。

她的英文相當流利。他會針對時事進行內部分析，並由他的妻子翻譯為英文，這對我幫助很大。

一九九二年五月，警方搜查了孫曉凡位於外交使館區的辦公室，當時外國記者都必須住在那裡。

麥健陸，《**華爾街日報**》：我們和曉凡住在同一棟大樓，她的兒子班傑明和我的女兒莎莉是非常要好的朋友。當時他們年紀還小。我們停好車後，看見班傑明在七號大樓的二樓陽臺上，喊著：「壞人！壞人！」然後我們到了我們的公寓，試圖弄清楚到底發生了什麼事。

孫曉凡，《**華盛頓郵報**》：我一打開門，幾位身穿制服的人就說他們必須到我的辦公室去。我們僵持了一會兒，因為他們要求我打開所有抽屜。我打電話到美國大使館，他們人來了，然後站在外面。關鍵在於他們找到一些翻譯好的文件，並堅持要我簽下自白書。最終，我的朋友白偉基被控叛國罪而遭判刑十年。他的妻子則被判刑六年。他們夫婦倆有個女兒，當時可能比我的兒子年紀還小。白偉基先被警方帶走，幾天後，他的妻子打電話給我，問我能不能收養他們的小女兒。那是一次令人心碎的對話。我告訴她，我不會把她的孩子從她身邊帶走。他們有一些親戚，最後孩子交由親戚撫養。他們都被關了一段時間，但沒有服完刑期。我感到很愧疚。白偉基認識很多記者，但或許是因為我在頗負盛名的《華盛頓郵報》工作，讓我成了被鎖定的目標，因此他們決定藉此殺雞儆猴。

伍潔芳，《**紐約時報**》：我們聽說曉凡朋友出事的那天晚上，我和思道徹夜難眠。我心想：「天啊，這會不會也發生在我們的消息來源身上？」這個念頭讓我震驚不已，不寒而慄。

紀思道，《紐約時報》：一切都讓我膽戰心驚。我們非常關心中國朋友的安危，我很害怕我們讓他們陷入險境。我們整晚輾轉難眠，心想著那些被逮捕的可能是我們的朋友，這讓我們考慮要離開中國，因為我們的運氣總有用完的一天，我們的朋友可能面臨牢獄之災。

天安門事件三週年

那年六月是天安門鎮壓事件的三週年。一九七一年，菲律賓的異議人士齊托．聖羅馬納和吉米一起來到中國並留了下來，聖羅馬納如今已成為ABC北京分社的製作人。ABC的駐華記者柯達德會說中文，自一九八五年以來就在北京工作。六月四日，柯達德前往天安門廣場追蹤一則消息，因為據說有位獨自行動的示威者計畫拉布條抗議。

齊托．聖羅馬納，ABC：我們的攝影師正在休假，所以他自己帶著相機出發了。那位示威者舉起布條，達德試著拍下那個畫面。但現場有很多便衣警察看到他，試圖搶走他的攝影機。達德奮力反抗。這群人用白布包裹著某個東西，朝著達德揮打。他們破壞了相機，把鏡頭弄壞。他們抓了達德，把他送到警察局進行審問。達德回到辦公室後，看起來沒什麼大礙，只有一些瘀傷。當晚我們在ABC的晚間新聞報導了這則消息。

ABC報導：

柯達德：「廣場上，從四面八方而來的便衣警察把我和那名示威者團團包圍，開始毆打我們，並把他抓了起來。」

彼得．詹寧斯：「當局人員在毆打你和那位示威者時，有任何猶豫嗎？」

柯達德：「完全沒有。但一開始的那群人是便衣警察。後來我們被穿制服的警察毆打。但他們都一樣，都是警察國家裡國安體制的一環。」

但柯達德顯然有些不對勁。

齊托．聖羅馬納，ABC：隔天，他沒有進辦公室。我問他：「發生什麼事了？」他說他整天都躺在床上。這樣的情形又持續了一天，我們開始懷疑他是不是出了什麼事。達德說他感覺怪怪的。他跟紐約那邊談過後，他們叫他到香港進行檢查。他去了幾天之後回來。他說醫生說他沒問題，但還是不太對勁。他還是無法行走。他不能長時間工作，也無法正常上班。他必須常常回去休息。最後，他和紐約那邊商量，他們叫他回美國好好進行檢查，結果發現他脊椎出了問題，必須經過一系列的電腦斷層掃描和磁振造影檢查。最終他再也沒回到中國，他成了一個支離破碎的人。時至今日，他仍然無法在外面待太長的時間。如果和他一起出去吃飯，他很快就必須躺下來休息，他再也無法長時間坐著，他面臨的是永久性的殘疾。在所有外國記者中，他無疑是傷勢最嚴重的受害者之一。

柯達德帶著永久性殘疾被迫離開中國，放棄了他的記者生涯，最終到大學擔任新聞系教授。

「縱容獨裁者」

持續的鎮壓以及一九八九年震撼的影像，都使得人權議題成為美國媒體報導中國的主要敘事框架。一九九二年美國總統選舉，民主黨候選人比爾・柯林頓（Bill Clinton）攻擊布希總統對中國「態度軟弱」。

詹姆斯・貝克，美國國務卿：我記得我們在一九九二年與柯林頓競選連任時，他指責我們「縱容獨裁者」，我想這在美國是很高明的政治策略。

自一九八九年六月槍擊事件結束那一刻起，布希就一直試著阻止美中關係崩壞。

詹姆斯・貝克，美國國務卿：布希總統致電鄧小平。布希總統擔任美國駐北京聯絡處主任期間，鄧小平是他很要好的同事。他們彼此認識。但鄧小平不願意接電話，這讓布希總統很生氣。

於是，總統命令國家安全顧問布倫特・史考克羅和副國務卿勞倫斯・伊戈柏格（Lawrence Eagleburger）於一九八九年七月祕密前往北京。

詹姆斯・貝克，美國國務卿：這趟訪問的目的，是透過派遣總統特使讓中國知道，布希總統希望維持雙方的關係，儘管他對中國政府的作為深感失望。他不想斷絕兩國之間的關係，他認為試著讓事情朝正面的方向發展是極其重要的。我們派遣特使到中國就是為了說明這一點。

五個月後，布希又派遣兩位特使前往中國，但這次是公開的行程。他們抵達北京的消息公開後，我碰巧參加了「中華全國新聞工作者協會」舉辦的招待會。鎮壓後的幾個月，這是我們少數可以和中國官員進行交流的場合。在一次閒聊時，一位中國記者跟我說：「你知道，史考克羅和伊戈柏格七月時來過這裡。」我對此表示驚訝，接著他又告訴我一些細節，或許是他在內部文件上看到的。布希在鎮壓後幾週內，曾祕密派遣兩名特使到北京，這可是則大新聞，但我無從查證這則消息，也不想讓這位中國記者惹禍上身。我打電話到CNN的國際部，告訴他們這則消息，後來CNN的白宮記者和布希的白宮發言人證實了這件事。這則消息在華府引發極大的批評聲浪。我從來沒有透露我是從哪裡聽到這則消息，但我後來得知，那位中國記者已被視為我的消息來源，並受到懲處。

一九九三年一月柯林頓入主白宮後，任命溫斯頓．羅德擔任東亞事務助理國務卿。

溫斯頓．羅德，助理國務卿：競選期間，柯林頓就像多數的總統候選人一樣，對於中國的立場十分強硬，尤其是在人權議題方面。當他上任後，各界向柯林頓政府施壓，要求取消所謂的「最惠國待遇」，並制定一系列的附帶條件。後來我們將人權議題設定為唯一的條件。毫無疑問的是，人權議題確實主導了美中關係。

中國研究學者李侃如在柯林頓總統第二任期擔任重要的亞洲事務專家。

李侃如，美國國家安全會議：柯林頓政府是在對中國抱持高度負面看法的狀態下上台，特別是針對人權議題。他確實試著將中國人權議題的進展與逐年審議的「最惠國待遇」貿易地位綁在一起。

最惠國待遇是正常貿易關係的傳統術語，卻有點名不副實。但對中國來說，作為非市場經濟國家，其貿易地位必須經過美國國會的逐年審議。否則，中國出口將被凍結在美國市場之外。在天安門鎮壓事件後的激昂氣氛中，最惠國待遇被視為新政府可善加利用的工具。

李侃如，美國國家安全會議：中國決心讓柯林頓政府知道，柯林頓別想以美國政策干預中國如何管理他們的人民，藉此謀取利益。中國非常清楚地表示，他們寧願失去最惠國待遇，也不願屈服於美國新政府的花言巧語。最終，柯林頓政府退縮了。

最惠國待遇之爭成為北京記者團的重點報導。

伍潔芳，《紐約時報》：最惠國待遇是則大新聞。我們不知道人權議題會朝什麼方向發展。我們不知道美中兩國之間會不會在某個時刻爆發大規模的衝突。

麥健陸，《華爾街日報》：每年美國投票審議中國的最惠國待遇時，人權議題就成了決定中國形象的重要關鍵。這是記者們爭相報導的新聞。但我們身在中國，卻看到了截然不同的世界。我們目睹中國正在崛起，也看到了包含人權在內的許多問題。但另一方面，中國正在不斷向前邁進。

第十二章　最好的時代，也是最壞的時代

一九九二年二月，已經正式退休的鄧小平造訪上海和中國南部的深圳、珠海經濟特區，他曾在一九八〇年代初期參與經濟特區設立。這次的訪問在領導階層持續的政治鬥爭中展開。一九八九年天安門鎮壓事件後，黨內的強硬派主張：不僅要粉碎任何政治自由化的舉措，更要推翻鄧小平開創的市場經濟改革，重新確立國家對經濟的控制權。他們認為這是確保共產黨能延續下去的唯一途徑。然而，蘇聯於一九九一年解體後，鄧小平卻得出了相反的結論，他認為唯有加速經濟改革以及隨之而來的經濟成長才能讓共產黨保有執政地位。

儘管鄧小平具備崇高的聲望，仍選擇祕密進行訪問，這顯示他面臨了極大的阻力。起初，他與兩地具有改革意識的官員會面，卻被共產黨控制的媒體視而不見。然而，附近的香港記者耳聞鄧小平造訪的消息，使得香港和國際媒體上紛紛出現大篇幅的報導，也讓鄧小平呼籲加速改革、開放外國投資與企業的主張終於受到北京官媒的報導。這趟旅程又被稱為「南巡」，用來描述皇帝和隨行官員在古代進行的巡視。對於高齡八十八歲的鄧小平而言，這是最後一步的政治創舉，但這一步足以打破領導階層的僵局，激發新一波的創業精神，有機會迎來數十年驚人的經濟成長。

夏偉，《紐約客》：鄧小平又展開行動了。他在一九九二年造訪深圳時，顯然已經將半數的

改革計畫拋諸腦後：那是他從未真正認同的部分，也就是政治改革。他重振旗鼓，準備為中國帶來新的經濟改革計畫。這是個指標性的時刻，某種程度上就像一九七九年鄧小平訪美一樣重要。

伍潔芳，**《紐約時報》**：我認為國外媒體將過多的焦點放在人權議題，忽略了經濟層面的報導。當時中國經濟氣勢如虹，彷彿有一股勢不可擋的能量。這就是經濟革命的開始。

芮效儉，**美國駐華大使**：鄧小平訪問中國南部，並宣布設立新的經濟特區為正確的方向後，風向才有了轉變。在一九九二年秋天的「中共十四大」，強硬派的主張幾乎遭到消音。一九九三年初，中國經濟開始起飛。美國商界立刻注意到這點，開始紛紛湧入中國。一九九三年期間，每位來到中國的美國人都震驚地發現，中國情況比美國媒體報導的還要好得多。我向美國新聞界拋出這個問題：「為什麼你們對中國的報導完全扭曲了事實？」我還記得得到的一些回應是，新聞界存在一種誘因機制，如果你報導中國的負面事件，你的報導就會刊在頭版；如果你報導中國的正面發展，你的報導就不會刊出來，或者被埋在很後面的版面。記者也是人，他們喜歡頭版報導。新聞自由內部存在一種誘因機制造成的偏見，導致人們對中國的報導產生極度扭曲的看法。

「你可以感受到社會風氣的轉變」

然而，美國記者漸漸將報導焦點從人權議題轉向這個被掏金熱吞噬的國家。

孫曉凡，**《華盛頓郵報》**：你可以看到這股風氣逐漸蔓延，這種慾望、擁抱物質主義的衝動。

麥健陸，《華爾街日報》：他們是如此渴望外國投資。因為我來自《華爾街日報》，他們想知道我可以如何引進外國投資。每當你到一個經濟特區，或與市長、甚至省長以及黨委書記會面（當時與他們會面極為容易），他們都會告訴你同樣的事情。他們會說：「好吧，你來自《華爾街日報》。我們要如何獲得更多外國投資？你可以怎麼樣幫助我們？」我記得在資本主義色彩濃厚的溫州，我坐在一個人旁邊，當時鄧小平剛展開南巡，這個人掏出設立銀行的計畫說：「我一直在等這一刻，現在我終於可以放手去做了。」儘管當時私人銀行仍然是非法的。那次在溫州的會面讓我恍然大悟。在業界，你已經可以嗅到一股氣息，並感受到改變即將來臨。

一九八〇年代，班安祖一開始在香港的《南華早報》擔任記者。後來到路透社工作後，他負責設立西方媒體的第一間上海分社，隨後上海很快便躍升為繁榮的商業中心。

班安祖，路透社：一九八九年後，各界普遍認為中國面臨經濟改革後的一大挫敗。我認為很多企業都有同樣的感受。他們在一九八九年後全都離開了中國。銀行、大型跨國企業的人才紛紛出走。然後就發生這個了不起的事件，也就是南巡，完全扭轉社會的氛圍。鄧小平南巡確實讓上海感到振奮不已。南巡之後，路透社決定他們需要在上海設立分社。這座城市開始產生明顯的變化，城市的地景也全然改觀。

經濟正在起飛。現在是中國的市場經濟時代。就新聞的觀點而言，這代表我們必須立刻讓過去跑政治和社會線的記者開始報導市場現況，但這樣的人才並不存在。當時沒有記者知道（就連我自己也不了解）該如何報導期貨市場，突然間，中國各地冒出數十個期貨市場。蘇州的合板期貨、大連的綠豆期貨、鄭州的穀物期貨，這些都是規模很大的市場。

一九八〇年代中期，鮑偉傑曾替美聯社—道瓊在香港報導中國經濟新聞。一九八七年，他加入《華爾街日報》，先是派駐歐洲和日本，後來在一九九二年回到香港，隨後前往中國。

鮑偉傑，《**華爾街日報**》：一九九〇年代，《華爾街日報》比我們最大的媒體競爭對手更積極地報導中國，因為我們將此視為主要讀者群關注的重要報導，也就是商業議題。這並不代表我們只進行商業報導。如果不了解中國政治，就無法有意義地報導中國，因為政治對商業的影響如此深遠。但這的確是關於經濟發展的報導。在一九九三、一九九四年，我們與周看在上海共同設立第一個美國媒體分社。我們從《達拉斯晨報》（*Dallas News*）將周看挖角過來。我決定將分社社長的工作轉往上海，而不是北京，以展現我們報導的是中國的社會經濟變化，而不是擔任各種政府機構的傳聲筒。

周看於哈佛大學取得東亞研究碩士學位，並在一九九二年到北京替《達拉斯晨報》工作。一九九三年，他加入《華爾街日報》新成立的上海分社。

周看，《**華爾街日報**》：上海最近才對外國記者開放，當時外國媒體的規模非常小。《華爾街日報》首先成立辦公室，然後是美聯社。不久後，《紐約時報》也建立了據點。接著是幾間日本媒體。但我們在一九九三年末、一九九四年初於上海設立第一個駐華外國記者協會時，全部的人可以擠進一張餐桌，包括日本人。當時協會的規模真的很小。但領導階層將上海視為比中國南部、深圳、廣州開放外國投資還要大的實驗。如今他們願意在對黨而言更大、更重要的工商中心進行經濟改革的實驗。當初我來上海的目的是見證經濟改革精神的再興。每個人都想搶先一步，你可以感受到這股能量。最令人興奮的是國內股票市場的建立。金融業得到許多討論與關注，這是真正進步的象徵。社會中瀰漫一股投資風氣，但不是所有的投資都非常合理，很多是純粹的投機行為。但種種跡象讓我們感受到自己正處於一個新的時代，資本可以自由流動，人們可以用新的方式來進行投資。

麥健陸，**《華爾街日報》**：我在中國的第一篇商業報導是關於上海一個綽號叫「楊百萬」的人，當時他壟斷了這個非法市場四到六支股票。隨著經濟持續發展，股票市場呈現大爆發的景象。

《華爾街日報》的周看在上海採訪中國早期股票市場的交易員。一九九〇年代中期，《華爾街日報》為第一批在上海設立分社的美國媒體，以報導中國戲劇性的經濟成長，包含中國股票市場的開端。（周看提供）

孫曉凡，《**華盛頓郵報**》：當時許多人搖身一變為百萬富翁。他們有些是北京人，而我正在寫關於他們報導。這一切真的很新鮮。你簡直無法想像他們會這麼做。這代表人們真的下定決心，心想：「好啊，我們來賭一把吧，我們已經獲得許可了。」

一九八〇年代中期，華裔美國人陳鈴鈴為臺灣一家英文報社寫稿，從此開啟了她的新聞職涯，後來她被派往《華爾街日報》的北京分社。很快地，她開始在首都外的騎馬場打發時間，這座騎馬場是由前高級軍官所經營，專門為中國的新富階級服務。

陳鈴鈴，《**華爾街日報**》：很多軍方領導人的小孩會帶著自己的馬匹到那座騎馬場。這些人利用鄧小平南巡所開拓的商機而變得非常富有，然而這一切只是個開始。他們追求的是真正的生活，所以他們買了馬，也買了狗。擁有這些消息來源其實非常有用，因為你可以在官方管道外認識這些人，他們可能會聽到一些傳言、知道一些事情。例如，我寫過一篇關於太子黨的報導，描述他們如何涉足商業活動。我試圖捕捉一九九二年後中國人爭相賺大錢的西部拓荒氛圍。每個人都在努力建立自己的事業，享受財富的果實。試著報導這一切的過程令人感到著迷。

中國女子漢

陳鈴鈴發現，身為華裔美國人擁有很大的優勢。

陳鈴鈴，《**華爾街日報**》：某種程度上來說，人們有點像是把你當中國人看待。他們會告訴你：「噢，你懂吧。你也是中國人。」但他們會自然而然地期待你站在他們這一邊。「你是愛國的，你明白中國正在經歷的事情。」但有時候，這也讓我能順利融入人群，對我來說幫助很大，因為早在一九九〇年代初期，到處都是國家安全部的人。

《紐約時報》的伍潔芳也有同樣的經歷。

伍潔芳，《紐約時報》：對我而言，在中國跑新聞容易多了，因為思道的外表太過顯眼，但我可以順利地融入人群。人們通常比較喜歡和我見面。人們不覺得我有什麼威脅。我認為這點對於我和其他華裔美籍記者很有幫助。

一九九〇年代中期，《華爾街日報》的陳舲舲與中共公安部官員合影。陳舲舲與中國高級官員的子女和其他「太子黨」成員成為好友，隨著中國經濟蓬勃發展，他們的財富和影響力也跟著水漲船高。（陳舲舲提供）

但長得像本地人也有一些缺點，伍潔芳在建設部部長出席的宴會上發現了這點。

伍潔芳，**《紐約時報》**：部長的下屬過來對我說：「部長想邀請你跳支舞。」我說：「噢，當然好。」我們一起跳了舞，然後他開始作出一些舉動，那絕對不是跳舞而已。我不斷表示拒絕。我心想：「天啊，他真的非常強勢。我知道我要怎麼做了。我要告訴他我是《紐約時報》的記者。」這真的讓他嚇壞了。他以為我是那裡的祕書。一方面，我想這是件好事，因為我就像中國人一樣融入其中。但另一方面，人們也會把你當中國人對待，如果你是位年輕女性，有時候你不會受到很好的待遇。

伍潔芳、《華盛頓郵報》的孫曉凡和其他的外國駐華女記者組成了非正式的俱樂部。

孫曉凡，**《華盛頓郵報》**：結果我們發現，有不少的華裔美籍女性在中國擔任記者。我們決定成立一個名為「中國女子漢」（Macho Sino Girls, MSG）的團體，告訴大家我們可不是好惹的。

伍潔芳，**《紐約時報》**：我們不過是每隔一段時間進行聚會，彼此安慰、分享努力打拼的故事，因為成員只有幾位華裔美籍女孩，我們可以和所有人見到面，頻率大概是每個月一次或每兩個月一次吧。當時真的很好玩。

轉變

曾在北京大學讀書的華裔美國人范文俊也加入了瞬息萬變的美國記者團。CNN聘請他擔任攝影師。

范文俊，CNN：在融入社會方面，我認為這非常有幫助。人們不會自動將你和記者聯想在一起。而且我說中文時沒有外國口音，所以一切都很順利。人們都認為我是本地人，這是一項優勢。

另一位新成員是張彥，他一九八四至一九八五年於北京學習中文，並在一九九四年成為《巴爾的摩太陽報》駐華記者，隨後於一九九七年加入《華爾街日報》。

張彥，《華爾街日報》：我的學校和北京大學有一項學術交流計畫，因此一九八四年我到北京待了一年，我意識到自己多麼喜歡這個地方，我決定我想成為駐華記者。一九九四年，我感覺到中國正在產生世代變化。曾經報導過天安門事件的駐華記者正在慢慢離開或早已離開中國，而另一批沒有報導過天安門事件的駐華記者正逐漸抵達中國。

天安門鎮壓事件後的數年內，合眾國際社的分社社長大衛．史威斯柏格繼續以其富有洞察力的報導、願意挑戰中國官員的態度而贏得許多人的敬重。有一次，一位外交官員在回覆西藏相關問題時，給出了標準的官方答案，表示批評中國的西藏政策是「傷害了中國人的感情」。史威斯柏格反駁道：「噢，拜託。我們都清楚，西藏問題並沒有傷害中國人的感情。真正傷害中國人感情的是通貨膨脹和貪腐。」

然而，伴隨著社會氛圍逐漸開放，史威斯柏格變成了同事口中的「北京獨一無二的藍調哥」。他戴著他著名的牛仔帽和太陽眼鏡，嘴裡叼著一根菸，他是中國新興青年文化的熱情擁護者，經常在他的公寓舉辦非正式的藝術展覽，並替當地初出茅廬的搖滾樂團安排演出場地。他也是北京第一個外國搖滾樂團「後門樂團」（諷刺中國無所不在的官方貪腐問題）的成員，平時與中國著名的搖滾歌手崔健和具爭議性的女子搖滾樂團「眼鏡蛇樂隊」一同演出。

一九九三年十一月，儘管醫生警告過史威斯柏格，他的工作壓力和縱情享樂的生活方式正在影響他的健康，史威斯柏格最終仍因心臟病發而去世。他當時只有三十九歲。他是我在北京最要好的朋友，這對我來說是個沉重的打擊。我們幾個人為他辦了場追悼會。數十位中國音樂人、藝術家和異議人士齊聚一堂。我記得我當時心想：「即使是現在，史威斯柏格在中國的人脈都比任何記者還要廣！」

打破鐵飯碗

令許多駐華記者驚訝的是，在一九八九年危機中取代自由派趙紫陽的江澤民，竟然成為鄧小平改革的堅定擁護者。江澤民的助手是朱鎔基，這位前上海市長極具領袖魅力、說話直接了當。

周看，《華爾街日報》：朱鎔基因為行事務實、擅於解決問題而具備崇高的聲譽。在上海，朱鎔基被視為能把事情辦好的人，他了解經濟又善於實踐。當時發生了一起罷工事件，他成功想出辦法來化解衝突。而外國投資者與中國合資夥伴之間出現危機時，他讓雙方坐下來談，並提出了解決辦法。這就是朱鎔基的聲譽。隨著他在中央政府的地位逐漸攀升，我認為在某種程度上，這和人們對真正改革的殷切期盼不謀而合。

張彥，《**華爾街日報**》：我們對朱鎔基進行了很長的訪談。像往常一樣，我們必須事先提交五到六個問題。他直接地說了：「我看過你的問題了。你要我回答其中任何一個問題嗎？不是的話，你要不要開始提問？」我們心想：「天啊，這樣太好了。」然後我們開始提問。他就像英國首相一樣，非常熟悉這樣的問答環節。他可以坐在那裡，和我們談論任何話題。我們的執行長彼得・肯恩（Peter Kann）在二十多年前也是派駐亞洲的記者，他問了個問題：「對美國人而言，最印象深刻的中國形象，就是天安門廣場上站在坦克前方的那個人。」接著朱鎔基說：「對我們而言，最印象深刻的美國形象，就是越南街頭上被燒夷彈炸傷的小女孩。」他說：「在中國，我們並沒有殺掉那個人，但你們卻用燒夷彈炸傷了那個小女孩。是誰更糟糕呢？」我們心想：「真是一針見血。」他並沒有事先準備這個問題。他就是能當場給出這種答案的人。

朱鎔基帶頭進行的關鍵改革之一，是重新改造中國無效率且持續虧損的國營企業，打破「鐵飯碗」的就業和福利規定，改變長久以來中國制度的核心特徵。

張彥，《**華爾街日報**》：朱鎔基是你見過最自大狂妄的混蛋，但他也是最了不起的混蛋。問題在於他很清楚這點，而且他狂妄到令人難以忍受的地步。你可以想像，如果你是國營企業中的一介小職員，正在做一些虧錢或糟糕的事情，那會有什麼樣的下場。朱鎔基會把你嚴厲訓斥一番。他推動改革的過程充滿了傳奇色彩。

韓村樂在耶魯大學取得東亞研究學位，並曾在臺灣學習中文，隨後於一九九五年加入美聯社的北京分社。

韓村樂，美聯社：那是一段令人震驚又痛苦的時期，特別是在中國的城市，你會看到許多國營企業的工廠幾乎解雇了所有勞工。如果你到東北的城鎮，也就是國營經濟和重工業的核心地帶，你會發現當地正深陷於極大的痛苦之中。

周看，《華爾街日報》：例如，當你到中國東北報導煉鋼廠大規模裁員時，一旦他們在人群之中發現你，你就會被惡棍、便衣警察或工廠聘僱的人給鎖定，然後突然把你抓走，並扣留你進行審問。你很清楚他們不會對你做些什麼，因為他們沒有法律上的權力，但你還是浪費了六到八個小時的時間。他們不會對你進行人身威脅，但真正的威脅是你會浪費幾天的時間，卻還是失去了報導的機會。如果你和攝影師同行，底片會被拿走。如果你隨身攜帶著筆記，筆記也會被拿走。你絕對不能帶著筆記型電腦跑新聞，因為他們會看你電腦裡的內容。因此，你必須為這些初級的對抗做好準備，這種對抗與其說是恐怖，不如說是惱人，但惱人的程度會讓你不得不考慮在二十四小時之內趁虛而入，獲取足夠的資訊後便立刻離開。這就是報導抗議活動的方式。

尋找財富

隨著結構性重整提振了長期以來委靡不振的經濟，其中一個重要的報導主題是人們逐漸從農村移往沿海地區，因為當地出現越來越多外國投資的工廠。

陳舲舲，《華爾街日報》：當時約有一億名的農民移工（大部分是年輕人）從鄉村地區湧向中國南方沿海城市，到工廠裡工作。我們想寫一篇報導。許多人來自比較貧窮的內陸省分，例如四川省。當時我們必須取得許可，才能到北京以外的地區進行報導。我們聯繫了當地外交部的人。我告訴他們，我們想追蹤一些前往沿海地區的移工近況。結果他們替我找到一群正要前往沿海地區的十八、十九歲女性。我來到四川的一個小村莊，見到了這群女孩。

她們要坐五天的車。我們即將前往沿海地區的某地。我不知道她們要去哪裡或哪間工廠。我就這樣和她們一起搭上了搖搖晃晃的公車。途中我們經過了桂林和貴州，也是中國較貧困的地區。對這群女孩而言，這趟旅程既令人興奮，又有點嚇人。一開始時非常不舒服，因為她們許多人都暈車了，不停對著窗外嘔吐。當時沒有淋浴設施。大家會在中途停靠時去洗手間，如果幸運的話，還可以刷一刷牙。這樣的情況持續了五天。到了旅程的尾聲，整輛公車都是嘔吐物和汗水的味道。實在是太噁心了。

我們最後抵達廣東，來到美泰兒（Mattel）的芭比娃娃工廠。美泰兒公司有提供宿舍，女孩們都配有識別證。第一天我沒有跟著她們進去工廠，但最後我可以成功溜進去，因為我看起來就像個中國人。我可以看到宿舍的環境，並和她們聊聊後續的工作情形，得知她們的工作是負責把頭髮縫到芭比娃娃的頭皮上，每個月賺幾百塊美元。

但這不僅僅是關於剝削勞工的故事——這是相對簡單的報導角度。她們十五個人住在一間房間，只有幾間牆上破洞的廁所，偶爾會有自來水。她們很少放假，每天都工作十個小時以上。但對這群女孩來說，情況並沒有那麼糟糕。她們認為這是一場真正的冒險。這讓她們有機會脫離百無聊賴的鄉村生活，在鄉下她們無事可做，也沒有任何工作機會。

鮑偉傑，《**華爾街日報**》：陳彤彤的優勢是，她看起來就像許多與她同行的女孩，所以她可以輕易融入人群之中。她寫出了切中要害又強而有力的報導，描繪國內人口遷移的景象，反映了這個新興經濟強國的人性面。我認為這篇報導真正開始形塑世界所認識的中國運作模式。

鬆綁的跡象

陳彤彤能夠踏上這次的旅程，象徵了經濟自由化開始為外國記者帶來更好的工作環境。

韓村樂，**美聯社**：我認為到了一九九〇年代中期，四處旅行已經變得很容易（特別是到其他城市），而且不會特別引人注目。實際上，你可以花上幾天到不同城市進行報導，也不會有警察出面逮捕你。聰明的中國公司很樂意讓外國記者來和他們聊聊，這也是社會普遍的現況。不過，外國記者要到北京以外的地區進行採訪，仍必須得到當地外事辦公室的許可。但人們對於金錢的強烈渴望讓這一切變得相當容易。

張彥，《**華爾街日報**》：如果你能提出一個貌似可信的採訪行程，你就能得到許可。你仍然必須與當地的「外辦」（外事辦公室）聯繫，並將採訪的主題、地點和對象傳真給他們，他們需要一到兩個星期才能給你答覆，但他們往往會替你安排行程。他們會這麼做是受到金錢的驅使，外事辦公室開始替他們的人向我們收取日薪，仔細想想，這其實滿新鮮的。你是在花錢請人看管你，但他們聲稱自己是導遊，你還必須支付車子和司機的費用。他們也會安排你住在當地的旅館，他們可能和那間旅館有些關係，或許藉此收取一些回扣。所以他們態度很積極，一切都取決於他們的企業家精神。

瑞凱德曾派駐菲律賓和非洲，如今他替《華盛頓郵報》定期從香港到北京工作。

瑞凱德，《華盛頓郵報》：那是報導中國的絕佳時期。在那個曾被坦克輾過的地方，我看見了軒尼詩干邑白蘭地的商標。我看見了許多奢侈品的商標。我心想，這真是驚人的轉變。北京呈現爆炸性的成長。北京從一個駐華記者難以生存的地方變成了趣味橫生的所在。這不過是天安門事件後的五、六年而已。他們真心想幫助這些駐華記者，我曾經和外交部發言人沈國放和他的太太共進晚餐，我和《華爾街日報》的陳舲舲經常帶沈國放一起去打保齡球，你真的可以和人們建立關係。

記者們開始報導一種新的、後天安門時代的青年文化。

瑞凱德，《華盛頓郵報》：許多記者因為天安門事件而留下難以抹滅的陰影。當時他們身在北京，見證了一切。他們有朋友被迫離開中國，甚至下落不明。後來的記者來到這裡，看見中國是個蓬勃發展、車水馬龍的地方，種種變化就在我們的眼前發生。我們一心想報導中國變化多端的一面，而不是深陷天安門事件的陰霾中。我能夠帶來全新的視角。當時北京有很多俱樂部和吃飯的地方，以及聚會的場所。我報導了北京的第一間大型美式迪斯可廣場，叫做「萊特曼娛樂空間」，我還報導了第一個為中國人打造的網路相親服務，另一篇報導則是介紹北京城外的第一間女性情趣用品店，我甚至可以寫關於離婚率上升的報導。社會中發生的一切事情都令人感到不可思議。

欣欣向榮的上海

鮑偉傑，《**華爾街日報**》：上海是個有趣的地方，不像北京那樣受到重重的管制。這裡散發著一股巨大的能量。三千萬人在此爭名逐利。我曾說過，中國並非自由市場經濟，而是人人均能參與其中的經濟體。在那段期間，大家都試著在上海闖出一片天。

我在一九七三年時第一次造訪上海。當時一切單調又破舊。每個人身上似乎都穿著灰藍色的毛澤東外套。到了傍晚，所有商店都休息了，街上一個人影也沒有。多年來，我經常回到上海，到了一九九〇年代中期，隨著我在CNN擔任駐華記者的日子即將結束，我才真正看見上海的變化。人們（特別是年輕人）開始穿起時髦的衣服。大型看板上充斥著西方商品的廣告，百貨公司裡擺滿彩色電視、冰箱和冷氣機。街上熙來攘往，閃爍的霓虹燈照亮城市的夜晚。上海就像個繁榮的新興城市，一切彷彿回到一九四九年前燈火輝煌的景象。

鮑偉傑沉浸在上海蓬勃的氣氛之中，並與朋友開了間酒吧。

鮑偉傑，《**華爾街日報**》：《華爾街日報》對於記者的行為舉止有很嚴格的規定，所以我聯繫了律師，問他：「如果我投資一間我和朋友合開的餐廳或酒吧，這樣可以嗎？」他們說：「只要你不寫上海餐廳和酒吧相關的報導就可以。」我認為這完全沒問題。於是在一九九七年，我和朋友合開了一間名為 Park 97 的餐廳兼酒吧。當時我們只想開一間小酒吧或夜店，讓我們有些有趣的事情可做。店面有數千平方英尺，對我們來說太大了。我們必須把一部分的空間租給 Shang Art 畫廊，也就是後來上海最大的當代藝術畫廊。這裡有一間餐廳，因為我們認為大家需要一個飯店以外的好去處，酒吧裡有些沙發座椅，座位上方的牆面掛著一幅風格強烈的圖畫，上頭是一位肥胖的裸女。

鮑偉傑和他的妻子，《洛杉磯時報》的駐港記者麥姬・法莉（Maggie Farley），也一起在上海十分具指標性的和平飯店舉辦過年度晚會。在共產革命之前，和平飯店一直是外籍人士的生活重心。

鮑偉傑，《華爾街日報》：當時我的妻子在香港，我在上海。所以我們每年十月會舉辦所謂「外地人晚會」（the commuter's ball），是專門替外派人士舉辦的宴會。我們會邀請數百人前來參與，地點通常是在古老的殖民風格建築，現場還有爵士樂隊演出。那是很棒的宴會。

班安祖，路透社：那是上海的狂歡時期。和平飯店的外地人晚會不只是中國的晚會，而是區域性的晚會，人們從世界各地前來參與。當時的上海是個令人神往的地方，每個人都想一窺其風采。在上海，任何事情都有可能發生，也讓中國經歷自我重塑的過程。

瑞凱德，《華盛頓郵報》：我將那段日子稱為「報導中國的黃金時期」，確實是這樣。

病榻前的鄧小平

然而，隨著中國持續走向開放，一片烏雲卻籠罩著整個國家。鄧小平已經九十多歲，身體明顯衰弱許多，中華人民共和國政權的移轉始終動蕩不安。毛主席逝世後，他的遺孀江青試圖奪權，隨後卻遭到整肅和審判。天安門危機期間，鄧小平指定的接班人趙紫陽被免職，在軟禁中度過餘生。對外國媒體而言，觀察鄧小平逝世後會為中國帶來什麼影響，成了所有記者競相追逐的話題。

瑞凱德，《**華盛頓郵報**》：觀察鄧小平逝世前的中國局勢是相當驚人的事情。他的身影籠罩著全中國。接下來可能會發生動亂。軍隊內部可能發生鬥爭。因此，當時我們的做法是，在鄧小平嚥下最後一口氣前，我們一分鐘都不能將注意力移開中國，以免錯過任何報導的時機。然而中國畢竟是中國，我們從未得到任何真正的消息。一旦有任何官方活動，鄧小平卻沒有出席，我們就會自動聯想：「我的天啊，他可能已經死了，或是快要死了。」

韓村樂，**美聯社**：我們不可能讓辦公室無人駐守。當時還沒有方便攜帶的通訊設備。所以我們密切盯著鄧小平的消息。

孫曉凡，《**華盛頓郵報**》：這一直是記者關注的焦點。鄧小平過世後，會發生什麼事情？會發生動亂嗎？我記得每當我聽到謠言或風聲說鄧小平死了（這種情況常常發生），我就會收到編輯的電郵或電報：「可靠消息指出，鄧小平過世了。」我記得有次我在雲南接到電報。當時我人在飯店。飯店的枕頭是用大麥粒做的。我說：「我現在根本沒辦法收發電報，你想要我怎麼做？」

當時大家都屏氣凝神地關注鄧小平的健康狀況。你總會擔心：「如果鄧小平死了，我該怎麼辦？」

張彥，《華爾街日報》：任何情況都有可能發生。可能會開戰，可能會這樣，可能會那樣。有人說，江澤民待在北京只是為了接替鄧小平的位置。只要江澤民一離開，就會有其他人出面接手一切，或把江澤民趕走。

一九九七年二月十九日傍晚，鄧小平去世。說著一口流利中文的麥白柯返回中國擔任CNN北京分社的製作人，她從小和雙親住在北京，父母都是中國研究學者。

麥白柯，CNN：我接到一位中國朋友的電話，他說：「看來他可能真的死了。」我說：「這是謠言還是真的？」他說：「是真的。」因為有人告訴某位非常資深的央視主管必須做好準備。除非這個消息是真的，否則他們不會收到指示。我趕緊回到分社，開始整理筆記，同時密切盯著電話和新華社的新聞。我們需要更多資訊來證實這則消息，過去有許多記者誤信了關於鄧小平死訊的不實謠言。當時位於亞特蘭大總部的CNN國際部採訪調派編輯梅燕來自中國，她在家庭和事業上都有中國高層的人脈。她試著透過一位中國菁英官員的親戚證實了這一點。我們決定報導這則消息。不久後，新華社也開始發布消息。這件事的意義在於，這多少象徵了一個時代的終結，這也帶來高度的不確定性，雖然鄧小平打造了改革計畫，但他過世後，江澤民和朱鎔基將採取哪種方向，仍充滿了不確定性。

然而，政權移交給江澤民的過程卻意外地平淡無奇。

吉米，《時代》雜誌：預期中的政治危機、上街抗議或蔓延至中國街頭的派系之爭都沒有發生。

麥白柯，CNN：對一般人來說，這完全是平淡無奇的過程，與毛澤東過世時山崩地裂的情況完全不同，當時沒有人知道明天會是什麼樣子，因為他是一切的核心。但鄧小平過世後，人們心裡五味雜陳。當你問街上的人有什麼想法時，他們會說：「嗯，我得去工作了，我得繼續生活下去。」之類的。

韓村樂，美聯社：這是個好跡象，代表中國已經邁向更正常的社會。對多數人來說，可能會感到一陣悲傷，但大部分的人都想繼續過他們的生活。

在報導鄧小平逝世後的各界反應時，記者們還發現，對多數中國人來說，鄧小平改革中國的功勞已遠遠超過了他對天安門事件的責任。

瑞凱德，《華盛頓郵報》：我去了趟深圳，開始和任何我能找到的人聊聊鄧小平對深圳的意義。我從火車站坐上計程車時，第一眼就看到了巨大的鄧小平肖像在城市上空微笑著。甚至連無所不在的計程車司機都開始跟我說鄧小平是個多好的人。我發現人們對鄧小平的確有好感，但很少人提到天安門事件。他們都說這個地方正在蓬勃發展。最終他的過世平淡得出奇。我們都以為這會是驚天動地的大事，但實際上中國人已經做好了準備，比當時的外國媒體更容易接受這件事。

新面孔

鄧小平逝世後，美國記者團出現一些重大變化，例如潘文的回歸。身為美聯社的駐華記者，潘文在天安門鎮壓事件後被驅逐出境，之後多年來替《華盛頓郵報》報導波士尼亞戰爭。但為了取得簽證，潘文必須寫一些能讓北京詮釋為「道歉」的聲明。

潘文，《華盛頓郵報》：我寫了一篇自我批評的文章，並以一種「就算有天這篇文章刊載在《人民日報》，我也不會感到丟臉」的方式寫。畢竟我知道自己必須展現出個人的「成熟」或理解，而我做到了。這件事相對容易，因為我在波士尼亞待了四年，我明白何謂真正的混亂，我不希望任何國家陷入混亂，中國也是。這是我的肺腑之言。

中國政府批准了他的記者簽證。在離開中國數年並報導巴爾幹戰事後，潘文對於他在中國的發現感到驚奇。

潘文，《華盛頓郵報》：我很感謝當時中國人想做的是修路，而不是像戰區一樣在路上埋放地雷。這有助於我在報導中國時，讓我更深入了解這個地方。我回到中國時，南方的能量已經轉移到北方，整個國家都朝氣蓬勃，全中國欣欣向榮。

劉美遠在一九八〇年成立了《新聞周刊》分社，當她再度回到中國擔任駐華記者時也有類似的感受。

劉美遠，《新聞周刊》：這就像是個全新的世界。有些事情看似很熟悉，但如果你深入挖掘，你會發現事情完全不是你所想的那樣。中國正在走出自己的過往——封建的歷史、天安門事件、毛澤東，這些都逐漸消失。中國已經開始擁抱未來，迎接新的事物，像是網際網路、市場經濟等。

伊莉莎白．羅森塔爾曾受訓成為醫生，並在美國報導健康議題，後來她來到中國為《紐約時報》工作。

伊莉莎白．羅森塔爾，**《紐約時報》**：我不是什麼中國專家。當時《紐約時報》希望替分社招募兩位職員。當時我和前夫正在尋找外派機會，我們正在找分社開的空缺。我們想去某個地方，希望在那裡寫出扣人心弦的政治報導，所以北京就成了我們的目標。對我來說幸運的是，當時教育、健康和家庭等社會議題正好在中國大爆發，所以這似乎是不錯的選擇。

就像劉美遠一樣，羅森塔爾對她的所見所聞印象深刻。

伊莉莎白．羅森塔爾，**《紐約時報》**：我們認識的中國人正要開始買車、買房。他們正要體驗他們的第一次度假，準備踏上公路之旅。我認識一個孩子，他是北京大學的學生，當NBA季後賽開打時，我問他：「我可以跟你和你朋友一起看球賽嗎？」我記得我和六個穿著籃球衣的孩子擠在小小的宿舍房間裡，為NBA的季後賽而瘋狂，這表示他們發自內心接納我這位外國記者。如果在房間裡聊起政治議題，那可是觸犯了大忌，但聊籃球倒是沒問題。儘管如此，當時中國確實在經歷真正的轉型。從社會的角度來看，那是一段特別的時期，可以看到社會正逐漸開放。

長期以來受到嚴格控管的中國媒體開始出現變化，反映出社會的開放。

吉米，**《時代》雜誌**：他們開始變得更活躍，在某種程度上更自由地寫作（敏感議題除外），他們超越這些議題，以更有趣而真實的方式進行報導。

伊莉莎白．羅森塔爾，《紐約時報》：你開始看到媒體在社會議題上的開放。我們讀過高耀潔醫生的報導，她是河南的高齡婦科醫生，她與性工作者合作，教他們認識何謂性病。我認為這是很有趣的專題報導。

儘管有所鬆綁，中國新聞界仍然面臨極大的限制。駐華記者發現這群沮喪的中國記者往往是重要的消息來源。

麥白柯，CNN：我有朋友在一九九〇年代的中國媒體界工作。當時，你的中國朋友總會知道一些永遠無法出現在中國媒體上的消息，但他們仍希望將這些資訊傳播出去。

香港主權移交

一九九七年七月一日，英國將香港主權移交給中國。對中國領導人來說，重獲主權是至關重要的時刻，也讓北京洗刷了國家的恥辱。北京當局承諾，在「一國兩制」的框架下，香港可以保有其自由的生活方式。對於美國和國際記者團而言，一個西化的資本主義殖民地如何融入共產黨領導的國家會是一則重要的報導。

瑞凱德，《華盛頓郵報》：我在香港參與了主權移交的過程。見證香港回歸是《華盛頓郵報》決定在香港成立分社的主因。那將是個戲劇性的時刻。

我終於離開北京，到香港帶領新成立的CNN分社。我們認為主權移交是件大事，因此CNN從美國和歐洲派來了主播、記者和攝影團隊以進行報導。但在戲劇性的主權移交儀式後，人們的生活基本上照常運行，有關香港的報導很快就被其他新聞給掩蓋了。

事實上，人們在一九九七年普遍擔心中國是否會信守承諾以維護香港自由，但要到二十多年後，這種擔憂才獲得證實。二〇二〇年，經過數個月時而暴力的民主派反政府示威後，北京才實施了嚴厲的國家安全法，導致幾乎所有反對聲浪都遭到逮捕，也扼殺了香港曾經活躍的媒體。

然而，一九九七年七月一日，中國共產黨主席江澤民和國務院總理李鵬（因其在一九八九年天安門事件的角色而被西方斥為「北京屠夫」）站在英國王儲查爾斯王子（Prince Charles）和布萊爾（Tony Blair）總理身旁的畫面，成為中國領導人走出天安門事件陰影的象徵。一九九七年十月，江澤民到美國進行國是訪問；一九九八年六月，柯林頓訪問北京，皆展現雙方走出了昔日的陰影。柯林頓不再將逐年審議的最惠國待遇和中國的人權紀錄綁在一起，而兩次的高峰會也是為了穩定美中關係。但天安門事件的遺緒仍持續影響著兩國關係，促使兩位領導人在北京進行眾所矚目的電視談話。

柯林頓：「我們對那件事所代表的意義仍存有分歧。我相信，美國人民也相信，使用武力和人民傷亡的慘劇是不對的。」

江澤民：「有關一九八九年的政治動亂，如果當時中國政府沒有採取堅決的措施，我們就無法享有今日穩定的局勢。」

天安門事件十週年

隨著時序來到一九九九年，天安門鎮壓事件即將迎來十週年，這將為十年的時間畫下混亂的句點。CNN分社社長麥白柯與華裔美籍攝影師范文俊合作，開始製作天安門事件十週年的紀錄片。

麥白柯，CNN：我們針對一個小時的特別節目進行討論，分配時間，並想好我們想要呈現的內容。我知道，如果等到接近六月，我們就沒有希望了。那時我們沒有辦法採訪到任何人。我們必須事先安排好，並提前開始進行採訪。

他們決定試著採訪丁子霖，她是一九八九年六月四日遇害學生的母親。

麥白柯，CNN：丁子霖已成為天安門母親運動的領導人，試圖替逝去的親人討回公道。當然，她的房子無時無刻都被監視著。因此我和文俊決定，農曆春節是拜訪長者的好時機。文俊有許多智取當局的經驗，充滿了創意。他將攝影機拆開，放到運動包包裡，穿上很樸素的衣服。當時是冬天，所以我把自己裹得緊緊的，我們就這樣不請自來地出現在丁子霖的家中。我們把車子停在很遠的地方，假裝是去拜訪奶奶的人，進入公寓，然後試著採訪她。因為這個策略很成功，因此我們心想，我們或許可以試著用同樣的手法採訪其他人。

他們決定聯繫一位更具爭議性的人物，也就是鮑彤。他在一九八九年時擔任趙紫陽的祕書，後來被監禁了八年，如今被軟禁在家中。

麥白柯，CNN：文俊把攝影機拆了。我穿著一件有兜帽的中式外套。我們帶著一袋中藥材和水果籃，把車停在很遠的地方然後走過去，直接到他的公寓門口敲門。他打開了門。「嗨，我們來自CNN。」他說：「太好了，在這裡等我一下，我馬上來。」文俊將相機重新組裝起來，從背心的口袋裡抽出一卷錄影帶，接著我們開始進行採訪。過程中鮑彤大肆批評這一代的領導人，他稱他們為鄧小平錯誤的繼任者，並將責任直接歸咎於鄧小平。那是次很精彩的採訪。

范文俊，CNN：我們很清楚，離開公寓時一定會被警衛攔截，所以我們將採訪的錄影帶交給鮑彤，後續再安排到其他地方取回。但我們心想，警衛多少知道怎麼達成他們的任務，他們會要求看那卷錄影帶，如果他們發現我們帶著攝影機和空白的錄影帶，那就顯得太愚蠢了。

麥白柯，CNN：接著我們錄了一段談話，過程中我請他接受採訪，但他持續委婉而堅定地拒絕了我。他說：「我真的很抱歉。但我現在真的不便接受採訪。我真的不認為這是個好時機。」

范文俊，CNN：我們帶著攝影機裡的那卷錄影帶步出公寓，果不其然，警衛把我們攔了下來。我們被帶到一間房間裡。他們問了我們很多問題。

麥白柯，CNN：他們主要是問：「為什麼你們未經許可就進行採訪？」我說：「他拒絕接受採訪，那卷錄影帶就在攝影機裡。」他們要求看那段影片，所以我們放給他們看。影片裡的鮑彤說：「我不想接受採訪。」這是我們的說法。我們被迫坐在那好幾個小時，等他們從外事警察那裡派人來簽署我們的拘留文件。他們請我喝茶。在這種情況下，我往往會裝傻說：「噢，我不知道我違反了規則。」態度需要非常友好，不試著爭論或和人起衝突，這樣情況就不至於變得太糟。我記得我在離開時與他們握手說：「我們有我們的職責，你們也有你們的職責。有時就會發生這種狀況，但這不是針對個人。」我們聊了幾句、握手，跟他們說：「再見，祝你們有美好的農曆新年。」然後就離開了。當然，採訪在六月四日播出了。幾個月後，我見到鮑彤的兒子，他告訴我，我們那天晚上見到的警察有幾位因此遭到解雇。外交部非常生氣，他們開始嚷嚷說我的簽證快要到期了，他們可能不會替我辦續簽。還說我們對警察說謊。這讓他們震驚不已。

世界貿易組織以及美國轟炸中國駐南斯拉夫大使館事件

同時，已成為國務院總理的朱鎔基仍試著與美國進行談判，希望讓中國加入世界貿易組織，為加速經濟改革踏出關鍵的一步。一九九九年四月初，朱鎔基飛往華府。

李侃如，美國國家安全會議：這趟訪問的主要目的是達成最終協議，敲定剩下的幾項條款。這將是美中關係重要的一步，也是中國加入世界貿易組織重要的一步。

鮑偉傑，《華爾街日報》：我和周看與朱鎔基一同前往美國。他們沒有讓我們和朱鎔基坐同一班飛機，但我們可以和中國代表團同行。他們還把我們安排在他們的車隊裡，有點像美國總統隨行記者那樣，這十分有趣，因為此舉展現了在北京前所未見的巧妙安排。朱鎔基去了華府，見到柯林頓總統，但無論如何，白宮還沒準備好就世界貿易組織一事達成協議。朱鎔基感到十分惱火，我想這是因為他這一路走來，就是為了簽署協議，讓中國能成為世界貿易組織的一分子。

李侃如，美國國家安全會議：柯林頓不想簽署一項國會不支持的協議，這方面還有一些努力的空間。朱鎔基感到很難堪。在中國，朱鎔基受到強烈的批評，因為他洩漏了中國的底牌。同樣地，白宮也受到強烈的批評，「為什麼不簽署協議？這是多棒的協議啊！」在談判桌上試圖促成協議的雙方人馬都輸得一塌糊塗。

那年春天，為干涉南斯拉夫在科索沃對阿爾巴尼亞人進行種族清洗，以美國為首的北約對南斯拉夫展開轟炸，也加劇了朱鎔基失敗的美國行所帶來的緊張關係。中國反對美方的軍事行動。朱鎔基回國後不久，在雙方對中國加入世界貿易組織一事仍存在分歧的情況下，美中關係又跌入谷底。

李侃如，美國國家安全會議：電話響起。白宮戰情室傳來消息：「李先生，我們正在看CNN的報導，美國飛機剛剛轟炸了中國駐南斯拉夫大使館。」中國一直對我們在南斯拉夫的軍事行動抱持強烈的批評態度。中國立刻認為轟炸他們的駐南斯拉夫大使館是美國的刻意之舉，目的是為了削弱他們的實力，也是為了懲罰和羞辱他們，才會在沒有事先警告的情況下轟炸他們的領土（大使館被視為一國領土的延伸），最後更導致使館人員傷亡。

華府當局將這次的轟炸事件解釋為誤炸，但北京方面卻立刻大發雷霆。

伊莉莎白．羅森塔爾，《紐約時報》：突然間，美國成了頭號公敵。為了報導，你必須走進美國大使館外的人群，其中有很多衝動暴躁的人。他們會把東西丟來丟去。你絕不會想走到外面說：「嘿，我是位美國記者。」但你還是得採訪他們。當時情勢緊張，有點嚇人。

麥白柯，CNN：人們開始丟磚頭和瓶子。我在現場做直播報導。我在描述抗議者試圖點燃國旗、丟擲瓶子，並喊著難聽的話。我附近的人也開始喊叫。我說：「是的，他們也在對我喊叫，因為他們認為我是美國人。」主播問：「他們在喊些什麼？」我說：「嗯，我不能在直播中說出來。」他又問：「那他們還做了些什麼？」我回答：「這個嘛，這位先生在對我說一些很粗俗的話。哎呀，他打我。我得走了。」這時，那個打我的人和附近其他人開始大吼：「打她！殺她！」幸運的是，有些人把我拉走了。我趕快跑開。有些看到新聞的人認識我的父母，便立刻打電話給他們，我父母聽到都嚇壞了。我沒事，但這次的現場直播、後續的報導，再加上我被暴徒攻擊，種種事實都讓中國外交部非常不高興。通常他們的說法是：「你的報導對美中關係不具建設性。」我的回應則是更委婉地表示：「嗯，如果你們什麼也沒做，我們就不必報導這則新聞了。」

「邪教」組織

在大使館抗議的前幾天，一萬名法輪功學員突然現身中國政府高層的所在地，即中南海外圍，要求得到政府的正式承認，此舉在在加劇了北京的緊張氣氛。法輪功由小號手出身的李洪志於一九九二年創立，結合中國悠久的氣功傳統、呼吸控制和冥想運動。但李洪志增加了一系列的道德教義，還有一些極度非傳統的理論，像是他們相信外星人正在占領全世界。無論法輪功具備什麼特色，這個團體都變得越來越受歡迎。

吉米，《時代》雜誌：我還記得我走到他們面前。我用中文介紹自己是《時代》雜誌的記者，問他們：「你們可以告訴我發生了什麼事嗎？你們為什麼在這裡？」結果他們沒有人願意回答。連半個也沒有。

麥白柯，CNN：我們到了中南海周圍地區。那是非常奇怪的情景。到處都是一些中年、看起來很普通的人，他們顯然不是時髦的北京人，而是來自其他地方，只是坐在那裡冥想。多數人都不願意接受訪問。無論他們是誰、目的為何，在政府高層的所在地附近進行抗議顯然是踩到當局的地雷。

讀了包德甫的許多報導後，身為大學生的石克雷開始對中國產生興趣，於一九八〇年代到北京經商。在香港的《華爾街日報》工作四年後，他在一九九七年調到《華爾街日報》的上海分社。石克雷甚至在抗議事件前就開始研究法輪功。

石克雷，《華爾街日報》：我剛開始是在破曉時的公園裡看見這一套瘋狂的運動。某天清晨，我特地將所有不同的養生之道記錄下來。有些人會不停地用身體撞樹，有些人會倒著走路，甚至有一群人會放聲大喊著一個神奇的數字。與相關人士聊過之後，我發現這明顯是個邪教，而不是某種運動方式而已。因此，我打算寫一篇邪教在中國興起的報導。

石克雷設法採訪法輪功的精神領袖李洪志。李洪志於一九九六年就離開了中國，現在住在紐澤西。

石克雷，《華爾街日報》：我以為我們的關係還算融洽。我對他說：「當你開始說你會飛的時候，我就搞不懂了。你為什麼要這麼說？你正在傳授一套非常可信且珍貴的道德體系。你為什麼要開始說那些飛行的事？」他有點被激怒地說：「我會飛。很多人都會飛，美國也有很多人會飛。」接下來的訪問簡直慘不忍睹。然後就發生了四月的抗議事件，挑戰了政府。我的筆記本裡剛好有一份李洪志的訪問，當時我猛烈追問這位領袖。當天早上，《華爾街日報》頭版就刊出了這位法輪功領袖的報導，其他人甚至連他的名字都搞不清楚，大家都拼命想了解這個團體的來頭。

儘管如此，法輪功變得如此受歡迎，象徵了變化莫測的時代裡人們對道德價值觀的追求。但對中國領導人而言，在國安機構的眼皮底下策劃未經授權的萬人示威活動，是非常可怕的事情。

潘文，《華盛頓郵報》：他們包圍中南海時，我人就在那裡。我一直認為，這是個很難讓西方讀者理解的報導，因為法輪功的領袖李洪志鼓勵他的學員讓自己置身險境。他在他的網站上寫道：「如果你不反抗，你就稱不上是法輪功的學員。」在鎮壓初期，他們在中南海前面抗議。江澤民對整件事情非常不滿，決定要鎮壓法輪功。

中國政府對所謂「法輪功邪教」的鎮壓成為重點報導，讓許多駐華記者感到不安。

潘文，《華盛頓郵報》：李洪志的確做了可惡的事情，共產黨的反應當然也很可惡，但因為雙方都遊走在灰色地帶，對西方讀者來說很難理解。那些非黑即白的報導在西方會得到更多關注，但我認為報導本身是真實的：有關法輪功和他們的生活方式，只要你和他們聊天超過二十分鐘，你就會意識到某些人的信仰體系就是如此瘋狂。這種荒謬古怪的特質必須被寫出來，但一旦你這麼做，受害者就變得不那麼令人同情了。

麥白柯，CNN：我認為，中國共產黨與法輪功的對抗，在國際媒體的敘事角度中，就是無辜的宗教運動人士與惡棍的對抗。不幸的是，報導時感覺就像怪人與惡棍的對決。我的意思是，你會覺得渾身不對勁。但就算你想相信一些奇怪的邪教領袖，只要你不到處去殺人，你就不應該被丟進廂型車裡毆打或折磨一頓。

天安門事件十五週年

但經濟改革仍持續推行，朱鎔基最終與美國達成協議，中國成功加入世界貿易組織。

班安祖，路透社：這改變了所有遊戲規則。突然間，中國境內出現真正的競爭對手。這就是朱鎔基一直以來的計畫，引進外國投資者、創造競爭，強化國內的優秀企業。

潘文，《華盛頓郵報》：這項協議讓中國翻天覆地。如果你觀察二〇〇一年後的貿易數據，你會看見爆炸性的成長，他們也從中獲益，這很了不起。對中國而言，這是個驚人的轉捩點，大幅加速了經濟成長。

一九九九年秋天，為紀念中華人民共和國成立五十週年，江澤民在天安門廣場主持了多年來規模最大的閱兵儀式。經歷了動盪的十年後，這是中國領導人大肆宣揚自身成就的好時機。即使一向憤世嫉俗的記者也不得不承認，局勢的確產生很大的變化。

石克雷，《華爾街日報》：坦白說，我認為人們低估了共產黨的靈活度和彈性。當你回顧一九九〇年代末期，你會發現大幅的進步。沒有人想到情況會發展到這種地步。

鮑偉傑，《華爾街日報》：中國發生了很多正面的巨大變化，這些變化往往在單一時間點的靜態分析中遭到忽略。但如果你觀察中國的動態發展，回頭看看中國的起點（這對任何報導而言都很重要，尤其是中國），你會看見中國其實不斷在向前邁進。

但對美國記者團來說，這些眼花撩亂的改變只代表他們面臨的脅迫、監視和壓力已有所轉變，而不是結束。隨著這一年（和這十年）畫下句點，北京駐華外國記者協會為年度聖誕派對製作一段搞笑影片，以緩解在中國工作的辛勞。影片中，美聯社的包羅曼（Norman Bottorff）飾演的記者被城內無所不在的蟑螂給逼瘋了。為了消滅這些害蟲，他冒險進入所謂「外交使館區」的骯髒地下室，所有外國記者都必須住在那裡。他在那裡發現了一群中國警方，由CNN的范文俊帶領，他身穿全套的警察制服，監視著一位身穿浴袍的西方女記者。接著包羅曼遇到了一群邪教成員，他們不是法輪功學員，而是一群膜拜著《時代》雜誌吉米的信徒。十幾位記者坐在地上，雙手緊握並齊聲高喊：「看見吉米。成為吉米。」這幅景象把包羅曼逼到絕境。他忽然間抓狂，開始用棍棒毆打吉米和他的信徒，同時大喊：「這個邪教必須死！」這齣荒誕的劇碼在駐華外國記者協會的聖誕聚會上博得許多笑聲，但他們對一切的瘋狂情節彼此心照不宣，因為這段影片精準地捕捉美國與其他外國記者，對這份不可思議又令人惱火的工作所抱有的感受。

第十三章　邁入新千禧年

一九六七年，正值文化大革命高峰，倪青青於北京出生。十二歲時，她隨母親移居美國。

倪青青，**《洛杉磯時報》**：尼克森訪中後，我得知我祖母還有一個女兒，她在一九四〇年代被送到美國。她們已經二十五年沒見面了。尼克森訪問後，她回中國探望母親。她是我們與美國的聯繫，也是我們能夠來美國的原因。

二〇〇〇年，身為美國公民的倪青青成為《洛杉磯時報》上海分社的駐華記者，是第一個在中華人民共和國出生並在美國新聞機構擔任駐華記者的人。

倪青青，**《洛杉磯時報》**：我的獨特之處在於，我在中國出生，但長大成了美國人，然後回來擔任美國駐華記者。這不僅實現了我的職涯夢想，也是個人的探索之旅。我離開時，中國正開始產生劇烈的變化，但我回來時，我已經認不出原來的中國了。我想要了解那個新的中國。我想將所見所聞分享給美國讀者。

很多人都對我感到疑惑，因為我長得像華人，但會說英文，中文也說得很道地。他們不知道如何看待我這個人。他們不知道《洛杉磯時報》是什麼。他們常常會問我：「你用英文還是中文寫作？」他們完全搞不清楚。最糟糕的是，有時候他們會以為我是間諜。

我抵達時，中國正在經歷巨大的變化，困難之處在於該報導中國的哪個面向。中國有許多不同的樣貌。我們多數人花很多時間思考哪種報導才能真正捕捉到中國的特色。我想中國人也因為他們的身分、過去和未來感到掙扎。足以解釋這種劇烈變化的報導能幫助他們找到解答，但要找到切入的角度並不容易。這有點像瞎子摸象。無論你報導哪些議題，你很清楚背後的原因錯綜複雜，你根本不知道這是否代表了中國的全貌。

倪青青開始尋找她記憶中的中國，藉此展開她的外派任務。她從小就看毛主席夫人江青在文革期間的京劇，例如《智取威虎山》。這齣京劇的主角童祥苓可說是國寶級的演員。倪青青開始尋找他的蹤影。

倪青青，《洛杉磯時報》：他就像文革時期的阿諾．史瓦辛格（Arnold Schwarzenegger），是毛澤東夫人最愛的京劇演員。我還記得小時候唱過他的歌，但二十年後的他在哪裡？答案是在上海賣麵！他開了自己的麵攤。生意好嗎？不。但他在努力過日子，試著活出不一樣的人生。

還有尼克森看過的芭蕾舞劇《紅色娘子軍》。因為我的母親在北京的「中央芭蕾舞團」工作，我從小就在後台看著《紅色娘子軍》的彩排。我想知道這群人後來怎麼了。我到了海南，也就是真正「紅色娘子軍」的所在地，發現當地有一個以她們為靈感的主題公園。你知道他們做了什麼嗎？他們把那批娘子軍帶回來了，也就是芭蕾舞劇中描繪的那群女性。她們現在已經九十多歲了，她們就像馬戲團裡的小猴子一樣！她們被安排到街上遊行，打扮成頭戴著紅色星星的士兵，人們都來一睹她們的真面目。這個故事只有我知道，因為我是看《紅色娘子軍》長大的。我可以到當地採訪這群芭蕾舞者們試圖模仿的女性。對我來說，這更為有趣，因為這一切是如此詭異又違和。

國家的巨大勝利

從毛澤東思想的英雄到上海的民營企業家，從革命女英雄到觀光景點，倪青青的兒時偶像象徵著中國所經歷的巨大變化。二〇〇一年夏天，北京獲得二〇〇八年的奧運主辦權，讓全世界看見了中國的轉變。當時距離天安門事件僅有十年的時間。奧委會的決定讓中國掀起了盛大的慶祝活動。

自一九九七年起，畢韓娜一直在香港替《時代》雜誌工作，後來她在二〇〇〇年搬到北京。

二〇〇〇年代初期，《洛杉磯時報》的倪青青在生活貧困的貴州省進行報導。倪青青身為歸化的美國公民，是第一位在中華人民共和國出生並擔任美國新聞機構駐華記者的人，她的報導特別關注中國經濟奇蹟下的「陰暗面」。（倪青青提供）

畢韓娜，《時代》雜誌：那是國家勝利的重要時刻。我碰巧在天安門廣場的毛澤東畫像附近，人群不斷向前移動，此時民眾的情緒得到了釋放。街上彷彿出現無政府狀態，我們都忍不住將此時與另一個無政府狀態的時刻相比，但這是個令人難以置信的歡慶時刻。有人過來跟我說：「中國第一，中國第一。」我想：「好吧，我能理解。」你可以看到愛國主義和民族主義情緒的流露，當然這也成為其中一種的敘事框架。

畢韓娜是美國傳奇戰地記者凱斯．比奇（Keyes Beech）的女兒，比奇曾報導過二戰、韓戰和越戰。畢韓娜的母親是日本人，也是一位記者。

畢韓娜，《時代》雜誌：我在香港出生，從小在國外長大。我有一半美國血統，一半日本血統。我在英國念書，我是那種典型的外派人員子女。我的父親是記者，母親也是記者，所以我打從心裡不想當記者。但我認為某種程度上，我從小在國外長大，看到我父母的工作方式，你要不是追隨他們的腳步，就是搬到愛荷華州定居，而我選擇了前者。

就和其他發展迅速的美國記者團一樣，對畢韓娜而言，深入了解中國的轉變成為報導的核心主題。

林慕蓮在英國里茲大學取得中國研究學位，曾在北京的國營出版社擔任編輯與譯者。一九九〇年代中期，她在香港展開新聞職涯，為當地的報社和電視台工作。後來她成為BBC的駐華記者，派駐北京長達三年，隨後加入NPR，並獲派上海擔任駐華記者。

林慕蓮，NPR：爆炸性成長的中國經濟是每個人都感興趣的主題。這也是成立NPR上海分社的原因。他們想要更多經濟面和北京以外的報導，以了解中國的變化。我試著報導那些真正重要且遭到忽略的事情，深入觀察市中心以外那些不為人知的轉變。

傅才德曾在美國海軍服役七年，後來到清華大學參與中文密集課程，隨後加入彭博新聞社在北京規模尚小的分社。

傅才德，彭博新聞社：當時最重要的報導是改革開放、加入世界貿易組織以及快速擴張的經濟。我報導的領域五花八門，今天可能是汽車產業，明天則是銀行業。當然，我對中國的報導大部分以正面居多。那時我在一間商業新聞機構任職，報導的重心自然也是商業領域。

周看當時已離開《華爾街日報》，轉職到《紐約時報》。

周看，《紐約時報》：中國在世界的地位越顯重要，經濟成長率高得嚇人，人們已經見識到中國的潛力；到了二〇〇二年，所有人都對中國崛起感到興奮不已。當時我仍抱持懷疑的態度，先前的一些潛在問題仍然存在；中國顯然經歷過繁榮與成長的時期，但背後的人權議題仍然是個大問題：政治穩定的問題沒有獲得解決，我到各地採訪時，我發現法律制度也是漏洞百出，環境問題更是非同小可。你開始觀察到大規模動亂和抗議時不時在街頭上演，最終成為報導的重要部分。

特殊的中國報導方式

密蘇里州長大的何偉曾在普林斯頓大學修讀創意寫作，一九九〇年代時在四川省的和平工作團擔任兩年教師。現在他回到中國，努力想成為一位獨立記者。

何偉，《紐約客》：當初我想成為小說家和短篇小說作家，但後來放棄了這個念頭，開始環遊世界。我在二十五歲時來到中國。那時是一九九四年，我來到北京，發現北京的某種東西攫住了我。那裡有一股能量，有各式各樣的事情正在發生，所以我決定回來加入和平工作團。我認為這是學習語言和了解一個國家的好方法。直到我結束了和平工作團的工作，並寫了第一本書《消失中的江城》*後，我才開始覺得自己是位記者，從此我決定踏入新聞界。我在《華爾街日報》的北京分社找到一份兼職助理的工作。我每隔半年就會去香港，然後跨越邊境去深圳，取得商務簽證，基本上是個非法的獨立記者。

何偉發現，他之前的一些學生加入了數百萬人的行列，離開鄉下到深圳新興沿海城市的工廠工作。

何偉，《紐約客》：舟車勞頓、離鄉背井是這一代人的基本特徵。我非常幸運，因為我在和平工作團擔任志工時的學生和結識的朋友都屬於這一代，他們都離開了鄉下。他們多數人來自農村家庭，他們的父母曾經非常貧窮，如今他們已變成都市人了。我以前有位學生，她住在深圳，她在工廠上班，所以我開始持續關注她的故事，並認識她的朋友。對我來說，深圳很有趣的是，過去記者著重在經濟面的報導，個人的生活和興趣並不受到重視。深圳讓「人們」各自發展成「個人」，這是一則中國的個人主義故事。

在某次訪問深圳期間，何偉發現一家餐廳最有名的餐點竟然是老鼠。

何偉，《紐約客》：我心想，太棒了，我想嚐嚐看。我開始和那間餐廳的人聊天。那個人給我看了老鼠，就像拿魚給客人看一樣，問我這隻可以嗎？我說：「好極了。」接著他抓著老鼠的尾巴，把牠的頭用力朝水泥地一揮，就這樣，十分鐘後牠就出現在我的盤子上了。我寫了這則報導，然後寄給我在普林斯頓大學的老師約翰·麥克菲（John McPhee）。他說：「這太棒了。」他把文章寄給大衛·雷姆尼克（David Remnick），雷姆尼克把它買了下來，問我說：「你還有更多類似的文章嗎？」

雷姆尼克是《紐約客》的總編輯。不久後，何偉成為《紐約客》在中國的第一位全職駐華記者。

何偉，《紐約客》：他們讓記者在海外駐地是非常不尋常的事情。他們願意派駐記者在中國，特別是一位年輕人，代表他們確實理解中國的重要性。最終我擁有很大的發揮空間。這過程並非一帆風順，因為我得與中國打交道，另一方面，我還得試著理解《紐約客》的做事方式，而《紐約客》的運作模式可能就像共產黨一樣複雜。

* 《消失中的江城》（*River Town: Two Years on the Yangtze*）描述何偉在長江沿岸小鎮的生活，他在那擔任和平工作團的教師，本書出版後大獲好評。

然而，替《紐約客》撰稿意味著何偉不必報導即時新聞。相反地，他的長篇報導記錄了人們更深層的改變過程。

何偉，《紐約客》：我決定用不同的方式來報導中國。這個想法可能來自我的社會學家父親。我認為報導中國的方式，基本上就是在一段期間內持續關注人們和社群，因為中國正在改變，我想描繪這種變化，同時觀察人們如何回應這種變化。

「要做複雜的報導並不容易」

同時，隨著經濟持續成長，西方記者的處境正漸漸獲得改善。貝瑞．彼德森是CBS的資深特派記者，自一九七八年起就在CBS服務，一九九〇年代中期從日本重新派往中國。

貝瑞．彼德森，CBS：在我們能夠到各地採訪之前，我們沒有注意到的是，中國各地都在產生變化，並持續進步。你可以到人口高達一千萬的城市，但沒有人知道這些城市的名字。一千萬的人口幾乎要比美國任何城市都還多。他們有五星級飯店，他們有賓士汽車經銷商，你真的可以看到，那些讓全國各地繁榮興盛的政策正在發揮作用。

如同美國其他電視台的記者，彼德森面臨的挑戰在於報導這個變化過程，而不是單一的戲劇性事件。

貝瑞．彼德森，CBS：電視新聞上，要做複雜的報導並不容易。美國人對外國新聞不感興趣。除非是美國人參與的戰事，否則人們並不關心。這會帶有一些偏見。中共領導高層的變動和聖路易斯的大規模水災，要選哪個？你會選擇聖路易斯的水災吧。

麥白柯，CNN：這一直是個挑戰，因為中國往往是走專題報導。即時新聞也很重要，但都是關於個人的報導，像是有關中產階級、特定產業或當地商業巨頭崛起的報導。你必須找出能反映時代精神的人物。我們盡可能到各地採訪，試著講述這些個人的故事，他們或許創造了改變，或從改變中得到好處，有時成了變化下的受害者。我們試著將中國的現況透過個人經歷展現出來，並將之與更大的趨勢產生連結。但對電視台來說，這很難讓觀眾買單。

這對平面媒體記者來說也不容易。

韓村樂，美聯社：你無法用六百字、一千字、甚至兩千字的篇幅重現此地的複雜性。你希望自己至少呈現出其中一部分，隨著時間推移，你就能累積足夠的報導，讓人們真正理解中國的現況。

許多平面媒體記者發現，中國經濟急遽成長的相關報導提供了一種有效解釋中國的方式。張大衛還在波士頓大學讀書時，曾擔任包德甫的實習生。一九八〇年，包德甫成立《紐約時報》分社，並擔任《紐約時報》的波士頓特派記者。

張大衛，《紐約時報》：當時我對中國已有了一定的興趣，也讀過包德甫的書。不久後，我就成為德甫的實習生，所以我有機會翻閱他的許多文件。他的文件都放在辦公室，所以我開始不斷地閱讀。我的興趣是看看那些文件，了解包德甫所做的事情。我有段時間非常崇拜包德甫，我讀過他所有的作品，仔細研究過他寫的一字一句。

如今身為《紐約時報》的駐華記者，張大衛追隨了包德甫的腳步。張大衛被派往上海報導經濟議題。

張大衛，《紐約時報》：我在中國的第一則報導是考察中國紡織城的運作模式。我想了解他們如何做生意、如何採購原料，以及如何讓每座城市專門生產特定的產品。他們有專門生產內褲、內衣和西裝的城市。我想我的報導是從襪子城展開，他們每年可生產八十億雙襪子，實在非常驚人。

如今，班安祖已離開路透社並加入《華爾街日報》。

班安祖，《華爾街日報》：中國各地都在成立產業園區，希望吸引外資。他們認為，如果能得到一些正面的宣傳，如果市長能接受採訪，如果本地企業能上新聞，外資或許就會進駐，所以我們非常受歡迎。我們是投資潮的先鋒部隊。

人際網絡

麥白柯，CNN：結交中國朋友很容易。當時有一種趨勢，人們紛紛離開公務員的工作，轉而投入商業領域。我認識的很多人都在藝術領域工作或創業，對這些職業來說，擁有一位外國朋友不會讓你被公司懲罰，他們喜歡和外國人做朋友。那時，已經有許多人不再害怕與外國人來往，而且從個人角度而言，他們其實也從中獲益。當時有很多外國人與中國人交往，我和一位中國男子交往了好幾年，中西情侶檔多到甚至能組成一個社群，其中許多人都結婚生子。這絕對和早期的情況非常不同。

《華盛頓郵報》的潘文帶他的老闆參訪中國時遇到了他未來的妻子，她是受過西方教育的中國人。

潘文，《華盛頓郵報》：我遇到一位很棒的女人，她剛在哈佛大學取得工商管理碩士，當時在麥肯錫管理顧問公司工作，她想開自己的旅行社。她當時安排了為期三天的健行之旅，我喜歡當背包客，也喜歡健行，我們就這樣和我在《華盛頓郵報》的老闆踏上了三天的徒步旅行。我們開始認識彼此，成為男女朋友，然後結婚。我總說，多虧了我老闆，我才能擁有三個孩子和一段婚姻。《華盛頓郵報》是一間全方位的公司，正是這間公司讓我結識了我的老婆，同時也給我一份穩定的工作。

倪青青和一位中國男子墜入愛河，最後結婚，但後來她丈夫才知道警方一直在監視著他。

倪青青，《洛杉磯時報》：國家的手總是有辦法伸入私領域並施以恐嚇。我的丈夫是中國人。我們剛認識時，他就被帶去「喝茶」。他們知道他所有的事情，或許比我當時知道的還要多。這過程真的很辛苦。他是中國人，我是美國記者。他們想暗示我，他們有很多方式可以威脅我。基本上，我們所有人都知道，即使中國比過去任何時候都還要自由，身為記者的我們也擁有比以往更多的權利，但我們仍一直被監視著。

黑暗面

特別是在報導中國黑暗面時，「逃避審查」是記者必須不斷面對的挑戰；即使如此，記者還是認為這類報導非常重要。

畢韓娜，《時代》雜誌：我們必須為無聲者發聲。我知道這聽起來很理想主義，這也是我們在中國經常被批評的原因之一。有人會說：「你們總是關注不好的一面。」但我們將自己的角色視為執政當局的制衡者。對我和許多駐華記者而言，這是非常重要的使命。

倪青青，《洛杉磯時報》：我對那些被遺忘的故事、中國奇蹟下的底層階級、黑暗面以及沒人接觸過的族群很感興趣；如果沒人和他們交談，歷史上就不會有他們的身影；如果我們有更多這類的報導，就能描繪出更完整的樣貌。我在西藏參加過政府規劃的旅行，這時候，能掌握語言並融入人群就變得非常受用；有些方法可以讓你離開旅行團，試著捕捉一些真實的生活樣貌，而不是政府安排好的戲碼。我透過白天在路邊的觀察，發現有許多女性在建築工地工作，進而寫出一篇有關西藏女性的報導。我能夠偷偷溜去建築工地和這些工人聊天（大部分是西藏女孩），然後寫出一則報導，描述她們如何在白天和夜晚為國家經濟做出貢獻。這有點像是二十四小時不間斷的工作：白天她們在工地工作，到了晚上她們就化身妓女，為那些在邊境工作的男人服務，為地下經濟做出貢獻。這是我在官方贊助的旅行中還能寫出的報導。

其中一個最黑暗的故事發生在中國中部的河南省，當地發生了近乎不為人知的愛滋病疫情。

《時代》雜誌的畢韓娜和《紐約時報》的伊莉莎白・羅森塔爾偶然發現這件事。羅森塔爾具有醫學背景，也在美國報導過愛滋病和愛滋病毒的議題。

伊莉莎白・羅森塔爾，《紐約時報》：我曾於愛滋病高峰期在紐約接受培訓，所以我很了解這項疾病，我心想：「真是詭異。中國鄉下出現愛滋病？愛滋病毒是怎麼跑到那裡的？」我設法和高耀潔取得聯繫，她是早期與我合作過的婦科醫生*。我的中文不是很好。我以為我誤解了她的意思。聽起來她似乎在說，偏遠的鄉村出現嚴重的愛滋病疫情。我想：「這也太奇怪了。」但我找人聽了錄音帶，她確實是這麼說的。

畢韓娜，《時代》雜誌：人們並不是因為性行為而感染愛滋病，而是因為賣血而遭到感染。這些貧困的農民心想：「我們需要賺點錢。」於是他們去賣血，但針頭不乾淨，這就是愛滋病在河南蔓延的原因。

伊莉莎白・羅森塔爾，《紐約時報》：透過一層又一層的人際網絡，我立刻安排了一趟行程，準備造訪那個村莊。我們在晚上抵達，因為我們不能白天去，否則會被趕出去。有人騎著自行車，背後拖著蓋著帆布的推車，我和翻譯員就躲在帆布底下。我們必須找到願意接受外國記者採訪的人，在他家中進行採訪。我還記得一九八六年在紐約市醫院裡看到的所有景象：一樣的感染、一樣的咳嗽、一樣的口腔潰瘍，我很清楚他們得了愛滋病。

* 關於中國出現性病報導的合作。

一開始我像往常一樣，假定他們不想用本名接受採訪。結果他們說：「不，我們得了這個可怕的疾病，所以我們想用本名，我們想讓大家知道這個村子。」他們得不到任何幫助，只能在那裡等死。他們說：「不，我們想出現在地圖上。我們想上《紐約時報》頭條，因為我們已經用盡了所有辦法，卻得不到任何幫助。」因此我展開了報導工作。

畢韓娜，《時代》雜誌：我和高醫師碰面。她給了我所有的聯絡人。我們是晚上去的。和我同行的攝影師是華裔美國人，而我長得又像華人，尤其是在晚上。如果我是金髮，採訪會變得更困難。我們偷溜進去，開始在村子裡閒晃，並挨家挨戶地敲門。我們看到一些剛挖好的墳墓。我開始採訪這些民眾，他們明白我想要幫助他們，或至少替他們發聲，但同時他們也感到非常害怕，因為他們不想跟愛滋病扯上關係而遭到污名化。

中國當局並不高興。

伊莉莎白．羅森塔爾，《紐約時報》：我們起初被外交部約談，他們說：「你們沒有取得採訪許可。」但我認為這開啟了一個過程。中國總是如此，官方機構裡有人明白現狀，試著做正確的事情，並不是衛生部的每個人都否認愛滋病的存在，政府機構裡有些人正在默默鼓勵並幫助我。

這真的是一次非同尋常的經歷，對我這位記者來說，也是件令人欣慰的事，因為西方媒體的露出確實帶來不少幫助，許多西方的基金會展開了在中國鄉村的愛滋病防治工作，中國政府也承認國內的確出現愛滋病問題，村子裡的人也開始得到藥物治療。對我來說，不可思議的是，數年後我與孩子們回到那個鄉村旅遊，那些我以為早已逝去的人們仍然活著，並持續接受治療，現在過得還不錯。在新聞界，有時候你會覺得自己確實帶來了改變。

嚴重急性呼吸道症候群疫情

在持續的鎮壓和驚人的經濟成長下，中國共產黨於二〇〇二年底召開第十六次全國代表大會。一位蒼白、忠誠的資深共產黨員——五十九歲的胡錦濤，取代江澤民成為中國領導人。然而，這次的大會是重要的分水嶺，這是中華人民共和國成立以來第一次和平的政權轉移，沒有整肅異己、社會動亂或戲劇場面。大會還允許民營企業家成為黨員。此舉突顯中國持續變動的經濟環境，目的也是為了籠絡國內新興的企業菁英。

> **貝瑞・彼德森，CBS**：這顯示了正常、和平的政權轉移，而且此過程確實始於鄧小平，由國家培養這群人，讓他們擔任這些職位。這反映了對穩定的渴望，他們不希望出現動盪。這是中國共產黨內部的一股暗流，他們總是害怕中國會走向崩潰。

就像周看為《紐約時報》所寫的全國代表大會報導：

「共產黨正在改寫黨的結構，並宣告共產黨也代表了『先進的力量』（即資本家），就像代表工人和農民一樣。有錢人開始加入共產黨。江澤民卸除了社會主義最後的偽裝。」[1]

然而，胡錦濤剛上任就面臨一個可怕的新挑戰。二〇〇三年初，記者們聽到一些傳言，內容是關於一種奇怪的新型呼吸道疾病。這種疾病後來被稱為「嚴重急性呼吸道症候群」（Severe

Acute Respiratory Syndrome，以下簡稱SARS）。疫情迅速在中國和其他國家蔓延；隨著不安情緒高漲、死亡人數增加，中國當局卻悶不吭聲。

伊莉莎白・羅森塔爾，《紐約時報》：我有醫學背景，所以這是我負責的報導。那是一段奇怪又嚇人的時期，因為中國人不擅長提供資訊，所以沒人知道這個疾病有多危險、出現了多少病例；中國社會有種祕而不宣的文化，而且這種作法往往被國家採納。事後證明，中國在初期掩蓋SARS的資訊，進而讓疫情擴散到許多國家。每個人都很害怕，我也不例外，會有這種情緒是合理的：如果初期的資訊就公開透明，就能更有效控制疫情。

貝瑞・彼德森，CBS：SARS為中國帶來不少影響。他們努力說服大家這不是什麼大問題，不告訴人們發生了什麼事。尤其在中國，他們很努力隱瞞疫情資訊，政府總是表示疫情已獲得控制。

畢韓娜，《時代》雜誌：中國各地、香港和新加坡都出現SARS的病例。神奇的是，據說上海沒有出現任何的病例。我開始和我的助理造訪許多上海的醫院。其中一間醫院有世界衛生組織的團隊，成員包含外國醫師，他們正在查看一些**X**光片和病例，據稱這些人沒有感染SARS。我就這樣莫名其妙成了團隊的一員。我們經過團隊時，警衛說：「你是世界衛生組織團隊的人？」我回答：「是啊，沒錯。」我緊跟著他們，而不知為何，世界衛生組織團隊讓我加入了他們。

我們查看了**X**光片和病例，確認上海確實出現SARS的病例；我拍了些**X**光片和病例照片，最後寫了一篇相關的報導。後來我被上海的外事辦公室叫去上課，原因是他們看了我的履歷，發現我沒有上過新聞學院，所以他們請來當地一所大學的新聞系系主任，為我上新聞倫理學的課。他們替我安排了三小時的課程。我默默地坐在那裡聽著，面露微笑，學習中國的新聞學。

不滿的上海當局更安排畢韓娜與一位國家安全部的官員會面，那裡還有個驚喜等著她。

畢韓娜，《時代》雜誌：國家安全部是個更可怕的機構。我接到一個人的電話，他說：「我想和你見個面。我是國家安全部的人。我們必須談談你所做的事情。」這讓我有點擔心。有趣的是，他沒有要求我去他的辦公室，而是說：「我們在新天地的星巴克碰面吧。」新天地是上海非常豪華的地方。我說：「好吧。」

我們入座後，他對我所做的事情進行形式上的告誡。然後他靠過來問我說：「我們能不能私下聊聊？」我說：「當然。」他說：「我有個女兒。我應該讓她去上學嗎？那裡安全嗎？我應該帶著她和我太太撤離到香港或海外嗎？SARS到底是怎麼回事？你能告訴我嗎？」這位國家安全部官員必須靠一位他受命批評的外國記者來了解發生了什麼事。這對我來說是個發人深省的時刻。

伊莉莎白．羅森塔爾，《紐約時報》：我們去了廣州的一家醫院，裡面病人很多，我們看到很多家庭；你可以直接走進SARS患者的病房，你可以找到那些已經出院的病人，還有那些過世病人的家屬。我們來到讓人們感染這種病毒的動物市場，我記得在吹哨者出現以前，我們早就這麼做了。

吹哨者是一位名叫蔣彥永的老軍醫。在他透過中國媒體和《時代》雜誌發聲後，中國政府才不得不承認目前所發生的一切。

畢韓娜，《時代》雜誌：這是令人難以置信的強大力量。你在報導時會遇到一些事情，特別是一些勇敢的老中國人，他們剛經歷了一切。他們心想：「你知道嗎？去他的政府。去他的政權。我要做我想做的事。」就像河南的愛滋病醫生、北京的退休軍醫，他們正在帶來改變。

貝瑞．彼德森，CBS：後來，中國政府承認疫情是個大問題，他們並沒有真正控制住。中國政府那時有機會建立與人民之間的信任關係，但他們沒有這麼做；中國政府那時有機會向世界展示他們能讓資訊透明公開，但他們害怕這麼做。

然而，像中國這種威權制度，擁有其他社會沒有的疫情控制工具。潘公凱在美國出生，父母是來自臺灣的移民。他在一九九〇年代於北京學習中文，現在替《華盛頓郵報》工作。

潘公凱，《華盛頓郵報》：我花了一週開車橫越中國北部，以了解當時的情況。所有村莊都設置了路障。他們的對策是透過大規模動員共產黨龐大的資源，確保人們不會受到感染；他們設置了數之不盡的路障，試圖阻止人員的流動。

趙岩案

二〇〇四年九月初，周看引用了兩個中國的消息來源，在《紐約時報》發表一篇報導，內容關於前國家主席江澤民被迫辭去最後一個職務，也就是中央軍事委員會主席。十天後，《紐約時報》的中國籍助理趙岩遭到逮捕。

周看，《**紐約時報**》：我從好幾個消息來源得知，江澤民被迫放棄最後一個職務，所以我報導了這則消息。起初這則消息被駁斥為謠言，但不久後，趙岩就遭到逮捕。他跟這則報導一點關係也沒有，但他們顯然在逼問他那篇報導是如何落入《紐約時報》手裡。他們最終逮捕了趙岩，並指控他犯下洩漏國家機密罪。

潘公凱，《**華盛頓郵報**》：他們顯然想知道消息來源是誰，並設法向《紐約時報》施壓。趙岩是個容易下手的目標；我不認為趙岩知道消息來源是誰，但因為國安機構知道他的身分，所以拘捕他相當容易。這可能發生在我們任何人身上，他們也可能拘捕我們的助理，向助理施壓，逼他揭露消息來源。當時對《紐約時報》來說是段艱難的日子。

周看，《**紐約時報**》：我感覺糟透了。你無法從中國的司法當局得到任何消息；我們不清楚中國當局是否會提出指控，或指控的罪名為何。這是段漫長的過程，我們盡可能動用資源來了解情況，並試圖讓他獲釋；起初趙岩遭到拘留，數個月後，有些跡象顯示他即將被起訴，因此我們聘請律師替他辯護。我感到一股強烈的責任感，要用盡一切所能將他救出來。

最終花了三年的時間，趙岩終於獲釋。

他的案子突顯美國和他國記者面臨的核心問題——他們中國籍助理的地位問題。

班安祖，《**華爾街日報**》：最後會形成兩層的分工制度：中國籍的新聞助理不能被稱為記者，也無法參與特定活動、記者會，他們不會受到與中國消息提供者同樣的待遇；然後是一小群持有外國護照的記者。

實際上，中國籍助理是理解中國社會不可或缺的窗口，在許多新聞機構裡，這些助理的角色形同記者，只是沒有頭銜。助理們在構思報導、尋找受訪者、翻譯和研究上扮演關鍵的角色，他們幾乎參與了報導的每個環節。然而，由於中國公民禁止在國際媒體上掛名，他們的名字從未出現在他們協助產出的報導。正如趙岩的困境所顯示，新聞助理往往比他們的雇主承受更大的風險。

維權律師

周看，《紐約時報》：主要是因為趙岩的關係，我開始花很多時間，接觸願意接下棘手案件的律師社群。最後，我做了一系列法治的報導，並對「共產黨仍掌控司法制度」表達失望；我試圖呈現司法實際的運作過程，以及現狀如何為律師帶來壓力。觀察司法制度的演變過程很有趣，因為外國人對中國正在打造的法律制度抱有很高的期待，許多中國律師也是如此。當時出現真正的憲政運動，許多人正在接受法律訓練。當法律條文和黨的意志不完全一致時，有些律師希望測試法律條文的效力；無論地方或中央，你會看見許多實驗正在進行。那是一段令人振奮的時期。

二〇〇五年左右，強迫墮胎、迫遷（地產開發商強迫農民離開他們的土地）等議題使得社會局勢日益緊張，常常帶來暴力衝突，於是出現了新一代的「維權律師」，他們的目標是運用中國本身的法律來維護人權。

付畢德曾在歐洲、莫斯科和中東地區工作長達十五年，二〇〇六年成為《基督科學箴言報》的駐華記者。

付畢德，**《基督科學箴言報》**：讓我感到驚訝的是，要找出事情的真相是多麼困難：這不僅是因為是當局試圖阻止外國記者找出任何可能讓當局丟臉的事情，也因為人們自己不見得會告訴你真相；但律師是非常好的消息來源，而且他們本身就是很好的報導素材，他們展現了「如何透過法院制度，來擴大公民社會參與」。他們遭遇極大的困難，但他們說出了以前沒人說過的事情；他們用不同的方式來與法院交手；他們採取各種戲劇性的行動來吸引注意力。這一切不只是法庭上索然無味的答辯而已，他們確實是以全新的方式在運用法律。

在這群維權人士當中，有一位年輕、自學的盲人律師，名叫陳光誠。一開始，陳光誠替老百姓辯護，讓他們免受地方官員的欺侮。二〇〇五年，因為其家鄉山東省的地方政府粗暴地推行一胎化政策，陳光誠提起開創性的集體訴訟。

潘公凱，**《華盛頓郵報》**：這位盲人維權律師在北京找到我，他想談談一胎化政策的弊端。他非常有魅力：因為他是盲人，所以戴著太陽眼鏡，這讓他看起來很時髦；他善於辭令，顯然在村外受過良好的教育；他給我看了他的法律書籍，那些點字書可以回溯至一九七〇年代，他自學成才，成了村子裡的風雲人物，因為他向政府提出挑戰，最終成功替殘障人士爭取到免稅優待。我想我是第一位與他接觸的西方記者，那是很棒的經驗。每當民眾與政府發生了什麼問題，他們就向他求助；我花了兩、三天跟著他到中國各地，我們所到之處，人們都將他視為搖滾巨星一般，將他團團包圍。報導刊出後，其他媒體也跟著報導這則故事，最後成了重大的國際新聞。

畢韓娜，《時代》雜誌：我們後來變得很熟。他給了我幾位婦女的聯絡方式，她們最近都被強迫進行人工流產。我們最後一次在北京碰面時，我對他揮了揮手說：「幾天後見。」當時我準備去他的家鄉山東和那些婦女見面；幾個小時後，他就被拘留了，從此受到長期的監禁和軟禁，我是他被抓走前見到的最後一位外國記者。

我和攝影師稍微討論了一下，便決定：「我們還是要去。」我們在深夜開車前往當地。在一片田野中，我們見到了三位被強迫人工流產的婦女，她們描述了極為私人且痛苦的細節。其中一位婦女被迫進行「人工流產」，但她距離預產期只剩幾天；他們把她綁在床上，對她的肚子注射毒藥，幾個小時後，她產下一名死嬰，接著，他們把死嬰扔進她身旁的水桶裡；她已經為寶寶取了名字，她的丈夫在哭，而她仍然被綁在床上。

我在田野中採訪這些經歷嚴重創傷的婦女；我知道陳光誠剛遭到拘留，但我不知道這次的採訪會帶來什麼後果。攝影師（臺裔美國人鍾建銘）的工作很困難：我們是在凌晨一點的田野之中，這樣要怎麼拍照？他腦筋一轉，打開了汽車的大燈，把光打在這些婦女身上，她們彷彿是被車頭燈照到的鹿一樣不知所措——那是一張強而有力的照片。

兩個主題的競爭

維權律師和其他異議人士的命運，突顯了許多記者試圖理解中國時會面臨的矛盾。

史丹．格蘭特長期擔任澳洲電視台的新聞主播，於二〇〇〇年加入CNN的香港團隊，二〇〇五年成為CNN的駐華記者。

史丹．格蘭特，CNN：中國實施經濟開放，為人民創造更多個人自由，卻同時在北京進行政治管控，突顯了其中的矛盾；這反映在人權、法治議題，以及黨對公民自由、人權組織、社運人士的打壓。共產國家的高壓手段與經濟開放、個人自由提升的矛盾簡直不可思議。

一九九〇年代，歐逸文在北京學習中文，在長期派駐中東地區後，他來到中國替《芝加哥論壇報》工作。

歐逸文，《芝加哥論壇報》：兩個主要的主題正在競相吸引人們的注意：一個是中國過去二十五至三十年的經典故事，講述著人權與中國政治倫理之間的掙扎，兩者將如何結合，以及中國如何融入世界；另一個新興主題是突然迸發的繁榮景象，探討這個現象對人們的意義，以兼具宏觀和微觀的基礎，描述人們的生活如何受到改變。

這些報導彼此並不協調：你可以在週一報導異議人士，週二報導世界最大機場的剪綵儀式；要在腦海裡將這兩件事串在一起已經夠困難了，更何況將它們寫成報導。對我來說，那種「必須讓兩種敘事並存」的目標成為我報導的重要部分——隨著我待在中國的時間越長，我越覺得不應該在同一個框架內，只講述一個層面報導，而忽略了其他層面；我覺得這是對讀者的傷害。因此，我開始找機會將兩種敘事擺在一起，襯托出兩者強烈的對照關係。

潘文，《華盛頓郵報》：最有趣是經濟發展與社會變化——人們離開家鄉，長期在外打拼，與父母的關係疏遠。經濟發展在中國創造了驚人的社會變化，這種變化也因中國融入全球社會而不斷加速。對我而言，這是最吸引人的報導。

歐逸文，《芝加哥論壇報》：中國正在發生的是一種內部變化，人們對於個人的概念，以及他們與國家之間的關係都在改變。這種變化就像自然景觀變化一樣迅速而劇烈。這對我們的挑戰在於：我們如何捕捉這一點？我們如何進入人們的生活，切入他們的故事？

中國正逐漸開放，變化之大令人難以想像，然而，對於美國記者團來說，許多領域仍然不得其門而入，令人沮喪。

第十四章　震顫

二〇〇〇年代中期，北京的天際線正在發生變化：隨著二〇〇八年奧運的到來，政府正在投入大量資源，把握大好機會將首都推向國際舞台。中國在二〇〇〇年爭取奧運主辦權時，官方的口號是「開放的中國盼奧運」，但最後卻以失敗收場。二〇〇六年底，距離奧運不到兩年的時間內，政府宣布大幅放寬對外國記者的規定。

付畢德，《**基督科學箴言報**》：這些規則的改變是為了滿足國際奧委會對新聞自由的要求。中國政府首次允許外國駐華記者無需申請就能離開北京。嚴格來說，你可以採訪任何願意與你交談的人。

周看，《**紐約時報**》：中國媒體當局確實履行了奧運主辦國的承諾，讓外國記者團能自由報導這件國家大事——在奧運會的準備階段，他們放寬了到北京與上海地區以外進行報導的規定，取消事先申請的要求，並限制官員對於記者的干涉程度。

班安祖，《**華爾街日報**》：在奧運會前的這段期間，社會有種真正開放的感覺，充滿各種可能性，一切似乎都朝著正確的方向發展。從報導的角度來看，有人告訴我們奧運將是一個轉捩點，從此我們可以在全中國自由旅行。中國正在走向開放，也對身為外國記者的我們敞開大門。

貝瑞．彼德森，CBS：我們可以去任何地方，我們可以搭飛機、租車、安排旅館等諸如此類的事情。這讓我們有很大的空間做我們想做的兩類報導：將中國描繪為新興的經濟體，並說明這對美國的意義，同時帶人們直視中國的核心——這是我們以往無法做到的事。

然而，在北京以外的地方，無論有什麼新的規則出現，駐華記者往往發現一切還是老樣子。

付畢德，《基督科學箴言報》：問題在於，地方政府不想讓北京當局知道「他們的地盤上，發生了什麼丟臉的事情」；地方政府並不擔心在柏林、波士頓或廷巴克圖的人們會讀到什麼報導，他們擔心的是北京當局會藉此發現一些事。

林慕蓮，NPR：我們都想測試一下這些規章，因此我們將這些規章印成紙本，直奔鄉下地區；我們發現儘管有這些明文的規章，當地官員實際上仍然百般不願意讓我們進行採訪，或與當地民眾交談。

周看，《紐約時報》：你常常會遇到一些地方官員，他們會禁止你做任何嚴肅的報導，或直接沒收你的筆記，甚至恐嚇你，即使法律上他們完全站不住腳。

太湖藍藻污染事件

二〇〇七年初，周看和前工廠銷售員吳立紅取得聯繫，當時吳立紅已成為環保人士。多年來，吳立紅發起一人運動，點名數百家化工廠、紡織廠和其他工廠，不斷地排放工業廢棄物到中國第三大淡水湖，污染了曾經清澈明淨的太湖。

周看，《**紐約時報**》：吳立紅持續呼籲人們關注流入太湖的污染物，因為這些污水導致大量藍藻積聚，造成嚴重的污染問題。他多次挺身對抗當地官員；他遭到恐嚇、警告，也有人試圖給他好處，像是請他擔任當地公司的「顧問」一職等，這些擺明是在收買他，但他拒絕了，並持續呼籲各界關注太湖的污染情形，甚至勇於和像我這樣的記者建立公開的溝通管道。

那年春天，太湖被藍藻污染而變成了綠色，數百萬人被迫尋找替代的生活用水，吳立紅遭到逮捕。

周看，《**紐約時報**》：他入獄後，我花了更多時間待在太湖，試著報導他推動環保的故事。我去的時候就知道，我的採訪時間非常有限；為了寫他的長篇報導，我分別前往太湖三次，每次時間都很短，只去見我事先安排好的人；我知道我去見他們時，會立刻引起當地官員的注意，在我被趕出去，或受訪者被告知不要和我說話之前，我只有很短的時間。我從來沒有感受到高層環保官員試圖壓下這則報導，更不用說北京的黨內高層；你最大的對手是當地省級的利益團體：他們不想造成任何形式的騷亂，不想有人開始調查「為何這麼大的湖泊會受到如此嚴重的污染」。一旦你接觸到政府高層，你會感受到他們其實會鼓勵你進行各省環保問題的深度報導；因此，我從來沒有因為報導當地的環保問題而受罰。

「地方當局完全被嚇壞了」

陳嘉韻是香港出生的華裔美國人，曾在耶魯大學唸書，二〇〇七年成為卡達半島電視台英語頻道的駐北京記者。

陳嘉韻，半島電視台：身為華裔美國人，我希望公平地報導中國；我覺得在某種程度上，西方媒體報導中國的方式並不公平。我替半島電視台英語頻道工作，那是一間想徹底改變世界的媒體，我們的任務是去質疑並做別人沒做過的事。但到頭來，當你開始走訪中國各地，你會發現一些事：糟糕的事情不斷發生在中國人民身上，而且發生的原因就出在政府。

她早期的一篇專題報導是關於一位生活在農場的孩子，她的父母都在城市工作。

陳嘉韻，半島電視台：當時我很天真。我心想：「這麼做應該不會害到任何人吧？」我們和這位小女孩共度了一個早上，她幾乎是自己照顧自己，她會自己做早餐、去學校，然後回家。那是個偏遠的鄉村，有雞到處跑來跑去，是個中國的村莊，一個小小的家。我以為這不過是一篇鮮明生動的報導，但地方當局完全嚇壞了，他們發現我們在拍小女孩去上學的畫面。突然間我們被團團包圍，他們甚至封鎖了庭院，拒絕讓我們出去，然後開始問我們許多問題。最終事情順利落幕，我們可以離開了；但回到北京，我接到了一通電話，我猜安徽地方當局有將這件事往上呈報；外交部很生氣地表示：「如果半島電視台要學BBC和CNN那一套，那麼我們就會用同樣的方式來對待半島電視台。」然後他們就狠狠地掛了電話。

《華爾街日報》的張彥在二〇〇一年離開中國，前往柏林，後來寫了一本關於法輪功的書。他想要回到中國，卻發現中國拒絕核發簽證給他。

張彥，《華爾街日報》：我出版了一本書，其中一部分關於法輪功，一部分關於公民社會的抗議活動。二〇〇七年一月，我們再次提出申請，讓我回到中國替《華爾街日報》工作；六月時，他們打電話給分社社長和外國總編，斬釘截鐵地表示：「這個人再也不能回到中國了，他過去違反了各種規則和條例。」他們堅持我再也不能回到中國。

半島電視台英語頻道的陳嘉韻採訪一位獨自生活在鄉下的孩子，她的父母在城市裡工作。地方當局起了疑心並提出投訴，讓一位憤怒的外交官對著初來乍到的陳嘉韻提出警告：「如果半島電視台要學英國廣播公司和美國有線電視新聞網那一套，那麼我們就會用同樣的方式來對待半島電視台。」（陳嘉韻提供）

魯柏·梅鐸（Rupert Murdoch）的「新聞集團」剛收購了《華爾街日報》。張彥獲得CNN前國際部總編梅燕的協助，她的父親曾擔任共產黨的高級官員，她現在是新聞集團在中國的「政府關係辦公室」主任。

張彥，《華爾街日報》：要讓這件事順利解決，你必須讓官僚機構的態度軟化。我從潘文那裡得到很好的建議，他說我可能要寫一篇自我批評的文章，但我必須想像這篇文章明天會刊在《人民日報》的頭版；換句話說，不要寫那些公開之後會讓你後悔的事，不要寫你希望自己當初沒有報導法輪功之類的事。所以我寫了一封措辭謹慎的信，描述我如何開始關注中國事務、我希望未來能達到的成就，以及讓我成長與成熟的歷程。

最終，你必須獲得一位高層人士（也就是資深的「中國之友」或具一定影響力的人）的協助，替你和部長說情，幫你掃除最後一道障礙，這也是其他被禁止入境中國的人所依循的模式。《華爾街日報》剛被新聞集團收購，這個集團由一位資深的「中國之友」——魯柏·梅鐸所領導，但沒有人打算向他尋求幫助，因為大家都擔心自己的飯碗不保，所以問題在於如何取得梅鐸的同意。

梅燕的父親曾在過去的共產體制下擔任「中央廣播事業局」局長，所以她很了解這種情況，她說：「我們必須讓你回到這裡，我們不能讓你被拒絕入境。」當時我在柏林，她告訴我梅鐸明天要到北京。她說：「我們必須讓他參與這件事。給我一段說明，描述你的狀況。」

梅鐸當時要去見國務院的新聞辦公室主任，梅燕和梅鐸一起過去，把那份說明放在梅鐸面前；梅鐸顯然根本不認識我，他說：「噢，這個情況有點複雜，但既然梅燕你這麼說了，我們為何不試試看呢？」梅鐸和對方見了面，雙方談得很順利，他說：「我想請你幫個小忙。這傢伙寫了一些文章，誰知道是對是錯，但這是十年前的事了。忘了這件事吧。看在我的份上，再給他一次機會。」然後主任說：「我看看我能幫上什麼忙。」

不久後，中國政府答應核發報導奧運會的特殊簽證給張彥，他在二〇〇九年獲得正式簽證。

異議分子

隨著奧運會的到來，以及可能隨之而來的自由化，讓劉曉波在內的異議人士燃起希望。劉曉波是著名的知識分子，他身兼文學評論家與大學教授，曾參與過天安門廣場的抗議活動，隨後遭監禁二十一個月；一九九〇年代中期，他又被關了三年，但獲釋後仍持續發表民主和人權相關的言論。

歐逸文，《**芝加哥論壇報**》：我在二〇〇七年與劉曉波會面。多年來他一直在寫批評國家的文章，我和他碰面，與他聊聊奧運對中國代表的意義。劉曉波態度樂觀，他認為在目前的鎂光燈下，中國正以全新的方式被納入國際體系，這將為領導階層帶來壓力，迫使政府履行自己的憲政承諾，或對國際組織做出承諾。他給我看一封他正在寫的信，這封信將發送給其他異議人士進行簽署。

周看，《**紐約時報**》：我一直覺得他是個安靜又頑固的異議人士；我認為在當時的中國，只要異議人士維持一定的地下化，中國就會默許他們的存在。這是我的印象。

歐逸文，《芝加哥論壇報》：劉曉波也是網際網路的忠實信徒，他稱之為「上帝給中國的禮物」。身為異議人士、社運人士，網路改變了一切。「在網路出現之前，」他說，為了簽署一份請願書，「你必須花好幾個星期搭公車和火車到各個城市，試著募集大家的簽名。當然這些都是祕密進行的，因為你害怕自己會被抓。一旦網路讓你有機會接觸到全國民眾，你可以即時收集簽名、匯聚支持力量，並針對各種想法與文件進行辯論等。」

為了舉辦奧運會，當局展開驚人的建築工程，打造出被譽為「鳥巢」的場館，藝術家艾未未也參與其中的設計，但艾未未很快就開始抨擊這場鋪張華麗的奧運盛會。

此時，歐逸文已取代何偉成為《紐約客》的駐華記者。

歐逸文，《紐約客》：我在奧運會期間開始對艾未未產生興趣。他是剛崛起的國際藝術家。他獲聘為「鳥巢」的建築師之一。這是個再熟悉不過的發展軌跡——他得到了國際關注並投入共產黨的懷抱，因此黨提拔了他，賦予他這份重要且高調的職位。但他並沒有沿著這條軌跡順利加入「官方知識分子」的行列，而是打亂了共產黨的計畫。他了解得愈多，就愈相信奧運會不過是他所說的「假笑」。他不相信中國展現了向世界開放的真誠姿態。他認為這到頭來就是個民族主義計畫，而這種想法讓他與國家產生衝突。

他本來可以成為這段時期的藝術新星；他本來可以將他的作品賣到世界各地，獲得數之不盡的財富；他本來可以與黨保持友好關係；但他選擇反抗，並對中共展開正面攻擊。過程中他不但沒有與公眾疏遠，反而讓全中國的人民開始對他不尋常的鬥爭產生共鳴。在某些方面，艾未未轉向異議人士也反映了網際網路扮演的角色。他對網路的運用可說是得心應手：他比任何人都還要熟悉網路，掌握網路這個工具的速度也比任何人都還快；他每週都會發布數百張照片，早在Instagram這種東西出現之前，他就在利用網路達到同樣的目的；他寫部落格討論政治議題。他讓那些以前不使用網路的人也開始接觸網路。

中國網路——「全國舉報熱線」

對駐華記者而言，網際網路（尤其是微博，即中國版的推特（Twitter））為了解中國社會提供很棒的窗口。

劉美遠，《新聞周刊》：當時的網路並不像現在這樣受到管制。人們會在網路上探尋自由和身分認同。

林慕蓮，NPR：突然間，網際網路（尤其是微博）成為龐大的全國舉報熱線，你可以在上面找到意想不到的故事、相關聯絡人、照片和可作為證據的影片。這對報導來說非常重要。

周看，《紐約時報》：微博成為容易取得素材且相當普遍的管道，讓大眾能夠表達他們的觀點並進行溝通。有數十件濫用權力和貪腐的案子因此曝光。我覺得（我想其他媒體人也這麼認為），言論自由很難走回頭路，因為人們長期不信任自己的國營媒體，如今他們正在創造並吸收傳統管道以外的資訊。對駐華記者而言，這絕對是取之不盡的寶庫。

潘公凱，《華盛頓郵報》：微博是一個真正能讓你監督社會的窗口；這對記者帶來了影響，也影響了中國情勢的發展。這就像是個催化劑，一則報導可以因為網路迅速地蔓延開來。

拆除胡同

隨著政府偉大的奧運計畫無情地推進，一項關鍵的議題是：政府剷除了北京許多歷史悠久的胡同。這些胡同是由一條條狹窄的小巷組成，兩旁是古色古香但往往年久失修的三合院，這些建築的歷史可以回溯到數十年前，通常是由新興的中產階級所繼承。

付畢德，《基督科學箴言報》：在北京生活，你一定會看見被拆毀的建築，或聽見那些家被拆毀的人所發出的怒吼。這群失去家園的人相當活躍，他們願意和外國記者接觸。這些故事非常感人，而且往往是極度不公不義的案例。有許多關於北京發展的負面報導，中國政府當然對此表達嚴正抗議。

史丹．格蘭特，CNN：我們曾報導過人們被迫離開家園的故事，他們試圖堅守家園，但周圍的房屋不斷遭到拆除。有幾次我們採訪的人被強行帶走，並遭到軟禁、毆打。我們也曾經遭到拘留，有幾次甚至吃了幾記耳光。

貝瑞．彼德森，CBS：如果他們需要拆除五個街區來達成某個目的，他們不會舉辦公聽會，不會有訴訟，也不會聽取建議，什麼都沒有；他們只是一意孤行地告訴當地人：「好吧，你們快滾吧。」唯一值得稱頌的是，他們沒有把人扔到街上去；他們會把人趕離這些區域，安置在高樓大廈，這確實提升了人們的生活水準。多數人不滿失去了自己的家園，他們已經在當地生活了數十年，甚至好幾代都住在那裡；當你把這群人安置在高樓大廈，他們就失去了所有的鄰里關係。他們的生活水準得以提升，但他們也失去了自己的一部分。

倪青青，《**洛杉磯時報**》：我小時候認識的北京已不復存在。他們拆除了一些社區，進行重建，或只在面向馬路的牆塗上油漆，這樣路過的車輛就能看見更乾淨的社區。只有天安門廣場一如既往。

不過，對當局而言（對許多中國人也是如此），在中國準備昂首闊步踏上國際舞台時，這種改變確實是必要的。

韓村樂，**美聯社**：政府對奧運會大肆宣傳，民眾也真心認為奧運會將為中國帶來極大的影響，並從此改變國際社會對中國的看法。

歐逸文，《**紐約客**》：對中國來說，奧運會具備更深層的意義。這是中國重返國際社會的方式，這也是一種內部的轉變，人們對於個人的概念，以及他們與國家的關係，正面臨迅速而劇烈的變化，改變程度就和實體景觀一樣。

Anti-CNN.com 網站

一九五九年三月，藏人發起了反抗中國統治的起義行動；即將屆滿四十九週年之際，西藏首都拉薩在二〇〇八年三月爆發動亂，令北京當局相當驚訝。藏族大肆襲擊漢族所開的商店、旅館和公司，有報導指出數十位民眾遭到殺害。中國當局不願讓美國或其他外國記者目睹這場騷亂，新聞報導普遍反映了西方的主流看法——藏人反抗中國的高壓統治，但這和中國的說法截然不同。中共將這起暴力事件歸咎於流亡的西藏精神領袖達賴喇嘛，以及西藏獨立運動的支持者，他們的立場也受到「有偏見」的西方媒體支持。很快地，特別是在網路世界中，西方媒體成了中國政府和民眾的眾矢之的。

周看，《紐約時報》：我認識的一些中國人之中，存在著一股強烈的中國民族主義情緒，他們認為：西藏的騷亂和幾起奧運會的爭議事件，都是被外國媒體所操控，目的是為了破壞中國試圖傳達給全世界的訊息。我並不認為這些報導是由外國媒體所操控，但我可以理解中國人在自己國家的榮耀時刻，為什麼會有這種感覺；我也能夠理解藏人或許想把握這個時機點，趁國際社會密切關注中國時，將他們的訊息傳遞出去。媒體被夾在這兩股力量之間。

CNN成為被鎖定的目標，特別是亞特蘭大總部的主編出於風格的考量，裁剪拉薩暴力事件照片，刊在CNN的網站。托瑪斯．艾斯勒曾是捷克電視台的駐外記者，他也從CNN北京分社接案，擔任製作人和記者。

托瑪斯．艾斯勒，CNN：那是一張廣角照片，左邊是中國的軍用卡車，右邊是藏人朝他們丟石頭的畫面；有人把藏人的畫面剪掉後，把照片放上CNN的網站，引發了一波極大的反CNN情緒。此時出現了反CNN網站Anti-CNN.com。

儘管相片上的說明文字是「藏人在首都拉薩的街道上朝軍車丟石頭」，但Anti-CNN.com網站仍得到數百萬中國人的支持。

托瑪斯．艾斯勒，CNN：當時我們面臨許多威脅。CNN分社每天都會接到數以百計的死亡威脅，因為數量實在太多，分社不得不撤離到附近的飯店；回來的時候，分社門口有警察駐守，真的十分嚇人。

范文俊，CNN：情勢的確變得很可怕：我們甚至無法接電話，我們甚至不能打開傳真機；分社根本無法運作。我們其實無法進行報導工作，因為一旦我們告訴民眾我們來自CNN，他們就會出現敵意，或者說：「嗯，我不認為這是個好時機。」

CNN並非唯一遭到鎖定的新聞機構。

韓村樂，美聯社：當時的情況很危險。我有一段時間不再用我的手機，許多威脅逐漸演變為「我們要開車撞死你」、「我們正在監視你，我們知道你住在哪」，但真正讓我感到擔心的是連帶傷害，特別是針對我家人或同事的。

張大衛，《紐約時報》：我寫了兩、三篇有關西藏的報導。那是我第一次在中國收到仇恨信件，我什麼也沒做，但還是有些人威脅說要殺了我和我妻子。這不僅限於CNN，所有外國媒體都一樣。

林慕蓮，NPR：我和BBC的上海駐華記者昆汀・薩默維爾（Quentin Sommerville）共用一間辦公室。他在電視直播的記者會上問了一個問題：政府將採取什麼措施，來保護奧運聖火在西藏的傳遞；從此以後，他開始收到死亡威脅，有人甚至把我們的辦公室地址公布到網路上；我們所有的助理都遭到騷擾，被指控為叛徒。當時確實存在這種恐懼的氣氛，現在回想起來，當時是中國邁向民族主義的開端。

西藏騷亂遭到鎮壓後，政府帶著一小群記者來到拉薩，想告訴他們一切正常。

韓村樂，美聯社：他們試圖讓一切按照他們的劇本走，結果卻適得其反。他們帶我們到大昭寺（藏傳佛教的聖地）時，二、三十位年輕僧侶走了出來；他們開始描述他們如何被迫參與這場騙局，而且自從暴亂發生以來，寺廟就被關閉了，裡面的信徒都是政府帶來的共產黨員；他們也談到自己的不滿，以及他們多希望達賴喇嘛能夠回來。因為我和美聯社電視台的同事都在那裡，報導很快就傳了出去。政府真的非常不高興。我們回來後，有人把我的聯絡資訊放上網路，我們開始收到憤怒愛國主義者的死亡威脅，他們替我們的聯絡資訊下了個標題：「捏造西藏資訊的美國記者」。

拉薩騷亂之後出現反華抗議運動，阻礙了奧運聖火傳遞到美國和歐洲，進一步激化中國的公共輿論。北京政府早在幾個月前，就決定將聖火傳到西藏珠穆朗瑪峰靠中國一側的山頂上；中國央視當時正在計畫攻頂的直播，對北京來說，為了對拉薩暴亂作出戲劇性的反擊，製造歡欣鼓舞的畫面在政治上變得更加重要。一小群國外記者獲邀在珠穆朗瑪峰的基地營進行報導，其中包含CNN的製作人托瑪斯．艾斯勒。

托瑪斯．艾斯勒，CNN：這個計畫剛開始時非常友善，他們說我們將前往拉薩，至少要花一個星期才能抵達基地營，因為當地的海拔超過一萬七千英尺，我們必須慢慢適應環境。然後就爆發了西藏騷亂，他們改變了原先的說詞，態度也不再友善；他們說我們只有兩天的時間抵達基地營，原本二十位記者也變成只有十一位。我們抵達時，中國媒體正在拍攝我們的到來；他們一發現我來自CNN，就馬上問我CNN是否應該道歉，我說：「我無法回答這個問題。我來這裡不是為了談政治，我是來報導這項驚人的體育成就。」我拒絕談論這個問題。

中國當局起初表示，外國記者可以待在珠穆朗瑪峰的基地營。

托瑪斯．艾斯勒，CNN：他們向我們承諾，我們可以自由接觸所有的登山者，但因為許多登山者都是藏人，所以他們很疑神疑鬼，很怕有社運人士會帶著自由西藏運動的布條上去，然後擔心這樣的畫面會被直播出去，他們因此不讓我們待在基地營。

我們被安排在兩公里外的簡陋小木屋裡。我記得其中一位日本共同通信社（Kyodo News）的記者是位登山者，他說：「我要去基地營了，這是他們對我們的承諾。我是個登山者，我可以到處晃晃。」然後他就離開了。一個小時後，他被兩名手持AK步槍的士兵護送回來。他們非常焦慮不安，當時大約有七百名中國士兵駐紮在那裡。他們告知我們不得攝影，當我試圖拍攝與他們站在一起的畫面時，我被阻止了。登山者成功攻頂時，他們帶我們到基地營去欣賞慶祝活動；

每個人看起來都很開心，特別是央視，因為他們成功從珠穆朗瑪峰峰頂帶來現場的畫面。

四川大地震

二〇〇八年五月十二日，四川省發生了一場大地震，造成超過七萬人死亡。黃安偉在加州大學柏克萊分校取得新聞碩士學位後，曾花四年的時間報導伊拉克戰爭，此時剛抵達北京替《紐約時報》工作。

黃安偉，《紐約時報》：四川大地震是我在中國的第一則報導。我們在北京感受到微震，接著我搭上飛往重慶的班機，他們已經關閉了成都的機場；我們在重慶降落，費盡一番功夫才弄到一輛車，然後向西開了幾個小時後來到災區。我在中國的所有報導之中，四川大地震最接近我在伊拉克的報導：我抵達都江堰時（那是最嚴重的災區之一），我看見了已成廢墟的建築物，以及從建築物中露出的一具具遺體。那是令人難以承受的場景。

就和黃安偉一樣，半島電視台的陳嘉韻也是第一批抵達現場的駐北京記者。

陳嘉韻，半島電視台：地震發生在當地時間下午兩點左右，我們隔天凌晨兩點抵達當地；我們試著進入北川，那是個靠近震央的十六萬人口小鎮。我們是第一批抵達的團隊，當地官員試圖阻止我們進入，我們爭論了好幾個小時；最後，我們獲准通過。

身為CNN的攝影師，托瑪斯·艾斯勒試著前往災區。

托瑪斯．艾斯勒，CNN：因為許多道路都遭到破壞，我們花了二十四小時才抵達那裡。當地發生了嚴重的坍方，我們搭了便車，接著不得不徒步走一小段路，然後又搭了醫療團隊的便車。中國軍方甚至邀請我們與他們同行，我不敢相信他們竟然如此友善，有些士兵甚至主動提議替我搬裝備；因此，外國媒體和中國當局之間的敵意在一開始就被抹除了。有幾次，中國軍方幫我搬東西越過坍方的地點，因為這實在太危險了，這真的讓我印象深刻。不過在某些情況，像是必須渡河的時候，有些人會對我們說：「你們必須證明你們不是

二〇〇八年，《時代》雜誌的王霜舟與汶川大地震的倖存者。令人驚訝的是，中國政府最初允許外國記者不受限制地報導災後新聞，但一旦記者著手報導建設案的貪腐如何導致劣質建築物倒塌時，中國政府便開始施行嚴格的媒體管制。隨後，當《紐約時報》僱用王霜舟時，北京拒絕了他的簽證申請，迫使他離開中國，前往香港。（王霜舟提供）

CNN，我們才能幫你們。」即使在當地的小村莊，他們也知道CNN的爭議，那年CNN在中國變得非常不受歡迎；我總是告訴他們，我來自捷克的電視台，我們因此成功跨越重重障礙。

黃安偉，《紐約時報》：我去醫院採訪一個倖存的家庭。房屋倒塌時，丈夫和太太被困在房子裡；我走進醫院的病房時，我看見了躺在病床上的太太，她丈夫坐在她身旁。我看到她的兩條腿都被截肢了。他們坐在那裡，描述著他們被活埋在房子裡的經過：他們當時以為自己就要死了，然後，他們告訴彼此，他們會為了女兒而活下來；他們緊抱著對方，努力地撐下去，直到救援人員終於找到他們，但他們沒有即時救回太太被困在瓦礫堆中的腿。那個故事至今仍不時在我腦海中縈繞。

隨著災情逐漸明朗化，許多中國記者、部落客和外國記者一起前往四川，他們被給予意想不到的報導自由。

林慕蓮，NPR：初期，中國投入許多心力進行救援行動，想讓全世界看到他們所面臨的困境，因此願意讓我們進行公開報導；身為駐華記者，那是一段最振奮人心的時期，也是我唯一一次感受到自己正在與中國同事共同努力。突然間，當地官員變得樂於幫助外國媒體，每個人都很友善。這段時期讓我們窺見不受干擾的報導工作會是什麼樣子。

倪青青，《洛杉磯時報》：如果沒有受到束縛，中國記者可以有很優秀的表現；四川大地震期間，他們可以自由進行報導，能做一些出色的新聞工作。我身為記者，但也是消費者，每天看著他們產出的新聞，特別是電視報導。我記得他們報導了一位年輕人過世的新聞，當時他被埋在一棟大樓底下；在瓦礫堆中，他只露出了一半的頭；一位記者在他臨死前與他交談，餵他喝一口可樂，聽他訴說著他的希望與夢想，以及他獲救後想做些什麼。我們就這樣看著國家電視台的報導，看了一整天；我哭了，整個中國都在哭。一旦獲得自由，中國記者其實有能力做出相當了不起的報導。

林慕蓮，NPR：我記得我走到帳篷區，詢問他們有多少人流離失所，接著就拿到了這些數據清單，我心想：「這也太容易了吧，到底發生了什麼事？」突然間，一切都開放了，我們和中國同事一起工作，針對同一則報導交換心得，這實在是太棒了。

這也意外讓中國民眾對外國記者的看法產生了變化。

黃安偉，《紐約時報》：四川大地震期間，針對外國記者的管控已有所鬆動。我們可以去任何想去的地方，雖然必須冒著餘震的危險，但我們能到處與人交談，人們也願意和我們聊聊。這是西藏騷亂後的意外時刻，因為這件事讓中國在國際社會贏得更多的善意；在西藏騷亂引發對外媒的強烈反彈後，這件事也讓外國記者得到中國的善意。

突然間，情勢產生了變化。我們漸漸發現，在倒塌的建築物中，學校的數量高得不成比例，原因顯然是當地官員貪污腐敗，導致這些建築物沒有按照適當的標準建造；相反地，附近許多政府大樓只受到輕微的損害。

陳嘉韻，半島電視台：突然間，很多人開始質疑這些中小學出了什麼問題，為什麼這些學生就這樣死了，以及仍然矗立的政府大樓和地震一來就倒塌的學校之間有什麼差別。外國記者開始關注並報導這個議題，四川當局的態度丕變，沒人能夠再報導任何事情：一樣的情節又再度上演。我試著與父母交談，他們有些人願意反抗當局，他們相當憤怒，他們失去了孩子（多數情況下是他們唯一的孩子），所以他們想和記者聊聊；但是，這一切突然變得非常困難，當局會跟蹤我們，試著阻止任何關於這些學校的報導。

倪青青，《洛杉磯時報》：這場災難讓你意識到這群被經濟奇蹟狠狠拋棄的人，像是因為倒塌的學校，而失去唯一孩子的家庭。我想對我來說，這時的中國不僅僅是一則報導而已；這次的經驗對我來說太私人了。這是最棘手的報導之一：看見了這麼多死去的孩子，他們看起來就像我的孩子；這時要謹守記者的分際非常困難。

「同一個世界、同一個夢想」

隨著奧運會即將到來，政府吹響了「同一個世界、同一個夢想」的宣傳口號。國際社會對震災的同情，加上中國爆炸性的經濟成長，轉移了許多美國媒體的報導焦點和基調。一九七五年，NBC主播湯姆．布羅考首次跟隨福特總統訪問中國，後來他曾在一九八〇年代回到中國，包含天安門鎮壓後的那段時期；如今，他對中國的情勢感到十分震驚。

湯姆．布羅考，NBC：我想跟在NBC的同事說，你們一定不會相信這個地方在二十年前是什麼樣子；你簡直無法想像，他們在短期內達到的歷史性成就，遠超過我能描述的程度。

貝瑞．彼德森，CBS：他們希望讓北京奧運成為中國走向世界的驚人時刻。對中國人來說，這意味著國家的實力：他們躋身大國的行列，他們能成功舉辦這個活動。奧運會的重點是向世界展現：中國是二十一世紀的新興大國，建築物閃閃發光，天空萬里無雲，他們有能力舉辦這場賽事。

中國人如何解決空汙危機，成了奧運的重點報導。芭芭拉．德米克剛從首爾來到中國，擔任《洛杉磯時報》分社社長。

芭芭拉．德米克，《洛杉磯時報》：最後，我們寫了很多關於空氣品質的報導，許多有關北京空氣品質的報導接著紛紛湧現。我寫了很多有關「北京市人工影響天氣辦公室」的報導，我很喜歡「人工影響天氣」的主題，這非常有趣。

貝瑞．彼德森，CBS：他們設置一套範圍橫跨數百英里的精密系統，以處理「空氣污染」這個他們最害怕的問題。奧運會期間是我在北京度過最令人驚歎、空氣最清新的日子，這座城市的污染幾乎就像其他東西一樣出名；如果他們認為氣流會將品質不好的空氣或污染物帶到北京，他們就會因此關閉一百英里外的設施。

數百名外國記者獲得奧運會的簽證。

黃安偉，《紐約時報》：但與此同時，他們開始大規模鎮壓抗議活動，管控異議人士；他們把這些人送出北京；他們想確保周圍沒有鬧事的人，確保外國媒體不會看到中國官員不想讓他們看到的任何東西。整體的氛圍看似變得比較輕鬆，但事實上卻越來越嚴峻，他們讓記者更難報導中國真正的社會問題。

付畢德，《**基督科學箴言報**》：他們設立了抗議區，但任何接近那裡的人都會惹上大麻煩，然而，這並沒有阻止那些請願者與外國記者接觸。整體而言，奧運會的氣氛良好，後勤工作相當出色，活動也十分精彩。

林慕蓮，**NPR**：當時愛國主義情緒高漲。我記得我和一個家庭一起收看開幕式；為了興建奧運場館，他們被趕出他們的家，但他們深感自豪，他們似乎真的不介意自己的生活被連根拔起，願意犧牲小我，以展現這份驚人的民族自豪感和力量。就在那時，我開始意識到：社會氛圍已經產生了變化，而且再也沒有回頭路；從此，中國漸漸發展出強烈的民族主義傾向。這些是我們在奧運開幕式上觀察到的現象，後來也由國家主席習近平持續發揚光大。

黃安偉，《**紐約時報**》：我在北京的街頭閒晃，到處與人們交談，收看大銀幕上的開幕式。人們非常自豪，他們說這是中國作為世界強國的象徵；中國瀰漫著一股強烈的民族主義意識，他們因為取得奧運會的主辦權而感到驕傲。

但目睹這個場面時，在北京出生、長大的倪青青顯然百感交集。

倪青青，《**洛杉磯時報**》：四川大地震真的讓我對中國有了不同的感受。一旦你從小在共產主義下的中國長大，身為中國共產黨員，你會相信別人告訴你的一切；但身為美國記者，你接受的訓練是要看透事物的表象。你是和真正的中國人面對面接觸，他們的故事離北京如此遙遠；那一年我在中國的採訪中，受訪對象的生活與奧運會完全沾不上邊，他們身陷在痛苦之中。感受到這麼多的痛苦真的是很讓人難過的一件事。

奧運會結束的四個月後，劉曉波以及約三百名知識分子與異議人士共同簽署了《零八憲章》，呼籲政府進行全面的政治改革，包含自由選舉和結束一黨專政，這有部分是受政府承諾的啟發：奧運期間，政府承諾一個更開放的中國。

歐逸文，《紐約客》：由於劉曉波是《零八憲章》的發起人之一，早在這份文件公開前，警方就出現在他家門口。他遭到拘留，最終被起訴並判刑十一年半。

「我不在乎溫家寶總理是不是簽署了這條法令」

劉曉波遭逮捕後不久，半島電視台的陳嘉韻來到劉曉波的公寓大樓，希望採訪他的妻子；陳嘉韻帶著外交部在奧運會前發行的小冊子，內容是關於放寬新聞自由的限制。

陳嘉韻，半島電視台英語頻道：她的公寓門口有不明人士看守著。我先前已和她通過電話。我到了門口，那個人拒絕表明自己的身分。我說：「我想採訪這棟公寓大樓裡的人。這裡有中英文對照的中國法律手冊，上面寫著一旦取得對方的同意，外國記者可以採訪任何人。」我說：「你看！」然後我翻開了那一頁，上頭寫著：「溫家寶總理簽署了這條法令。」在距離天安門廣場二十分鐘車程的公寓大樓，這位身分不明的男子盯著我，然後說：「我不在乎溫家寶總理是不是簽署了這條法令。」這真實地反映出中國的法治，以及針對外國記者設立的規範和管理外國記者的法令並沒有真正發揮作用。

陳嘉韻沒有採訪到劉曉波的妻子。

二〇一〇年，劉曉波在服刑期間獲得諾貝爾和平獎；七年後，他在保外就醫期間因癌症病逝。

第十五章　矛盾

二〇〇九年十一月，新上任的美國總統巴拉克・歐巴馬（Barack Obama）對中國進行首次國是訪問，希望與中國建立新的夥伴關係。歐巴馬是多年來第一位上任後，未批評前政府中國政策的總統。小布希（George W. Bush）最初將中國視為戰略競爭對手，但在二〇〇一年九月十一日的恐怖攻擊後，他改變了立場；在投入阿富汗和伊拉克戰爭之際，小布希試圖與北京維持良好的關係，甚至出席了二〇〇八年北京奧運的開幕式。為了改善美中關係，歐巴馬在就職數週後派國務卿希拉蕊・柯林頓（Hillary Clinton）前往中國，表示政府願意淡化人權議題，以促進雙方在經濟與氣候變遷等議題的合作；為了避免與中國政府對立，歐巴馬本人在訪華前拒絕與西藏精神領袖達賴喇嘛進行會面。

然而，二〇〇八至二〇〇九年的全球金融危機中，中國並未受到太大的影響，美國卻經歷了嚴重的經濟衰退，因此，中國共產黨將歐巴馬釋出的善意視為美國軟弱的表現。儘管中國面臨一系列複雜的挑戰，例如：擴大的貧富差距；繁榮沿海與貧困內陸地區之間，擴大的區域發展差距；猖獗的貪腐問題；漢族與維吾爾族、藏族之間的種族緊張關係等。在到訪中國的美國總統當中，自信（實則是狂妄）的中國領導人讓歐巴馬受到有史以來最惡劣的待遇。黃安偉是報導這三日行程的記者之一。

黃安偉，《紐約時報》：歐巴馬希望與學生進行公開討論，但最終進行的談話（有點像是市民大會）卻非常生硬且不自然。中共不准他舉辦有問答環節的記者會。中國有著日益增強的自信心，並將其施展到其他國家，也據此在那次的訪問期間，對白宮進行的嚴格控管。當時，中國在外交政策上變得越來越大膽，像是針對南海議題發布更強硬的聲明，中國也在網路安全、貿易政策或人權議題等各式各樣的議題上，公開反對美國。

在西方金融制度面臨崩壞時，中國領導人有能力帶領中國渡過危機，這無疑讓他們更有膽量。王霜舟曾在大學學習中文，後來到中國東北讀書，現在在北京替《時代》雜誌工作。

王霜舟，《時代》雜誌：中國的自信心真的增強了，他們不再那麼擔心世界對他們的看法；他們相信這是屬於中國的時代，美國正面臨衰退，中國不再需要聽命於美國、迎合美國或顧及美國的利益。

黃安偉，《紐約時報》：對中國以及黨內領導階層而言，二〇〇八年底的全球金融危機是個重要的轉捩點。我們開始在中國聽到許多說法，像是美國制度已經崩潰，以及西方提倡的資本主義並不適用於其他國家，註定會為其他國家帶來可怕的後果。中國表示，由黨領導的資本主義制度，才是中國和世界其他國家適合的經濟模式。

畢韓娜，《時代》雜誌：那些受過良好教育、會使用網際網路的中國年輕人並沒有說：「噢，我們想要民主制度。」他們說的是：「不，中國模式行得通，中國的成長模式也行得通。你們這些西方國家的經濟正在走下坡，你們的政治也在走下坡。我們看得一清二楚。」

傅才德在華府工作了六年，報導過競選經費和選舉議題；他在二〇〇九年初回到北京，二度擔任彭博新聞社的駐華記者，此時，他將焦點完全放在中國經濟議題。

傅才德，彭博新聞社：我回來的第一年，很驚訝地發現中國累積了多麼大量財富；許多中產階級的經濟狀況比六年前好很多。

第一次的報導之旅中，傅才德來到石家莊——位於北京西南方一百六十英里、平淡無奇的城市。他對眼前的景象感到震驚不已。

傅才德，彭博新聞社：第一則真正令我難忘的報導是河北省的石家莊：當時石家莊仍是相當貧窮的城市，但我看到了當地的古馳精品店和星巴克門市。

「這不是什麼轟轟烈烈的報導主題」

如何向編輯、讀者和觀眾解釋中國劇烈的變化，以及這項變化對一般中國人和美國人所代表的意義，成為美國記者團的重要挑戰。

史丹．格蘭特，CNN：對CNN而言，身為美國媒體，報導的角度顯然是美中之間的對抗。中國崛起對美國意味著什麼？美國如何對付像中國這種規模的潛在對手？

格蘭特和他韓裔美籍同事尤妮絲．尹是電視記者，對他們來說，如何描述中國內部複雜的動態關係是個挑戰。

尤妮絲．尹，CNN：中國並不是什麼轟轟烈烈的報導主題，中國不像中東地區，那裡隨時有驚人的事件在你眼前發生。

史丹．格蘭特，CNN：這些背景故事、細微之處以及對當下變化所做的分析越來越難討好觀眾，因為他們要的是驚天動地的大新聞，他們正在尋找的是驚人的元素，而中國社會與政治的日常運作並不受到歡迎，因為這些題材必須與世界各地的驚人報導相互競爭。

一九九〇年代，史明智曾與何偉在和平工作團服務，現在是商業廣播電台《市場新聞網》的駐上海記者。

史明智，市場新聞網：在和平工作團時，我深入地了解中國農村的思考方式以及他們的希望和夢想；那兩年對我來說非常重要，我學到了很多東西。這段經歷讓我大開眼界，而且從許多方面來看，啟發了我成為一位記者。

史明智決定用他在上海所住的街道來說明中國的變化。

史明智，市場新聞網：我做了為期一年的系列報導，介紹那些在我所住的街道上生活和工作的人。我每個月都會報導某個人的故事，這讓我有機會關注他們的生活狀況、他們如何適應中國經濟、他們如何看待自己在中國的定位；他們認為自己未來在哪裡？他們的夢想是什麼？他們的希望以及對孩子的希望是什麼？我花了很多時間和這些人交談。我跟著他們到處跑，我觀察他們工作的樣子。從許多方面來說，這些報導真正觸及了中國的核心，講述著一群在世界上變化最迅速的經濟體中，努力達成夢想的真實人物。

在《紐約客》，歐逸文沒有報導即時新聞的壓力；因此，他也以自己所居住的社區作為報導主題，特別是他在北京屋外的一個攤位。

歐逸文，《紐約客》：關於中國的報導如此豐富，而我的作法是聚焦在小小的目標上。我住在北京老城西邊一處傳統胡同裡的三合院。某天，我開始注意到前門旁邊的一個攤位，他們賣的是餅乾，我後來認識了老闆，但一夜之間，攤位就收了起來；我問老闆為什麼，她解釋道，身為北京的小店主，你會感受到一些經濟力量在發揮作用。取而代之的是早餐煎餅果子舖，我因此對這個行業開始有一些了解；後來，煎餅果子舖也收掉了。最後開了一家妓院，我心想：「好吧，妓院生意經得起考驗。這次應該撐得下去吧。」幾天後，那間妓院就關閉了。我開始思考，這一區究竟有什麼問題？最後，一間建材五金行搬了進來，而且這間店撐了下來。我認為，房地產泡沫的定義或許是：社區裡的建材五金行撐得比妓院還要久。

貧富差距

事實上，建築業的繁榮已經成為中國的一大特色，國家投注大量資金以抵禦全球金融危機帶來的影響，進而推動建築業的發展；隨之而來的經濟成長讓數億人擺脫貧困的生活，也創造出一批家財萬貫的新興階級，其中許多人有了政府高層的人脈。

裴傑曾在北京替路透社工作，隨後替倫敦的《時代》雜誌擔任駐莫斯科記者。一九九〇年代末，在首次派駐中國近十年後，裴傑再度回到中國替《華爾街日報》工作。

裴傑，《華爾街日報》：令我印象深刻的是，在我離開的期間，中國社會發生了如此巨大的變化，而共產黨卻沒有什麼改變，這種緊張關係很明顯地變得越來越嚴重。真正引起我注意的是「太子黨」*的問題，例如：他們在共產黨菁英政治中扮演的角色，他們在政治和經濟決策中發揮的影響力，以及在很大的程度上，藉此獲取利益的情形。

傅才德，彭博新聞社：你會在北京街頭看見人們身上閃閃發光的金銀珠寶，那幅情景遠遠超過你在洛杉磯、倫敦或紐約所見過的程度；這是相當驚人的一件事。這個現象真的挑起了我的敏感神經，於是這成為我重要的報導主題，即貧富差距和政客背後的金錢政治。

張大衛決定做一系列報導，探討政府、大企業和民營企業家之間的關係。

張大衛，《紐約時報》：我想做五、六則關於國家資本主義的報導，並以「領導高層的子女如何參與商業活動」作為結尾。我心想，我們可以製作一張地圖，說明他們在哪裡上學、在哪裡工作，然後整理成一張大圖表。我蒐集了很多太子黨的檔案，多年來，我也一直在記錄不同太子黨成員所涉入的各項活動。我希望能夠找到一些新的東西。

貪腐事件的爆發，以及日益擴大的貧富差距，加劇了社會的緊張局勢，這也成為美國記者報導中國的核心議題。

畢韓娜，《時代》雜誌：北京、上海和中國其他地區可說是天差地遠。當你在上海開車兜風時，眼前的景象令你印象深刻：你看到那些閃爍的建築物和力爭上游的時髦人士。有人說紐約上西區代表了美國，但你不能做這樣的假設；在中國，北京和貧困的甘肅有著天壤之別。

瑞凱德多年來不斷進出中國，二〇〇九年成為《華盛頓郵報》駐北京記者。

瑞凱德，《華盛頓郵報》：中國有個很嚴重的問題：土地被徵收，卻領到很少的補償金。我去了海南島，當地村民抱怨他們傳統的農地和林地被政府徵收，用來建造高爾夫球場和渡假飯店，因為中國政府決定將海南打造成中國的夏威夷，這會非常吸引人。那裡的每個人都知道這些問題，他們都能告訴你那些地產開發商的名字，也可以告訴你貪腐的官員是誰。

上海迪士尼宣布開幕後，我去了趟上海，發現當地有超過一百位居民被迫離開家園，因為迪士尼算是由上海市政府批准的重點公共開發項目。其中一個人拒絕搬遷，因為他覺得父母建造了那棟房子，投入了許多養老金，所以他不打算離開。結果政府將他周圍的所有房子夷為平地，切斷他的水源和電力，把所有破爛的磚瓦堆在他那棟孤伶伶的房子周圍；他待在那裡，屋頂上插著一面中國國旗。我訪問他時，他忍不住淚流滿面；最終，他也被迫搬走。

＊「太子黨」被用來描述中共高層有錢有勢的親戚。

烏魯木齊七五事件

貧富差距只是中國的其中一個潛在問題，另一個隱憂是漢族和新疆西部的穆斯林維吾爾族之間的關係。新疆是中國面積最大的一級行政區，與八個國家接壤，境內居住著多樣化的民族，多數居民是維吾爾人；他們大多是穆斯林，說著自己的語言（類似土耳其語），認為自己在文化與民族上與中亞國家類似。然而，自一九五〇年代以來，在中央政府的鼓勵下，漢族大規模遷移至新疆，進而改變了新疆的人口結構；目前漢族占新疆人口的百分之四十以上，維吾爾族在自己的家園感到越來越邊緣化。二〇〇九年夏，新疆首都烏魯木齊的維吾爾族團體進行示威活動，後來演變為暴力事件，最終導致將近兩百人死亡，近兩千人受傷。

移民美國前，黃安偉的父親曾在中國人民解放軍的新疆軍區服役，黃安偉則是在伊拉克待了四年。

黃安偉，**《紐約時報》**：二〇〇九年的烏魯木齊「七五事件」讓我想到在伊拉克的日子。在得知烏魯木齊有平民死亡的消息後，我立刻飛到當地；當地局勢就和我在中國報導的任何事件一樣緊張。漢人的商店遭到襲擊、燒毀，而這些漢人平民所做的，不過是移居到當地而已。

付畢德，**《基督科學箴言報》**：在新疆，這是一場維吾爾族對漢族的屠殺。這次維吾爾族並非受害者（傳統上維吾爾族通常是受害者），因此，中國等不及要將這件事昭告天下。

結果，當局處理媒體的方式，和之前處理西藏騷亂事件時截然不同。儲百亮在澳洲國立大學獲得中國研究博士學位，他為路透社報導了這次的動亂。

儲百亮，路透社：中國官方的立場是，在新疆挑起暴力衝突的激進分子是受到外國的宗教極端主義影響。我認為，當時政府試圖向外國觀眾（尤其是電視機前的觀眾）展示新疆正在發生的事情。

黃安偉，《紐約時報》：共產黨正在嘗試一種新的政治宣傳。二〇〇九年之前，每當新疆或西藏發生事情，政府的作法就像二〇〇八年的西藏騷亂那樣，共產黨會試著壓制媒體報導，所以外界只能透過黨的政治宣傳機構看到新聞報導，政府會阻止外國記者前往當地；但烏魯木齊七五事件發生時，黨的政治宣傳機構顯然進行了一番討論，最後決定「讓外國記者到烏魯木齊看看到底發生了什麼事」；資深的駐華記者從來沒有經歷過這樣的時刻。最後，所有的記者都在一間被設為官方新聞中心的飯店工作；我們在飯店整理報導時非常小心，因為我們認為他們在密切監視我們所寫的一切，但我們可以離開飯店，到街上閒晃，甚至採訪民眾。

陳嘉韻，半島電視台英語頻道：那裡甚至有一間記者室，外交部和當地外辦（外事辦公室）的人會提供我們網路、相關資訊，並提議帶我們四處晃晃。我們接受了他們的邀請，他們帶我們到維吾爾族聚集的社區，當地發生了暴亂事件；我認為他們誤判了情勢，他們以為可以帶我們去那裡，讓我們拍攝一些畫面，然後就可以走了，但接下來發生的事卻完全脫稿演出。

王霜舟，《時代》雜誌：突然間，街上擠滿數百名正在抗議的維吾爾族女性。

黃安偉，《紐約時報》：她們高聲呼喊，公開譴責共產黨以及黨對維吾爾族的控制。我們站在街上採訪這些高舉拳頭的女性。

陳嘉韻，半島電視台英語頻道：她們朝中國軍官走去，高喊著口號；有些人開始撿起東西，好像要丟石頭；站在前線的是維吾爾族女性，因此，這是展現人民力量的時刻，他們也很清楚國際媒體在場。整件事完全脫稿演出，這不是他們想看到的結果。

儲百亮，路透社：實際上，這是一次奇特的經驗，我們在武裝警察的保護下，從城市的一側踏入了維吾爾族社區，和維吾爾族的居民進行非常坦率又激昂的對話，他們認為沒有人聽見他們的心聲。我想聽他們講述對這起流血事件的看法。在這段難得開放的時期裡，我體驗到最豐富多元的報導經驗，當時我們有機會採訪不同立場的人。

但這也非常嚇人，因為在最初的流血事件（主要是維吾爾族攻擊漢族）後，漢族也展開了反擊，成千上萬的人開始走入烏魯木齊的維吾爾族社區；我和另一位記者順著人群走，你可以感受到一股炙熱的憤怒情緒，正在尋找出口。經過幾個小時的步行、整理報導資料後，我們最終來到烏魯木齊郊區的維吾爾族社區，看著這群憤怒無比的漢族暴民試著展開報復，有一些是動用私刑的暴民；群眾開始敲打著門，試著用鐵撬破門而入。如果他們闖了進來，我一個人該怎麼辦？我要眼睜睜看著這場私刑嗎？我該怎麼做？幸好，在我做出抉擇之前，人群繼續往前進，警察也趕了過來，但我永遠不會忘記那痛苦的半小時，眼看著人群試圖闖入維吾爾族的公寓大樓。

陳嘉韻，半島電視台英語頻道：他們學到了一課：永遠不要帶外國記者到處跑。從此以後，我再也沒有看過他們在同樣的情況下帶我們走訪各地。

從此以後，中國當局大幅強化對新疆的控制，包含對外國記者的管控；陳嘉韻在六個月後的經歷了這個轉變。

陳嘉韻，半島電視台英語頻道：我們去了烏魯木齊、喀什和和田。我們全程都被人跟蹤。我們在北京機場準備飛往烏魯木齊時，我們在烏魯木齊的維吾爾族翻譯兼司機打電話向我們取消行程，因為警察半夜來到他家中，把他帶到警察局，逼他交出我們的電子郵件紀錄。在我們即將出發時，他打電話跟我們說，他再也不能幫我們了。我們沒有了司機，也沒有了翻譯員，我說：「我們還是出發吧，只好臨機應變了。」在整趟烏魯木齊的旅程中，都有人在跟蹤我們。

和田機場很小。當我們的飛機抵達和田時，已經有車子在那裡等我們了；等我們放好行李準備出發，他們就已經在跟著我們了，他們一共有兩輛車，每輛車三到四人。

我們飛到了喀什。我感到很困惑，因為沒有人在跟蹤我們；我非常小心，一直注意路上的車輛和行人。我們的司機是中國人，他把車停在離我們拍攝地點有段距離的地方；我注意到有人走到他身邊，問完幾個問題就走掉了。我過去問司機：「剛剛那是怎麼回事？」司機說：「那位先生在找幾位來自中東的記者。我說：『不不不，他們是兩位中國女人和一位歐洲人。』於是那個人就走了。」他們知道半島電視台的人在喀什，他們在找三位包著頭巾的阿拉伯人，所以中國當局完全沒有發現我在喀什老城；他們看到我們拿著超大的攝影機，然後就走了。這真的是太棒了，你心想這些人就像是默片裡的滑稽警察，有時候你可以把他們耍得團團轉，有時候卻逃不出他們的手掌心。

第十六章　轉捩點

不論是對新疆的控制，或對外國記者的待遇，政府對烏魯木齊七五事件的作法替未來的政策埋下了伏筆。但在中國其他地區，美國記者團發現了讓人意外的開放性，這主要是由急遽成長的網際網路所推動。

瑞凱德，《華盛頓郵報》：有更多的學者、智庫、前共產黨官員和報社編輯願意與外國記者會面，我認為這是獨特的開放經驗。在這樣的民間社會，我們可以與他們交談，並在我們的報導中引用他們的說法，民間社會成為截然不同的消息來源；中國報社雖然在西方眼中並不積極、強勢，但突然之間卻變得更接近報社該有的樣子，開始報導環境問題和類似的新聞；但最大的變化是，我在二〇〇九年回到中國時，剛好碰上網路、社群媒體和微博（中國版的推特）的崛起。

歐逸文，《紐約客》：如果不是在網路時代來到中國，我很難想像自己身為駐華記者會有什麼樣的經歷。我在中國讀書時，中國有一百萬名網路使用者；到了二〇一三年我結束外派時，中國有五億名網路使用者。在那段時期，網路帶來重大影響：我們報導的對象突然發現自己被賦予這種充滿潛力的新技術，這項技術幫助他們找到自己的同溫層，給他們新的工具來表達他們的不滿，並參與以往不曾存在的公共領域事務。

尤妮絲．尹，CNN：社群媒體是了不起的工具，人們會發布照片或談論各式各樣的議題。中國顯然具備嚴密的審查制度，但事情發生的當下，總會有一小段時間能夠自由抒發意見，突然間，你會看到許多人在談論或轉發特定的議題。

黃安偉，《紐約時報》：這徹底改變了我們報導中國的方式。現在我們擁有這段短暫的空檔，能讓我們了解全國正在發生的事情；一旦有重大新聞發生，人們就會把握這個機會。

王霜舟，《時代》雜誌：網路帶來了巨大的變化，特別是中國幅員遼闊，我們卻只集中在北京、上海和香港進行報導。在理想的情況下，我們應該在每個省分設立分社，但我們沒有足夠的經費；因此，你只能試著盡力關注這些地方發生的事。在微博出現之前，某地或許發生了一件事，你可能聽說過這起事件，但要取得目擊者或參與者的說法可能沒那麼容易；有時你必須到當地的電信局，開始隨機撥打電話號碼，直到一些可憐蟲剛好接起電話，他們可能看過抗議現場或目擊事情的經過，能夠替你描述來龍去脈；但有了微博以後，你可以找到事件的參與者，這讓尋人變得更加容易。即使有審查制度，我們還是可以把握這段時間差，在事情發生後的幾個小時內或一天內，趁著審查員還沒弄清楚發生了什麼事、知道該封鎖哪些詞彙之前，試著找到一些東西。

歐逸文，《紐約客》：網路讓我們記者擁有更強大的能力，能夠更迅速地發現目前正在發生的事情。以前的記者必須走到街頭，採訪五位來逛百貨公司的人，如今這個作法已有了轉變；突然間，大家開始思考，為什麼我不能直接上網，看看這個網站上的前五則評論就好？網際網路成為記者強大的利器。

瑞凱德，《**華盛頓郵報**》：一位上海的司機落入「釣魚執法」的陷阱，讓我第一次體會到網路的厲害之處；如果上海警方認為車輛非法載客，舉止又像計程車一樣，就會將車輛攔下。當時，有個人開著他的公司車，路上有人揮手示意要搭車；他開了幾公尺後，他的車子被攔下，他被指控為非法計程車。當然，他提出了抗議：「我只是讓需要的人搭便車，我根本不認識這個人。」但這正是警方的釣魚執法。他無法為自己討回公道，最後，他在上海法院門口砍掉了自己的一根手指，以示抗議。

這件事在過去也可能發生，而我們卻永遠不會知道，但因為微博和社群網路的關係，這件事被傳開了。當時我人在北京，一聽到這則消息，我立刻前往上海進行報導；有數百人聽說了這件事，其他同樣遭到陷害的人也在上海市政大樓外抗議，要求政府歸還罰款。我心想，中國已經產生新的變化，像這樣的故事會在網路上爆紅，我能夠即時聽到這則消息，然後立刻到上海進行報導。

二〇一一年，一輛高速列車在沿海城市溫州附近發生追撞事故，結果造成數十位乘客死亡，還有許多人受傷。

瑞凱德，《**華盛頓郵報**》：這件事出現在任何官方新聞網站之前，我的新聞助理就打電話給我，因為她在微博上發現這則消息。第一批關於車禍的報導以及受損車廂內的照片，是由民眾透過手機上傳到微博。

歐逸文，《**紐約客**》：這是第一次在網路上即時上演的國家級災難。有能力搭高速列車的人通常也有手機和社群媒體帳號；因此，他們的親朋好友開始控訴這次車禍發生的原因，以及背後根本的原因。是因為貪腐嗎？還是施工品質太差？或者是因為列車趕工的關係？人們並不是在飯桌上低聲的討論，也不是去鎮上的廣場進行小規模示威，而是一股腦兒地把這些東西丟到網路上。

這帶來了極大的壓力，大到共產黨無法忽視；突然間，這些控訴形塑了政府的反應。溫家寶總理在事發一週後才去視察事故現場；當時，政府的新聞部門解釋說，他一直臥病在床，但人們隨即在網路上找到相關照片和報導，發現他在那段漫長的時間裡與其他領導人會面、拜訪各國元首，這讓官方的宣傳栽了個大跟斗。對許多駐華記者而言，溫州的列車事故讓我們清楚意識到，以往適用於自然災害和重大政治新聞等事件的舊規則正徹底改變，因為這些議題將在網路上引發即時的控訴。

跨平台時代

技術革命也為外國記者的工作方式帶來另一項劇烈的變化：無論是平面媒體、廣播、電視或通訊社，編輯開始要求記者必須同時為多個平台服務。

史丹．格蘭特，CNN：這的確大大增加了我們的工作量。突然間，我們必須為CNN收集新聞報導，為網站撰寫專題報導，也要為廣播電台策劃廣播節目；我們面對更繁重的任務以及更嚴格的要求，沒有什麼休息時間，最終往往需要犧牲我們的睡眠時間。

瑞凱德，《華盛頓郵報》：一旦你打電話告訴他們很棒的報導構想時，他們問的第一個問題是：「你什麼時候可以交稿？」第二個問題是：「有影片嗎？有照片嗎？我們要在上面設什麼連結？其中有哪些網路元素？有哪些視覺和聽覺元素？」新聞報導也和過去截然不同，朝向多媒體發展；以前你可以只帶著筆記本，到一個地方待三到五天、甚至一週的時間，四處進行採訪，然後回來撰寫你的報導。

許多記者認為，新的科技以及更高的工作量，某種程度上阻礙了他們對中國的報導，讓他們難以脫離有網路的城市，必須緊盯著即時新聞，也更難在無法與總部聯繫的地方進行報導。

瑞凱德，《華盛頓郵報》：這是個大問題，你沒有時間思考或分析了。在過去，身為美國重要媒體的駐華記者（例如《紐約時報》、《華盛頓郵報》等），我們不會追著通訊社的新聞跑，我們不會去寫別人都在寫的東西；通訊社會負責報導即時新聞，而我們應該到四處造訪各地，尋找趨勢報導、分析文章和重要的報導。

但我們已經成了通訊社，他們要我們報導所有的事情；我們以前可以到某個地方，花一週的時間與當地人交談，然後回來針對這個議題寫出詳盡的報導，但因為網際網路和「二十四小時新聞」的競爭需求，現在更重視的是即時新聞，對長篇的頭版報導則是興趣缺缺，然而，這種敘事報導是我們過去很擅長的。

未曾訴說的故事

這個趨勢產生了一些後果。

儲百亮，路透社：我的感覺是，在講述中國變化的報導中，我們很少去關注中國東部沿海或西部邊疆之外，住在這片廣大土地上的人們有什麼樣的生活、遇到什麼了挑戰；在河北到青海之間，有著數億人住在其中的小鎮、村莊和城市；那裡的人們正經歷巨大的變化，這些變化已漸漸變得難以控制，值得受到媒體的關注。

芭芭拉．德米克是《洛杉磯時報》唯一的駐華記者，但她刻意將多數的重大政治報導留給通訊社，並花大部分的時間待在北京以外的地區。

芭芭拉．德米克，《洛杉磯時報》：我喜歡在不受到那些北京評論的影響之下，觀察人們真實的生活，我擅長的是講述很少人關注的故事。「不引人注目」是我身為記者的優勢：儘管我不是亞州人，但我總有辦法戴上一頂大帽子，穿上平底鞋和灰色的衣服，就這樣四處遊蕩；我幾乎能神不知鬼不覺地在新疆進行報導，我也花了幾週戴著軟帽和口罩在西藏地區旅行。

我曾到貴州和湖南的偏遠村莊，進行兒童販運的報導。當地有許多關於嬰兒的故事，他們因為計畫生育而被強制帶走，送到美國或其他地方讓人收養。事實上，很多美國人所聽到的資訊並不正確：中國人並沒有拋下他們的女嬰，很多人其實深愛著她們。有些家庭曾試圖聯繫中國媒體或非政府組織，但當時的中國媒體無法報導此事，有些記者因此將這些線索提供給我。

在貴州一處非常偏遠的地區，我們得到一個線索：據說計畫生育「沒收」了大量的女嬰。他們會尋找尿布或曬衣繩上的蛛絲馬跡，仔細聽著嬰兒的哭聲，然後把這些嬰兒抓走。我的行蹤十分低調，我來自平面媒體，所以我沒有帶大型的攝影機，身上只有小小的相機或智慧型手機，看起來就像個背包客，通常可以成功掩人耳目。

我看起來不像記者該有的樣子，我們會搭計程車，然後徒步走完剩下的路程。我很幸運能遇到一些很棒的計程車司機，好司機有時候比好記者還重要；我們遇過一位熱心的司機，他也不認同計畫生育，為了把我們載到了正確的地點，他甚至在河裡堆石頭，讓車子開得過去。

在那趟旅程的尾聲，我去了安置這些嬰兒的孤兒院。我知道一旦我踏進孤兒院，我就會被地方當局帶走；果不其然，他們把我和我助理，從我的辦公室帶到他們的辦公室，然後帶我們去吃晚餐——這就是你在報導時會遇到的事情：你要麼被趕出去，要麼被餵食到死；他們會以歡迎你的名義舉辦一場宴會，那是他們控制你的一種方式。

這些地方官員其實並不邪惡，他們真心覺得這些農民有太多孩子了：中國有一胎化政策，讓這些嬰兒在國外被收養比較好。他們解釋，他們可以從每個嬰兒身上獲得約三千美元，然後將這筆錢用於社會服務，照顧身心障礙的孩童和老人；他們並不認為「沒收」這些嬰兒是做錯了什麼。這是第一次有地方官員接受採訪，讓我們看見這些女嬰進入跨國收養體系的過程。

史明智，**市場新聞網**：我們寫了許多有關中國城市的報導，卻缺乏中國農村的報導，而我認為中國的命運就掌握在中國農村的手中。如果「中國農村」是你在中國的初體驗，你會發現許多西方媒體關切的議題（例如民主和網路審查），多數的普通中國人並不關心；在餐桌上，他們談論的是「戶口」問題，這可以理解為中國的「國內護照」制度。

戶口對中國農村來說是個大問題，當他們搬到另一個城市時，他們無法讓孩子就讀當地的高中，無法獲得醫療保險的福利，無法取得退休金；他們談論的是制度的不平等，這才是他們在乎的事情。我認為知道他們在乎的事情，有助於我發揮記者的角色，試著呈現最精準的報導，因為我的職責是報導中國人民，以及他們對全世界的看法，並不是報導那些我認為能反映西方價值的新聞。

茉莉花革命

二〇一一年冬天，由於中東地區不平等、貪腐和壓迫的問題，人們的不滿情緒推動了民眾起義，威脅著從突尼西亞、埃及到敘利亞的獨裁政權；這被稱為「阿拉伯之春」的運動很快地影響了中國。

黃安偉，**《紐約時報》**：阿拉伯革命展開後不久，我們開始在中國的網路上看見一些討論，認為中國應該進行類似的抗議活動。網路上開始浮現一些訊息，有人號召那些希望推動政治改革的人，在週日下午於北京市中心的王府井商業街集結；我和同事抵達現場時，看到許多便衣警察和制服警察在現場嚴密監視。我們看到很多在逛街的中國人，但沒有看到很多社運人士，有些同事甚至一個社運人士都沒看到；有些人看到好像有一、兩個人被警察帶走了，我們不確定他們是真的社運人士，還是看起來像社運人士的無辜路人。這一切顯示了中共對國家安全的偏執。

托瑪斯．艾斯勒，捷克電視臺，CNN：我帶著一台小相機，現場非常混亂。網路上呼籲民眾帶一朵茉莉花到現場。我下午兩點左右抵達時，現場已經有很多人了，但大部分是媒體和警察；我注意到有幾個人真的放下了花，然後他們就被警察帶走了。

在之後的幾個週末，同樣的情景不斷上演；儘管網路上謠傳有「茉莉花革命」，但實際上沒有什麼示威者，只有大量的記者和警察，而且警方的態度越來越強勢，其中一個現象是對外國駐華記者的威脅與恫嚇急劇增加。

尤妮絲．尹，CNN：我們看到越來越多人被騷擾，我和我同事整個人被抬起來抓走。他們質問關於我們拍攝影像紀錄的事，要求我們將影片銷毀，他們對於我們持有這些紀錄感到很不滿。

黃安偉，《紐約時報》：警方在週日對記者展開極度暴力的行動。《紐約時報》攝影師深田志穗（Shiho Fukada）和另一位攝影師被警方困住，拖到小巷子裡，最後被推到貨車上；過程中，彭博新聞社的錄影師史蒂夫．英格爾（Steve Engle）一直進行錄影，但便衣警察或疑似替警方工作的暴徒將他團團包圍，要求他停止錄影，試圖搶走他的錄影機，在街上當眾毆打他；他最後被打斷了一根肋骨。

西方記者從未在中國經歷如此極端的恐嚇手法。

尤妮絲．尹，CNN：當時我在我的公寓裡。有人來敲我的門，我看了門口的監視器，看看對方是誰。門外有幾個人，身穿深色夾克，戴著深色太陽眼鏡；他們非常嚇人，我不知道這些人是誰。他們瘋狂按我的門鈴，讓我感到很害怕。

史丹．格蘭特，CNN：他們會出現在我家，審問我當時只有十、十一歲的小兒子我在哪裡；我太太在咖啡廳時，他們會把車停在外面一直監視著她。我清楚地意識到，他們已經越界了。

托瑪斯．艾斯勒，捷克電視臺，CNN：你不應該審問一個小孩子，那是騷擾，是一種恐嚇手法，他們想藉此向史丹．格蘭特傳達一個訊息，這讓他相當憤怒。

畢韓娜，《時代》雜誌：我和家人到天安門廣場附近的 Capital M 餐廳，因為那裡有一場為兒童舉辦的活動。一位兒童作家寫了一本書，內容是關於一隻挑戰中國皇帝的兔子，牠很調皮，做了很多對皇帝不好的事情；我們所有人坐在那裡，大人們都知道這個故事是個有趣的隱喻，暗指天安門廣場另一側所發生的事情。我看了看身後，發現有五六位公安局的人坐在那裡，試著弄清楚：「這本童書倒底在講些什麼？」然後我們意識到這件事有多麼荒唐，他們竟然出動了好幾位公安局的人員來聽一個兒童故事。

許多記者認為政府完全反應過度了。

黃安偉，《時代》雜誌：我們不認為類似阿拉伯革命的事情會在中國上演。我們知道，中國的經濟情況不會促使大批中國人反抗共產黨，這種呼聲只是少數。對於這些網路上神秘異議人士的理想，我們非常懷疑是否有實現的一天；這個共產黨國家不這麼認為。

「幾乎像是特務一樣」

如今，美國和其他外國記者發現自己經常被跟蹤、騷擾、阻撓，甚至遭到毆打。

付畢德，《基督科學箴言報》：阿拉伯之春似乎讓當局開始擔心一些事，但這種擔憂其實完全不切實際。外國記者被視為社會動亂的傳播者，但中國發生的事件根本無法與阿拉伯世界的茉莉花革命相提並論；到了現場，記者比示威者多，警察又比記者還多，而且這些警察還會使用暴力。記者團往往有種被困住的感覺，有時甚至受到當局威脅，無論在肢體上或職涯上皆是如此。

瑞凱德，《華盛頓郵報》：我認為中國與記者之間的關係，在阿拉伯之春出現了轉捩點；相較於過去，現在他們更將記者視為敵人。

林慕蓮，NPR：越來越多人覺得在中國進行報導彷彿置身戰地。你到達某個地方，停留二十分鐘，然後就得繼續前進，因為他們知道你在那裡；當地官員會來找你，然後你就會惹上麻煩。當時甚至開始出現各種諜報技術，幾乎像是特務一樣：當你即將展開一段旅程前，必須有詳盡的計畫——先飛到另一個省，租一輛車，然後開車到某個地點，再租另一輛有當地牌照的車；你必須安排好住宿，避免因住在飯店而留下紀錄，也必須思考如何不著痕跡地抵達目的地。這些事情讓我們困擾不已。我記得有一次，我們打算睡在一間高檔的色情場所，因為他們不會要求你提供詳細的資料；那天是情人節，那裡完全客滿了，最後我們就睡在一間咖啡廳裡。這些都是你必須考量到的事情。

然而，《洛杉磯時報》的芭芭拉．德米克在湖南省報導鉛中毒案時，發現鄉下的民眾往往站在他們這邊。

芭芭拉．德米克，《洛杉磯時報》：在大城市之外，我從未聽說過「外國媒體有對抗中國的陰謀」之類的說法。民眾很歡迎我們，特別是對美國媒體；他們的態度大致上是：「你們會說出我們的故事。」他們清楚中國媒體所受到的侷限。在鄭州附近的小鎮，我們遇到了一個人，他一直在試著組織當地民眾，抗議當地工廠造成的鉛中毒，我們說：「不要告訴任何人我們要來，我們會非常低調。」結果我們抵達當地時，還是馬上被人跟蹤。

我們招了一輛計程車，司機非常盡責，而且真的站在我們這邊。路程中，一度有一輛沒有警用標誌的貨車不斷朝我們逼近；計程車司機說：「我要來甩掉這些人了。」他把車開進公車站，那裡停了一堆計程車，那裡的計程車是綠色的。他打電話給一位朋友，然後告訴我們：「從後座下車，把身體放低，然後去搭我朋友的車。」那裡有上百輛長得一模一樣的綠色計程車，於是我們下車，然後跳上他朋友的計程車後座。當我要離開的時候，我說：「我想付錢給你。」他說，「噢不，你不必付錢。」我丟了一百塊人民幣在後座，然後跳上另一輛計程車。那些跟蹤我們的人根本不知道我們去了哪裡。

藏人自焚事件

二〇一一年春夏之交，情勢變得更糟糕，數十位西藏的僧侶、尼姑和還俗的僧人自焚身亡，抗議中國在西藏持續推行的高壓政策。

林慕蓮，NPR：當時是自焚事件的高峰。在西藏地區進行報導極為困難。我的方法是盡量去找寺院的廚房，因為他們不會在廚房安裝監視器，而且你總是可以在廚房裡看到人。我記得我們去了一間廚房，那裡的人說：「你們必須離開。如果他們看到你們在這裡，他們會開槍殺了我們。」我瞄到在廚房的角落，有位切菜的女人面露微笑，但她的手卻不斷地顫抖。過去沒有人來過這些地方，所以我們完全不知道，記者的到訪會帶來如此嚴重的後果。我們不停地掙扎，不知道受訪者將面臨多大的麻煩，這樣你該如何進行報導？

史丹・格蘭特，CNN：我們去了四川，試著採訪一些逃離村莊的僧侶；很顯然地，有人向政府通風報信，或者政府發現我們在採訪這些僧侶。我們試著帶著採訪資料離開時，整個過程就演變為貓捉老鼠的遊戲：我記得回到飯店後就被人跟蹤；我們分頭行動，搭上不同的計程車，想要把他們甩掉；我們搭了另一輛車去機場，結果他們就在機場等著我們，把我們抓住，我和我的攝影師分別被六個人抓走。

我們的製作人是華裔美國人，她被從機場休息室拖出來，遭脫衣搜身，然後被辱罵為叛徒、走狗，他們甚至威脅她的家人。他們把我們拘留了好幾個小時，並檢查我們所有的設備；他們釋放我們時，把我們所有的東西都沒收了，我們被送上飛機。這段經歷對我們製作人造成極大的創傷，最終導致她離開新聞界，尋求不同的職涯。這是相當嚴重的創傷經驗。

蝙蝠俠和盲人律師

隨著二〇一一年進入尾聲，外國記者團和中國當局之間的關係仍然相當緊張。盲人律師陳光誠對中國計畫生育的野蠻作為提出挑戰，後來入獄服刑，二〇一〇年獲釋後，仍持續被軟禁在東師古村的家中。二〇一一年十二月，《蝙蝠俠》的演員克里斯汀・貝爾（Christian Bale）和CNN的史丹・格蘭特一同出發，試圖探望陳光誠，並讓更多人看見他所處的困境。

史丹・格蘭特，CNN：當時克里斯汀・貝爾在中國拍電影，他想見陳光誠一面，因為他看到我們的報導而深受啟發，我們和他一起前往陳光誠所在的東師古村。村莊周圍有許多警察駐守，簡直堅不可摧；我們被保安毆打，然後被趕出了村莊。這次他們毆打的對象是世界知名的演員，一位奧斯卡得主，許多美國人都認識他；他的名氣讓這個報導備受矚目，讓更多人開始關注這個議題。

北京當局開始威脅記者，表示不會延長他們的記者簽證。當時《基督科學箴言報》的付畢德是駐華外國記者協會的主席。

付畢德，《基督科學箴言報》：中國當局試圖透過威脅扣留簽證來影響外國記者對中國的報導；此舉違反了他們的承諾，也違反了國際程序，違反了一切的規則，但中國卻毫不在意。

史丹．格蘭特，CNN：眼看我的簽證就要到期，期限來到最後一天；如果我沒有獲得批准，我就必須離開中國。他們一次又一次拒絕我的簽證申請，直到最後一刻才批准，以表達他們的不滿；這和西藏與陳光誠的報導有直接關係。我們明顯感受到，外交部輸掉了與公安部的權力鬥爭，如今中國是由一群惡棍掌權。那時候氛圍十分糟糕。

陳嘉韻，半島電視台英語頻道：二〇一一年底到二〇一二年初，我知道我碰上了麻煩：他們沒有給我一年的簽證，只給了我兩個月的簽證；我相信這種作法並不是長期存在的，也未曾被用作一種手段。他們把我管得死死的，兩個月的簽證到期後，我去申請續簽，他們只給我一個月的簽證。我知道我真的遇到大麻煩了。

「空氣末日」

「環境議題」是政府無法阻止的報導。中國嚴重的空氣污染已經是記者們每天都要面臨的問題。

黃安偉，《紐約時報》：對每個人有能力離開中國的人來說，我認為一旦他們開始捫心自問：「我們幹嘛還住在這裡？」那麼「空氣末日」*也就不遠了。那段經歷激勵了我做一系列報導，描述中國人對於中國污染問題的擔憂。我只能說，工業成長正在為中國帶來持續的污染；我認為，除了貪腐問題外，環境議題是許多中國人關注的重要議題。

王霜舟，《時代》雜誌：你可以在肺裡感受到它的存在，它壓迫著你的意識，令人沮喪。你出門時會看到灰濛濛的天空，清楚地知道那不是霧，而是霧霾，也知道這些霧霾正一分一秒地縮短你的壽命。這令人窒息的現象後來成為大新聞，因為多數的記者團都待在北京；你不必走太遠就能親眼見證這則報導，霧霾就在你的窗外。這是讀者非常感興趣的議題，這也反映中國國內越來越重視空氣品質。

美國駐北京大使館開始在推特帳號上，發布每小時的空氣品質監測數據。

芭芭拉．德米克，《洛杉磯時報》：我率先做了一則報導，介紹美國駐北京大使館開始監測北京的空氣品質，並讓很多人開始關注、追蹤這些數據；這是美國駐北京大使館做的一件好事，因為透過公布空氣品質指數，他們真的讓外國人和中國人開始注意這個議題。這是件好事。

黃安偉，《紐約時報》：關注北京空氣品質的中上階層開始注意到這個問題；這和社群媒體在中國的重要性有關，他們開始將美國大使館的空氣品質數據發布到自己的微博帳號，其中一些人有數百萬的追蹤者。有人問：「為什麼中國政府不提供這些數據？為什麼我們要到美國政府的網站才能看到這些數據？」

從「維基解密」（WikiLeaks）的資料中，我們得知中國官員聯繫了美國大使館，要他們關閉空氣品質監測器，因為這會導致中國社會的不穩定。但因為那次的聯繫，以及幾次出現如同二

＊編按：空氣末日（airpocalypse）由「空氣」（air）和「世界末日」（apocalypse）兩字組合而成，意指中國嚴重的空氣汙染。

〇一三年初「空氣末日」的污染激增事件，中國政府決定他們必須公開部分的資訊。因此，中國開始讓國營媒體報導空污議題，我們開始在頭版看見空污的報導，中國數十家媒體也開始在網路上公布自家的空氣品質監測數據。

尤妮絲．尹，CNN：在全國各地，你都能看到人們不想讓化學工廠蓋在自家附近，也不想再面對危險的生活環境，因為他們確實在這些環境中徒手進行清潔、回收；他們不想被迫與污染物、受污染的土壤或水源共存。

黃安偉，《紐約時報》：我認為在所有關於中國的報導之中，最引發讀者廣大迴響的，是一篇我以自身角度撰寫的報導，內容描述我和剛出生的女兒在中國的生活，以及我所面臨的一些艱難抉擇與愧疚——因為我讓她和我一起留在中國。我拋出了這樣的問題：「我應該因為自己對中國的興趣而留下來，還是應該為了她好，離開這裡？」這也是許多有能力離開的中國人正在問自己的問題。

尤妮絲．尹，CNN：這影響了我在中國的生活。對我個人來說，這一切很難適應，因為你和你的同事往往會覺得，需要一直戴著口罩，或者不斷檢查空氣品質指數是多少。

假新聞

中國最陰暗的一面——污染、壓迫和貪腐——占據了各大版面，讓這個國家驚人的經濟成長表現黯然失色；但報導也有出問題的時候。二〇一二年一月，「公共廣播電台」備受歡迎的節目《美國眾生相》（*This American Life*）播出了一則報導，聲稱富士康在南方城市深圳的蘋果代工廠有虐待勞工的行為。富士康是一間具爭議性的公司：富士康是全球最大的電子產品代工廠，工作條件惡劣的傳言甚囂塵上。

為《美國眾生相》所做的報導並不是出自記者之手，而是由美國作家、藝人麥可・戴西（Mike Daisey）所寫。

史明智，市場新聞網：《美國眾生相》在我podcast的播放清單上，麥可・戴西在那集談他在富士康工廠的所見所聞；那間工廠位於深圳，負責生產蘋果的產品。我立刻察覺聽起來不對勁，他說工廠內的警衛都配有槍枝，我心想，這也許只是以誇大、虛構的方式來描繪深圳之旅；但主持人艾拉・格拉斯（Ira Glass）隨後在節目中，表示他們進行了事實查核。我倒回去再聽了一遍，這個人說，他在富士康的工廠外看見了佩槍的保全人員；但槍枝在中國是非法的，唯一能配槍的是軍隊。他還聊到在星巴克與地下工會的成員喝咖啡，但深圳工廠內的工人連星巴克最平價的產品都負擔不起，我覺得聽起來有點奇怪。

他所有的描述都非常誇張，聽起來很不對勁。我上網搜尋了翻譯員的名字，她是報導中唯一提到的人，也是唯一能夠證實整件事的人，她說她的名字叫做凱西。我在搜尋引擎輸入「凱西」、「翻譯員」和「深圳」的關鍵詞，然後立刻就查到了她的電話號碼，甚至連網頁連結都不必點。我打電話給她，當我問到她與麥可所看到的一切，她說麥可對這趟旅程的描述讓她非常不舒服，並明確表示他所描述的事情並沒有發生。

史明智聯繫了《美國眾生相》節目，並和他們合作，寫了一篇報導，揭露戴西大部分的敘述不是真的；《美國眾生相》節目及其備受尊敬的主持人艾拉・格拉斯首度做了「撤回報導」的處置。

史明智，市場新聞網：報導播出後，有數百封電子郵件寄給我和《美國眾生相》節目；多數人稱讚了撤銷的決定以及我們所做的報導，但也有電子郵件寫道：「不可能啦，翻譯員一定在對你說謊。她住在這個可怕的共產國家，如果她說出麥可・戴西所說的真相，他們就會傷害她。」聽到這段話令人有點失望，因為我和她相處了幾天的時間，認為她不過是個每天都會去這些工廠的普通中國譯者，她沒有理由對這些事情撒謊；她真的很不高興，戴西和他相處了這麼久，卻自顧自地演了一段獨白，把她當作其中的一位角色，也沒有事先徵求她的同意，更捏造了他的所見所聞。

這是個發人深省的例子，說明了美國的主流媒體中，對中國的刻板印象如何滲入；也突顯出記者試著描繪一個複雜、變化迅速的社會時，面臨了哪些挑戰。

第十七章　毒殺

二〇一二年初，薄熙來在中國西南部的巨型城市——重慶市擔任市委書記，他的父親是備受尊崇的資深共產黨員薄一波，曾擔任東北繁榮港都大連的市長，後任商務部部長，因促進中國的國際貿易關係而受到國際社會關注。薄熙來是顆冉冉升起的新星，在主政重慶期間，他帶來快速的經濟成長，以冷酷且高調的方式大力鎮壓犯罪，導致數千人被逮捕，並恢復了文化大革命時期的「群眾集會」。對駐華記者來說，作風浮誇的薄熙來帶來了令人耳目一新的變化，因為中國領導階層清一色都是拘謹又乏味的政治人物。

歐逸文，《**紐約客**》：我從來沒有在中國政界見過像薄熙來這樣的人。他感染力十足，是極富魅力的政治人物；他很高，總是誇張地吹捧他人，他在這方面令人印象深刻。後來人們發現，那股吸引外國人的魅力卻對他的同僚構成了威脅，他們認為他不遵循中國政治的慣例，更傾向讓自己成為鎂光燈的焦點，這讓他們感到不安。

各界普遍認為薄熙來在公開角逐最高領導人之位，但他的周圍已經出現一絲醜聞的氣息。

王霜舟，《**時代**》**雜誌**：他的做法有嚴重的問題，像是他對組織犯罪的鎮壓行動，絕對違反了最基本的人權：你可以清楚地發現，不僅被指控犯罪的大佬被逮捕，他們的律師也一樣被逮捕。

這些問題更延伸到薄熙來的家人，特別是薄瓜瓜——他那喜歡博取注意力的兒子。

裴傑，《**華爾街日報**》：薄瓜瓜在媒體上擁有很高的知名度，因此，我開始調查中央政治局成員的子女時，他是最引人注目的一位。那些留在中國的子女受到了國營媒體的保護，但你往往會發現，那些在海外的子女經常使用社群媒體，薄瓜瓜就是其中之一；當時他在英國牛津大學讀書，會在網路上發布自己的動態，你可以看到他過得是什麼樣的生活。他發布了一些在牛津大學舞會上的照片，引發了一系列的醜聞。

在這些照片中，薄瓜瓜左右各摟著一位年輕的英國女人，嘴上沾著口紅，襯衫的扣子是解開的。

裴傑，《**華爾街日報**》：一位中央政治局委員的兒子身處在那種情境，並透過社群媒體的傳播，突顯出共產黨與社會的脫節。他的所作所為對我來說只有兩種可能的解釋。一是他的父親完全知情，但覺得這沒什麼；這代表了一種近乎傲慢的態度——我們的小孩可以在公共場合有這種行為，就算被看見也無所謂，沒有人會質疑這些錢是哪來的，以及他們如何進入這間學校。或者，他的父親根本不知情，這樣一來事情就非常有趣，因為這個孩子恣意妄為，還冒著讓薄熙來難堪的風險。

謀殺疑雲

二〇一二年二月底，爆發了轟動全中國的驚人醜聞。

歐逸文，《**紐約客**》：薄熙來醜聞案的細節是如此駭人聽聞。我的意思是，這件醜聞真的可說是駭人聽聞，甚至超越了任何虛構小說的情節。

這件事始於重慶市前公安局局長王立軍前往「美國駐成都總領事館」尋求庇護，當時王立軍剛被薄熙來免除職務；王立軍對薄熙來的妻子谷開來提出驚人的指控，令美國的外交官震驚不已。谷開來的外貌、家庭背景（她的父親曾擔任少將和資深共產黨黨員）和教育程度為她贏得了「中國的甘迺迪夫人」的美名。《華爾街日報》的裴傑率先發布這則報導。

裴傑，《**華爾街日報**》：我聽說有位英國人在重慶被祕密殺害，我猜這可能和王立軍在領事館提到的事情有關，最嚴重的指控是「谷開來涉入了這位英國公民的謀殺案」，這一直是王立軍和薄熙來之間衝突的根源，也是王立軍擔心自己生命受到威脅的原因。

歐逸文，《**紐約客**》：這位公安局局長最為人所知的是：他以創新的手法摘取死刑犯身上的器官，受到中國公安媒體的稱頌。如今，他逃往美國駐成都總領事館的懷抱，但美國的總領事館當然不想和他有任何瓜葛，所以把他送了回去；在這個過程中，他把他老闆和老闆妻子殺死英國商人的事給抖了出來。順帶一提，這位英國商人滿足了人們對這類人物的所有幻想：他身穿亞麻西裝，開著一輛掛有「007」牌照的捷豹（Jaguar）。這是認真的嗎？這就是我們的報導？一切就像是永無止盡的感恩節大餐。

裴傑，《華爾街日報》：我從未見過這位英國商人，但我聽說有位英國人和薄熙來的家族關係密切。我查出了他的名字是尼爾・海伍德（Neil Heywood），這讓我在一開始就有很大的優勢，因為這則報導被揭發的方式有點複雜，有很多消息來源：一邊是美國政府官員，他們顯然知道王立軍在領事館內說了些什麼；另一邊是英國官員，他們知道這位英國人在重慶身亡的消息；另外還有好幾位中國人。

這則報導非常棘手，你手上有許多消息來源和片段的資訊，不能僅憑一個說法而做出解讀；你往往會從一個消息來源得到一些資訊，但你無法回頭進行查核；這裡受到的電子監控讓新聞工作更難上加難，因為人們漸漸意識到監控的問題，安排會面變得非常困難，沒有人希望收到我傳訊息問道：「我們可以碰個面嗎？」我必須安排詳盡的計畫，才能接觸到相關人士。

裴傑和《華爾街日報》的同事對他們的獨家報導感到非常不安，報導宣稱：薄熙來的妻子毒殺商人海伍德。

班安祖，《華爾街日報》：我們正在追查一位潛在的中央政治局常務委員會成員。當時各界還不確定薄熙來是否會下臺，而我們正在揭露中國政府高層的貪腐，以及包含謀殺在內，令人震驚的權力濫用問題。這是扣人心弦的報導，我想我們是第一個揭發中國菁英階級祕密世界的新聞機構，我們深入挖掘中國社會和政治發展過程中引發的不滿與憤怒。在中國，金錢、財富和權力緊緊捆綁在一起，並由少數的特權家族、菁英階層所把持，而薄熙來的崛起正反映了這種趨勢。

裴傑，《**華爾街日報**》：這只是其中一則報導，一旦你往湖面投下一顆石子，你會在世界各地看到陣陣漣漪。現任中央政治局委員的妻子被控謀殺——這是一項充滿爭議的指控，我們顯然會需要面對各種法律上的挑戰。有一段時間，我們不得不暫緩報導並向律師諮詢，我也和英國政府聯繫，試著取得他們的聲明，他們不斷重複：「我們晚點會回覆你。」最後，他們在一個週日公開發表了聲明，聲明內容非常簡短，只提到「他們正在調查一位英國公民在重慶死亡的事件」；一旦他們發布了這份聲明，我就可以公開我挖出的所有資訊，其中最重要的是：刊出王立軍在領事館提出的指控。

在裴傑的報導刊出後，記者們進一步調查，發現了更多關於謀殺案的細節。海伍德是四十一歲的商業顧問，一九九〇年代以來一直待在中國，擔任薄熙來家族與外國官員和商人間的掮客及中間人，同時協助薄熙來的兒子薄瓜瓜進入英國的貴族私校哈羅公學（Harrow School）。然而，到了二〇一一年，主要因為金錢的問題，海伍德和薄家的關係開始緊張；海伍德身為家族的核心成員，對薄熙來夫婦的私生活瞭若指掌，或許也因此加速了關係的惡化。二〇一一年十一月十四日，谷開來將海伍德召往重慶；在灌了他許多威士忌後，海伍德開始嘔吐，接著她將毒藥強行灌入他的口中，並在房間灑了滿地的藥丸，製造他死於用藥過量的假象。兩天後，海伍德的遺體被發現，當地警方稱其死因為飲酒過量，他的遺體也在未進行驗屍的情況下迅速火化；如果不是三個月後王立軍到美國駐成都總領事館尋求庇護，整件事也不會有人知道。

不過，整個北京記者團仍持續追蹤這則報導，不僅是因為海伍德之死就像B級間諜片的情節，在更廣泛的層次上，也因為圍繞著薄熙來的醜聞——那些源自他的野心和他妻子冷酷無情的醜聞——突顯了中國共產黨正在進行的大規模權力鬥爭，其中一項線索是：許多記者都是從中國的消息來源取得資訊。

瑞凱德，《**華盛頓郵報**》：中共的新聞機構失去了控制權，所以現在有各式各樣的消息來源。不是所有的資訊都是正確的，許多瘋狂的傳言滿天飛，但其中許多確實屬實，因為薄熙來有很多敵人，許多消息來自黨內敵對派系，很多人願意公開談論他的違法行為。

黃安偉，《**紐約時報**》：我們在報導薄熙來時發現：一旦黨內高層出現分裂、黨內官員開始對自己人下手，人們就更願意向外國記者透露訊息。突然間，許多平常作風低調的人開始談薄熙來的事情，他們想講述薄熙來主政下的重慶模式，以及他如何運用公安機構的勢力來實施壓迫。最終，透過與這些人交談，你得到更多的聯絡人，然後他們會形容他們在重慶觀察到的薄家與公安局長；你開始聽到一些關於薄熙來妻子、公安局長和商業大亨之間的事情，透過持續追蹤這些線索，你漸漸可以拼湊出這個家族的樣貌。

記者們透過調查性報導的工具，發現了接連不斷的內幕：薄熙來如何竊聽來自北京的高級領導人；薄熙來如何獲取中國商業大亨的數百萬美元；谷開來如何將數百萬美元移轉至國外，她的家人如何利用假名，擔任一間中國大型銀行的重要職位。

裴傑，《**華爾街日報**》：我接著和美國的同事合作，他們很厲害地追查到幾位美國人，谷開來在大連擔任律師時，這些美國人曾與她打過交道；同時，我也在英國進行調查。我們發現她的名字出現在一些公開文件上，文件上是草寫的簽名，用的是別名「Horus Kai」*，我們面臨一個常見的問題——人們經常使用別名。我知道有很多中國的菁英家族確實會用不同的名字在香港和西方做生意，但我們很幸運，因為她的出生日期也在文件上；我們還在北京的一個官方網站上找到她的律師登記資訊，其中包含她的出生日期；我們還認識一些和她在大連有過商業往來的人，他們認出了這個名字，「Horus Kai，」他們說，「是的，這是她用過的名字。」

史丹．格蘭特，CNN：這是個非比尋常的故事。這位太子黨成員一度被吹捧為中國的下一任領導人，即將踏入權力核心的聖殿，卻看著一切在一夕之間崩毀。這是滿足所有精彩條件的報導——共產黨的陰謀與暗鬥、中國的權勢階級、謀殺疑雲、東西方的碰撞，包含了各種想像得到的元素。我記得自己親眼看著這一切的發生，掩蓋共產黨內部運作的神秘面紗終於被揭開，我們看見了不可告人的祕密。這是令人驚嘆的報導，情節的發展高潮迭起。

二〇一二年四月，薄熙來被免除所有職務；最終，他被判處無期徒刑。他的妻子被控謀殺尼爾．海伍德，被法院判處死刑，緩期二年執行。前公安局局長王立軍被控叛逃等罪行，數罪併罰後，共計被判處十五年有期徒刑。

* 谷開來選擇「荷魯斯」（Horus）作為她的英文名字，源自於古埃及的戰爭、太陽和天空之神。

陳嘉韻的案例

同樣在四月，中國當局拒絕延長半島電視台陳嘉韻的簽證，指控她違反了中國法律，卻沒有做出明確的說明。陳嘉韻曾數度因為其強硬的報導激怒中國，尤其是她揭露了「黑牢」——一個由祕密拘留中心構成的網路。

陳嘉韻，半島電視台英語頻道：「黑牢」基本上就是不受法律約束的拘留中心，背後源自於一套制度：在中國，任何有冤情的人都可以到北京「上訪」，這是數百年來的傳統。如果你在家鄉有冤情，你可以到北京上訪；但現在的情況是，這些上訪者出現在北京時，當局會把他們帶走，並將他們關在這些臨時的拘留中心。我對這個故事非常感興趣，因為北京當局總是說：「我們無法控制一些中階官員的作為，他們的行為是違法的，在北京，這種事不應該發生。」但在距離天安門廣場四十分鐘路程的地方，他們設立了黑牢。我覺得這是一則強而有力的報導，這代表中央政府沒有能力控制地方當局，或者中央清楚這些違反人權的行為，卻毫不關心；因此，我們的團隊試著用影像留下紀錄。

我們接到一位上訪者的電話，她說：「我的女兒被抓走了。」於是我們來到現場；外頭有個人守在門口，我們硬擠了進去。這些黑牢通常是廉價的汽車旅館，由當地的惡棍守在門口，把人關在房間裡面；我們進到旅館，現場有很多跡象顯示這裡曾經是黑牢，因為走廊上有關於吃飯時間和各種規則的告示，卻不見任何囚犯的身影：這些房間已經在前一晚被清空了。警察被叫了進來。我們拍下了整個過程——一位來自某省的地方官員否認這裡是黑牢，卻試圖阻止我們拍攝。

那位聯絡我們的女人也跟我們一起離開，但她的女兒失蹤了，她因此淚流滿面。我相信北京當局知道我們在那裡，這當然讓他們很不高興；我應該謹慎行事，但我卻沒有這麼做，我只覺得，「管他的。」我已經對他們失去耐心，也許我正中他們的下懷，但當時我心想：「去你們的，我要報導這些事。」他們或許已經受夠我了。

付畢德，《**基督科學箴言報**》：嘉韻的報導確實特別引起他們注意，而且她與當局派去控制她的警察處得並不好——嘉韻不會輕易被警方或任何人控制。

陳嘉韻，**半島電視台英語頻道**：我離開以後，他們決定持續毀謗我的名譽，但他們無法提出更好的說法，只說我違反了法律，我卻一直無法搞懂他們到底是什麼意思。他們真正在乎的是，我的立場很強硬，我讓中國警方感到不安。

藉由她的離去，中國向外國記者團傳達了令人不寒而慄的訊息。

陳嘉韻，**半島電視台英語頻道**：我一直在想那句中國諺語：「殺雞儆猴。」而我就是諺語中的那隻雞。

中國當局甚至警告北京的「駐華外國記者協會」不得公開宣傳記者所承受的壓力。

付畢德，《**基督科學箴言報**》：當局向我們施壓，要求我們不得將聲明放上官網，不得宣傳我們遭到政府施壓的事，不能做任何會被政府視為企圖施加政治壓力的事情。

盲人律師尋求庇護

四月底，被軟禁在山東省家中的盲人異議律師陳光誠躲過警衛的看守，成功逃離東師古村。

黃安偉，**《紐約時報》**：我的一位同事得到消息，說陳光誠已經抵達美國駐北京大使館，我們覺得這實在令人難以相信；到了隔天早上，由美聯社率先爆出這個消息。我們因為沒有善用這個消息扼腕不已，我曾打電話給一位大使館的人說：「我聽說陳光誠現在在大使館。」他完全愣住了，然後說：「我可以告訴你，這絕對不是真的。」他後來向我道歉，表示他真的沒有騙我；當時沒有人告訴他這件事，他也不知道陳光誠在那裡。

王霜舟，**《時代》雜誌**：這是件大事，因為國務卿希拉蕊・柯林頓即將訪問中國；突然間，他們正在談的所有事情，都因為這位社運人士的到來而暫時擱置。這是個高潮迭起的故事。

陳光誠很快就離開了大使館，前往北京的一家醫院。

瑞凱德，**《華盛頓郵報》**：陳光誠前往醫院時，我是第一個接到他電話的人；打來的是美國大使駱家輝，他說：「有人想和你談談。」然後他把電話遞給了陳光誠。因為我們有二十四小時不斷更新的新聞週期，我立刻把這則消息發布在推特上；透過推特，我讓所有的記者知道，陳光誠即將前往醫院，要大家趕快過去。事後NBC和其他媒體的同事來向我道謝，他們透過推特才知道該去哪裡架設攝影機；這反映了我們開始利用社群媒體作為新聞傳播工具。

在醫院外頭，中國警方的阻撓是意料之中的事。

付畢德，《**基督科學箴言報**》：警方告訴記者，如果他們試著在醫院進行報導，就會違反他們的簽證條例，可能會遭到驅逐出境；記者們不顧一切地去了，也得到了他們想要的報導，而在那次事件中，沒有人因為他們的報導而被驅逐出境。

瑞凱德，《**華盛頓郵報**》：有趣的是，儘管中國政府試圖掩蓋一切，但透過社群媒體，記者和異議人士社群都在交換關於陳光誠的資訊；中國政府已經失去了話語權，他們無法控制資訊的流通，而我們有辦法和人們取得聯繫。陳光誠有一位異議人士朋友，她一直向我們提供陳光誠在醫院內的情況；突然間，這位異議人士即將被抓去拘留。她開始在微博求助：「記者們，請幫幫忙。我家外面停了好幾輛車，我想我現在要被抓走了。」便衣警察來到她家門口時，她同步在社群媒體上發布消息：「好的，他們現在在門口了。我想他們會把我抓走。」我們即時發布這則消息：某位異議人士在自己的微博帳號上向大家宣布「她要被警方帶走了」。這是現場直播報導，我想中國政府還沒有為此做好準備。

最終，經過柯林頓國務卿主導的複雜談判後，陳光誠獲准前往美國。

第十八章　追蹤金錢的足跡

在彭博新聞社的北京分社，傅才德和同事看著《華爾街日報》二〇一二年初的幾個月內，對薄熙來事件進行史無前例的報導，同為記者的他們難掩心中的嫉妒之情。

傅才德，彭博新聞社：《華爾街日報》確實主導了報導的走向，我們其他人只能追著他們跑，我心想：「身為記者，我真的落伍了。」最糟糕的是，二〇一二年四月十日，新華社發布薄熙來被中央政治局免職的消息，幾乎證實了《華爾街日報》的所有說法。

當時班．理查森是彭博新聞社在香港亞洲總部的編輯。

班．理查森，彭博新聞社：我們輸得一敗塗地。因此傅才德說：「為什麼不試試看我們擅長的事呢？從數字、事實和數據著手，開始調查資產並建立表格。」於是我們開始四處搜查資訊。

在努力趕上《華爾街日報》的過程中，傅才德寫了一篇調查性報導，分析薄熙來妻子谷開來的財務狀況；結果顯示，谷開來和姊姊們控制了從北京、香港到加勒比海地區的商業網絡，價值至少一億兩千六百萬美元。

傅才德，彭博新聞社：這些資訊確實是來自公開文件，我們覺得這沒什麼，我們喜歡看這些文件，裡面涵蓋了大量的訊息。我們發布了這則報導，每個人都興奮不已，突然間，彭博社一炮而紅。我們欣喜若狂，這則報導又引發另一則報導，報導的方向也開始出現轉變，從薄熙來的個人事件轉向更廣泛的議題。

同時，班．理查森在香港與一位異議人士的兒子喝咖啡。話鋒一轉，他們開始聊起有關薄熙來事件的各種內幕。

班．理查森，彭博新聞社：他突然轉頭跟我說：「為什麼你要寫共產黨希望你寫的報導？」其實，我們都對此感到有些不安，我想才德早就有這種感覺了，所以我們討論了一下；我們幾乎很難分辨哪些是國家給我們的資訊，哪些是真正的新聞，最後，我們取得共識：開始關注那些人們不希望我們關注的事情。我們開始調查整個中央政治局，很快將範圍再縮小到中央政治局的前四名委員。

傅才德，彭博新聞社：我們製作了「中央政治局常務委員會」所有成員的族譜，開始在網路上搜尋他們的名字，找到了股票的公開說明書；那是一份公司的公告，上面列著習近平姊姊在深圳一家公司的資產。那天是二〇一二年五月十日，我永遠不會忘記那一天；我們在那一刻意識到，我們有了自己的報導，而且是很大的報導；我們停下了我們手邊所有事，並在接下來的四十五天內，著手打造這則報導。

傅才德與位於北京、香港的記者和編輯團隊，四處搜查各項文件和紀錄，漸漸拼湊出國家副主席習近平的親戚，如何靠各式各樣的生意賺進數百萬美元；當時據傳習近平將於二〇一二年秋天，成為中國的下一任領導人。

傅才德，彭博新聞社：我得知國家工商行政管理總局（簡稱「國家工商總局」）有這些紀錄。我們開始調閱一些資料，結果查到的資產不斷擴大，我們必須將一切記錄下來。

班．理查森，彭博新聞社：許多我們無法查核的資料不斷浮現，但我們最終的說法是：這是一份能連結到特定人士的公開文件。我們會知道這個人的身分，是因為我們查到了他們的香港身分證號碼，並與中國的身分證進行核對；我們還比對了中國身分證上的照片，因為這些是搜尋系統中可以查到的資訊。一切的資訊都在系統之中，這對調查習近平姪女來說很管用，因為她在中國大陸會使用許多不同的名字，但一到了香港，就是同樣的名字和身分證號碼。現在，我們可以查出這些房地產的真正持有人。

傅才德，彭博新聞社：這些文件往往會把我們引導到北京的一個地址，然後我們會登門造訪；我們試圖證明某間廣州電信公司的所有權，與習近平的另一位姊姊及其家人有關。在國家工商總局的文件中，列出了一位北京的女子，她住在七、八〇年代建造的老公寓九樓，我決定去拜訪她。來應門是一位老婦人，我問她這位女子是否在這裡，她回答：「噢，那是我女兒。她不在家。」「我能聯絡她嗎？」她往牆上指了指，說：「那是她的電話號碼。」我抄下電話號碼，向她道謝，然後回到辦公室，打電話給這位女子。我問她誰是這間公司真正的負責人、為什麼她持有這間公司的股份，結果她回答了所有的問題，她說：「其實，這間公司真正的負責人是習近平的姊夫，我對公司的事情一無所知。」但她卻掛名公司的所有人。「其實我對公司的事一竅不通，我只是照他們所說的去做。」我和我同事互看一眼，興奮之情都寫在臉上：我們剛剛記錄下珍貴的資訊，證明習近平的姊夫透過遠房親戚來隱匿公司的所有權。

傅才德與同事很清楚他們握有爆炸性的資料。

班．理查森，彭博新聞社：當時我們非常謹慎小心。例如，我們絕對不會把手機帶到會議室，我們會關機，將手機或行動裝置上的鏡頭遮住。針對負責這項報導的中國大陸員工，我們還有額外的保護措施：他們必須謹守新聞助理的職權範圍，不得參與研究工作。沒有人可以在家工作，如果要參加線上會議，就必須使用彭博社內的設備。我們還替相關人士取了代號，這樣就不必直呼他們的本名：「天線寶寶」（Teletubby）是溫家寶，習近平則是「又禁」（Yoojin）。

調查國務院總理

與此同時，《紐約時報》的張大衛一直在進行自己的調查，而且早在一年前就開始了。他最初打算調查高級領導人子女的商業活動，但很快將焦點鎖定在國務院總理溫家寶的家族。

張大衛，《紐約時報》：我最後選擇了溫家寶，因為他是我聽過最多傳聞的人物。我參加過不少晚宴和會議，回家後，我會記下筆記，特別是他們提到太子黨或重要人物時；我有數百頁這類的小筆記，附上日期，其中最常提到的名字就是溫家寶。

起初，張大衛將焦點放在「中國平安」保險集團。

張大衛，《紐約時報》：這間公司在香港上市。我調出中國平安保險集團的公開說明書，仔細翻閱內容，上面列著二〇〇四年上市時的前三十大股東名單；我仔細審閱那份名單，我看到了摩根史坦利（Morgan Stanley），我看到了高盛（Goldman Sachs），我看到了深圳政府，然後我看到了一堆我從來沒聽說過的中國公司。我心想：「好吧，泰鴻（Taihong）是什麼公司？寶華（Baohua）呢？」他們顯然在二〇〇四年時突然變得很有錢，我必須弄清楚這些公司的來歷。

和傅才德一樣，張大衛也利用了中國國家工商總局的公開紀錄。

張大衛，《紐約時報》：這是珍貴的寶庫。我拿到這些資料時，我看不懂，所以必須請人翻譯出來；有時候一間公司的文件就高達四百頁。針對中國平安保險集團的所有公司，我想一一查出其所有人；我想將與中國平安保險集團有牽連的公司製作成一張圖表。在第一個月內，我查出可能與溫家寶家族有關的數億美元資產，他們的名字開始清楚地出現在一些文件上。

張大衛發現其中一位八十九歲的婦女，竟然是溫家寶的母親，驚人的是，她在一間名為泰鴻的公司中，持有一億股的股份。

張大衛，《紐約時報》：泰鴻的一個股東（同時也就是中國平安保險的股東）是一間規模較小的公司，似乎只有兩位股東，其中一位股東已經八十九歲了。透過一個人身分證號碼，你可以得知他來自中國的哪個地方，以及他的出生年月日；我從身分證號碼得知，這位透過泰鴻持有一億股股份的女子來自天津，現年八十九歲，可說是家財萬貫。這位八十九歲的女子透過泰鴻持有中國平安保險集團的股份，她在首次公開募股前就入股了；這點非常可疑，因此，我們當然要查一下這位女子的名字，我們認為她一定是溫家寶的親戚。我們初步發現這不是總理母親的名字，但在進一步研究後，我們發現總理的母親已經改了名字，這是她原來的名字，但她現在不用這個名字了。

我想這個頓悟多少伴隨著害怕的念頭。當我發現時，我感到既興奮又害怕，因為光看文件我就知道，如果政府知道了，他們會對我持有這份文件極度關切。我害怕又興奮，很多人警告我要小心，他們甚至不知道我確切來說在做什麼，但他們說：「如果你做任何與太子黨有關的報導，你會引來大麻煩。」我很擔心我正在翻譯的文件牽涉到誰、會讓我發現什麼，因此當我發現「天啊，是總理的母親」時，我整個人恍然大悟。

黃安偉，**《紐約時報》**：中國經濟是由國家所驅動，而不是靠私人企業或企業家精神；正因為如此，黨內高層的影響力幾乎無所不在：黨內高層的子女經營國營企業，或擁有自己的事業，並從中國經濟的崛起中獲益；他們知道該投資哪些公司，該把錢放在哪裡；他們掌握了內線消息，知道哪間公司會成功，哪間公司會在公開募股時上市等。在美國，這種行為被視為內線交易；在中國，這是制度內根深蒂固的一環。

引爆炸彈

六月中旬，在刊出習近平的報導之前，彭博社的傅才德團隊請中國政府針對報導進行評論。

傅才德，**彭博新聞社**：我們寄信給外交部和國務院新聞辦公室說：「我們正在調查習近平親屬的資產。我們很想和國家副主席習近平或任何人聊聊這背後的意義。」彭博社中有一些人認為他們不會認真看待此事，但包括我在內的其他人，都認為我們將引爆一顆炸彈。

班．理查森，彭博新聞社：信一寄出去，壓力就出現了，接著壓力排山倒海而來。

傅才德，彭博新聞社：北京當局開始與彭博新聞社的主管會面，他們說：「你們必須停止這則報導，『中共十八大』就要召開了，現在是很敏感的時期；這篇報導踩到紅線了，這將影響中國社會的穩定。」大概是這類的論調。當然，對外國記者來說，這就是我們所說的「新聞點」。中國駐美大使張業遂在華府與彭博社的主管進行會面，結果會議進展得不太順利：張業遂想要扼殺這則報導，但他失敗了；接著他到紐約與彭博社的高層會談，幾乎得到了相同的答案。值得讚賞的是，彭博社高層非常堅定地認為有必要發表這篇報導。

他們在六月時花了一大筆錢把我們所有人送到香港，包含所有記者、中國籍新聞助理以及每位經手過這則報導的人，我們認為待在香港比較安全。我們都住在萬豪酒店，一起完成這則報導；在最後幾週內，我們大部分都在香港進行報導，我們覺得我們必須待在同一個地點，而且為了安全起見，這個地點必須在大陸以外。

六月二十九日，班．理查森將報導發布在網路上：〈習近平的鉅富家族揭露了菁英階級的財富〉。[1]

班．理查森，彭博新聞社：我在不眠不休的情況下，完成這則長達五千字又錯綜複雜的報導，坦白說，「報導」本身稱不上可怕。我整個人累翻了，但報導終於被發布了，「發布報導」本身才是可怕的部分，令人心煩意亂、頭皮發麻。

傅才德，彭博新聞社：幾天後發生了一件事。那天是七月四日，我剛從北京回來，接到香港總編輯的電話，他說：「很多人試圖傳達一則奇怪的訊息給你，要你別回中國，否則你會有危險。」反正我們剛好有度假的打算，我們隔天就要去歐洲度過家庭假期，因此我的家人、太太和兩個孩子住進了飯店，隔天我們就要出發前往歐洲。結果我們遇到了非常奇怪的事。

歐逸文，《紐約客》：我太太接到一通電話，來電者是一位她在工作上的人脈，在中共領導階層擁有廣大的人脈，她約我太太見面喝杯咖啡。那位女子問我太太莎拉貝絲（Sarabeth）：「你和傅才德是朋友嗎？」莎拉貝絲說：「是啊，他是我朋友。」那位女子說：「嗯，那你必須告訴他，他和他的家人在中國已經不安全了，他們必須趕快離開。」莎拉貝絲不確定該如何理解這件事，接著問：「這是什麼意思？」女子回答：「接下來會發生一些事情，看起來像是場意外，他會死。」

中國研究學者洪理達是傅才德的太太。

洪理達，中國學者：我們接到明確的警告，說才德會發生可怕的意外，而且將以死亡的狀態被人發現，沒有人會知道他到底遇上了什麼事，警告的內容甚至還提到才德的太太和小孩。這非常嚇人，我特別擔心孩子的安危。我不打算說出這位女子的名字，而且說實話，我還是有點害怕談論這件事的後果；這個警告顯然是為了恐嚇我們，而特別令人害怕的是，這位女子代表了中國國家主席的一位親戚。這讓我們擔憂不已。

傅才德，彭博新聞社：實際上有兩個管道：一個是歐逸文的太太，另一個是哥倫比亞大學的教授。傳達威脅的是同一個人，她透過兩個不同的管道，但內容大致相同，也就是如果我回到中國，我可能會被殺。

為了進一步報復，中國政府封鎖了彭博社的網站，並停止向彭博社記者核發簽證；更令人擔憂的是，彭博社在中國的業務受到嚴重的影響，而公司營收很大一部分是來自中國的業務。

奇怪的是，起初對傅才德的生命威脅似乎漸漸平息。

傅才德，彭博新聞社：彭博社開始進行大規模的安全審查，公司雇用了相關人員來進行評估，並開始詢問相關問題。幾天後，這位散播威脅者的丈夫透過哥倫比亞大學的管道表示：「他不會被殺，但他真的應該在適當的時機離開中國。」當時我和彭博社的主管都認為，我們回到中國後，事情就會好轉。

洪理達，中國學者：我比他更驚慌失措，但我們還是決定回到北京。這為我們帶來了很大的創傷，我仍然對這一切感到憂慮不安，但後來我們再也沒有聽到類似的消息了。

不過，為了安全起見，傅才德和家人搬到了香港。

二〇一二年夏天，張大衛開始全心投入調查溫家寶與他富有的親戚。當時周看擔任《紐約時報》的外國編輯。

周看，《紐約時報》：我們很少看到有人以仔細而詳盡的方式來證明這不僅僅是地方層次的貪腐行為，而是中央政治局菁英的家人與親屬，透過管道伸手進入商業領域致富。要證明這點並不容易，但大衛正著手利用中國政府本身的公司紀錄和證券列表來記錄這一切。

張大衛，《紐約時報》：我不眠不休地工作，每當我調閱一間公司的紀錄，就會找到另外的十間公司。你可以想像一張很大的關係圖：中國平安保險集團背後有三十間公司，而在這三十間公司背後，每間又有一百間公司。我持續制定我的報導策略，思考如何在不引起注目、不讓人們知道的情況下進行調查，並斟酌由誰來進行翻譯、能向人展示的內容；我也會諮詢律師、會計師和銀行家，測試一些理論，但不告訴他們我在做什麼，因為這個議題太敏感了。我告訴一些銀行家，我對參與私募股權的太子黨感興趣，但我沒有告訴任何人我已經鎖定了調查對象；這對我來說太危險了，我連提都不敢提。

隨著報導工作來到尾聲，張大衛變得越來越緊張。

張大衛，《紐約時報》：我很擔心我太太的安危，因為她是中國公民，也害怕我自己會出什麼事情。我告訴我的編輯們：「我不確定我是否能在中國完成報導，我感受到很大的壓力，我想他們可以奪走我手上所有的資料。」他們說：「你和你太太先飛回紐約，你可以在那完成報導。」我們帶著一個裝滿文件的大行李箱離開，那是非常可怕的時刻，如果他們沒收了行李箱，那會發生什麼事？我必須把所有的文件都影印一份藏在中國，然後帶著行李箱去紐約，如果行李箱丟了，我至少還有備份；我還透過電子郵件將大型的檔案寄到紐約，以免我無法離開中國。我最後順利離開了。

然而，張大衛認為還有些事情必須在中國完成，所以他在秋天時回到中國。

張大衛，《紐約時報》：我在紐約花了幾週的時間寫作，並與編輯和律師交談。其中一位編輯對我說：「除了你之外，有誰可以證實這件事？」我說：「沒有人。」接著他說了一句我很想聽到的話，那就是：「我們必須聘用一位獨立審查人來支持你的說法。」我心想：「感謝老天。」當時我壓力非常大，甚至想讓《紐約時報》對我說：「我們並不完全信任你。我們想確保你得到保護，也讓我們得到保護，所以我們要找獨立的第三方來驗證這些文件是否屬實。」

那個月過後，我們決定回到中國，以進行更多報導工作；這則報導仍存在許多漏洞，還有很多關鍵人物的身分我們還不知道，而且我還沒拜訪過中國平安保險集團。我的編輯問我：「你覺得你在那裡安全嗎？」我說：「我已經寫了大部分的報導，而且我在紐約留有大量的文件，我為什麼不回去看看呢？到中國平安保險集團一趟，找出其他人的身分。」我們也從報導的草稿了解到我們還需要什麼資訊。我回來後，從八月到十月初一直在中國各地到處跑，每當我遇到一位不錯的聯絡人，我就打電話問他：「你可以幫我一個小忙嗎？」但我從來沒有告訴任何人整體的計畫；我讓一些人看了我的圖表，上面沒有列出名字，然後問他們：「這說得通嗎？這是怎麼運作的？」我最主要的考量是：我們必須確保報導的真實性；我必須將每份文件整理好，我必須為訴訟做好準備，一旦鬧上法庭，我就可以證明我們句句屬實。

到了十月，就在我們即將發布報導時，我的電腦開始出現問題，我也覺得有人在跟蹤我。我打電話告訴編輯：「我覺得我不能在這裡做編輯工作了，我怕哪一天有人會突然出現，然後帶走所有的資料。」他們說：「那就來紐約吧，或是到香港或日本。」我們認為香港不見得完全，報導中提到的許多人都在香港；中國政府不會是我的問題，問題在於那些我揭露的商人，他們可能會雇用人對付我們。所以我和我太太決定去日本。

周看，《**紐約時報**》：很少有調查性報導能像大衛的報導一樣，以真實的數字和證據，清楚證明總理的家族握有數十億美元的財富。如同我們對待任何報導的方式，我們以審慎的程序對待這則報導：我們諮詢了直接涉入這些交易的各方人士，同時也給黨內高層（溫家寶本人的辦公室）以及外交部發表評論的機會。

「你不能發布這則報導」

中國當局得知《紐約時報》的計畫後，他們大發雷霆。

張大衛，《**紐約時報**》：中國政府勃然大怒。他們說：「你瘋了嗎？你不能發布這則報導。」我說：「這個嘛，這篇報導將在週日刊出。」政府要求我立刻前往北京，我說：「我不在中國。」他們說：「什麼叫你不在中國？你在哪裡？你必須來北京。」我最後告訴他們我在日本。他們不斷和我爭論，說他們必須見我一面，我說：「那是不可能的事。你們有四十八小時回應這則報導。」

周看，《**紐約時報**》：他們沒有發表評論，而是啟動了某種危機模式，展開一場全面行動，試圖阻止我們發表這則報導。中國駐美大使拜訪了紐約的總編輯，試著說服我們這是則政治敏感的報導；他們表示這則報導有不準確之處，但他們拒絕作出具體說明；他們說這則報導將被視為干涉中國內政，並擾亂即將召開的中共十八大。他們罕見地做了非常強烈的直接警告：《紐約時報》將付出沉重的代價，一旦發表這則報導，將帶來嚴重的後果；這個威脅極為直接，一點也不含蓄，我們清楚我們將付出很大的代價。

張大衛，《紐約時報》：我們計畫在週日的報紙上發布這則報導，從週四到週六，我都住在《紐約時報》的東京分社。我接到了溫家的電話；我接到了溫家友人的電話，他們得知了這則報導，正在替他們說情；我接到政府的電話、我編輯的電話、神秘人物的電話。這實在太瘋狂了，那是我人生中非常煎熬的時期。週六早上，發行前五小時，編輯平靜地說：「你能不能考慮回到北京與政府的人碰面，我們週日先不發行？」我說：「你在開玩笑嗎？」他們說：「我們認為政府真的想和你談談，這是很大的報導。這會讓他們看見，我們真的想盡可能公平對待他們，給他們發言的機會，給他們一個機會。既然報導已經完成了，就會刊出，為什麼不替他們留點顏面呢？」我和我太太商量，她反對我回到北京；但最後我心想，報導已經完成了，我應該回去，這樣至少我們可以說：「我們給過你們機會了。」誰知道呢？或許他們會說些什麼。我們最後決定讓我回去二十四小時。報導不會在週日發布。

他們將報導從週日的報紙撤下來。我週一飛往北京，我們的想法是，我週一與政府和溫家等人會面，週二一早飛回來，和紐約總部報告他們所說的一切；所以他們暫緩發布，讓我與中國政府會面。中國政府說：「你自己來，確保你是一個人。」他們不斷逼迫我不要發表這則報導；他們說：「你是怎麼想到這則報導的？」我把真相告訴他們，這沒有什麼陰謀，我從來沒有從任何人手中得到任何文件，這就是真實的情況。接著他們給了我他們的聲明，要我跟編輯說我們最好不要發表這則報導，以及一旦我們選擇發表，對我個人意味著什麼；我以為他們給我的這些聲明和論點是為了讓我報導，但最後他們說，這只是給你們編輯的，這些都是不公開的。

《紐約時報》準備發布這則報導時，張大衛被焦慮的情緒所吞噬。

張大衛，**《紐約時報》**：我很掙扎，心想：「我們能發表這則報導嗎？會有什麼後果？這對溫家來說意味著什麼？其他億萬富翁會怎麼對待我們？如果我錯了怎麼辦？《紐約時報》會發生什麼事？」我認為，接下來的二十四小時是我人生中最可怕的時刻。

這篇〈總理家人隱密的財富〉一發布，北京就封鎖了《紐約時報》的網站，包含剛剛推出的中文網站。[2]

黃安偉，**《紐約時報》**：這兩個網站在中國境內的流量立刻大幅下滑，也讓廣告商望而卻步。

周看，**《紐約時報》**：接著，我們面臨中國政府對《紐約時報》記者的新簽證禁令。我們僱用的記者試著從其他機構來《紐約時報》工作時，其簽證卻遭到拒絕，像是儲百亮和王霜舟；這些人來到《紐約時報》，卻無法獲政府承認為《紐約時報》記者，因此被迫離開。

儲百亮，**《紐約時報》**：我認為這是因為中國政府對《紐約時報》的報導——特別是溫家寶的報導——感到不滿，而讓我連帶受到影響。

王霜舟，**《紐約時報》**：他們傳達的訊息是——不要報導中國領導人及其家人的財務狀況；如果你持續這麼做，我們會讓你的報導工作變得越來越困難，我們會讓你無法聘僱新員工，最終可能讓你在中國沒有記者可以進行報導。

《紐約時報》駐北京記者的簽證遭拒後，儲百亮被重新派往香港，王霜舟則是派往臺灣，後來又到香港。

然而，出乎眾人意料之外，張大衛的記者簽證獲准延長。

王霜舟，《紐約時報》：他們非常謹慎，不想趕走他們曾經批准過的《紐約時報》駐華記者，因此，他們沒有拿大衛開刀；無法取得記者簽證的是那些新雇用的人，也就是以其他新聞機構的身分批准過的記者，他們因此可以說：「我們沒有趕走任何一位《紐約時報》的駐華記者。」因為他們不曾承認我是《紐約時報》的駐華記者。我不知道這種區別對世界其他國家而言是否有很大的影響，但我認為在他們心目中，這種差別確實存在；他們正在以外人難以察覺的方式來巧妙處理這個問題。

儘管對自身安危擔憂不已，張大衛仍選擇留在上海。

張大衛，《紐約時報》：我開始想：「如果我們離開中國，我在紐約真的有比較安全嗎？如果他們有數十億美元的資產，他們在紐約還抓不到我嗎？他們在歐洲抓不到我嗎？他們在日本抓不到我嗎？沒有什麼地方是安全的。我不認為我在紐約比在中國更安全，其實，我在中國可能更安全，因為這件事充滿不確定性；我覺得人們對我非常好，我真心喜愛這個國家，我喜歡這裡的人們，也熱愛我的工作。我要怎麼樣才能找到像這樣的工作？」

二〇一三年，張大衛獲得普立茲獎的殊榮。

「他們是誰，共產黨嗎？」

溫家寶和其親戚的新聞爆出後，《紐約時報》也刊登了編輯的說明，詳細交代中國政府如何向《紐約時報》施壓，試圖扼殺這則報導；然而，彭博新聞社因為中國業務中斷導致的收入損失，決定不公開傳才德在報導習近平親屬時面臨的施壓手段。

洪理達，中國學者：我們接到死亡威脅時，彭博社不准我們告訴任何人。既然我是才德的太太，我心想：「好吧，我不會公諸於世。」我在推特上非常活躍，但我決定不要在推特上談這件事。但幾個月過後，《紐約時報》揭露了溫家寶家族的財富，並附上一篇長長的社論，談到中國政府如何對《紐約時報》施以極大的壓力，要求他們不要發布報導，此外他們還受到威脅；我心想：「如果《紐約時報》都公開這種事了，彭博社當然也應該公開，我要在推特公布此事。」所以我發布了推文：「在發布習近平家族財富的報導後，我們收到了死亡威脅。」

我剛發布這則推文，才德立刻接到彭博社高層的電話：「快叫你太太刪除她的推文！」我開始思考：「他們是誰，共產黨嗎？他們沒有權力審查別人的言論。我甚至沒有替他們工作！」所以我沒有刪除那則推文，後來這則推文被轉發了無數次；但這仍然帶來了寒蟬效應，因為我不希望才德丟了工作，所以我再也沒有發布推文。彭博社處理整件事的過程可說是非常不透明：他們不希望任何人談論所發生的事情；他們不希望談論中國政府曾強烈要求他們不得發表這篇報導；他們不希望談論發表這篇報導所帶來的後果。對我來說，中國政府的施壓就和中國國家主席家族所擁有的實際資產一樣重要，甚至更重要，但彭博社並不想談論這個問題。

同時，傅才德、班．理查森以及他們的同事已經展開另一項調查工作，這次的對象是王健林，他是大連萬達集團的董事長以及中國首富。

班．理查森，彭博新聞社：王健林剛完成最大的海外收購案，這本質上就是將二十六億美元從一個資本管制的國家移轉到美國。他的公司不斷在世界各地擴張；他們投資了歐洲最貴的酒店式公寓計畫，地點位於倫敦泰晤士河南岸的美國與中國大使館旁邊；王健林的太太可以和查爾斯王子到溫莎城堡共進晚餐。這些東西非常非常有趣，這些人如何擁有如此龐大的財富和權力？這是一則重要的報導，能夠呈現他發跡的歷程，以及跟著他飛黃騰達的人。

傅才德，彭博新聞社：這幾乎是為彭博社量身打造的報導，描述這間公司崛起的過程，以及為何有這麼多家族投資這間公司。要在短期內掌握這些知識並不容易，我們花了一年的時間才整理好這則報導。

班．理查森，彭博新聞社：才德是這則報導的主要記者。我們從才德掌握的線索開始：在大連萬達集團中國公司的文件中，有一間公司隸屬於習近平的家族，我們已經在那則習近平的報導中證實此事。還有賈慶林，他是中央政治局的常務委員，有不少貪腐傳聞；我們發現他的女婿無緣無故獲得了大連萬達集團非常豐厚的股份。我們透過香港的文件找到一個切入點，這些中國領導人或許在國內能夠瞞天過海，但到了海外，他們似乎變得有點馬虎、傲慢或粗心：他們使用同樣的身分證和名字，而且出人意料的是，同樣的身分證也出現在其他文件中；這讓你能肯定地說，就是這個人了。

二〇一三年底，這則報導已經準備好了。

傅才德，彭博新聞社：經過充分的編輯、事實查核程序，並由律師仔細審查後，這篇報導普遍受到彭博社高層的讚揚——但突然間，一切化為泡影，事情有了一百八十度的轉變；這導致了一連串的事件，最終讓我被解僱。

班．理查森，彭博新聞社：前一刻，全球和區域的中高階主管還在電話中跟我討論編輯上細微的調整，準備迎接最後的發布；突然間，他們說：「我們有個壞消息要告訴你們。我們不會刊登這則報導。」

官方的理由是這則報導還需要加工，但在同一通電話中，彭博社的總編輯溫以樂疑似透露了真正的原因。

班．理查森，彭博新聞社：他說：「中國共產黨，他們跟納粹沒兩樣。我一直在思考美聯社如何在第三帝國時期進行報導，還有我們該如何生存並繼續奮戰下去。」他說：「他們會把我們踢出去，我們會失去在中國的業務。所以，讓我們做自己擅長的事吧！讓我們寫出真正讓人驚訝的報導：沒有人會對共產黨內的貪污腐敗感到意外。我們來寫寫股票市場吧。」接著他談到了我的報導，他的意思基本上是：「報導還沒準備好。」我繼續追問：「我們不是小孩子，大家都是成年人了，你可以直接告訴我們到底發生了什麼事，這則報導顯然是因為政治因素而被拒絕刊登。」不知為何，世界上最有錢的新聞機構竟然想向中國政府磕頭。

傅才德將這個消息告訴他太太理達。

洪理達，中國學者：才德為這則報導努力了很久，他真的很興奮，我從他口中得知很多資深編輯都熱中於這則報導。我讀過報導的初稿，我看到報導經過了完整的事實查核過程，報導中充滿大量的註腳，就像一篇學術論文，而且我知道律師們查核了每個事實；這一切都準備好了，扼殺這則報導顯然是出於商業考量。

在北京，《紐約時報》的黃安偉聽說了彭博社的問題。

黃安偉，《紐約時報》：他們花了將近一年的時間在做這則報導，接著，我們聽說彭博社的總編輯告訴他們，他們不能刊登那則報導。當時彭博新聞社的總編輯溫以樂在電話會議上語氣非常激動，他提到了納粹德國和中國之間的比喻，還說他們在中國的報導方式與在納粹德國的方式類似，也就是說，他們必須在做真正的新聞工作時，同時努力維持在中國的管道。無論是在北京或香港，駐華記者團是很緊密的圈子，一旦有人抱怨，你就會聽到這些傳聞，即使你根本不認識這些記者；我和彭博社的記者並不熟，但你開始聽說彭博社的記者很不滿，聽說有一則報導被拒絕刊登，你會開始關注這件事情，並發現這與彭博社最高層的決定有關。

獵巫行動

十一月九日，《紐約時報》刊登了黃安偉的報導：〈據傳彭博新聞社封殺可能觸怒中國的報導〉。[3]

班．理查森，彭博新聞社：接著就出現了獵巫行動。一旦獵巫行動展開，沒有人能夠逃過一劫。

在香港市中心的彭博社總部，班．理查森、傅才德和其他參與這則報導的人接受彭博社的律師和人資部經理的盤問，他們對有人向《紐約時報》洩漏消息感到憤怒，傅才德被指責為洩密者而被開除。

傅才德，彭博新聞社：接受盤問後，我被趕出了辦公室。那對我來說是個挫敗的時刻。

洪理達，中國學者：老實說，我先前不知道他要跟《紐約時報》談這件事情。起初我很氣他，因為我知道他將被開除，但我知道他做了正確的決定：必須有人把這件事說出來。

彭博社利用合約中的保密條款，對傅才德下達了禁言令，禁止他討論離職的相關細節。

傅才德，彭博新聞社：我確實面臨這方面的限制，這很痛苦，對我而言非常棘手。

洪理達，中國學者：但後來發生的事情更令人氣憤不已：彭博社不僅威脅要對才德採取法律行動，也對我做出同樣的威脅。我只不過是才德的妻子，但他們試圖逼迫我簽署禁言令，讓我永遠不會說出這一切所發生的事情；才德已經有一位律師替他辯護，但不久後，彭博社同樣想讓我閉嘴。特別令人惱火的是，彭博社公開堅稱這篇報導沒有遭到封殺，他們說這是一篇糟糕的報導，只因為還沒準備好發布而暫時擱置——這是個彌天大謊。當初才德在加入公司時簽署了保密協議，他們據此聲稱他違反協議，這是他們對他採取法律行動的根據，但他們沒有任何法律依據來追究我的責任；我最終聘請了自己的律師，在幾封信件的往來過後，彭博社放棄要我簽署禁言令的要求。談到這件事讓我很緊張，因為我仍然很擔心或許彭博社會來找我麻煩，再次威脅對我採取法律行動；我堅信我們必須公開所發生的事情，但與此同時，我們面對的是一間非常強大的媒體公司，要反抗他們並不容易。

幾個月後，班．理查森離開彭博社以示抗議。

班．理查森，彭博新聞社：我離開了。那次電話會議後我就完了。我再也沒有辦法在那裡工作。離開那天我收到了一封信，他們要求我簽署一份表格，上面寫著：「我同意讓公司查看我的家用電腦。」他們還試著玩這種把戲，還有這一切的威脅手段，簡直荒謬至極。

彭博社的溫以樂和公司發言人拒絕了我錄音採訪的請求。二〇一四年初，麥可．彭博（Michael Bloomberg）卸任紐約市長，再次接掌以他為名的新聞機構；在一次員工會議上，有人問他到底發生了什麼事，他給了一個尷尬又不著邊際的回應，結結巴巴地說：「在世界各地做生意時，我們知道這個世界是很複雜的；美國價值不代表所有人的價值。」

傅才德，彭博新聞社：身為外國記者，我有強烈的使命感，認為我們有責任報導並記錄中國領導人坐擁的財富；中國記者沒辦法這麼做，如果他們這麼做，他們會被抓去關。對我來說，中國身為世界上最大的經濟體，卻禁止我們報導中國領導人的財富，根本就是反烏托邦社會才會上演的情節；我不想生活在那樣的世界，我也不想讓我的孩子生活在那樣的世界。

在被開除後的幾週內，傅才德被香港的《紐約時報》雇用，同時，彭博社在擺脫傅才德後，費盡全力與北京當局重修舊好；到了二〇一五年，中國向彭博社核發了新的簽證，甚至讓一位彭博社記者在年度全國人大會議的記者會上提問。

張大衛，《紐約時報》：我不想這麼說，但看來他們嚇唬我們的策略奏效了，因此，所有記者都會擔心自己在中國的所作所為。

事實上，《紐約時報》的北京分社仍然面臨很大的壓力，他們無法取得新的居留簽證，英文和中文網站也持續遭到封鎖。

張大衛，《紐約時報》：因為網站遭到封鎖，《紐約時報》蒙受了數百萬美元的損失；當地的中文團隊完全束手無策，無法獲得廣告收入，也無法取得簽證。他們承受了很大的壓力。

然而，諷刺的是，中國新任領導人習近平卻展開一場全面的「反貪腐鬥爭」。

李肇華有一半的中國血統，從小在美國猶他州長大，在清華大學學了一口流利的中文，並在加州大學柏克萊分校獲得新聞學學位，現在是《華爾街日報》北京分社記者。

李肇華，《華爾街日報》：中國確實存在貪腐問題。在胡錦濤時代，這是個貨真價實的問題，中國生活的每個層面幾乎都因貪腐問題而蒙上一層陰影；父母曾經不得不賄賂老師，才能讓孩子上學。這是普遍存在的問題，這些官員的醜聞確實損害了共產黨的形象；我認為打貪運動主要是去回應這個問題。這麼說來，這是很合理的作法。

事實上，許多被鎖定的高級官員所涉入的貪腐案，與張大衛、傅才德以及他們的同事所記載的並無二致。

張大衛，**《紐約時報》**：我相信中國政府內部並非一致地反對我的報導，因為政府的人會私下跟我說：「恭喜你。」很多人會說：「我們不能公開說，但很多人很欣賞你在做的事。你真的幫助了習近平的打貪運動。」大家都知道溫家寶和他家人當時的所作所為，這令人無法容忍，所以幾乎沒有人攻擊我。

同時，《紐約時報》持續挑戰報導的底線。

王霜舟，**《紐約時報》**：《紐約時報》和中國共產黨這兩個非常頑強的機構在互相抗衡。但幾乎只有《紐約時報》願意寫這種報導。

傅才德，**《紐約時報》**：這有很多原因。其一是沒有足夠的記者，在中國有這麼多報導可寫，新聞機構必須具有一定的規模，才能讓記者有時間去寫這些報導；《紐約時報》當然是其中之一，彭博社也是。第二，你還必須有願意寫這些報導的記者；我可以花一整天翻閱文件，不與任何人交談，這讓我開心極了，我就是這樣，我認為大衛也是一樣，但大衛蒐集資訊的能力與機智無人能敵。第三個原因是制裁，如果你做這麼做，你的公司將受到嚴厲的懲罰，這點大家都很清楚；如果你是中國的其他新聞機構，你想寫這種報導，你很清楚下場會是什麼：你知道《紐約時報》的下場，也知道彭博社的下場，那你真的還想這麼做嗎？

二〇一五年中，經過一年多的報導工作，傅才德針對中國首富王健林的報導——彭博社拒絕刊登，並導致他被開除的報導——在《紐約時報》上發表，標題是〈萬達帝國王健林：游刃於商業與權貴之間〉。[4]

第十九章　監控國家

習近平在二〇一二年成為中共中央總書記和軍委主席後，展開反貪腐行動，這在未來將成為他鞏固權力的重要工具；相關的數據非常驚人：到了二〇一七年，當局已經調查了將近兩百七十萬名官員，並懲罰了一百五十多萬人，包含高級將領和數十名中國共產黨中央委員會成員。[1]

李肇華，《**華爾街日報**》：對記者來說，反貪腐行動的有趣之處在於：一開始出現了非常詳細的描述，揭發這些人的惡行惡狀，讓各界真正意識到黨內的腐敗程度。

這波針對貪腐官員的制裁受到中國民眾的歡迎。

儲百亮，《**紐約時報**》：我和多年前在鄉下結識的朋友閒聊，我問他：「最近還好嗎？」他們很高興看到政府的打貪行動，但民眾普遍的抱怨是：被逮捕的人數還不夠多，特別是一些地方官員，他們也應該受到嚴厲的懲罰。人們很歡迎這項改變。

但最引人注目的是，習近平利用這場運動來打擊他的政敵。除了薄熙來以外，最著名的受害者就是周永康，他是中央政治局常務委員會的九位常委之一，擔任過公安部部長，也是習近平的潛在挑戰者；二〇一五年，周永康因為濫用職權、收受賄賂和洩露國家祕密被定罪，遭判處無期徒刑，展現了殘酷的政治力量。

李肇華，《華爾街日報》：周永康的落馬帶來了天翻地覆的變化。先前各界普遍認為，前任中央政治局常委不會受到打貪行動影響；為了維持黨內高層的穩定，這些人被賦予豁免權，但習近平竟然對這種人下手，實在令人震驚。這是一則極其重要的報導，也是一個不可忽視的信號：政府高層沒有不貪腐的人，因此，習近平顯然是選擇性地針對他的對手進行打擊。

打壓公民社會

隨著反貪腐的力道持續加強，共產黨也對碩果僅存的公民社會施以壓力。

李肇華，《華爾街日報》：共產黨的「九號文件」流出後，揭露了七個黨內必須注意的議題；這份清單列出一連串的自由主義價值——新聞自由、憲政政府和權力分立等。這就像是一場意識型態鬥爭的警告，要求共產黨必須根除這些價值；那些遭到拘留的社運人士和學者，工作領域都牽涉到文件中提到的議題，這和逮捕行動完全吻合。政府很明顯地展開了新的政策，這是系統系地對抗西方的意識型態。他們是來真的。

張彥現在為《紐約時報》工作。張彥一直對中國的宗教議題很有興趣，到了二〇一六年，他投入大量精力，記錄下基督宗教受到的強烈打壓，其中最引人注目的是：政府開始在沿海的浙江省拆除十字架，而習近平曾擔任浙江省委書記。

張彥，《紐約時報》：你可以感受到情勢正在改變，他們開始鎖定教堂，因為那是外國人的玩意兒。

對張彥和《紐約時報》當地的研究員趙添琦而言，為了躲避警方的監控，報導過程成了一場貓捉老鼠的遊戲。

張彥，《紐約時報》：我到杭州拜訪一位直言不諱的牧師。他被人跟蹤了，然後我也被跟蹤了。我們找了一輛深色車窗的廂型車，我坐在後座，接著車子開到了教堂；添琦下車與牧師會面，然後跟他解釋了情況，並問他：「我們可以進去採訪你嗎？」如果牧師答應，我就會下車，到教堂裡一起採訪他。坐在那該死的車裡其實並不舒服，但這是避免麻煩最安全的方式。

揭開監控國家的面紗

數十年來，政府的監控一直是駐華記者生活的一部分。然而，在習近平的領導下，為了成為世界上第一個數位極權主義國家，政府正在擴大使用人工智慧與其他尖端科技來監控民眾。

李肇華，《華爾街日報》：任何在中國待過的記者都會擔心自己遭到監控。我意識到很重要的一點是，中國政府玩的是心理戰，你不希望因為政府監控而過度地影響你的報導，像是自我限制報導的類型，或採訪的對象；但監控確實存在，所以你必須避免讓自己的消息來源暴露在危險中。

在努力躲避日益加劇的監控行為時，記者也試著了解新興的中國監控國家是如何運作的。孟建國畢業於達特茅斯學院，起初在香港當地的英文刊物擔任記者，後來替《華爾街日報》報導臺灣和北京的科技新聞，如今成為《紐約時報》的一員。

孟建國，《紐約時報》：最明顯的就是無所不在的監視器。你會忍不住盯著這些奇怪的裝置，心想：「這些東西到底是幹嘛用的？蒐集到的數據去了哪裡？這個新的監控設備是什麼，又代表著什麼？」

二〇一六年末，李肇華和《華爾街日報》上海分社的新加坡同事林和拜訪了中國人工智慧新創企業「商湯科技」的北京辦公室。

李肇華，《華爾街日報》：我們走進了他們在清華大學附近的辦公室，彷彿置身於科幻電影的場景。他們有一

二〇一八年，《紐約時報》的孟建國在鄭州火車站試戴公安所配戴的人臉辨識眼鏡。在習近平上任的幾年內，中國利用先進科技打造高科技威權國家，儼然成為新聞報導的重點議題。（孟建國提供）

種相機會掃描你的臉部，讓你進入辦公室，也有些經過路邊資料「訓練」過的相機，可以針對往來的車輛、行人和自行車進行分類。你根本無法想像。我們採訪了公司的主管，發現他們賣了很多類似的產品給警方，還有其他的新創公司也會這麼做。中國各地的警察部門都在使用這項科技，這是這則報導的切入點，我們花了將近一年的時間報導監控問題。

中國科技已經成為許多媒體報導的重點議題，主要是因為中國出現了像華為、百度、騰訊等具影響力的企業，以及電子商務巨頭阿里巴巴與其充滿個人魅力的創始人馬雲。

孟建國，《**紐約時報**》：我一直認為馬雲和比爾．柯林頓很像，極具個人魅力，有機會成為美式風格的政治家；但他無法這麼做，所以他轉向了商業領域。如果你仔細思考，會發現阿里巴巴的核心精神，其實就是在說服貧窮的中國人，如果他們嘗試創業，並砸錢在網路廣告上，他們就可以像馬雲一樣；他在這方面很有號召力，他就是這樣的例子。他熱愛發表意見，有時候，他知道自己應該閉嘴，但他就是做不到。

同時，相較於喋喋不休的馬雲，騰訊執行長馬化騰顯得低調寡言，他開發了一款應用程式「微信」，後來成為多數中國人的生活重心。這款應用程式結合了支付工具、電子商務以及社群媒體，讓使用者能夠發布照片、分享近況、購物、繳帳單、叫外賣和收看新聞；此外，應用程式內的數據、購物資訊和聊天紀錄都很容易被政府利用。

李肇華，《**華爾街日報**》：像微信這樣的公司絕對掌握了最有價值的數據。他們手中握有大眾的數據，例如他們的朋友有誰、把錢花在什麼地方、去了哪裡或說了什麼。這實在太瘋狂了，世界上沒有一間公司像他們一樣。

李珊在北京出生、德州長大，她也為《華爾街日報》報導科技議題。

李珊，《**華爾街日報**》：基於微信在中國社會和民眾生活中的普遍程度，我認為微信是極具創新精神的企業；但像騰訊和阿里巴巴這種科技巨頭，也會出售審查軟體給無法自行研發的公司。

然而，要證明科技巨頭和國安機構之間的合作是一大挑戰。

李肇華，《**華爾街日報**》：阿里巴巴和騰訊很精明，對於數據問題非常敏感；他們很清楚隱私問題是西方社會和媒體感興趣的議題，所以他們不願開口。試圖弄清楚他們如何與政府分享資訊，是我們做過最困難的報導；我們必須翻閱各式各樣的文件，與形形色色的人交談；我的同事林和透過社群媒體與杭州當地的警方聯繫，成功說服他們接受採訪，並告訴她阿里巴巴如何與他們分享資訊。

我們開始進行這項報導時，阿里巴巴聘請了以危機處理聞名的公關公司薩德（Sard Verbinnen & Co.）。一名薩德的員工曾擔任《華爾街日報》的駐港記者，他很清楚《華爾街日報》的運作模式，包含我們的編輯流程、該和誰交談以傳達阿里巴巴的觀點；在報導發布之前，我們進行了長時間的溝通。有趣的是，整個過程最終證實了一項關鍵：阿里巴巴在公司園區內有間辦公室，警方可以到那裡工作，直接取得使用者資訊以進行調查。我們從警方那裡得到了這個消息，不是阿里巴巴，但在溝通的過程中，阿里巴巴基本上承認了這件事情。這讓我們對這則報導更有信心。

他們報導的標題是〈中國科技巨頭的第二份工作：協助北京當局監視人民〉。李肇華與林和引述了「熟悉此工作者」的說法，證實阿里巴巴園區內的警察辦公室確實存在，以及這間辦公室讓「科技巨頭透過電子商務和金融支付網絡建立的資訊庫」為警方所用。[2]

在針對監控國家的研究中，孟建國發現一件有趣的事情。

孟建國，《紐約時報》：許多資料在網際網路上是開放的：中國的警察部門會對軟體進行測試，或直接使用軟體，而且他們不會將儲存數據的資料庫上鎖；如果你知道怎麼做，你可以上網並試著與數以千計開放的資料庫進行連線，大致瀏覽一下是否有你感興趣的東西。我們打造了一個搜尋引擎，並透過專利數據庫和採購文件，深入挖掘被視為中國網路的後門；你也可以取得各種驚人的「快取數據」，能夠回答許多監控國家如何運作的問題，像是政府正在運用哪種臉部辨識的演算法、監視器正在尋找什麼、傳送了多少的警報等問題。

經過數個月的研究，孟建國完成了一篇重要報導，報導的開頭寫道：「中國正在強化對十四億人口的監控能力，向全世界展示如何打造一個數位極權主義國家。」[3]

融入人群

儘管面臨各種的騷擾和監控，孟建國、李肇華與林和仍選擇報導共產黨長期以來試圖隱瞞的各項制度；有趣的是，他們並不孤單。在深入剖析中國社會方面，新一代的駐華記者展現了驚人的能力，其中一項關鍵原因是，美國記者團中華人的比例越來越高：有些人從中國移民後成為美國公民，然後回到他們出生地展開報導工作，像是《華爾街日報》的李珊和鄧超；有些是在美國出生、長大，像是美聯社的施家曦（他於二〇一八年加入《華盛頓郵報》）、《紐約時報》的秦穎、《洛杉磯時報》的蘇奕安，以及有一半中國血統的李肇華，《華爾街日報》的鄭子揚則是華裔加拿大人。他們的華裔背景和語言能力讓他們在報導時不像個外來者，讓他們更接近他們所報導的中國社會；他們能融入當地社會，並透過本能意識到文化敏感度的問題。

施家曦，美聯社、《**華盛頓郵報**》：這對我有很大的幫助。隨著報導工作變得越來越困難，我基本上只在背包裡裝了一雙襪子和一套內衣褲，然後就出發了。我盡可能地融入人群之中。

鄧超，《**華爾街日報**》：外表像中國人、說中文沒有西方口音——這絕對有幫助到我，我也試著利用這一點；這層偽裝讓我在一些場合能夠輕易融入其中並四處徘徊。

其中一次經驗是在貧困的貴州省三都水族自治縣。鄧超曾在部落格看到一位經紀人的文章，這位經紀人曾在三都推銷一個基礎建設投資計畫，但在三都水族自治縣縣委書記因貪腐醜聞而被撤職後，這個計畫便灰飛煙滅：這是中國地方政府為野心勃勃的建設計畫欠下大筆債務的典型案例。經紀人帶著一群憤怒的投資者前往三都，並讓鄧超同行。

鄧超，《**華爾街日報**》：這群投資者試圖討回他們的錢，我就這樣跟在他們後頭。有位女士的衣著非常講究，顯然不是貴州人，她是投資產品的經紀人，我就這樣緊緊跟著她到處跑。我跟這群投資者待在政府大樓裡，就像置身於熊的巢穴；我沒有被趕走，我告訴他們我是記者，但不知為何，他們似乎覺得這沒什麼，所以我就這樣一直跟著他們。

「了不起的工作」

秦穎的父母於一九八〇年代移民到美國。一九八九年天安門廣場鎮壓事件後，五萬多名中國人獲布希政府允許而留下來，其中大部分是學生，她的父母便是其中之一。秦穎在加州長大，在柏克萊主修中國研究；二〇一二年，秦穎在牛津大學攻讀碩士時，正在報導薄熙來事件的《紐約時報》記者黃安偉聯繫上她；當時薄熙來的兒子薄瓜瓜正在牛津大學唸書，黃安偉正在尋找可以在那裡進行調查的人。這次的經歷讓秦穎進入《紐約時報》北京分社實習，最終成為一位記者。她的重心放在藝術與文化領域。

秦穎，《紐約時報》：我一直認為，做藝術與文化報導可以替人們建立更全面的中國形象。這是很了不起的工作，但沒有人在報導這些議題，因為多數的新聞機構沒有資源或興趣去做這件事；我根本沒有任何競爭對手，這實在是太棒了。

秦穎為《紐約時報》所寫的第一篇報導是劉慈欣——中國最受歡迎的科幻小說家，他的小說《三體》描寫了人類試圖抵禦外星人入侵的過程，是暢銷全球的作品；後來，她介紹了四川成都的中國饒舌團體「更高兄弟」，發現即使共產黨會針對饒舌音樂的某些主題（例如性、毒品、政治或露骨的語言）進行審查，這個團體仍然反映了許多中國年輕人展現自我主體性的慾望。

秦穎，《紐約時報》：他們相當坦率。他們就是你預期中饒舌歌手該有的樣子。

她還介紹了一位西藏的電影人萬瑪才旦，他的電影幾乎完全由藏族演員和工作人員進行拍攝，並且經常在電影中使用藏語；正如她在報導中提到的，萬瑪才旦「設法在嚴格的審查制度下進行創作，卻能製作出動人的電影與故事，讓遠在制度以外的觀眾也能產生共鳴。」[4]

秦穎，《紐約時報》：儘管他的電影已經在中國戲院上映，他還是擔心會惹上麻煩——他不是什麼叛逆的人物。他說話時非常小心。當時，你仍然可以繞過一些界線，用某種暗語說話，即使沒有直接說出來，大家都還是明白那是什麼意思；我對審查制度很感興趣，也想了解人們如何變得擅長以迂迴的方式說話。我認為他的電影十分別出心裁，你立刻可以察覺到，他的觀點與眾不同，沒有刻意賦予藏人一種異國情調；從他呈現這項主題的手法來看，其實他就在挑戰政府所塑造的西藏形象。

然而，秦穎的報導主題不僅限於藝術領域。她多次發現身為華人是一項重大的優勢，這點特別反映在她的一篇報導，內容描述巴基斯坦女性被販賣給中國男人當新娘；這個問題源自於中國一胎化政策，以及長期重男輕女觀念導致的男女比例失衡。

秦穎，《紐約時報》：一位巴基斯坦的女性被山東鄉村的一位中國農民販賣，她逃了出來，找上我們在巴基斯坦的記者，他們希望找到那位農民。我和我的研究員來到鄉村，我們兩個人看起來就像年輕的中國女孩；他們對外來者非常多疑，我們沒有告訴村民我們是記者，我們想先找到那位農民，他們可能以為我們或許是村民未來的新娘。我們打給那個農民，他就來接我們了；我們告訴他我們是記者，並對他進行完整的採訪。結果很棒，但我無法想像，如果我不是華人會發生什麼事。

然而，即使是表面上無傷大雅的故事，也會為秦穎的報導工作帶來壓力，她到四川採訪樊建川即為一例。樊建川是富有的房地產開發商，成立了中國最大的私人博物館。

秦穎，《紐約時報》：他是一位狂熱的文物收藏家。他設立了三十座博物館，每座博物館都致力於不同的主題。他有一座博物館完全用來展示三寸金蓮鞋，一座是關於二戰時期的飛虎隊，還有一座是介紹文化大革命時期的知識青年；為了平衡一些比較敏感的文革主題，他還設立一座關於抗日戰爭的博物館。我和他見面，並完成了所有的採訪；他還在微博上貼文，說我在採訪他。結果當局來關切我在做的報導，他跟我說：「請你別寫這則報導，因為我會惹上大麻煩。」我已經完成所有的報導工作，但我不想讓他的博物館被關閉，所以我決定不刊登這則報導。

放寬管制

在張大衛和傅才德的調查性報導之後，中國當局加強了對外國記者的限制，但到了這個時期，中國政府開始放寬管制，這也反映出中國發展的矛盾之處。《紐約時報》的儲百亮被中國拒於門外長達三年，如今獲得了新的簽證，其他人的簽證也將隨之而來。

這項政策的轉變源於一場記者會：二〇一四年十一月美國總統歐巴馬訪問北京期間，習近平和《紐約時報》白宮記者馬克．藍德勒（Mark Landler）之間出現了引人注目的互動；在歐巴馬與習近平會面後的聯合記者會上，藍德勒向中國領導人施壓，詢問北京是否會放寬對外國記者的簽證限制，這也是歐巴馬提出的問題。

「媒體都必須遵守中國的法律和規定。」習近平表示，「在中國，我們有句話說『解鈴還需繫鈴人』。」[5]

習近平直接了當的回應（實則是指責記者們自作自受）似乎反應了中方強硬的態度；但不到十個月後，在習近平準備前往華盛頓進行國是訪問時，中國政府突然解除了對儲百亮的禁令，不久後也核發簽證給其他等待已久的記者。

王霜舟，**《紐約時報》**：我認為北京方面擔心，這件事會數度讓習近平感到難堪，讓這場重要的訪問產生尷尬的局面；我認為在這個時間點，這個解釋說得通。

無論出於什麼原因，中國的大門再度向美國與其他外國記者敞開。

張彥，**《紐約時報》**：情勢緩和許多。到了二〇二〇年，獲得簽證的記者人數創下歷史新高，我們一共有十二至十四人獲得官方的批准，我們都拿到了J-1記者簽證。

儲百亮，**《紐約時報》**：我回到中國的第一個感覺是鬆了一口氣，但也多了一種陌生的感覺：在短短幾年內，中國在習近平的領導下發生了許多事情。遊戲規則已經改變，我花了一些時間弄清楚我可以找誰洽談、誰願意接受採訪、誰現在與記者保持距離、如何說服人們和我聊聊。整體而言，《紐約時報》對於重返中國感到欣慰，即使外交部和國務院新聞辦公室的態度似乎並不友善，但他們至少願意與我們對話；但與此同時，二〇一三年展開的整肅與逮捕行動仍持續擴大，我認識或採訪過的人都消失、被逮捕了，或者不再與外國友人往來了。

同時，北京當局甚至讓美國人李香梅（她曾在二〇一二至二〇一六年間擔任路透社的駐華記者）為線上媒體「*BuzzFeed*」成立分社，首度認可數位媒體的重要性。

李香梅，*BuzzFeed*：我認為他們預期我們能帶來一些好處。雙方經過了精心安排的周旋過程，中國駐紐約總領事館派了一群官員拜訪*BuzzFeed*的辦公室，還一起合照等等。

李香梅擁有許多每日即時新聞媒體無法享有的奢侈。

李香梅，*BuzzFeed*：我非常幸運，因為我的工作不是要報導中國所有的新聞。*BuzzFeed*的理念是，我們要做會帶來顯著改變的事，所以我們想把重心放在獨家新聞和調查報導。我的公司讓我能開拓一些沒人做過的領域，當時多數人都聚焦在特定議題，少數人則是追求一些鮮為人知的主題；我尋找的是那些沒有受到廣泛報導的事物。

這樣的理念讓*BuzzFeed*產出了幾則報導，內容包含：中國當局強迫民眾下載一款用來刪除「危險」照片的應用程式，美國小企業在大量中國仿冒品的衝擊下努力求生存，以及中國投資者被川普總統女婿傑瑞德·庫許納（Jared Kushner）招攬的過程。

同時，麥思理在派駐過莫斯科、巴格達和華府後，於二〇一七年加入《紐約時報》北京分社。

麥思理，《紐約時報》：我不會說當時是新聞報導的黃金時期，但那時有種事情平息下來的感覺。某種程度上恢復了正常，但這種氛圍並沒有持續很久。

第二十章　永遠的皇帝

二〇一八年三月，習近平通過了一項憲法修正案，讓他可以無限期連任國家主席，為中國政壇拋下震撼彈。在事前毫無徵兆的情況下，他廢除了鄧小平提出的「國家主席、副主席連續任職不得超過兩屆」的限制，當時鄧小平的用意是確保中國永遠不會再出現像毛主席那樣高度壓迫的獨裁統治者。

儲百亮，《紐約時報》：沒有人預料到他會廢除任期限制。這無疑是一個轉折點，習近平直接打破遊戲規則，「對習近平忠誠」的意識型態清楚地浮現。

裴若思是資深的特派記者，曾經派駐非洲、東歐、南亞以及東南亞，自二〇一二年起擔任《紐約時報》北京分社社長。

裴若思，《紐約時報》：我一聽說這個消息，就立刻打給一位有民族主義傾向的重要學者，詢問他的意見。我記得非常清楚。他說：「我不能發表意見，若思。我不能談論這件事。我很震驚。」然後他掛了電話。就這樣。我從他的反應得知這件事非同小可，就連習近平的支持者也大吃一驚；他們完全沒預料到會發生這種事，中國的菁英階級沒想到習近平會宣布自己將成為永遠的習皇帝。

麥思理，《紐約時報》：你可以感覺到，中國政治面臨了重大的轉變；人們對他大膽的舉動感到驚詫萬分，體制本身似乎也陷入停滯。我認為，各界開始害怕習近平究竟在打什麼算盤，以及對此提出挑戰會面臨什麼後果。

習近平一舉打破了共產黨在權力共享與移轉上的薄弱規範。綜觀歷史，共產黨經歷過許多不穩定的權力移轉過程——毛主席在文化大革命期間剷除異己；一九七六年毛澤東過世後四人幫遭到推翻；鄧小平扳倒毛澤東指定的繼承人華國鋒；一九八〇年代末鄧小平選定的繼任者胡耀邦和趙紫陽被趕下台。儘管習近平毫無疑問地主導了中國的政治體系，而且沒有明顯的挑戰者，但習近平也沒有明確的接班人。

儲百亮，《紐約時報》：儘管習近平的身體狀況不錯，也受到很好的照顧，但他並非不死之身。萬一他生病或健康狀況惡化該怎麼辦？其中一個困難點在於，他一直是以自己為中心來建立許多制度，假設習近平要交接給下一代時，他可以怎麼做？習近平會甘於退居幕後的狀態嗎？這是很棘手的問題，不論誰是繼任者，都必須建立自身的權威，否則一九八〇年代的情況會再度上演——領導人表示：「就選他當接班人吧。」然後又說：「你做得不好，我要換一個人，換到我滿意為止。」這就形成了真正的危機，正如我們在一九八〇年代看到的情況。

對美國記者團而言，習近平鞏固權力的直接影響，是讓報導中國的工作變得愈加困難。

尤妮絲．尹離開CNN後加入CNBC，現在已經在北京待了八年。

尤妮絲．尹，CNBC：隨著習近平變得更肆無忌憚，我感覺整體環境變得愈加緊張。我有許多的採訪被取消，人們開始質問我是以美國人的身分，還是記者的身分來的；我曾經在一週內有連續三場採訪被取消。

麥思理，《紐約時報》：習近平加強控制力道後，你可以明顯感受到各界態度的變化，這讓體制產生了一些改變，使得人們在發表意見時變得更加警惕。我們過去時常引用大學學者的話，但很快地，我們曾經採訪過的人開始說：「朋友告訴我不要和外國媒體交談。」

安娜．費菲爾德來自紐西蘭，曾經在首爾替《金融時報》工作，後來到東京替《華盛頓郵報》工作；她對北韓的報導曾獲得廣大的讚譽。她在二〇一八年抵達北京，擔任《華盛頓郵報》分社社長。

安娜．費菲爾德，《華盛頓郵報》：我抵達北京時，有些專家和教授會拒絕接受採訪，他們表示他們已經無權與外國媒體交談了；很難說其中有多少人是受到直接的指示，又有多少人是在看風向。

川普與貿易戰

二〇一七年，川普當選美國總統，並對中國發起貿易戰，使得美中關係急劇惡化，也讓美國記者團面對日益加劇的敵意。為了迫使北京當局改變川普眼中的不公平貿易政策（例如竊取智慧財產權、不利於美國企業的保護性措施等），並降低美國對中國的貿易逆差，川普經常透過推特宣布實施關稅與其他貿易壁壘政策；毫不意外地，中國對此展開了報復。兩國的經濟與政治關係急劇惡化。

起初，有些記者發現，他們和少數願意接受採訪的中國消息來源一樣，對於如何看待川普感到疑惑。

鄧超，《華爾街日報》：我記得我們和中國的消息來源碰面時，我們往往只能嘆氣說：「是啊，我們也同意川普是個瘋子。」他們會抱怨這個傢伙是多麼任意妄為且不可預測。

尤妮絲·尹，CNBC：川普是如此反覆無常，和外交部的人聊天時，我們會就此開開玩笑；在某些層面來看，我們因此凝聚在一起。我們都會在凌晨四五點醒來，拿起我們的手機，看看他又發了什麼推文；對我來說，這代表我必須聯繫外交部以取得聲明，我知道他們也必須準備一些東西；我們以奇怪的方式形成了某種同志情誼，我們都面臨同樣的處境。

起初，尤妮絲·尹發現「中國人意識到川普沉迷於有線電視媒體」，這點讓她更容易與中國人進行接觸。

尤妮絲·尹，CNBC：在貿易談判初期，人們更願意接受CNBC採訪。他們發現川普會看電視新聞，他們知道他喜歡CNBC的一位主播，而我經常上那個節目。這在某方面來說很有幫助。這是一種與川普總統溝通的方式。

但整體而言，中國長期以來對外國記者的不信任，讓多數努力報導貿易戰的駐華記者被拒於門外。

安娜．費菲爾德，《華盛頓郵報》：有些專家會拒絕接受採訪，因為這個議題的政治色彩越來越濃厚。我會收看中國環球電視網（中國央視所屬的英語頻道），看看誰獲准用英文談論中國對貿易戰的看法，這是讓我的報導增加中國觀點的方法。到了二〇一八年末、二〇一九年初，這些人都說他們無權接受外國媒體採訪；即使他們所說的是和新華社或外交部同樣的內容，他們仍不願開口，也不願重複他們在中國環球電視網所說的話——重點不是他們說了什麼，而是他們在這種緊張時刻竟然和美國媒體扯上關係。這為記者帶來很大的問題，因為我不想在沒有引述中國人說法的情況下，描寫中國對貿易戰的觀點。

記者與川普政府的關係也沒有好到哪裡去。

鄧超，《華爾街日報》：我不認為美國人對媒體非常友善，我記得他們在北京時沒有舉辦很多的記者會。

尤妮絲．尹，CNBC：歐巴馬政府會讓我們出席記者會，或在簡報會上告訴我們發生了什麼事。但隨著川普上台，美國大使館卻變得沉默，他們不會要求中方必須讓美國媒體到場，他們不會替我們爭取權益——這正好符合中國的心意。如果川普不希望有任何記者在場，或者只想接受福斯新聞（Fox News）的採訪，那就算了。這真的讓我們很難獲取資訊。

「突然間，沒有人願意跟你說話了」

隨著美中關係惡化，美國記者團受到的各項待遇也隨之惡化。

麥思理，**《紐約時報》**：我們漸漸失去了取得資訊的管道。情勢變得越來越緊張，雙方關係急速惡化。這反映出中國的政治走向，也讓中國感受到自己變得更加強大，並自認受到外國記者長期以來不公的對待，為此感到憤憤不平。突然間，沒有人願意跟你說話了。

施家曦，**《華盛頓郵報》**：中國人對外國記者的態度越來越充滿敵意，「外國媒體的目標是抹黑中國與中國人民」的說法持續流傳；外出採訪時，你隨時可以感受到人們的冷嘲熱諷和不信任。

但在二〇一九年三月，施家曦前往江蘇省報導一起化學爆炸事故時，他發現並非所有民眾都相信共產黨的說法。

施家曦，**《華盛頓郵報》**：當時我正在與村民交談，他們正在批評當地腐敗的官員和商人，以及他們如何不停地傾倒化學污染物。突然有位當地人問道：「你說你來自哪裡？」我說：「我是來自《華盛頓郵報》的美國記者。」一位女性說：「如果你是美國媒體，你只是想讓我們看起來很糟，對吧？」我說：「不，我只是想講述正在發生的事情，並發表你們的說法。」其他村民開始說：「對，她說得對。我們不應該跟這個人說話。」接著我說：「聽著，你們很沮喪，而且你們正在跟我聊這件事情。你們能和當地記者聊這些嗎？他們有在寫這些報導嗎？」他們說：

「不，他們沒有，他們受到審查的限制。」我說：「你要做的應該是與媒體談談，將你的訊息傳遞出去，特別是告訴習近平，因為你相信習近平是好人，當地人才是壞人；如果你接受採訪，我就能將這件事寫出來，這是中國媒體辦不到的。」他們說：「是啊，你說得很對。我們應該跟這個人談談。」突然間氣氛有了轉變。我以為這些人會把我交給警方，但在那之後，他們說我可以在那裡待一晚，他們說我們會保護你。那時確實有便衣警察聽說我在附近，正在找我，而村民會提前跟我通風報信；在那兩、三天內，我從來沒有被發現。

然而，幾個月後，《洛杉磯時報》的蘇奕安在內蒙古報導中國政府強制推行普通話政策時，卻有了令人不寒而慄的經歷。在採訪送孩子上學的祖父母時，她遭到警方拘留。

蘇奕安，《洛杉磯時報》：他們把我帶到警察局後面的一個房間，裡面有一間牢房，還有一道上鎖的門，房內鋪滿了隔音軟墊，所以外面聽不到任何聲音。對我說話的人非常咄咄逼人，我告訴他我是位外國記者，我想聯繫我國的大使館，他卻對我大吼大叫；我不斷告訴他我要打電話，他卻一直說我不能這麼做。我心想，我必須讓人知道我在這裡；我伸手去拿我的手機時，他把手掐在我的脖子上，把我推進牢房裡，並鎖上房門。我心想這一切完全變了調：我被拘留了，他們可能會把我關好幾個小時，然後才放我走。這非常嚇人。一個小時後，他們把我帶到另一個房間，裡面有一張老虎凳，上頭有金屬部件，能固定你的手臂和腿；我在採訪中聽到很多人提過這個刑具。接著他說：「我會給你你要的人權，你不必坐那張凳子。」有人過來說要對我搜身，要沒收我的珠寶、手錶和內衣。我拒絕了。他們說，你不能帶任何金屬去你接下來要去的地方。那一刻我擔心了起來，我說，不，我要見你們的老闆。最後，他們沒有拿走我的內衣，但他們沒收了我的婚戒和手錶。

幾個小時後，他們把我關進一個普通的房間，給我水喝；我想警局有人意識到：「她是個外國人，還是記者，所以我們不應該這樣對待她。」最後，外交部的人過來說：「我們會載你去車站。」然後把我送上了前往北京的火車。我認為身為華人是我經歷中的重要因素，擁有華人的臉孔賦予我我巨大的優勢，因為在前半天的採訪沒有人注意到我，我和人們交談，得到了很棒的報導素材；另一方面，我也經歷了被當作中國人對待的感覺，那是很不愉快的經驗。

蘇奕安的經驗比較極端，但記者去到北京以外的地方時，開始遇到日益加劇的高壓手段，像是半夜被吵醒以進行「簽證檢查」、被跟蹤、推擠、設備被沒收或遭到拘留。簽證申請也被擱置，或者核准的日期比標準的一年期還要短，更威脅記者說除非報導時收斂一點，否則就不替他們延長簽證。

戰狼外交

「戰狼」一詞清楚反映了中國愈加挑釁的政策，是一種自信、咄咄逼人的行事風格，這個詞彙源自於兩部愛國主義濃厚的中國動作片，後來被中國官員所採用。

施家曦，《華盛頓郵報》：戰狼外交是核心的主題。你可以在中國的外交政策或在世界舞台的表現觀察到這種風格，你可以在習近平對全球的政治抱負中看見戰狼外交的影子；中國的大外宣的風格變得更加意氣風發。

麥思理，**《紐約時報》**：我認為這展現了習近平以及社會普遍的民族主義傾向；這也反映出中國對自己仍未在世界占有一席之地感到不滿，讓中國感覺自己必須更加堅定自信——我們不會再跪著求別人幫助我們了；我們不會再求這些記者來報導我們的故事，我們要講述自己的故事；我們要告訴其他國家該怎麼做；我們不會尋求妥協。他們的外交與國安政策處處可見這一點。

這種趨勢在習近平執政初期就已經很明顯了。二〇一三年九月，裴若思到哈薩克的首都阿斯塔納，報導習近平在納札爾巴耶夫大學（Nazarbayev University）的演講，此校的創辦人是哈薩克總統努爾蘇丹．納札爾巴耶夫（Nursultan Nazarbayev）。

裴若思，**《紐約時報》**：在大學的演講廳裡，他說中國將在世界各地建設這些項目，並將中亞地區與中國結為一體。他的潛台詞是：「當心美國。」這是一切的開端。從這次的演講可以看出，習近平將開拓一條不一樣的道路，試圖儘快讓中國成為全球的領導者；長久以來，中國一直認為那是他們應得的地位。

在哈薩克的演講是後來被稱為「一帶一路」的首次重要公開聲明，這是耗資數十億美元的計畫，目的是透過在中國周邊區域實施大規模基礎建設計畫，擴大中國在全球的影響力。接下來的數年內，在一帶一路的支持下，中國的銀行和公司資助並建造了發電廠、鐵路、公路、港口、電訊基礎設施等；一帶一路成為習近平代表性的外交政策，也象徵中國在世界舞台上煥然一新的自信態度。

在另一項重塑國際秩序的政策中，北京開始更積極地與菲律賓、馬來西亞、越南、臺灣和汶萊競逐在南海的領土主權。南海是戰略水域，世界上三分之一的海運物流會通過此海域。儘管面對鄰近國家和美國的強烈反對，中國政府仍聲稱幾乎整個南海都是中國的領海，並開始騷擾敵對國家的船隻；中國也建造一系列的人工島嶼，這些島嶼後來成為軍事基地；同時，中國強硬的態度也造成中國與臺灣、日本、澳洲、印度、歐盟與其他國家之間的緊張關係日益加劇，與美國的關係也持續惡化。

中國的野心也體現在「中國製造二〇二五」的政策上，此政策旨在讓中國在高科技領域迎頭趕上並超越西方國家，後來成為習近平實現「中華民族偉大復興」的一項核心特色。

裴若思，《紐約時報》：我認為「中國製造二〇二五」非常有趣。中國藉此公開宣布：我們正在與西方對抗；到了二〇二五年，我們將成為半導體、人工智慧等十項科技領域的領航者；我們將在這方面投入大量的資源。西方人將對此嘖嘖稱奇。這些是國家支持的產業，不必遵守遊戲規則。結果，你知道嗎？現在美國被我們甩得遠遠的！

這種戰狼心態——近乎狂傲的自負態度，揉合了對外國記者根深蒂固的恐懼與日益升溫的敵意——正是中國與西方媒體衝突加劇的原因。當記者們試圖報導北京當局對中國西北新疆省數百萬名維吾爾族穆斯林的殘酷鎮壓時，中國便清楚展現了這種心態。

第二十一章　新疆「再教育」

自二〇〇九年烏魯木齊騷亂以來，漢族不斷移入新疆，與龐大的維吾爾族穆斯林產生摩擦，再加上共產黨持續加強控管，使得新疆的不滿情緒持續升溫。

少數的維吾爾族轉向了恐怖主義。二〇一三年秋天，一輛汽車衝進天安門廣場的人群，造成五人死亡，維吾爾族被指責應為此負責；二〇一四年，一群持刀的攻擊者在雲南省首都的昆明火車站大開殺戒，造成二十九人死亡，同時新疆也發生一系列的事件導致數十人死亡。這些事件讓早就質疑維吾爾族忠誠度的中國領導階層震撼不已。

身為路透社的駐北京記者，李香梅曾報導過這些事件。二〇一七年中，李香梅成為*BuzzFeed*的駐華記者，她開始聽到許多關於維吾爾族被關押入「再教育營」的報導。

李香梅，*BuzzFeed*：我和一位通訊社同事一起喝酒。他和一位攝影師剛去過新疆，並僱用了一位維吾爾司機。到了旅程的尾聲，司機跟他們說：「很高興能與你們共事，但我可能不會再見到你們了。」他們問：「為什麼？」他說：「嗯，因為他們說我必須去再教育營。」我心想：「那是什麼？」我們後來開始從流亡的維吾爾族社運人士口中得知，新疆局勢變得緊張許多；我想弄清楚這個再教育營到底是什麼東西。

為深入了解情況，李香梅飛往土耳其，因為中國與土耳其的維吾爾族在語言、信仰和文化上有許多相似之處，而且自一九五〇年代以來，土耳其一直是維吾爾人逃離中國的首選。土耳其擁有全球最大的海外維吾爾族群體（據說人數接近五萬人），所以很容易接觸到流亡的維吾爾人，他們告訴她，自己的親朋好友被送進了新疆的再教育營。

李香梅，*BuzzFeed*：我逢人就問：「你們知道這些再教育營是什麼嗎？」然後，我遇到一位維吾爾族的社運人士，他說：「我以前住的喀什附近有類似的地方。」他解釋了那個地方與旅館、鄰近街道的方位，於是我就出發了。

喀什位於新疆南部，曾是絲路上的一座綠洲小鎮，長期被視為維吾爾社會的文化重鎮。李香梅入住飯店後不到三十分鐘，警察就上門了。

李香梅，*BuzzFeed*：他們問的第一件事是：「你是替《紐約時報》工作嗎？」我說不是。他們又問：「那麼你替誰工作？」我說我在 *BuzzFeed* 工作，然後用手機秀出了 *BuzzFeed* 的網站；當然，網站上都是一些和貓咪有關的「清單體文章」*或其他類似的東西。他們說：「這看起來沒什麼問題。你打算報導什麼？」我說：「喀什和維吾爾族民眾的日常生活。」他們說：「好吧，這應該沒問題。」

儘管如此，李香梅不願冒任何風險；為了躲避監視，她在黎明前溜出飯店，按照她在土耳其得到的指示，成功找到了那座營區，其正式名稱為「喀什職業技能教育培訓中心」。

李香梅，*BuzzFeed*：那是個龐大的園區，四周被高牆圍繞，貼著宣傳海報，上頭寫著：「像愛護自己的眼睛一樣愛護民族團結。」那裡有巨型的大門，還有一座小警察亭；那裡貼著「透過教育進行改造」等類似的標語，我拍了張照片，結果被警衛訓斥了一番。我問警衛那是什麼地方，然後問了一些當地的商家，他們多少證實了我心中的想法。

儘管面臨無孔不入的監視，她發現有些居民仍願意和她聊聊。一位維吾爾人表示：「人們踏進那裡之後，就消失得無影無蹤，包含我的許多朋友在內，很多人都這樣。」[1]

二〇一七年十月，李香梅在 *BuzzFeed* 發表了長篇報導〈二十一世紀警察國家的真實面貌〉。文章中包含她在新疆的實地報導，以及她在土耳其採訪的許多維吾爾族流亡者——他們不敢使用自己的真名，但他們提到了消失在營裡的親戚，或他們因為害怕讓新疆的家人惹上麻煩，而不敢打電話到家裡。[2]

這篇報導是北京加強壓迫維吾爾族的第一篇重大新聞報導，也是第一篇證實拘留營存在的報導；在隨後的幾年內，政府壓迫成為報導的主軸，也是中國與世界其他國家衝突加劇的根本原因。

失蹤的學生

李香梅的報導刊出後不久，美聯社的施家曦也前往土耳其，調查是否有維吾爾族加入敘利亞

* 編按：以清單為主架構的文體，如「十個關於貓咪的冷知識」。

的激進伊斯蘭游擊隊，結果證明確有其事。然而，他遇到的多數維吾爾族流亡者並不是武裝分子，他從他們口中得知，有越來越多到海外留學的維吾爾族學生被召回中國，然後從此消失。

施家曦，美聯社：我在土耳其時，當地的維吾爾社群表示，有一群學生被召回中國，他們要我去查查看；這件事令人非常擔憂，官員們要學生們回到中國，但沒有人聽到這群學生的回音，他們請我弄清楚到底發生了什麼事。

從此以後，我們開始對龐大的再教育營網絡有初步了解。我們並不清楚這個網絡所觸及的範圍，在新疆旅行是非常困難的一件事；新疆人與外地人之間的互動受到監控；當地人害怕公開討論一些事；人們不敢使用微信或用電話交談。你只能得到一些片段的資訊，因此，海外的維吾爾社群並不清楚到底發生了什麼事。我們知道海外的人被政府召回中國，然後就消失了；我們也知道，海外社群告訴我們，他們的親戚開始消失在這些再教育中心。

我在土耳其報導武裝分子時，遇到一位從開羅艾資哈爾大學（Al-Azhar University）逃出來的學生，因為埃及正在幫助中國政府抓這些人，並將他們遣返中國。有個家庭想知道家中弟弟的近況，他在開羅讀書，被遣返中國後就沒了消息。他們從烏魯木齊的一位親戚那裡聽說，這個孩子可能已經死在某個中心，但他們毫無頭緒，也聯絡不到孩子的母親；他們請我去新疆南部的庫爾勒一趟，因為那裡是他們的故鄉；政府無孔不入的監控，讓他們沒辦法打電話給那位母親，問她究竟發生了什麼事。

流亡海外的親屬把那位母親的名字和地址給了施家曦，於是他前往新疆尋找她的蹤影。施家曦在一座小村莊找到了這位母親，她告訴他，她不知道自己的兒子是死是活，當場情緒崩潰。

施家曦，美聯社：那是個傳統的維吾爾村莊，牆壁被太陽曬得發白，街道綠樹成蔭。我們小心確保沒有人跟蹤我們。最後，我們終於找到那位母親；因為情勢很危險，我們沒有帶上翻譯員，但她的中文很不好，我只好讓一位在土耳其的維吾爾人替我在電話上進行翻譯，詢問她有關她兒子的事情。她說：「是的，是的，他的確有回來，但他們把他帶走了，我已經好幾個月沒見到他了。他死了嗎？」她非常擔心。我只能告訴他，我們從其他親戚那裡得知他可能已經死了，但我真的不確定，我很抱歉。她情緒崩潰。我完全不知道該怎麼辦。這反映了在那段日子裡，我們完全不知道這些失蹤的人發生了什麼事。他們的下場是什麼？他們的家人完全被蒙在鼓裡。

當天稍晚，施家曦遭到警方拘留，被審問了一整晚，被迫刪除他所有的照片，並全程被一車車的國安人員跟蹤，直到他離開新疆前往北京。他再也無從得知那位失蹤學生的命運。

沒有暴動的鎮暴行動

在訪問新疆期間，李香梅和施家曦都對政府監控的力道和侵擾程度感到震驚；在幾乎每條喀什的街道上，警方都會攔住民眾，要求出示身分證明，有時甚至會檢查他們的手機。李香梅寫道：「其他像是高解析度的監視器和臉部辨識科技也無所不在。在某些地區，政府還會要求維吾爾人必須在手機上下載一款應用程式，以監測他們的訊息。」[3]施家曦也觀察到許多警察檢查哨和監視器，並在一間飯店外被一名警察攔住，警察表示公安局一直在透過監視器畫面遠端監控他的行蹤。

受到李香梅報導的啟發，《華爾街日報》的李肇華也決定前往新疆。

李肇華，《華爾街日報》：當時我們有點像在與李香梅競爭，看誰能寫出關於新疆監控的大新聞。我們擔心搭飛機到烏魯木齊會受到監控，因此，我們決定租車，從鄰近的甘肅省進入新疆。一進入新疆，你可以立刻感受到其中的不同。他們在邊境設有安全檢查哨，他們叫我們下車，每個人都必須通過一道道安全門，並描身分證和臉部特徵；當地有大量手持突擊步槍的警察，那感覺就像政府在執行鎮暴行動，從那一刻起，我聽見了自己心臟在怦怦跳的聲音，現場的氣氛劍拔弩張。我在中國進行報導時從沒如此緊張過。

在通往烏魯木齊的公路上，每隔幾分鐘你就會經過幾支監視器。我們經常被攔下，我從來沒有經歷過這樣的待遇；我們每天要被攔下好幾次，問我們在做些什麼事。我們得出的結論是，只要我們繼續前進，就不會有什麼問題；在中國，警方和國安人員都非常關心他們轄區所發生的事，但對其他地區卻毫不在意，所以我們都會說：「我們只是經過這裡，我們要離開這個地方。」藉此躲避一些重要的問題。

有一次，我們轉錯了彎，來到一條泥土路上。突然間，不知從哪冒出來的休旅車從我們身旁飛馳而過，發出刺耳的剎車聲，擋住了我們的去路，另一輛車來到我們身後，把我們圍住；一共有十二位警察包圍了我們的車子，他們要我們下車，然後檢查我們的文件。我們問：「這是怎麼回事？你們是怎麼找到我們的？」他們說：「噢，路邊的車牌辨識系統注意到你們的外省車牌，向我們發送了警示，因此我們決定前往調查。」這種手法非常有效。我們完全不知道他們是從哪裡冒出來的，也沒有察覺到我們被跟蹤了。

二〇一七年十二月末，李肇華發布了報導：〈在新疆的十二天：中國的監控國家制度如何蔓延至日常生活〉。[4]

隨著這些報導的出現，北京當局對這些營區幾乎隻字不提，並將政府在新疆的政策定調為針對恐怖主義的因應措施。但這些新聞報導顯然觸動了政府的敏感神經，二〇一七年底，一位北京公安局的官員要求與李香梅進行會面。

李香梅，*BuzzFeed*：他基本上是說：「我們認為你們有關人權的一些報導是錯的。」我說：「如果你想澄清某些特定的事情，我們對此抱持開放的態度。」他說：「沒有什麼特定的事情，反正你們就是錯的。」

不久後，政府拒絕延長她的記者簽證，基本上就是將她驅逐出境；二〇一八年夏天，李香梅離開中國，搬到倫敦。

當時，面對持續強化的國際審查和批評聲浪，中國也開始展開更有力的反擊。「沒有所謂的再教育中心。」一位中國官員對日內瓦的聯合國專家小組表示，「我們沒有對遣返回國的人施以酷刑、迫害或讓他們失蹤。」[5]

但記者們持續進行調查。在中國政府全盤否認之際，李肇華重新回到新疆，並採取新的策略以躲避警方的監視。

李肇華，《華爾街日報》：身為半個中國人，我曾在北京被誤認為維吾爾人。這次我隻身前往新疆，身上沒有什麼東西，只帶著我的手機到處亂晃，希望能盡量融入當地；最後，我可以四處走動而沒有被攔下，我甚至遇到幾位維吾爾人試圖用維吾爾語和我說話，他們以為我是維吾爾人——我的作法奏效了。

綠洲城市吐魯番曾是絲綢之路的重要樞紐，李肇華在此發現了一座拘留營：一棟主要建築上，貼著斗大的紅色中文標語：「學習黨的思想、遵從黨的指示、跟隨黨的領導。」警衛對著李肇華大吼，要他離開這個地方。同時，李肇華的同事裴傑前往鄰國哈薩克的大城市阿拉木圖（Almaty），他在當地採訪了曾遭中國政府拘留，並在獲釋後離開中國的維吾爾人，以及其他親友仍遭拘留的維吾爾人。李肇華、裴傑和記者竇伊文也在這個時候，聯繫了專業的衛星公司Planet Earth，以及加拿大溫哥華的法律系學生章聞韶，章聞韶已經在 Google 地球上尋找新疆再教育營的影像。

李肇華，《華爾街日報》：我和他們一起比對出一些營區，包含我們在第一篇報導中看到的營區；透過衛星檢查時，我們發現營區的規模基本上在一年內成長了一倍。當時我們都不知道可以這樣使用這些公開資訊，現在這已經成為報導新疆議題的重要一環；對駐華記者而言，我們從來沒有必要用這種手法來進行報導，因為我們可以在相對自由、相對安全的情況下四處移動，但在新疆，面對沒有暴動的鎮暴行動，我們不得不使用這些方法。

二〇一八年八月十七日，他們發布了他們的報導：〈北京當局布下天羅地網，中國維吾爾再教育營規模持續擴大〉。同時，儲百亮也在報導新疆議題；和其他記者一樣，他前往土耳其採訪維吾爾難民。[6]

儲百亮，《紐約時報》：很多設法逃離中國的維吾爾人很害怕使用真名。逃離新疆時必須收買一些人，但要價不菲；這些流亡者大多是生意人、學者、醫生或專業人士，他們是新疆社會的重要一環，他們會說中文，也清楚制度中的一些門路。在土耳其見到他們時，你會發現他們很害怕說出他們與家人的經歷。

後來儲百亮回到中國，來到新疆塔克拉瑪干沙漠邊緣的和田地區。他在當地發現了更多證據，顯示北京當局的目標是消除維吾爾人的穆斯林身分。

儲百亮，《紐約時報》：他們企圖實現重大，甚至革命性的社會改革，要在未來短短數年內，把維吾爾族和其他穆斯林少數族群，變成服從中央政府的模範少數民族，讓他們主要的歸屬感、身分認同，以及最深層的語言與價值觀，都納入大中華民族之中——這是龐大的人口、社會、政治改造計畫。

和田給人一種處於戒嚴狀態的感覺，到處都是國安人員，以及警察的前哨站和檢查站。在和田，幾乎所有計程車司機都是維吾爾人。我請一位司機把我載到郊區，這樣我就可以經過一些我想看的地方，以了解它們的位置以及我如何抵達那裡。回程時，我們必須通過一個嚇人的檢查站，檢查站上方的斜坡站著一些配槍的國安人員；司機被帶走約四十五分鐘，我在計程車上等著，我不想讓他一個人留在那裡。他回來的時候，整個人活像見到了鬼一樣，他看起來嚇壞了；當下我就知道，儘管我們沒有去什麼敏感的地點，卻還是替他帶來極大的壓力。

從此以後，我只有在逼不得已的狀態下才會搭計程車。我花了許多時間步行、搭公車。他們很討厭我們坐公車，因為他們無法預期我們什麼時候會下車：搭公車成為我的一項秘訣。你會經過檢查站，看到人們是如何被對待的。他們總會派一些一臉擔憂的便衣國安人員到公車上監視你；儘管如此，你還是可以時時觀察當下的情況，隨時跳下公車。我和維吾爾人聊過後，他們告訴我哪裡可以找到拘留營，我也設法抵達位於和田周邊的工業區，而報導中的照片就來自這裡。

將城市化為監獄

儲百亮的報導是：〈中國在新疆建立大量拘禁營，「轉化」維族穆斯林〉。報導刊出一個月後，他和孟建國回到新疆。孟建國的報導重點是科技議題，他在中國網路上搜尋資料時，發現一款特別針對維吾爾族的臉部辨識系統。[7]

孟建國，《紐約時報》：我們發現這套遍及全中國的系統會主動辨識維吾爾人，我們在上海、杭州和河南各地都發現了這套系統。系統中有一套臉部辨識的演算法能辨識個人身分，但這套演算法又更進一步試圖獲取個人特徵：這個人是維吾爾人嗎？系統會告訴你：「偵測到維吾爾人。」這讓人震驚不已，因為他們確實在進行自動化的種族貌相判定。他們安裝了這些監視器，只要有維吾爾人經過，系統就會記錄下來；這種針對特定種族的監控方式令人感到不安。

孟建國和儲百亮決定將報導的重點定調為：在侵入式監控制度下生活是什麼感覺。這一次，他們沒有試著掩蓋自己的行蹤。

孟建國，《**紐約時報**》：人們曾談論過新疆的監控狀態，但沒有人真正深入了解其中的運作機制。因此，我們展開調查，並記錄下我們在過程中的感受。

我和百亮在二〇一八年十月出發。我們降落後，就有人把我們接走，有時候會有人來問我們是誰；我們抵達飯店時，通常會有國安局的人員坐在那裡，等著和我們聊聊。我們意識到我們什麼也不能做，根本無法採訪任何人，因為只要我到街上跟小販買菜，他們就會記下那位小販的身分證號碼，並問他你說了什麼、做了什麼。在數十萬人消失在再教育營的同時，我們還冒險與別人交談，這種想法實在太瘋狂了。

我們主要是靠步行，試著透過錄影或拍照，記錄嚴密監控狀態下的不同面向，像是清真寺裡的宣傳標語、關閉的清真寺或廢棄的商家等。到處都是檢查哨，他們會要求你刪除所有照片；我的對策是立刻衝進噁心的公廁，他們會跟著我進來，然後在旁邊的隔間或小便斗等著我；我會下載資料，並試著將一些寄回辦公室，然後將資料備份到隨身碟後藏起來，走到檢查站把資料全都刪除，接著重新再來一遍。我們就是靠這個方法搜集足夠的資訊、照片和影片來完成一篇多媒體報導，介紹監控狀態的樣貌以及這給人的感受。

儲百亮，《**紐約時報**》：「不與人交談」乍聽之下似乎讓工作非常受限，但這有點像在語言不通的地方作一位人類學家。即便我們幾乎沒有與人交談，但僅僅透過觀察監控措施的運作，人們如何進行交流，人們如何與警察互動，警察如何對待他們，檢查站如何運作，學校、醫院、其他公共機構周圍有多少監控措施，就能得到很多資訊。

除了實地報導外，《紐約時報》記者也在網路上進行其他研究，其中一些研究是和荷蘭資安研究員維克多．蓋佛斯（Victor Gevers）共同合作。蓋佛斯發現中國監控公司「深網視界」（SenseNets）的資料庫存在漏洞，並與《紐約時報》分享了這則消息；資料庫包含有關新疆監控規模的驚人細節，像是烏魯木齊三百五十萬人口中，已有兩百五十萬人的臉部辨識和身分證掃描紀錄。

孟建國，《紐約時報》：蓋佛斯是白帽駭客。他會尋找公開資料庫，如果他發現了資安漏洞，他會揭露這項資訊，對全世界提出警告。他開始關注中國議題，我們覺得必須從專利領域下手，深入挖掘專利資料庫和採購文件，並追查其源頭，然後透過多方核對的方式，拼湊出事情的全貌。

二〇一九年春天，經過數個月的研究，催生了兩則強而有力的報導。一則報導深入調查了創造並負責營運新疆監控系統的公司與相關科技。另一則是多媒體報導，運用了孟建國和儲百亮訪問新疆時偷偷拍下的照片和影片片段，記錄了如標題所說的「中國如何將城市化為監獄」。[8] 舉例來說，其中一張照片可見街道上布滿了二十支監視器，另一張照片則是維吾爾人通過安全檢查站後進入一座清真寺，並在牆上裝有監視鏡頭的狀態下祈禱。

儲百亮，《紐約時報》：這些只不過是對當地人正在經歷的重大事件所做的小小洞察。

事實上，儘管北京當局嚴正否認，但新疆的報導已清楚揭露：中國政府結合最先進的科技和最粗暴的壓迫形式，對維吾爾族進行迫害。這造成的重大人權危機，讓全世界越來越難以忽視。

第二十二章 「我哭了出來」

媒體持續報導新疆大規模的拘留，以及消滅維吾爾族文化遺產的行徑，讓中國在新疆的政策成為充滿爭議的國際議題。諷刺的是，多數的穆斯林國家往往因為一帶一路而獲得中國大量的投資，或者因為害怕冒犯北京當局，而選擇保持沉默。但在西方國家，譴責的聲浪則越來越大，許多在中國做生意的跨國公司發現自己被捲入這場紛爭之中。

《華爾街日報》的鄧超和竇伊文來到新疆，以商業角度探討這項議題。

鄧超，《華爾街日報》：新疆是生產棉花和衣服的重要產地，我們當時正試著追溯西方公司的供應商；我們把範圍縮小到新疆南部的阿克蘇，因為當地有許多供應商和紡織產業園區。

就像其他記者一樣，鄧超和竇伊文發現與人交談是很困難的一事，官員們經常打斷採訪。有一次，一位年輕的維吾爾女性承認她參加過一項「職業培訓計畫」，她表示：「以前我有極端主義思想，但現在都沒有了。」接著官員們突然把她帶到隔壁的小房間。她回來的時候，她告訴鄧超和竇伊文，她因為洩漏祕密而遭到訓斥。「即使是談論營區也是不被允許的。」她說。[1]

鄧超試圖在阿克蘇拍攝一些畫面，卻惹來更大的麻煩。

鄧超，《華爾街日報》：我曾經拍過一棟有標語的建築，警衛說我不能拍這棟建築，但我還是這麼做了；我想做得有點過頭了，他說那是一棟軍事建築，他們指控我拍攝軍事營區的畫面。我和伊文整晚被關在一間辦公室，全程被錄影，被迫道歉並寫下自白書。我原本的聲明是：「我意外拍攝了軍事建築的照片，我保證未來不會妨害中國的國家安全。」但他們不願意讓我寫「意外」這個詞，所以我不得不重寫一份聲明。那過程令人緊張不已，我們很擔心我們無法離開那個地方，基本上我只是按照別人的指示寫下我的自白書。

然而，鄧超和竇伊文仍查出新疆的供應鏈為許多公司提供產品，包含愛迪達（Adidas）、蓋璞（Gap）和海恩斯莫里斯（H&M）。此外，他們還發現，作為全球最大的襯衫製造商，總部位於香港的溢達集團（Esquel Group）在新疆的棉花田附近設立了紡紗廠，此集團的客戶包含凱文克萊（Calvin Klein）、湯米席爾菲格（Tommy Hilfiger）、耐吉（Nike）、巴塔哥尼亞（Patagonia）。

鄧超，《華爾街日報》：這是第一篇關於新疆供應鏈的綜合報導。我和伊文揭露了這些大公司和新疆之間的關聯，我們打電話請這些西方公司做出回應時，他們才開始調查自己的供應鏈，所以他們可說是被迫調查此事。

女兒與孩子們

但迫害仍持續進行，當局特別鎖定了有海外關係的維吾爾人。二〇一九年九月，居住在澳洲與瑞典的流亡維吾爾人告訴《華盛頓郵報》分社社長安娜．費菲爾德有關瑪依拉．雅谷芙（Mayila

Yakufu）的故事。瑪依拉的父母曾在新疆經營數年的貿易事業，將積蓄存放在儲蓄帳戶；瑪依拉在二〇〇七年移民澳洲前，透過父母的儲蓄帳戶匯款給家人，卻被指控「資助海外恐怖組織」而遭到拘禁。

安娜．費菲爾德，《華盛頓郵報》：這是個關於一位女人和她的家庭的故事，她匯款給在澳洲的親人資助他們買房子，卻因為「資助海外恐怖組織」的罪名遭拘禁；所有的報導工作都是透過電話與她在澳洲和瑞典的家人、相關專家和流亡者取得聯繫。我接著去了趟伊寧，她的家人給我一份清單，上面列了他們曾經喜歡去的地方，所以我去了那些地方，感受當地的氣氛與色彩，還拍了些照片。我其實沒有做什麼報導工作，這是非常奇怪的情況：身為記者，你通常會到不同的地方進行採訪，但當我自己到新疆進行報導時，我選擇不主動與人交談，因為我害怕讓他們陷入險境。

同時，隨著報導新疆變得越來越困難，更顯得中國網路資源的珍貴。《紐約時報》的秦穎在網路上發現一份日記，作者是一位被派往新疆教導維吾爾兒童的漢族教師。日記指出，他的一些學生沒有家人，因為他們的父母遭政府拘禁；他在日記中提到一位一年級的學生：「最令人心碎的是，這位小女孩經常獨自趴在桌上哭泣。在我四處打聽後，才得知是因為她想念她的母親。」[2]

為了躲避監控，秦穎在最後一刻訂了前往新疆的機票，把手機藏在一個能阻擋訊號的袋子，帶了好幾個隨身碟以儲存照片，並試著在第一天完成多數的報導工作，然後再入住飯店，因為飯店會向警方報告她的行蹤。

> **秦穎，《紐約時報》**：前往新疆的準備工作就像是……我不知道當間諜是什麼感覺，但我猜這很接近了。我們的做法是，你必須在第一天就完成所有的報導，希望能在他們盯上你之前完工。

秦穎找到了一間符合網路上描述的學校。

> **秦穎，《紐約時報》**：附近有一個觀光景點，所以我們請司機載我們到那裡。當然，警方在跟蹤我們，我們決定不要與任何人交談。我們去了那所學校，這所學校完全符合我們從網路上讀到的所有描述，因此，我們證實了這所學校的存在。我們看到了宿舍，他們是年紀很小的孩子，大約五、六歲而已。

秦穎透過那位老師的日記、自身的觀察以及她在網路上找到的政府文件，交出了一份報導，講述近五十萬名維吾爾學生被迫與他們的家人分離，並在共產黨控制的學校裡，接受教育與灌輸共產黨希望他們學習的事。

法卡特的母親

二〇一九年，孟建國一直與法卡特・喬達特（Ferkat Jawdat）保持聯繫。法卡特是維吾爾人，二〇一一年移居美國，與二〇〇六年就移民美國的父親團聚；然而，他的母親米瓦・圖爾遜（Minewer Tursun）卻一直待在中國，無法獲准離境。後來法卡特成為美國公民，在母親遭到拘禁後，他成為最公開批判中國對新疆的政策的人之一；在二〇一九年初的美國行，孟建國和法卡特取得聯繫，希望在《紐約時報》的網路廣播節目《The Daily》中講述維吾爾族以及他母親所面臨的困境。

孟建國，《紐約時報》：他願意公開接受採訪。我和他碰面，他邊說邊抽著菸，這顯然是嚴重的創傷經驗。我們播出了這集節目。幾天後，他的母親被放出了營區，她打電話給他，在微信上和他聊天，但開口閉口都在說共產黨的好話：她必須討好他們，才能被放出來，何況還有人在監視她。最後，法卡特在微信上接到一位公安局官員的電話，他說：「如果你停止對外發言，從此不參與這些公開活動，我們或許可以放她出來，但你必須拿出你的誠意，然後閉上你的嘴。」法卡特和他交涉了一會兒，當然我請他將整段對話錄了下來；他給了我所有的素材，我們也做了一集節目，但後來，他覺得這麼做不值得。最後我們決定，「如果讓我去拜訪她呢？」

法卡特透過微信與母親通話時，他舉起了一張紙，上面寫著：「媽，我會派人去找你談談。」儘管必須面臨不少風險，她仍將手指靠在唇邊示意，搖了搖頭，表示同意。二〇一九年八月，此時已回到中國的孟建國搭機前往烏魯木齊，然後來到新疆北部的伊犁。

孟建國，《紐約時報》：此時，我已經很熟悉監控系統的運作方式：他們掌握你行蹤的方式主要是靠飯店的投宿紀錄和交通工具的搭乘紀錄，這些資訊都登記在國家的資料庫，所以我知道要在班機起飛前的幾個小時才買機票，因為他們要到早上上班時才會查看這些資料。我搭了早上五點的班機到烏魯木齊，下飛機後沒有人在等著我；因為雨下得很大，我買了兩把雨傘，立起我的衣領，把帽子壓得低低的，然後搭上一輛計程車離去。沒有人在跟蹤我，我直接走進他母親的房子，我坐在她旁邊採訪了兩個小時，法卡特則在線上將維吾爾語翻成英語；我們從她身上取得有關再教育營的證詞，裡面的情況十分可怕。在她講述的過程中，我試著將錄音檔藏起來，我用三支不同的手機進行錄音，不時停下來將檔案儲存在不同的隨身碟，因為我認為警察最終會出現在我們面前。

果然沒錯，當地的共產黨官員早上九點抵達現場，孟建國立刻離開了，但他成功帶著採訪資料回到北京，並在十二月初於《The Daily》播出另一集節目。

孟建國，《紐約時報》：我們播出了最後一集節目後，政府提升了對他母親的監控力道：如果沒有祕密警察在場，她就不能和她的家人一起坐在家裡的客廳；如果沒有警察陪同，她就不能和朋友在咖啡廳見面；她不能使用大部分的網路服務，也不能看電視。這有點像是「監控制度下的死刑」，儘管她在某種程度上能與兒子維持聯繫，但這讓她在社區中被孤立，因為大家都知道一旦她在附近，他們就被迫與警察打交道。後來法卡特告訴我，他認識的一個算是傳聲筒的中間人，將伊犁公安局局長的威脅轉告給他：「如果再讓這個孟建國回來，我們會『弄死』你的母親。」這個意思不是說「現在去把她給殺了」，而是「我們會找個讓她死的方式。」

新疆文件

二〇一九年末，儲百亮和王霜舟掌握了超過四百頁的中國政府內部文件，其中描述了壓迫新疆維吾爾族群的具體政策；《紐約時報》形容這是「數十年來中共最重要的外洩文件之一」[3]，提供了前所未見的壓迫內幕。這些文件包含習近平訪問新疆後發表的祕密談話，他告訴官員要「不留情面」，以及關於監控維吾爾人的指令和報告。

王霜舟，《紐約時報》：這些文件告訴我們的一件大事是：習近平對新疆議題是多麼地關注。在這些文件中，他並沒有說：「建造這些營區吧。」文件中提到他在造訪新疆時表示，這裡有個問題，必須採取更多行動來解決恐怖主義、分離主義和宗教極端主義的問題。然後你會看到當地官員利用習近平的談話來合理化自己的計畫和努力，最終導致這場大規模的監禁行動。

其中有幾份文件仔細描述了這些營區。起初，北京當局否認了這些營區的存在，他們稱這些營區為「職業培訓計畫」，主要是提供給那些可能誤入歧途的人，教他們中文和基本的技能；但這些文件很清楚地表明，這是一種懲罰，根本不是什麼培訓計畫。

儲百亮，《紐約時報》：這些文件雖然只是對中國政府在新疆政策上的片面觀察，卻已呈現了許多內幕，讓我們看到在兩年的時間內，持續擴大的大規模監禁行動；這絕對不是事情的全貌，卻反映了不同層次的政策制定過程，也展現了領導人習近平的思維。

中國政府大發雷霆。外交部並沒有否認文件的真實性，但表示這則報導是用「移花接木、斷章取義的拙劣手法」在「污蔑抹黑中國」。[4] 中國駐英國大使劉曉明告訴記者：「新疆沒有所謂的勞改營，這些是職業、教育培訓的中心，目的是為了阻止恐怖分子。我們所做的與族群、宗教滅絕無關；在新疆，我們完全尊重宗教自由。」[5]

僅僅一週後又發生了文件外洩，這次是二十四頁的二〇一七年新疆政府內部文件，內容涉及提升拘留營安全強度所需要的詳細作法。這些文件由海外的維吾爾人提供給國際調查記者聯盟（International Consortium of Investigative Journalists, ICIJ），這個位於華府的非營利組織將《紐約時報》在內的許多新聞機構聚集在一起，共同審查這些文件。這些文件駁斥了中國對維吾爾族政策是良性的說法，王霜舟和儲百亮對此做了報導：〈外洩的中國文件顯示拘留營內部的祕密與間諜活動〉。[6]

王霜舟，《紐約時報》：洩密者告訴我，共產黨內有很多人反對政府在新疆所做的事情，以至於他們願意冒著人身安全的風險，洩漏這些文件。

種族滅絕的辯論

壓迫新疆的規模之大，讓越來越多的各國政府、分析師和維權人士出面指控北京當局對維吾爾族實施種族滅絕（genocide）。「種族滅絕」在國際法上被定義為「意圖全部或部分摧毀一個民族、族裔、種族或宗教團體的行為」，[7] 對記者而言，種族滅絕的指控點出了一個複雜問題：

如何在報導中描述新疆事件。

李肇華，《**華爾街日報**》：作為一間媒體機構，《華爾街日報》對這種議題非常小心，我們甚至針對是否可以稱這些營區為「集中營」（concentration camps）進行了辯論，我們最後稱它們為「拘留營」（internment camps）。如果直接從中文翻譯過來，他們的確會使用「集中」（concentrated）一詞來進行描述，儘管如此，我們認為如果稱之為「集中營」，勢必會與納粹的集中營產生聯想；我們不確定這些營區的性質，以及裡面到底發生了什麼事，所以「集中營」的稱呼可能會把報導帶到一個我們沒有準備好的方向；因此，我們當時決定保守地使用「拘留營」一詞。

我們一直認為這種手法有「種族滅絕」的特質，但這麼稱呼的爭議在於：這些是新的手法，我們從未見過這樣的行徑。當然，在新疆發生的一切以前顯然也發生過，這就是這則報導渲染力如此強大的原因，因為歷史上有不少相似之處；但同時，歷史上沒有一個政權做過中國正在對新疆做的事，也沒有一個政權用過中國正在使用的工具。我認為每個人都為此感到苦惱，大家都在尋找二十一世紀的新術語，因為我們別無他法，但這些術語其實並不完美。

王霜舟，《**紐約時報**》：在大規模滅絕的意義上，我不認為在新疆發生的事算是種族滅絕，但我確實認為政府有試圖控制人口成長，並限制文化、語言等諸如此類的事情；如果要正式定義種族滅絕，這些應會相當符合。但隨著美國公開指控中國正在實施種族滅絕，這演變為高度政治化的議題，讓整件事情變得更加複雜。

李香梅，*BuzzFeed*：區分「種族滅絕」和「種族清洗」（ethnic cleansing）兩種術語相當重要，因為「種族清洗」並沒有明確的法律定義，對不同人來說可能代表不同的意思；某措施是否為「種族清洗」是可以被討論的。但「種族滅絕」在國際法上存在明確的定義，在我看來，已經有強而有力的論據顯示這符合種族滅絕的定義；並非只有國家支援的大規模屠殺才稱得上種族滅絕，能被歸納為種族滅絕的情況遠多於有此。基於上述的理由，這場辯論其實非常重要。我不認為這只是語意上的問題，因為一旦由政府替某件事情貼上「種族滅絕」的標籤，受指控者必須承擔一定的責任，也能藉此影響政策制定者。

儲百亮，《紐約時報》：我認為不應該過度執著在「種族滅絕」這個標籤的議題。無論在新疆發生了什麼事，我們仍可以用許多其他反人道的罪行，來對當地的情況提出指控；因此，在政治上和情感上執著於「種族滅絕」的稱呼，也許是政治策略上的錯誤，我認為這只是分散了人們對這項重大議題的注意力。

麥思理，《紐約時報》：你可以對這個議題進行法律上的辯論（而人們也在這麼做），但當地正在發生的事情以及政府的目標是無庸置疑的，也就是讓人民變成一黨專政下順從的國民。

揭開營區的面紗

遭到驅逐後，*BuzzFeed*的李香梅回到倫敦，但她持續關注新疆的發展。在二〇一八年柏林的線上調查性報導工作坊，她遇見了英國建築師艾莉森．基林（Alison Killing），她透過地圖和數據來觀察人權議題。

李香梅，*BuzzFeed*：我對這個報導十分著迷，想要繼續做下去；艾莉森也非常感興趣，身為建築師，她切入的角度是營區的結構，以及圍繞新疆議題的所有空間問題。我們開始討論我們是否可以透過衛星影像來尋找更多的營區。

他們開始在中國的搜尋引擎百度上查看地圖。當他們放大一處已知的營區位置時（記者曾經訪問、證實過的營區），發現有一塊淺灰色的圖磚遮住了其中的細節。

李香梅，*BuzzFeed*：當時我們已經掌握了一些營區的位置，艾莉森調出了其中幾個，她注意到有些灰色的色塊，上面寫著無法生成影像。她心想：「怎麼會？」可能是百度真的沒有這個影像，或許拍照當天是陰天，或出了什麼狀況；但實際上，在這種情況下，會出現另一種不同的灰色色塊。我們立刻意識到這可能是因為審查的關係，我們做了一些測試，發現那些已知的營區位置都有這些灰色的色塊。因此，我們心想：「如果我們找出所有的灰色色塊，是不是就能掌握這些營區位置的線索呢？」

但這個過程沒那麼簡單。

艾莉森．基林，建築師：我們最後找到了數也數不清的灰色色塊。他們的審查標的包含任何具有戰略意義的地點，像是工業區、風力發電廠、太陽能發電廠、輸電線路、軍事基地、軍事訓練區以及這些營區。我們縮小範圍的方法是聚焦在大型基礎設施附近的道路、城市、城鎮和周邊地區，營區需要瓦斯、電力、水源和網路，與城市相連總比在沙漠中挖一條三百公里的管線還要容易。人力和物資必須進得去；人們在那裡工作，他們必須有住的地方；這些營區會靠近基礎設施和大型聚居地是很合理的一件事。

過程中，他們得到奧地利程式設計師克里斯托・布切克（Christo Buschek）的幫助。

艾莉森・基林，建築師：克里斯托打造了一項工具，可以將那些被遮蔽的位置套用在 Google 地圖上。這些被遮蔽的位置上會出現標記，讓我可以一個一個仔細查看；我們可以看到百度審查的地點，接著到一個沒有受到審查的平臺（如 Google 地球）對照檢查一下實際的狀況。這讓我意識到：「我的天啊，他們正試著隱藏所有的位置，但這麼做卻暴露了他們的整個網絡。我們可以利用這一點來找出所有的位置。」那種感覺實在不可思議。

因為我們已經清楚掌握了七十座營區，因此我們很清楚地知道營區的外觀。這些營區可分為兩類。有些營區源自於早期的計畫，大多建造於二〇一六年末、二〇一七年初，這些營區以前是學校、醫院，甚至是由公寓大樓改建而成；在這些地方，你會看到一些奇怪的景觀，像是公寓大樓之間搭建的藍頂工業棚屋；你會看到營區周圍建造的圍牆，將營區的一部分隔開；你也會看到兩棟建築之間的鐵絲網通道，還有周圍的鐵絲網圍欄。我們很清楚這些是營區，根據這些影像，我們可以推斷出這類營區的特徵，因此，這讓我們推斷出一套實用的判定標準。

大約從二〇一七年起，他們開始建造更永久性的營區。這些營區看起來就像是中國各地會有的監獄，有一公尺半或兩公尺厚的圍牆，在角落或牆邊設有警衛室，牆的兩側會有多層的鐵絲網，顯然是門禁森嚴的地方。這就是我們透過衛星影像所發現的事情。

為了證實他們的發現，李香梅採訪了二十幾位曾經遭到拘禁的人，如今他們已逃離新疆。他們向她描述營區中的酷刑、飢餓、過度擁擠、單獨禁閉、強迫節育和其他虐待行為，並提供了他們被監禁的營區位置，以及實體布局等珍貴的細節。

李香梅，*BuzzFeed*：如果我們不去了解這些受到傷害的人，這些資訊就毫無意義可言，因此，和流亡者交談相當重要。除此之外，流亡者可以告訴你一些衛星影像中看不到的東西；例如，在衛星影像中，你看不到走廊地板上畫有線條，用來規定他們行走的路線，也看不到廁所兩側所裝設的監視器等類似的東西。很多東西必須靠人才能拼湊出來，因此，我們花了很多時間在比對流亡者與他們曾經待過的營區。

我在情緒上陷入掙扎。最糟糕的時刻是，我們對哈薩克的一位維吾爾女性進行六小時的採訪，而哈薩克政府威脅要將她遣送回中國，她很有可能再次被送往營區。她在那個營區有過最痛苦不堪的經歷，她向我們詳述了其中的情景；因為她生病了，過程中她不斷咳嗽。我們又餓又累，這是個如此讓人心碎的故事，我和我的口譯員走了出去，外頭下起了雪，我們就這樣在餐廳坐了一個小時，一句話也沒說。我記得在某次採訪後回到倫敦，採訪了這麼多營區的倖存者後，一看到正常人，我直接在計程車上哭了出來，那是一種如此強烈的脫離感。我承受不了。

最終，他們證實了兩百六十八座新營區的存在，有些營區大到足以容納超過一萬人。二〇二〇年秋天，他們的六則系列報導刊登在*BuzzFeed*。二〇二一年，李香梅、艾莉森·基林和克里斯托·布切克獲頒普立茲獎的「國際報導獎」（Pulitzer Prize in International Reporting），獲獎原因是「他們發揮衛星影像和建築專業，採訪二十幾位曾經遭到拘禁的人，證實了中國政府為大規模拘禁穆斯林而建造的龐大基礎設施，製作出一系列清晰且扣人心弦的報導。」這是 *BuzzFeed* 的第一座普立茲獎。

第二十三章　病毒肆虐

二〇二〇年一月初，零星報導開始指出武漢出現類似肺炎的神秘疾病。武漢是中國中部最大的城市，人口超過一千一百萬，是湖北省的首都，也是重要的交通樞紐，透過河流、高速公路、高速鐵路和空中航線與中國其他地區相連。最初當地政府淡化了這波疫情，沒有做出什麼說明，並堅稱沒有證據顯示這個疾病會在人與人之間傳染；然而，在北京的CNBC分社社長尤妮絲．尹卻沒那麼肯定，她曾擔任駐新加坡記者，報導過二〇〇三年的SARS疫情。

尤妮絲．尹，CNBC：當時（二〇二〇年一月）中國政府表示這不是什麼大問題，這只會在動物之間傳播，但因為我在SARS方面的經驗，我認為這可能是個大問題。

一月八日，《華爾街日報》成為第一個報導相關科學發現的重要刊物：中國科學家從武漢的肺炎病患身上取得樣本，並透過基因定序發現了新型冠狀病毒。娜塔莎．汗在香港出生、長大，加入《華爾街日報》前曾為彭博新聞社報導科學與健康議題，她率先發布了這則報導。

娜塔莎．汗，《華爾街日報》：我已經從好幾個人那裡得到證實，非常肯定這個消息是正確的。我認為這則報導的重點在於，他們對病毒株進行基因定序，發現這是一種從未見過的新型冠狀病毒；這篇報導在當地時間晚上八點半發布，引起了ProMED-Mail（類似傳染病社群的疫情通報系統）的關注。

這篇報導讓中國官員很難堪，但政府禁止他們公布任何細節。第二天，國營媒體揭露了這項發現，並在隔天宣布第一起已知的死亡案例。新冠肺炎即將席捲中華人民共和國，蔓延全世界，並為駐華的美國記者團帶來千載難逢的報導經驗。

在接下來的一週內，共產黨湖北省代表大會在武漢登場，當局大致上對此保持沉默。

尤妮絲．尹，CNBC：但後來，我們開始透過北京的醫院員工聽說，他們認識在武漢的幾位醫生，他們說有出現人傳人的情形。我很害怕，因為我感覺現在醫療界對武漢的問題議論紛紛：那裡肯定有什麼東西，而且正在蔓延。

最早的吹哨人之一是名叫李文亮的武漢醫生。他在十二月底於中國的社群媒體上發出警告，在微信上對一群醫學院的同學發布一則訊息，內容是關於類似SARS的神秘感染病例，後來卻因為「發布不實言論」而遭到警方訓誡。但在一月二十日，流行病學家鍾南山證實病毒會人傳人，他因對抗SARS疫情而獲得讚譽，是中國最著名的流行病學家。

記者們動身前往武漢。

李珊，《華爾街日報》：我們原本只打算帶外科口罩，但一位在北京分社的同事把三個N－95口罩硬塞給我，她說：「你必須收下，然後把它戴上。」我說：「這真的有必要嗎？」她說：「請為我這麼做吧。」我帶著那三個N－95口罩，然後我們就出發了。武漢完全靜悄悄的，街道上幾乎沒什麼人；我們到了治療新冠肺炎病人的專責醫院，那裡擠滿了送食物和物資的病患親屬。

第一批報導

英若明曾在中國擔任和平工作團志工，後來到香港為CNN和《華爾街日報》工作，接著到紐約的彭博電視台服務，二〇一九年中成為CBS的駐北京記者。他與攝影團隊於一月二十日抵達武漢後，立刻前往華南海鮮批發市場；除了海鮮以外，這座市場也販售外來的野生動物如刺蝟、獾、蠑螈、蛇和果子狸，這些動物被視為二〇〇三年SARS疫情的起源。最初被診斷出這種新型疾病的案例中，有些人是這座市場的工作人員，讓越來越多人猜測病毒可能在這個地點從動物身上傳染給人類。

英若明，CBS：我們必須取得海鮮市場的影片，並拍一些報導所需的照片。我們在市場外進行報導，接著有個人開始朝我快速走來，喊道：「不要在這裡拍攝。不要在這裡拍攝。」在他逼近我們之前，我停止了拍攝，跳上貨車後就開走了。

隨著救護車不斷湧入，英若明在金銀潭醫院外採訪了幾個人。有個男人的妻子是病人，他拒絕上鏡頭。

英若明，CBS：他真的很生氣。他說政府不可信，但他不想因為這樣說而惹上麻煩。

蒐集到足夠的材料後，CBS團隊回到北京進行後續的報導。

英若明，CBS：我們認為我們不必再待在那裡，如果有需要，我們可以再飛過去。我們到武漢機場時，裡面擠滿了人，每個人都戴著口罩；很明顯地，每個人都試著離開這個鬼地方。我心想：「該死，SARS疫情再度上演。」

古巴裔美國人大衛．卡佛在美國的地方電視台工作數年後，剛獲聘為CNN駐北京記者，他也在這時候帶著攝影團隊抵達武漢。

大衛．卡佛，CNN：我們從北京搭火車過去。我們抵達時，發現那裡成了陰森的鬼城，我心想：「這是什麼狀況？」一月二十二日，我們蒐集了不少的影片。我們開車經過市場，試著錄下一些畫面，然後停好下車；不到幾秒鐘，我們就被盯上了，他們說：「你們必須離開。」到了醫院，外面也有保安人員，我們可以在醫院外進行報導，但也只有這樣而已。

李珊在那天造訪了幾間醫院，她看到一大群家屬等著替病患送食物。

李珊，《華爾街日報》：我對那天的主要印象是一股神祕的氣氛，每個和我聊過的人都有各自的理論。究竟這個病毒的傳染力多高？我表弟的生意夥伴染上這種病然後死了，他和市場有什麼關聯嗎？他住在市場附近嗎？基本上沒有人知道發生了什麼事。

封城

隔天凌晨三點，李珊在飯店房間裡被分社社長鄭子揚的電話吵醒。

李珊，《華爾街日報》：子揚說：「武漢準備要封城了，你接下來想怎麼做？」我的第一個想法是：「這是假新聞。你從哪裡得到這個資訊的？這麼大的城市不可能封城。」然後子揚說：

「不不不，政府剛剛宣布了，現在正在實施封城。你想怎麼做？」我的直覺是我想留下來。

鄭子揚，《華爾街日報》：我非常清楚記得那天晚上，因為我幾乎整晚都沒睡。我的其中一位副社長是久保田洋子（Yoko Kubota），她非常非常擔心，李珊卻和洋子的立場完全相反；洋子不斷堅持：「我們必須把她弄出來，我無法忍受她染病的風險。」李珊卻說：「不，我要留在這裡，我很好。」

李珊，《華爾街日報》：我到火車站進行報導，因為我估計那裡會有很多人準備離開。我大約五點或五點半抵達那裡，現場空無一人；我意識到那時候是農曆新年，每個人都待在家裡，因為大家在過節。我接著和我們在香港的保安人員簡單的討論一下，他問：「你有幾個N-95口罩？」我說我有三個。他說：「你必須離開，你沒有足夠的口罩。我們不知道封城期間能不能提供任何口罩給你，因為我們從來沒見過像這樣的封城措施。」幸運的是，到火車站時，為了以防萬一，我已經先買了一張到北京的車票——那是封城前的最後一班列車。接下來的情況變得非常混亂，人們一醒來就立刻衝到車站。那時，所有車票都賣完了，整個火車站亂成一團；每個人都很困惑，現場充斥著尖叫聲；政府派出警察和軍人；我四處跑來跑去，採訪民眾，人們對當時所發生的一切感到震驚不已。在那一刻，我決定離開這裡。

鄭子揚，《華爾街日報》：李珊寫了一篇很棒的報導，描述了火車站的情景以及周遭的恐慌狀態。但她剛回到北京，就說：「我們必須回武漢。」

CNN的大衛·卡佛也在凌晨三點接到北京同事的電話。

大衛・卡佛，CNN：他說這座城市正在進行封城，我們必須讓你們離開那裡。我打給我的攝影師和製作人。在那一刻，因為受到腎上腺素的刺激，占據我注意力的不是我們自身的安全。我環顧了整座火車站，看到父母們把孩子交給祖父母或其他親戚，他們在哭；我看了看我的攝影師和製作人，他們開始思考：「我們該離開嗎？我們應該搭上這班火車嗎？」有那麼一刻，我們心想：「我們要就這樣放棄這則報導嗎？」但那些有更宏觀視野的人說服了我們，他們說：「繼續進行這則報導吧。我們不知道接下來他們會不會封鎖網路或阻止你們進行報導。」事後看來，儘管我們面臨了不少壓力，但這是個正確的決定。

同時，我們在紐約的《Go There》*製作人問我：「你可以拍一些自拍照嗎？稍微記錄一下發生的大小事。」我照做了，記錄下這一切的瘋狂情景；他們最後把這些素材結合在一起，事實證明人們對這則報導非常感興趣：這至今仍是臉書（Facebook）上觀看次數最高的新聞影片。

封城之內

隨著記者與許多居民正試著逃出去，《紐約時報》的儲百亮卻在前往武漢的路上。

儲百亮，《紐約時報》：宣布封城的當天早上，我搭上火車，心想：「應該有人會對我說：

* CNN剛推出的單一主題節目，在臉書上播出。

『嘿，快掉頭，你必須回去。』」但這沒有發生。最後，我們抵達武漢，當下看到是：火車站擠滿了警察，告訴人們不要進入這座城市，當然記者也不例外。但車站內幾乎沒有保安人員，我心想：「發生了什麼事？」我走到外頭，也沒看到什麼保安人員。

我找了一位司機，開始到各家醫院附近晃晃。我看到很多人在等待檢驗，尤其是老年人；我在醫院外採訪了很多人，我確實感覺到，很多人有類似流感或肺炎的症狀。看得出來情況越來越嚴重，因為人們不斷被送進醫院，救護車也一直來；醫院裡的接待區擠滿了人，他們根本應付不了這麼多人。

隔天早上，儲百亮離開飯店時，發現自己被跟蹤了。

儲百亮，《紐約時報》：我總是很小心注意我是否被跟蹤了。我注意到那輛很顯眼的休旅車，默默記下車牌號碼；我們轉彎時，我發現那輛車仍然跟著我們。我請司機在離一間大醫院一公里的地方讓我下車，那輛休旅車在我們身後七十碼處停車，其中一人下車，開始跟蹤我。我等著他靠近我，然後轉身叫他滾開：「這座城市深陷危機，人們不斷死去，為什麼你要浪費時間跟蹤我？」然後我叫他快滾；他嚇了一大跳，然後就離開了。我那天還是持續被人跟蹤，但距離很遠，沒有干擾到我的採訪工作；然而，在武漢的其他日子裡，我沒有再被跟蹤了。

和儲百亮一樣，《紐約時報》的秦穎和《華爾街日報》的鄧超發現，即使政府不允許任何人離開，但火車仍然會停靠在武漢。

秦穎，《紐約時報》：你可以告訴列車長，請他們讓你在那站下車。我很害怕，因為當時我們根本不知道情況如何，也不知道會有多危險；我們不知道封城措施會有多嚴密，也不知道出去會有多困難。我們抵達當地後，才發現這些問題；我們終於意識到，如果我們其中一人生病，但當地所有醫院都人滿為患，那我們該怎麼辦？我們無法獲得醫療救助。

隨著疫情持續蔓延，記者們驚訝地發現，他們通常都能在沒有騷擾和干擾的情況下進行報導。

鄧超，《華爾街日報》：這是很奇怪的情況。在兩週內，我可以不受阻礙地進行報導。第一週，我感覺自己好像來到沒有拘束的國度，這在中國非常不尋常。我記得我進入一些興建中的方艙醫院，和一群中國建築工人搭公車進入這個建築工地，穿著個人防護設備，過程中沒有人問我任何問題。

秦穎，《紐約時報》：那時候，我們還不知道病毒的傳染力有多強。人們被醫院拒於門外，回家後又傳染給其他家人。我們來到一間醫院的急診區，大家圍坐在庭院內打點滴，因為醫院實在太多人了；我們遇到一個家庭，他們告訴我們，除了父親以外，他們全家人幾乎都生病了，而且有一個人已經死了。這實在太令人震驚了，這家人全都生病了，因此我們決定寫一則報導；我們不知道病毒的傳染力如何，也不知道無症狀傳播的情形，我不知道那篇報導會讓人們意識到這些問題；事後看來，那幾位家庭成員確實染疫了，檢驗結果呈陽性，但根本沒有任何症狀。

恐怖故事持續累積

因為風險極高、後勤問題以及在中國的人力短缺，許多新聞機構不再派記者前往武漢，而是留在北京進行報導。

安娜．費菲爾德，《**華盛頓郵報**》：因為我們分社只有兩個人，我們不能去武漢，不能冒著其中一人困在當地的風險。所以我和施家曦都沒有去。

藉由微信和其他中國的社群媒體，許多武漢市民描述了他們的困境；對於不在武漢的記者來說，這成了寶貴的消息來源。

蘇奕安，《**洛杉磯時報**》：這對報導來說很有幫助，因為人們會在網路上貼出自己的電話號碼，告訴大家：「請幫幫我，我的父母快死了。我無法將他們送到醫院。」沒有人幫助他們。我打了這些號碼，傾聽這些人在這場嚴重災難的遭遇。

同時，武漢的情勢持續惡化。

儲百亮，《**紐約時報**》：一週後，恐怖故事持續累積。第一週的情況當然很嚴重，而且持續惡化。因為病毒以指數型的方式傳播，接下來的一兩週內，病例數成長了好幾倍，疫情逐漸演變為更嚴重的危機。

面對報導疫情的風險，記者們以不同的方式作出回應。蘇奕安在搬到北京前，曾在中東地區進行報導。

蘇奕安，《**洛杉磯時報**》：我在伊拉克、加薩和約旦河西岸待了很長的時間，與中東地區的武裝衝突環境相比，我更害怕新冠疫情。我們只知道病例數不斷攀升，對疾病的其他方面幾乎一無所知，也不知道還會發生什麼事。我確實認為，如果是武裝衝突地區，我會毫不猶豫地前往當地，但這次……我覺得還有太多我們不知道的事，所以當時我選擇不去武漢。

鄧超，《**華爾街日報**》：我不記得自己有多害怕，因為體內的腎上腺素持續飆升；我只是試著專注在我必須做的事。

李珊，《**華爾街日報**》：我們真的什麼也不知道，但這會是很棒的報導。我對科幻小說中的傳染病情節很感興趣，我也想親眼見識看看；這是個絕佳機會，我不想錯過。

施家曦，《**華盛頓郵報**》：這太可怕了，一切都是無形的，我想這就是其中的差別：在軍事衝突中，你或多或少知道威脅來自何處，以及誰站在哪一邊；但面對病毒，每個人都可能染疫，病毒可能在任何地方。這的確會讓你有點驚慌失措。

儲百亮，《**紐約時報**》：如果你現在告訴我，要把我放進時光機內，然後回到那個時候，我可能會更焦慮不安，但在當下，我並不了解這個病毒的傳染力，無症狀傳播的概念也尚未獲得證實；如果考慮到這些因素，可能會讓我更加焦慮。另外，這不是在逞英雄：這是一則重大的報導，而我人在這裡，這裡沒有什麼記者，所以我必須把報導工作做好；這讓我有種興奮的感覺。

起初，中國當局被爆炸性增長的疫情分散了注意力，當地的中國記者突然發現他們有更多的報導空間，不會受到平時嚴格的控管。

大衛．卡佛，CNN：我的製作人開始密切關注這些當地的中國記者，他們在初期爆了很多料。他們有短暫的空檔，可以自由地進行獨立報導；在這個空檔，出現了相當驚人的報導細節：即使在央視的報導，你也能看到人們流淚的畫面，這也證實了許多我們在網路上看到的許多消息。在那時候，我們也得到了一些人的聯繫方式，這些人曾經在當地的中國記者面前公開地暢所欲言，所以我們想著：「讓我們來聯繫其中的一些人吧。」

儲百亮，《紐約時報》：我們非常感激這些中國媒體同行，他們開始揭露這些報導，也開始挑戰審查制度、讓資訊得以曝光。

李文亮之死

到了一月底，曾治療過確診病人的吹哨人李文亮醫生也感染了新冠病毒，而且病得很重。在北京，大衛．卡佛和當地的製作人試著用電話聯繫上李文亮；儘管他在過程中不停咳嗽，仍然描述了當時所發生的一切。

大衛．卡佛，CNN：他非常直接地告訴我們，他因為揭發新冠肺炎疫情而受到懲罰。他告訴我們他最初提醒他朋友們的時間點，他說他被傳喚的原因是有人把他的訊息截圖下來並傳給其他人，所以他的名字跟這件事產生了連結。這件事發生之後，他被當地警方要求簽署訓誡書，表示會「停止散播不實的言論」。他簽了字，回到工作崗位，卻感染了新型冠狀病毒。

那是李文亮唯一接受的廣播採訪。但這位醫生一直透過網路與儲百亮進行交流。「如果官員們早點揭露疫情相關的資訊，」他告訴儲百亮，「我認為狀況會好很多。這件事應該更公開透明。」關於他遭到警方的訓誡，他表示：「我覺得我被冤枉了，但我不得不接受這樣的結果。當然，我是出於一份善意。看到這麼多人失去自己的親人，我非常難過。」[1]

二月七日，李文亮過世。他的死在中國社群媒體上引發了極大的悲痛。

儲百亮，《紐約時報》：中國的網路上充斥一股排山倒海而來的激動情緒。

安娜·費菲爾德，《華盛頓郵報》：我還記得我在微信上看到的所有蠟燭照片。在政府試圖壓制批評聲浪之下，這位勇者過世了，引發公眾強烈的悲痛與憤怒。我認為政府一定非常擔心。

儲百亮，《紐約時報》：在管控公共輿論方面，他們遇到了真正的危機。

大衛·卡佛，CNN：如果有個轉捩點，讓這個國家從此改變它的發展方向，那個夜晚就是時候了。你開始感覺社會上浮現一股不確定且充滿變動的氛圍，空氣中瀰漫著一股不安的情緒，感覺有些事情即將改變。

《紐約時報》的科技記者孟建國一直在關注政府如何在疫情惡化時利用監控工具。幾個月後，一個自稱「揭秘中共」（C.C.P. Unmasked）的駭客組織，向他提供了他們從中國「國家互聯網信息辦公室」獲取的大量資料，包含李文亮過世後，當局如何重新控制網路輿論等細節。孟建國與兩位《紐約時報》的同事，以及同樣獲得資料的一位 Pro Publica 記者合作，共同完成一篇長篇報導，標題為〈壓制負面新聞：機密文件揭露中國如何操縱疫情輿論〉。[2]

孟建國，《紐約時報》：我們與 Pro Publica 合作，開始用電子郵件和這些駭客進行交流，我們逐一審視這些資料，他們也提供了更多原始碼和證據以供查證。在這個過程中，我們發現他們駭入的其中一間公司，負責儲存杭州市互聯網信息辦公室管理的日常論壇與討論資料；我們查到了非常接近在地的市級日常內容管理規則，你可以看到官僚機構如何以前所未見的方式進行運作。

習近平於二〇一四年成立國家互聯網信息辦公室，負責集中管理網路審查和政治宣傳。李文亮之死導致這個機構面臨有史以來最嚴重的危機。

孟建國，《紐約時報》：李文亮過世後，他們接到指示：「不要什麼都做，先處理一部分就好；撤掉那些比較嚴重的，像是那些訴諸行動、太誇張的文章。」一週後，他們又下了指示：「好，人們在悼念他，但我們必須回頭撤下更多的文章。找出那些蠟燭的貼文，找出那些可能在對李文亮表示敬意的言論。」我們看到的這項命令基本上是要把李文亮從所有熱門話題中撤下來，並洗掉那些關於他的文章。那時，在一小時之內，你真的可以看見他從熱門趨勢中掉了下來，因為有人記錄下這件事情。

我猜人們對這種「讓半步」的策略並不了解：政府讓民眾可以談論某件事情，卻讓言論無法在網路上爆紅。他們讓人們在狂風中呼喊，其他人卻聽不見他們在說什麼；這些言論不會在網路上爆紅或登上熱門話題，但它們仍然會暫時存在，之後他們再回頭刪除這些東西；他們讓人們大聲疾呼，但事先把人們關進不同的房間裡，所以他們幾乎是喊給自己聽而已，然後，這些言論一週後再被刪除。基本上，這就是他們在做的事情。

這就是習近平一直在努力的方向。當浪潮來襲，他們可以有效抑制並管控這些言論，令人震驚的是，這樣的作法非常有效。他們撤下所有貼文，那些試圖存檔的人則遭到逮捕；一、兩個月後，隨著政府開始宣傳是其他國家將病毒傳入中國，以及中國如何領先全世界並成功擊退病毒，風向就產生了轉變。

大衛．卡佛，CNN：他們掌控局勢的方式分為兩個部分。一是審查制度：盡可能刪除愈多貼文愈好，並儘快展開壓制。二是重新塑造一套說法：是的，李文亮過世了，他是我們前線的英雄，這位醫生盡其所能，但他面臨的敵人是地方政府，所以這全都是地方政府搞的鬼，跟中央政府無關；中央政府替他平反，認可他是一位烈士，並承認地方政府對他不好。

共產黨與病毒之戰

同時，共產黨終於開始善用其強大的組織能力，試圖控制住疫情。

尤妮絲．尹，CNBC：全中國上下動員起來對付疫情的過程實在太不可思議了，這就像是打開電燈開關一樣容易。他們一旦發現事情的嚴重性，就會立刻優先處理。如果我沒戴口罩，即使我在戶外或只是一個人走路，我也會被罵；我們在社群媒體上會看到報導，知道當局怎麼確保人們遵守規定，相比之下，被路人罵根本不算什麼。最令人印象深刻的是，他們協調了所有的資源，用飛機將成群的醫療人員載往需要幫助的地方，還有工廠在生產所需的口罩。這一切實在太厲害了。

儲百亮，《**紐約時報**》：共產黨組織開始動員起來。他們開始派武漢市政府辦公室的官員到各個社區說：「找出退休的官員和黨員，把這些人組織起來。如果他們不願意出面，就告訴他們：『這是你的職責。如果你現在不出來，就必須承擔後果。』」這就是從基層開始動員的過程。然後這一切開始產生了變化。

「東亞病夫」

李文亮過世前四天，《華爾街日報》發表了華特．羅素．米德（Walter Russell Mead）的社論文章，他是巴德學院（Bard College）教授和涉外事務評論員，文章標題是〈中國是真正的東亞病夫〉（“China Is the Real Sick Man of Asia”）。這個詞經常被用來形容中國在十九世紀末國力不振、遭列強欺壓的時期，是中國歷史書描述的「百年屈辱」；這個標題在中國引發了強烈的反彈，也讓《華爾街日報》的員工感到極度不安。

李肇華，《**華爾街日報**》：當這個標題出現時，我立刻感覺很不得體，心想這可能是個問題。我們的記者和研究人員與消息來源接觸時，他們往往會提到這個問題；有時候，我們會遇到很多憤怒的人們。《環球時報》也報導了這件事，激發了強烈的憤怒情緒，接著換外交部開始提出這個問題；他們很明顯是要利用這件事對我們施壓。我認為很多人心中的那份憤怒是真實的，疫情期間，其實不難理解為什麼人們會認為這樣的標題很冒犯人。

二〇一九年八月，鄭子揚抵達中國接任分社社長時，只獲得了六個月的簽證，此舉象徵了北京當局對美國媒體的怒火。同一個月，外交部拒絕延長《華爾街日報》記者王春翰的簽證；王春翰是新加坡人，他在七月時發表了一篇文章，內容詳細描述了澳洲政府對習近平表弟進行的調查，內容涉及疑似洗錢與涉嫌組織犯罪，激怒了中共當局。鄭子揚眼看自己的簽證就要在二〇二〇年二月十九日到期，他擔心自己會遭受同樣的命運。

鄭子揚，《**華爾街日報**》：他們對待春翰的方式是讓他的簽證在到期日自行失效。當我們在到期日當天醒來，我打開行李箱開始打包。我和我太太訂了機票，準備離開；請記得，當時是二〇二〇年二月十九日，那時候機票所剩不多了，因為當時正值武漢封城，沒有人希望中國的班機降落在他們的國家。我心想，我將成為《華爾街日報》史上任期最短的分社社長。到了一點半，外交部說我們必須在兩點半過去。當時正處於新冠疫情高峰，「東亞病夫」事件持續發酵，我們還有記者在武漢，我們忙得焦頭爛額，我想我要被踢出去了。我幾乎沒有和外交部打過交道，因為自從我來到這裡，他們持續地忽視我；副社長李肇華在中國待了比較長的時間，他問我：「要陪你去外交部嗎？」我說：「好，拜託了。因為我不知道會發生什麼事，在這之後我可能必須趕去機場。」

李肇華，《**華爾街日報**》：當時我是分社裡最資深的成員，但我當時遲到了，我被塞在路上；

子揚已經進去開會了，我試著進去，但他們不准。我在國際媒體中心的等候區等他。

會面時，他們告訴鄭子揚，他的簽證將被延長六個月，但外交部隨後卻抛出了一顆震撼彈。

鄭子揚，《**華爾街日報**》：他們告訴我：「這是你的簽證，但我們要立刻驅逐李肇華、鄧超和溫友正*。」我驚訝到下巴要掉下來了。我想：「為什麼是他們？他們和這件事有什麼關係？」我跟他們說：「你們知道這是很嚴重的事嗎？」他們說：「我們知道，」然後他們說，「這已成定局。」

李肇華，《**華爾街日報**》：子揚走了出來，臉色慘白。我說：「該死，他們把你踢出去了。」他說：「不，他們把你踢出去了，還有友正和鄧超。」這完全是意料之外的結果。我一定是太震驚了，以至於整個人面無表情；子揚看著我說：「你看起來異常平靜。」我心想：「我的天啊。」但我的臉還是來不及反應。

這是數十年來中國政府首次同時驅逐同一間新聞機構的多名記者，但北京當局對於時間點的安排非常謹慎：前一天，川普政府將五間在美國設有分社的中國主要新聞機構，例如《人民日報》、新華社、中國環球電視網，歸類為外國政府機構，而非新聞機構，進而更嚴格地限制相關從業人員的行動。北京除了打了民族主義牌——中國外交部發言人在宣布驅逐記者時聲稱：「對於發表種族歧視言論、惡意抹黑攻擊中國的媒體，中國人民不歡迎。」——也以此舉作為對川普政府的報復。

鄭子揚，《**華爾街日報**》：我們需要把這個消息告訴友正和鄧超。當時鄧超人在武漢，她被關在飯店裡，直到封城結束為止；她被禁止報導，名義上她被驅逐了，但他們允許她留在武漢，直到封城解除。

鄧超，**《華爾街日報》**：我記得那一刻非常痛苦，當時我真的非常難過。我剛結束一場很棒的採訪，我和我的研究員剛訪問完住在華南海鮮市場附近的一位女士，她是已知最早的新冠肺炎病患。肇華打電話給我，我當時還在為採訪到這位女士而感到飄飄然——你知道這種感覺，一位記者告訴編輯，自己得到了很棒的新聞材料。

當時我們都很擔心鄭子揚的簽證會遭到否決，接著肇華告訴我這個消息。我記得他說：「他們對我們投下一顆核彈。」我問：「什麼意思？」然後他把結果告訴我們。我整個人目瞪口呆，無法消化這個訊息；幸運的是，當時我和一位資深的研究員在一起，她幫助我度過了那個時刻。我們在想，如果我們立刻回到飯店房間，那麼一切就結束了，所以我們又做了一次採訪；我們認為，在北京告訴武漢當局我們不應該出去報導之前，應該還有一些時間，所以我們想再做一次採訪，然後再回到我們的房間。

隔天，五十三名派駐在中國、香港和其他地區的《華爾街日報》記者，包含被驅逐出境的三位記者，共同連署致函總部高層，表示該爭議文章的標題具有「貶義」，並敦促總部道歉。

「這不是編輯獨立性的問題，也不涉及新聞與評論之間的神聖分野，」信中寫道。「這與米

* 他是澳洲人，曾經和王春翰一起報導過習近平表弟的調查案。

德博士的文章內容無關。問題在於用這個標題是個錯誤選擇，因此深深冒犯到許多人，不僅是中國人而已。我們認為「無意冒犯」的論點毫無說服力，有些人應該知道這將冒犯到許多人；即使沒人知道，選擇這個標題仍然是一個很大的錯誤，應該好好改正並道歉。」[3]

鄧超，《華爾街日報》：我認為自己有責任參與這場連署。這封信起草後，大家開始在上面簽下自己的名字，我們全心全意地相信信中的一字一句，也希望高層願意正視這件事。

《華爾街日報》高層表示理解，但仍然堅持這則新聞與持保守意見的部門無關。他們並沒有道歉。

李肇華，《華爾街日報》：我有五天的時間整理我的東西。我最後去了日本，因為這是亞洲少數開放邊境的國家之一。在整個過程中，我其實麻木了，沒什麼感覺，直到有人向我提起雲南食物的那一刻——在中國以外，你沒辦法吃到好吃的雲南菜。不知道為什麼，那一刻我才明白，我不會再回去了，然後各種情緒湧上心頭；我想著那些我再也見不到的人、再也去不了的地方，以及再也無法訴說的故事。

同時，透過全面封鎖和嚴格管控，中國漸漸控制住疫情。但美國記者團即將面臨另一個嚴重的打擊。

第二十四章 驅逐

一月二十三日，儲百亮從北京前往武漢時，他以為只會在當地待一、兩週。

儲百亮，《**紐約時報**》：我們的北京分社一直保持警惕，他們蒐集了一些口罩。為了以防萬一，我帶了幾個口罩回家，放幾個在包包裡，還有一件襯衫、幾件內褲和幾雙襪子。這些差不多就是我旅行時帶的東西，我以為我只會在那裡待一週左右。

但隨著幾週的時間過去，封城措施越來越嚴格、新冠疫情持續擴散，儲百亮決定繼續留在當地。

儲百亮，《**紐約時報**》：對我來說，最大的重擔是面對那些比我更擔心我自己的人，包括我在北京的妻女，雖然我太太很快就冷靜下來，但她們真的嚇壞了；還有我在老家的父母以及親朋好友，我向他們保證：「聽著，我把自己照顧得很好，我很小心。我有這麼多的口罩，你們不必擔心。」他們比我還要焦慮，而我一直忙著工作。

然而，中國當局開始強烈要求他離開。

儲百亮，《**紐約時報**》：在封城幾天後，「武漢市人民政府外事辦公室」的一位女士打電話給我：「你好，我們知道你在這裡。我們真的希望你能離開；如果你願意，我們可以把你送回北京。」那位女士一直打電話給我。我們後來成了好朋友。她的態度一直很友善，卻同時煩躁不安，我的解讀是他們想讓媒體儘快離開武漢，他們很擔心有外國人在他們的眼皮底下死去；她會用一種焦慮的語氣打電話跟我說：「該離開了，這是你最後的機會。我今天可以幫助你離開這座城市，但在這之後，你就只能留在這裡，再也逃不出去了。」

撤僑班機

為了撤離被困在武漢的國民，美國、澳洲、日本和其他外國政府已經開始安排撤僑班機。秦穎決定離開，其中一個原因是，在一月封城之前，她剛申請延長記者簽證，卻只獲得兩個月的期限；秦穎擔心簽證過期後仍被困在武漢，所以她搭上了撤僑班機，在美國隔離了兩週，然後在簽證只剩一個月時回到北京。

自從李珊在封城當天搭上最後一班火車離開武漢後，她就一直遊說《華爾街日報》的編輯們送她回武漢。

李珊和一位同事來到襄陽市，那是湖北省第二大城，距離武漢有三小時的車程。

李珊，《華爾街日報》：我們被困在襄陽，整座城市遭到封鎖，沒有人能夠離開飯店。當地外事辦公室的聯絡官對我們很好，他說：「聽著，美國今天有最後一班的撤僑航班。如果你們不搭上這班飛機，就會被困在這間飯店。」我打電話給鄭子揚，後來我們決定去搭那班飛機。當時才剛過中午，我們坐上了飯店安排的車，為了搶到座位，大家好像發了瘋一樣；那是很不可思議的經驗，因為通往武漢的高速公路上空無一人。來載我們的是一架由國務院改裝過的貨機，他們盡可能塞進最多的座位，然後在後面蓋了幾間廁所；飛機後面有一部分用塑膠布隔開，作為克難的臨時隔離區，供疑似感染新冠肺炎的人使用。

在美國隔離了兩週後，李珊和秦穎一樣飛回了北京。

「你該玩的都玩到了」

與此同時，中國外交部再次向儲百亮施壓，要他離開武漢。

儲百亮，《**紐約時報**》：北京外交部的人開始打電話給我，跟我說：「該離開了，你該玩的都玩到了。」那位固定打電話給我的人是個非常好的人，我們一直維持良好的專業關係；他會對我發出警告，但從來不帶敵意；他對於我留在當地感到越來越焦慮。我聽得出來他很擔心，不僅僅是害怕一個外國人在武漢生病會帶來什麼後果，而是真的替我擔心；我想我們的關係已經好到可以把對方當作朋友，在幾通電話中，他甚至語帶哽咽。基本上，我告訴他：「我會留在這裡，我會保護自己的安全。我不能拋下這則報導，現在留在這裡是我的責任，如果我搭上飛機，我將無法原諒自己。真的非常感謝你，我理解你真的很擔心我的安危，我很感激，但請你理解，我想留在這裡。」我用微信傳了很長的中文訊息跟他解釋，然後他傳了哭臉的表情符號給我。

儲百亮堅持下去，製作出許多強而有力的報導，像是他在與孟建國合作中，仔細描述了政府對疫情的初期處置，如何讓病毒占了上風。在一篇〈隨著新冠病毒傳播，中國的舊習延宕了抗疫之戰〉，他們寫道：「當局壓制了醫生和其他發出警告的人；他們淡化了大眾對病毒危險性的認知，讓城裡的一千一百萬居民不知道該保護自己；即便病例數持續攀升，官員們卻一再宣稱疫情並沒有擴散。公衛專家表示，中國政府沒有積極向大眾和醫療人員提出警告，所以他們失去了控制疫情的黃金時機。」[1]

儲百亮，《紐約時報》：這些調查報導耗費了大量的心力，必須翻閱一些文件，研究關於回報SARS這類傳染病案例的標準程序、該採取什麼措施，並了解當時的制度為何、制度失效的原因。這完全要歸功於中國國內的中國媒體，他們很早就發現了部分問題，也要感謝我們在北京、上海和香港的研究人員，他們付出了許多努力。

當局怒不可遏。二月中，國營媒體《環球時報》在一篇評論中，公開譴責儲百亮，文章的標題是〈《紐約時報》和儲百亮扭曲了中國對抗新冠疫情的努力〉。[2]

儲百亮，《紐約時報》：我當時心想：「無所謂，要怎麼說是你的自由。」他們提出的批評完全站不住腳。事實上，我們報導過的許多事情，部分中國媒體也已經報導過了，我在想：「管他的，如果他們因為新冠疫情的報導批評我，其實更難向廣大的中國民眾交代。」我認為他們又在搬石頭砸自己的腳。

國家安全制度與病毒之戰

孟建國盡可能造訪更多城市，以了解監控系統在疫情期間如何運作，以及這套系統如何用來強化共產黨的威權統治。

孟建國，《紐約時報》：我們在觀察他們如何改變技術面的措施，舉凡追蹤接觸者、健康碼的出現以及健康碼的運作情形等；根據這樣的作法，我們可以推算有多少人被限制外出。除了以某種通行證制度，提供三天一次的外出許可，政府實質上限制了數億人不得離開他們的公寓；另外還有四、五億人處於類似的狀態。因此，有七、八億人實際上受到某種程度的軟禁。

我們接著看見了健康碼的出現。我們破解了阿里巴巴的健康碼程式，其中第一行程式寫道：「將資料傳送給警方。」你可以看到國家安全制度如何全面落實，在疫情肆虐的情況下，這些政策就和公共衛生制度一樣重要。我認為這清楚傳達了我們的處境，以及為打造監控國家所做的努力，如何反映出整體的政治前景。

健康碼本身也很有趣，這是「螞蟻金服」於短短幾週內，在公安局命令下勉強拼湊而成的系統，卻立刻被用來控制人們是否能踏出家門，民眾沒有置喙的餘地；如果出現了紅色的健康碼，他們就哪裡也不能去。我們去了杭州，想知道實際的運作狀態。我們和一位老太太聊天，她負責在地鐵站操作金屬探測器，地鐵站也已經設置了整套體溫探測系統。有位男子來到地鐵站，他的健康碼是紅色的，結果那位老太太說：「你不能搭地鐵。」他說：「我有地方省委開立的證明，上面寫我從春節回來後已經隔離了兩個星期，應該可以自由通行了。」他把證明拿給她看，她說：「抱歉，我不能接受這份證明。要有綠碼才行。」那位男子說：「好吧。」然後就走了；這個可憐的傢伙已經隔離了超過兩個星期，卻不能搭地鐵。這個有瑕疵的產品立刻掌控了所有人的通行狀態。

尤妮絲・尹，CNBC：甚至在我們北京辦公室外的長安街上，有位錄影師正在錄製地鐵站出現的防疫措施，像是民眾開始戴口罩和護目鏡等。他拍到一位正在測量體溫的民眾，結果他發燒了；這名男子開始逃跑，所有的警察也追著他跑，把他捉住，然後扔到貨車的後車廂。情況就是這麼恐怖，你不會希望這件事發生在你身上。

以牙還牙

儘管川普政府對美國主流媒體很反感，但在新冠疫情擴散之際，加上二〇二〇年十一月的美國總統大選即將到來，川普政府對北京當局採取越來越嚴厲的立場，公開譴責中國在二月時驅逐三位《華爾街日報》的駐華記者，並揚言報復。不久後，美國政府鎖定了《人民日報》、新華社、中國環球電視網等中國國營媒體，將這些機構的中國記者簽證數，從一百六十張減少至一百張，迫使六十名中國記者離開美國。到了三月中旬，北京展開報復。

秦穎，《紐約時報》：那天晚上我在沙發上睡著了，醒來時發現有一堆訊息，我看了一下，心想：「該死。」

秦穎發現自己是被驅逐的十幾位《紐約時報》、《華盛頓郵報》和《華爾街日報》記者之一。這是中國政府多年來最全面性的嘗試，目的是威脅國際媒體、懲罰那些寫出激怒共產黨的媒體，確保共產黨掌控國內外的輿論走向。

中國政府宣布，所有替這三間媒體工作的美國公民，如果在二〇二〇年面臨簽證到期，就必須交出他們的記者證、離開中國。此外，他們也被禁止前往香港，而香港一直是在大陸以外觀察中國的重要基地。

麥思理，《紐約時報》：我完全沒預料到事情會這樣發展。我的伴侶看了手機後把我叫醒，我心想：「該死，這代表我必須在十天內離開中國。」當時正值疫情期間，世界各國開始關閉國境。

施家曦，《華盛頓郵報》：這確實讓我們震驚不已。我記得和我的伴侶坐在我家前廊，整夜喝著威士忌、抽著菸，試著思考我們的下一步。

遭到驅逐的人包括李珊、五位《華爾街日報》的記者、孟建國、張彥（宣布這項政策時正好不在中國）以及兩位《紐約時報》的記者。被迫離開的正是那些積極報導新疆議題和新冠疫情的記者，超過一半的人是華裔；他們之中許多人認為，川普政府蠻橫的做法，讓北京有藉口去做他們一直想做的事情。

張彥，《紐約時報》：這是川普政府的一項失誤。中國政府可以說：「你看，你們趕走了我們六十位記者。我們只趕走了你們的幾個人。我們才是講道理的一方。」然而，他們卻一舉毀掉了記者們在中國進行的深度報導。

事實上，遭到驅逐的主要目標是三間美國媒體，他們擁有足夠的記者和資金在中國進行真正的調查性報導。雖然其他分社也有一流的記者，但日常新聞報導的壓力意味著，只有《華爾街日報》、《紐約時報》，以及規模相對小的《華盛頓郵報》這種有資源和人力的媒體，才能跳脫頭條新聞的追逐戰，投入數週、甚至數月的時間進行深度報導。

施家曦，《華盛頓郵報》：中國其實在這次的交手占了上風。相較於中國駐美記者所受的待遇，中國政府可以藉此擺脫一群惱人記者，避免他們揭露政府那些可能令人丟臉的內幕。

李肇華，《華爾街日報》：這是一場關於對等原則的老辯論，也就是在中共對駐華記者實施限制之下，美國政府是否該對這些中國的駐美記者採取更強硬的態度。長久以來，普遍的論點是美國享有言論自由；但如果我們的核心主張是言論自由，該怎麼合理化這種限制中國記者的行為？直到川普上台後，「限制中國記者」的論點才開始占了上風，但這種論點根本就是在搬石頭砸腳，這真的傷害了駐中國的外國記者團。我相信，共產黨一定很高興能踢走我們一些人。

儲百亮，《紐約時報》：我和許多同事的反應一樣，我非常震驚，同時認為這是川普政府的一大誤判；他以為他可以對中國採取強硬的態度，卻不必承受中國的反擊，但我萬萬沒想到中國會如此強硬。

更糟糕的是，除了驅逐出境以外，許多替美國新聞分社工作的當地助理被外交部的「外交人員服務局」強迫離職，該局負責掌管外國媒體的人員配置。

麥思理，《紐約時報》：外交人員服務局突然約談我們其中一位研究員，要她離職，然後不告訴我們任何理由；接著他們又約談另一位研究員，跟他說了一樣的話。當然，那時候我已經得知此事，我們和外交部、外交人員服務局鬧得天翻地覆。外交人員服務局不再對我們做出任何回應，然後又開除了我們的辦公室主任——她甚至沒有參與報導工作，她的職責是管理分社的預算和開銷。因此，我們同時失去三位中國員工；這顯然是針對我們精心策劃的陰謀。

在我不得不離開的十天內，我代表分社與外交部進行交涉。在一場會議中，有個人突然看著我說：「我有時候覺得西方記者根本不喜歡共產黨。」我心想我彷彿回到了一九五〇年代，你要怎麼反駁這個問題？喜歡與否並不是我們的職責。很多中國人都是很棒的人，我們並不討厭中國，但他們認為我們討厭他們，他們覺得我們好像天生就帶有這種偏見；這是源於他們好鬥的態度，源於他們對一百五十年來受到的殖民壓迫所產生的不滿。

有趣的是，北京並沒有驅逐美國電視新聞網的記者，像是CNN的大衛．卡佛、CNBC的尤妮絲．尹以及CBS的英若明。

英若明，CBS：我們很好奇他們為什麼這麼做。我認為，《紐約時報》和《華爾街日報》所擁有的調查資源，以及他們深入研究和製作長篇報導的能力，讓他們成為比CBS、ABC和NPR還要重要的目標；當他們要鎖定任何目標時，就會專挑他們的眼中釘。

最後的報導

離開中國前，孟建國決定到安徽省進行最後一次報導。

孟建國，《紐約時報》：我們試著和人們談論一則正面的報導，像是中國如何擊敗新冠疫情，以及經歷兩個月的嚴格封城後，如何重新與人建立連結等，但是有十個祕密警察跟著我們，故意擾亂我們的採訪。每當我們在採訪商家或餐廳裡的人，警察會走過來在他們耳邊低語，然後他們就會說：「噢，抱歉，我不方便說話。」因此，我們報導之旅所剩的時間都用來與警方玩貓捉老鼠的遊戲，我運用了所學的技巧，像是跳上地鐵，搭到下一站後下車，然後搭上反方向的地鐵；每次他們都會損失一半的人，因為他們必須有一人上車、一人下車，或者下車後趕快跳上車，我們因此將他們耍得團團轉，直到最後只剩一人在跟蹤我們。我們試著在公園裡甩開他，但失敗了。但這並不重要，我們又能怎麼辦呢？這就是我最後一次的報導之旅。

如今，儲百亮已經在武漢待了兩個多月。他的簽證在二月底就到期了。儘管他因為封城而無法離開這座城市，但當局要求他必須停止工作。

儲百亮，《紐約時報》：其實我一直在工作，只是我的名字沒有出現在報導上。為了維持心理健康，我試著保持忙碌，因為大家都知道，一旦你接受隔離卻無事可做的話，你很容易會發瘋。我很高興能夠繼續工作，我一直在關注這座城市的近況。應該說，我仍然可以每天到外面走走，不像其他的一些記者，他們真的被困在飯店裡；我的確利用這個機會到長江附近走走，偶爾到銀行找一台真正能用的自動櫃員機，或是趁著商店和藥局還在營業時去買一些東西。我意識到我對武漢富力威斯汀飯店工作人員有份責任，因為他們英勇地維持飯店的運作；在最初的幾週內，大家都沒有有效的口罩或類似的東西，我確實把一些裝備分給了飯店的工作人員，因為我希望他們能夠保持健康。

儘管被驅逐，儲百亮仍希望他可以獲准留在中國。

儲百亮，《紐約時報》：

如果我是個冷靜沉著的理性主義者，我很清楚我留在中國的機率相當渺茫，但我始終希望中國外交部會意識到自己的錯誤，並讓

在為期兩個月的新冠肺炎封鎖措施解除後，《華爾街日報》的鄧超和《紐約時報》的儲百亮離開武漢。封城期間，中國政府命令兩人離開中國，反映出一波媒體的驅逐潮，大幅降低了美國駐華記者的人數。（鄧超提供）

我留下來。我一直在想：「儘管過去一、兩年內我們有所分歧，但如果我能回到北京，工作一段時間，我們就可以克服這些難關。只要給我幾個月的時間。」那是我當時的想法。我完全是癡心妄想。當時外交部的人打電話跟我說：「接下來是這樣的，武漢的病例數正逐漸減少，他們準備要開放這座城市，到了那時候，你就得離開。你必須在北京進行隔離，你有幾天的時間可以準備，然後你就得離開。」

四月中，經歷了七十六天的封城後，儲百亮終於回到北京。五月初，儲百亮和妻女前往澳洲。他在離開的前一天，接受了澳洲廣播公司駐北京記者比爾・博圖斯（Bill Birtles）的採訪。在他前往採訪的路上，被四個人跟蹤並拍下了他的照片；當儲百亮試著與他們交談時，他們卻跑走了。

第二十五章　大門緊閉

隨著美國記者團規模大幅削減，中國也對外國記者祭出更多嚴厲的措施。二〇二〇年九月，澳洲政府呼籲國際社會對新冠疫情的起源進行調查，導致中澳關係出現裂痕，電視台記者比爾·博圖斯和一位派駐上海的同事，《澳洲金融評論報》（*Australian Financial Review*）的麥克·史密斯（Mike Smith），被迫到澳洲駐北京大使館和駐上海總領事館尋求庇護；中國警方試圖向他們詢問有關成蕾的問題，華裔澳洲籍主播成蕾任職於政府控制的「中國環球電視網英語頻道」，先前因為模糊的國家安全理由遭到拘留；他們擔心會被禁止出境或面臨更糟的下場，經過幾天的高度緊張狀態後，澳洲外交官與中國進行談判，成功讓他們安全離開中國，但成蕾仍遭到拘留。二〇二〇年底，在彭博社擔任新聞助理的中國公民范若伊因為「涉嫌危害國家安全」而遭拘留。二〇二一年三月，面對中國國營媒體愈演愈烈的恐嚇手段和法律行動的威脅，在中國工作九年、因新疆報導而激怒當局的BBC駐華記者沙磊（John Sudworth）緊急撤離中國。

到了二〇二一年，中國的西方記者團規模急遽萎縮，成員沒有澳洲人，只有幾位美國人。中國當局用新冠疫情作為方便的藉口，告訴少數仍留在當地的美國記者，如果他們以任何理由離開中國，他們將無法獲准回到中國。新冠疫情的爆發確實加速了中國與世界各國的隔絕，訪客受到嚴格限制，學生、遊客以及持有有效工作簽證者的家庭成員也受到限制；有些記者在一年、甚至更長的時間內都無法見到家人，因為他們的家人無法入境中國。同時，政府再度以新冠疫情為由，停止核發新護照和出境許可給多數本國公民。

《洛杉磯時報》的蘇奕安是少數沒有遭到驅逐的美國記者。

蘇奕安，《洛杉磯時報》：我認為新冠疫情確實是這些措施的真正原因，但這也符合中國向內發展的大趨勢，讓國家變得更加封閉——他們不想要，也不需要這麼多的外部接觸和影響。

幾十年間，有許多因素造就了中國可觀的進展，但有越來越多跡象顯示，習近平已經放棄了這些要素。在擊敗國內政敵、打壓國內異議人士、重新確立意識形態後，習近平開始重整中國的經濟秩序。隨著市場導向的改革停滯不前，國家對經濟的控制變得愈加嚴格，使得整體環境對外資變得越來越不友善。資金和資源流向以組織龐大且無效率聞名的政府企業，而相對靈活且充滿創意的私人企業卻面臨越來越大的壓力；這項趨勢反映在共產黨開始拿經濟體系中最活躍的科技業開刀：二〇二〇年十一月，政府突然取消了螞蟻金服在香港的史上最大規模上市案，不久後，馬雲被迫消聲匿跡。阿里巴巴集團為螞蟻金服母公司，馬雲則是阿里巴巴集團的董事會主席；身為中國最著名且最受歡迎的科技企業家，馬雲曾公開批評政府對金融業的監管制度，據說撤回上市是習近平親自做出的決定。

李肇華，《華爾街日報》：我一直很好奇習近平對馬雲這種人有什麼看法；就中國的代表人物而言，他們兩個有點像競爭對手。馬雲魅力十足，在瑞士達沃斯（Davos）和美國紐約時彷彿如魚得水。他的英語非常流利，可以飛往世界各地，與各式各樣的人交談，把大家迷得團團轉。他在某種程度上確實代表了中國，在某些方面甚至比習近平更成功，因為習近平在中國以外的場合，往往顯得尷尬又不自在。

二〇二一年中，「滴滴出行」，中國版的優步（Uber），在紐約證券交易所上市；幾天後，中國監管機關下令該公司停止新用戶的註冊，並從應用商店下架。

孟建國，《**紐約時報**》：我們看到政府逐漸插手科技業，試圖重塑整個產業。

李肇華，《**華爾街日報**》：我們已經看到這波針對中國科技公司的大規模反壟斷行動，尤其在「數據」這一塊是重要的考量因素。在報導監控制度時，我意識到這對共產黨而言非常重要，但最好的資料並不在中共手中，這些資料是由阿里巴巴和騰訊所控制；這些資料無比強大又好用，對於中共的治理方式十分重要。共產黨對這點感到有些緊張，但看到他們採取如此強烈的行動，令人覺得十分有趣；此舉有點自相矛盾，因為如果他們限制這些公司，也會限制自己能搜集到的各種資訊。

除了加強黨內對中國國內科技巨擘的控制外，這種對民營經濟的干預不只讓科技公司資產暴跌數千億美元，顯然也為了阻止中國的科技公司在美國上市。這再次說明了美中經濟脫鉤的趨勢，背後的動力來自逐漸轉向「內循環」的中國以及對中國抱持懷疑的美國。

重塑敘事框架

與此同時，隨著中國邊境幾乎完全關閉，共產黨對進入中國境內的人與資訊擁有更大的控制權。美國與其他外國記者數量大幅減少，也符合中國政府不論在國內外，重新塑造中國敘事的努力。

安娜．費菲爾德沒有遭到驅逐，但在二〇二〇年中，她離開了北京以及《華盛頓郵報》，成為家鄉紐西蘭《自治郵報》（*The Dominion Post*）的編輯。

安娜．費菲爾德，《華盛頓郵報》：我很捨不得離開，但當時我沒有意識到離開後會讓我如此輕鬆，離開中國簡直讓我如釋重負。我認為中國人覺得他們不需要外國記者了；當他們實施改革開放並試圖吸引外資時，他們需要外國記者，但現在他們有了中國環球電視網和各種宣傳管道，還有戰狼們和推特；我認為他們覺得可以靠自己把訊息傳遞出去，不必經過這些惹人厭的外國媒體，因為這些外國記者也會寫他們不喜歡的報導。這在很大的程度上代表了中國共產黨的轉變，他們認為我們只會帶來風險而沒有效益。

張彥最終被派往德國，後來又到紐約。

張彥，《紐約時報》：他們過去將外國記者視為在現代社會做生意必須付出的代價，你必須接受批評，你必須讓那些惹人厭的外國記者進來，你必須讓他們想寫什麼就寫什麼，但這一切即將畫下句點：他們開始不接受批評性的報導。

施家曦起初被重新派往臺灣。

施家曦，《**華盛頓郵報**》：與美國針鋒相對是表面上的原因，但更深層的原因是：他們在國內已經變得非常擅於打壓媒體，他們不習慣看到揭露醜聞的記者。如果你是中國的政客或官員，你已經習慣了「不必面對任何人質疑」的世界，然後你看向外面的世界，心想：「為什麼這些人可以這麼做？他們怎麼敢這麼做？」他們不習慣那樣，任何挑戰他們的人都會非常顯眼。他們已經成功解決了國內記者，因此他們只需要應付我們；隨著我們在他們身邊待得越久，他們就越對我們感到過敏。

從一九四九年共產黨的勝利，到三十年後美中建立外交關係，一代又一代的中國觀察者，以香港為主要根據地，努力伸長脖子，望著封閉的邊界，只能依靠難民、官方媒體、罕見且受嚴格控制的訪問，來弄清楚中國大陸發生了什麼事。諷刺的是，逾半個世紀後，記者的驅逐潮帶來一股歷史重演的奇特感受。

麥思理，《**紐約時報**》：在我看來，我確實認為中國的大門正在關閉。很久以前，大門是緊閉的，我們有點像是從窗戶或圍牆偷窺，我們基本上是從外面的世界來報導中國。對我而言，我現在又開始重操舊業。

臺灣——新的情報站

但麥思理沒有在香港報導中國。香港在二〇一九年持續數個月的民主抗議活動後，中國於二〇二〇年七月實施嚴厲的國家安全法，北京當局決定不讓任何遭到驅逐的記者移往香港；以前香港是亞洲的新聞中心，也是觀察中國的重要據點，如今此地位卻受到嚴重侵害。麥思理被派往首爾，不久後，《紐約時報》將整個亞洲數位總部移往南韓首都，只留下王霜舟和少數的編輯團隊留在這個英國的前殖民地。

麥思理，《華盛頓郵報》：一方面，有些報導在首爾做和在北京做差不多，你要做的只是報導官方聲明，或採訪中國以外的專家；我做的許多報導都是這樣，尤其是外交議題。

對許多遭到驅逐的記者，像是《華爾街日報》的施家曦、鄧超、李肇華，以及《紐約時報》的秦穎、孟建國，臺灣成為首選目的地。

秦穎，《紐約時報》：臺灣有語言的優勢，而且就政治上的主軸來說，整座島都是面向中國。我認為臺灣現在是更有趣的報導題材，所以能同時報導臺灣和中國是很有幫助的；但我認為在臺灣的大陸人比香港少得多，你無法得到像香港一樣的優質消息來源和資訊，而且讓中國人接受電話採訪是非常困難的一件事；即使是一篇非常簡單的報導，也必須經過很多的流程，這實在令人非常沮喪。但中國的網路仍然帶來一絲希望，在中國也還可以找到願意接受訪問的人。

施家曦，《華盛頓郵報》：我每天都盯著中國的媒體與社群媒體，我也會和中國的學者透過

Zoom通話。在過去，如果有商人前往中國，我會對他們進行訪問；現在我也在做同樣的事。當我知道有美國商人在用Zoom和他們的中國同行開會，我會在會議結束後，用Zoom接著和他們對談，這些基本上是一樣的事情，只不過都是在Zoom的平台上進行。但就菁英階層的政治而言，採訪會困難許多，因為在中國，人們面對面時說的話和在電話上說的話是完全不同的。

「『人情趣味報導』是第一波的受害者」

諷刺的是，在某些方面看來，現在被中國驅逐其實不像過去那麼糟。作為全球經濟巨頭，這些中國公司（以及經營這些公司的菁英及其親戚和盟友）在各式各樣的國際商業中心公開運作，加上中國在國際社會的角色不斷擴張，讓新聞工作有了新的發揮空間。隨著進入大陸的機會減少，一批新的中國觀察者也逐漸成形，他們不僅能熟練地破解中國的政治宣傳伎倆，也能剖析資產負債表和公司報告、善用網路和中國的社群媒體、追蹤中國在境外的活動。然而，記者們克服了重重困難，經歷多年遊歷、挖掘事情表面之下的意義、發展人際關係，最後深入體會到的中國社會紋理——那些多采多姿的、無關高階政治和外交的「人情趣味報導」——面臨了消失的命運，這也將記者隔絕在大陸之外必須付出的代價。

李肇華，**《華爾街日報》**：現在出現了一種風險：對中國的報導可能趨向兩極化，而且更缺乏細節，因為能在中國做「人情趣味報導」的記者變少了；要撰寫一篇關於中國人的報導，幾乎成了不可能的任務。現在，所有人都被困在中國之外，大家都在報導因政治與經濟衝突引發的事件，因為我們只有這些題材可以寫。

施家曦，《**華盛頓郵報**》：你只剩下戰狼外交和中國外交政策困境的題材可以報導，所有關於生活中美好細節的報導都已煙消雲散，我無法從臺灣描述中國的生活情景。就我自己的報導經驗而言，我認為這將使中國將陷入外交上的負面循環，與世界各國的衝突也將與日俱增。

麥思理，《**紐約時報**》：你必須身歷其境，才能體會到那種生活。這是假裝不來的。

鄧超，《**華爾街日報**》：我從沒想過我會來到臺灣，我理所當然地以為我會在中國境內報導中國。我想做更多敘事性的報導，更深入挖掘中國人的故事；現在，我不得不在國外進行報導，我感到非常悲觀，擔心我們的讀者會對中國產生非常狹隘又單一的觀點。

安娜．費菲爾德，《**華盛頓郵報**》：人情報導是這股趨勢的第一波受害者。這對中國帶來了傷害，因為這讓他們成為缺乏深度的壞蛋角色；我們無法挖掘中國人人性的一面，也無從得知彼此的相似之處。

裴若思，《**紐約時報**》：對那些試圖從中國境外了解中國的人，這是很糟糕的事情；但我認為，這對中國本身來說一樣可怕，因為中國是個幅員遼闊、複雜、引人入勝又迷人的國家，也是世界上最重要的國家。美國和中國正在相互競爭，老話一句，我們必須了解我們的對手是誰。

麥思理，《**紐約時報**》：我認為中國根本不在乎。我認為，他們覺得沒有外國記者也沒什麼大不了，我猜他們也不想讓我們看見中國的幽微之處。他們不想忍受我們問那些中國記者不願意問的問題。

「他一點也不可愛」

二〇二一年七月是中國共產黨成立一百週年。在一百週年前夕，習近平對黨內高級官員發表演說，表示必須向全世界展現出「可信、可愛、可敬的中國形象」。[1]一些評論家認為，習近平認知到中國的戰狼外交並沒有得到很好的反應。中國在許多層面展現了強硬的態度，從南海問題、對香港的鎮壓、對臺灣的威脅，到中印邊境持續的緊張局勢；從對澳洲、加拿大、菲律賓、立陶宛、歐盟等其他國家的脅迫行為，到對美國的高度敵意；這些作法已經引發了國際社會的反彈，可說是自毛澤東時代以來，中國所面臨最嚴峻的外部環境。此外，儘管少了川普政府的語無倫次、種族歧視和天花亂墜的言論，拜登政府仍持續對中國採取強硬的立場。同時，因為一系列關於新疆的制裁與反制裁行動，中國與歐盟協商七年的投資協議也在批准階段陷入僵局；中國與其他國家政府的緊張關係也持續發酵。

然而，中國政府試圖將國際社會的反彈，描繪成中國以正當手段崛起時，遭敵人群起圍攻的證據，並將此敘事導入共產黨一手培養的濃厚民族主義。在中國國內，特別是在一百週年紀念之際，社會上出現一股洋洋得意的氛圍，將習近平捧為帶領中國走向偉大國家的、不可或缺的領導人。然而，這種洋洋得意的態度也伴隨著對政治宣傳、控管與安全手段的執迷，從某種角度來說，這其實是缺乏自信的表現。例如，在七月一日的盛大慶祝活動前，尤妮絲．尹和團隊參觀了北京的一間博物館，拍攝為了宣揚共產黨輝煌歷史所舉辦的展覽。

尤妮絲．尹，CNBC：很多人對政府感到非常自豪。共產黨做了很多事，這我可以理解。但維安封鎖實在太荒謬了，他們實在太害怕了，甚至連這場展覽也是完全封閉的；到處都是警察，他們會讓民眾進場，但人數必須在可監控的範圍，一切都必須受到精心控制。在其他國家，即使會場可能有保全人員，你還是可以隨意地開派對；但在這裡，你完全不能這麼做，這不禁讓我思考：「為什麼他們總是如此害怕？」

事實上，除了愈演愈烈的國際反彈，從中期來看，共產黨也面臨國內嚴峻的挑戰：人口高齡化、社會福利制度薄弱、勞動力萎縮、經濟成長趨緩（包含約束中國最具創新能力的領域）、習近平卸任後可能出現的接班危機，以及中國的政治制度是否有能力面對這些可怕的挑戰。

在這樣的背景下，習近平表示希望讓中國變「可愛」所引發的國際社會關注，也就不令人意外了；甚至有人猜測，即使不做本質上的改變，這番演說可能預示了中國將在語調上做調整。但在七月一日，習近平身穿灰色的毛式中山裝，在天安門廣場對數以萬計的人發表演說，宣布：「中國人民絕不允許任何外來勢力欺負、壓迫、奴役我們，誰妄想這樣幹，必將在十四億多中國人民用血肉築成的鋼鐵長城面前碰得頭破血流！」[2]

尤妮絲．尹，CNBC：他說我們應該讓中國說出自己的故事，讓中國變得更可愛，但他卻說出這種話。他根本沒有讓自己變可愛。他一點也不可愛。

七月下旬，蘇奕安和「德國之聲」（Deutsche Welle）駐華記者馬蒂亞斯．貝林格（Mathias Boelinger）前往河南省鄭州市，報導造成十幾人死亡的嚴重洪災。

蘇奕安，《洛杉磯時報》：一個女人向我們走來，想和我們談談被淹沒的地下市場；她說政府沒有幫他們清除積水，所以她的公司必須自己花錢清理積水。他們很不高興。我們在說話時，另外兩個女人把她拉走了，她們非常生氣。當天稍晚，她傳給我許多令人焦慮的訊息，她的上司威脅她，說警察要來訊問她。後來我就沒有和她聯絡了。

同時，蘇奕安和貝林格被一群激動的路人團團包圍。

蘇奕安，《洛杉磯時報》：群眾相當憤怒。他們喊道：「你們在抹黑中國，你們在散播謠言。」然後有個人掏出他的手機，上面有張白人的照片，我不知道那是誰。然後他說：「這就是他，就是他。」我看了一眼手機，那人顯然不是貝林格。

結果是，他們許多人誤以為這位德國人是BBC記者白洛賓（Robin Brant）。「河南共青團」對白洛賓的報導感到相當憤怒，特別是一篇質疑鄭州市數十億美元防洪工作是否有效的報導，因此他們在社群媒體微博上，呼籲其一百萬粉絲跟蹤並質問白洛賓。

蘇奕安，《洛杉磯時報》：某種程度上來說，這還滿可笑的。他們正在追捕這個人，但這些人卻分不清楚這兩位高大外國男子的差別。但後來我和馬蒂亞斯心想：「我們得澄清一下，說明實際發生的狀況。」我們在推特上說出這件事後，我們也成了這場行動的目標。我在微博、推特、臉書和電子郵件中收到成千上萬的仇恨訊息，上面寫著：「你是漢奸。」有些是充滿性暴力的言論，甚至還有死亡威脅，有些寫了「揍他們，把他們給殺了，找出他們的家人」這類非常惡毒的言論。

他們的經歷突顯了美國和其他外國記者在中國面臨的新風險——既不是來自警方，也不是來自官員，而是來自民族主義情緒高漲的民眾，背後由反外國、反媒體的謾罵式宣傳所煽動。

蘇奕安，《**洛杉磯時報**》：這裡出現了本質上的變化。每個人持續接收這種宣傳，也就是美國、外國人和外國媒體是邪惡的。他們每天都在新聞上看到這些內容，也從外交部接收到這些說法，那些有毒的言論充斥著他們的社群媒體。我知道人們在吸收什麼資訊。事實上，這種宣傳伎倆已經成功了，一般大眾對外國記者——不只他們的工作，僅僅是這些人的存在——抱持越來越強烈的敵意；你非常努力工作，民眾卻因此討厭你，這讓你的壓力大了許多。我只能不斷提醒自己：並不是所有人都這樣，我的工作仍然很重要，即使多數中國人對外國人抱有敵意，但因此退縮又有什麼意義？如果要在這裡工作，就應該發揮這份工作的價值，我應該去做那些他們不想讓我做的報導。

李肇華，《**華爾街日報**》：目前還沒到北韓那種程度——希望永遠不會到，但我感覺中國正朝那個方向發展。

事實上，共產黨藉由新冠疫情，大規模封鎖國境的舉動，幾乎反應了從最高領導人到一般民眾更封閉的心態。隨著國際航班縮減，國際遊客、學者和商務人士的往來人數急劇縮減，中國人出國的人數也相當低迷，讓這個國家儘管擁有強大的經濟與政治影響力，卻比文化大革命以來的任何時候都還要與世隔絕。政府努力鼓吹狹隘的民族主義，力抗其鄙視的「西方價值」，只會更加強化這種趨勢。

對於仍留在當地的少數美國記者而言，工作環境仍極具挑戰；但每隔一段時間，還是會出現讓他們精神為之一振的時刻，例如在二〇二一年夏天的河南洪災報導時，蘇奕安發現的事情。

蘇奕安，《**洛杉磯時報**》：在我收到的數千則訊息中，有一些是對我真正的鼓勵，這些訊息來自我認識的中國人和其他陌生人，他們寫道：「這並不代表全中國的看法。謝謝你留在中國。你必須報導真相。」

事實上，即使經歷了種種困難，今日多數的記者就像他們的前輩一樣，仍然對中國和中國人民抱持濃厚的興趣和深刻的情感，並體認到「理解並傳達在中國所看到的『真相』」有多麼重要。雖然他們在不同程度上，受到各自所處時代的政治潮流影響，但幾十年來，他們也帶來了西方新聞界的不朽價值——見證並精確地記錄歷史，透過記錄當權者行為的後果以提出挑戰，並替無聲者發聲。他們的工作環境往往艱苦且充滿壓力，甚至相當危險，但如果有機會的話，他們仍然會義無反顧地做下去。

儲百亮遭到驅逐後，被重新派往雪梨，各界普遍認為他是當代駐華記者的元老級人物。他仍持續報導這個他生活和工作將近三十年的國家，這個他念念不忘的國家。

儲百亮，《**紐約時報**》：我喜歡在北京工作。我喜歡在中國工作，我喜歡深入接觸中國的一切。我的內心深處想回到中國，我會毫不猶豫地回去。

致謝

我深深感謝我的同行記者，感謝這些中國通願意與我分享他們報導這個國家的經驗、觀點和感受，這些故事構成了本書的核心。

本書能夠出版要感謝南加州大學美中學院院長 Clayton Dube 的支持、鼓勵和努力，他為我提供了一個知識的歸宿超過十年，同時也要感謝學院裡的同事 Craig Stubing、Venus Saensradi、Catherine Gao、和 Linda Truong。

我還想特別感謝以下這些人閱讀了部分或全部的手稿：兒子 Dan and Ben Chinoy、妹妹 Clara Mora Chinoy、表親兼作家 John Krich、Dan Lynch、Phil Revzin 以及 Leon Sigal，因為他們提供的觀點、意見以及修改建議，讓這本書得以變得更好。

我特別感激幾年前開始這個計畫時，Stephen MacKinnon 陪我一起集思廣益、腦力激盪，也要特別感謝羅禮賢和珊蒂・吉爾摩熱心提供許多照片和影片。

我的經紀人 Nick Wallwork 和 Chris Newson 從一開始就強力支持這個計畫，他們不斷給予我鼓勵和意見，Caelyn Cobb、Monique Briones、Susan Pensak、Peter Barrett 以及哥比亞大學出版社的同仁讓這本書成真。

此外，還有許多人在這些年來幫助本書以及其他方面的事：Nolan Barkhouse、Richard Baum、Neil Bennett、Lyn Boyd Judson、Tony Brackett、Richard Buangan、Jade Chien、Marsha Cooke、John DeLury、Ric Dispienseri、Mark Erder、Tomas Etzler、Marvin Farkas、Mitchell Farkas、John Foarde、Tom Grunfeld、Humphrey Hawksley、Justin Higgins、Thomas Hodges、Ming Hsu、Daniela Jurisova、Eric and Nora Kalkhurst、Stephen Lesser、Kenneth Lieberthal、Chuck Lustig、Michael Malaghan、Linda Mason、Carolyn McGoldrick、Mark Michelson、Nate Rich、Stanley Rosen、Robert Ross、Erica Schwartz、Tim Schwarz、Giff Searls、Glenn Shive、Clement So、Stephen Young、Susan Stevenson、James Thompson、Glenn Tiffert、Caroline Van、Carolyn Wakeman、Kathi Zellweger。

我想感謝以下這些人協助翻譯、抄錄下幾百個小時的訪問文字稿以及進行其他研究：Ariel Adler、Shuang An、Andrew Arnold、Sam Ashworth、Caroline Chen、Kailin Chen、Alexis Dale-Huang、Kayla Foster、Chapin Gregor、Tracy Hanamura、Johannes Hano、Xu Hao、Rui Huang、Yingjia Huang、Grace Huang、Michelle Hsu、Kathryn Jacobsen-Majer、Xin Jiang、Ruru Li、Sarah Kirby、Archey Lee、Paul Lee、Amelia Lee、Erin Limlingan、Sophie Liu、Su Liu、Kevin Lu、Lu Lu、Len Ly、Jennifer McCorkle、Jaime Mendoza、Kelsey Quan、Jennifer Wang、Peter Winter、Rao Xing、Zhao Xueyan、Gao Yangjing、Vicki Yang、Gu Jun、Korey Martin、Anthony Vasquez、Kiki Zeng、Su Zitong、和 Yuan Zeng。

這是一趟漫長又艱辛的旅程，我的兒子 Dan 和 Ben、姊姊 Clara、表親 John Krich 以及 Woodrow and Unit Two 提供了知識上和情緒上的支持，最後，我要深深感謝我的太太 Inez Ho，感謝她在我寫書這些年來的理解和支持。

資料來源

第一章 國共內戰

1 John Roderick, interviewed by James Lagier, July 17, 1998. AP20.1, AP Corporate Archives, New York.

2 Stephen R. MacKinnon and Oris Friesen, *China Reporting: An Oral History of American Journalism in the 1930s and 1940s* (Berkeley: University of California Press, 1990), 81.

3 John Roderick interview, July 17, 1998.

4 Roderick, July 17, 1998.

5 Roderick, July 17, 1998.

6 Seymour Topping, "Covering the Chinese Civil War," in *Covering China*, ed. Robert Giles, Robert W. Snyder, and Lisa DeLisle (New Brunswick, NJ: Transaction, 2001), 19.

7 Roderick, July 17, 1998.

8 Roderick, July 17, 1998, p. 149.

9 "Fall of Mukden: Eyewitnesses Record Last Hours of Key City in Battle for China," *Life*, November 8, 1948, 35.

第二章 觀察中國

1 John Roderick, interviewed by James Lagier, July 17, 1998. AP20.1, AP Corporate Archives, New York.

2 Roderick, July 17, 1998.

3 Roderick, July 17, 1998.

4 Roderick, July 17, 1998.

第三章 「海怪的爭鬥」

1 John Roderick, interviewed by James Lagier, July 17, 1998. AP20.1, AP Corporate Archives, New York.

2 ABC News, Listening Post East, 1960.

3 The Roots of Madness, documentary, 1967.

4 John Roderick, interviewed by James Lagier, July 17, 1998. AP20.1, AP Corporate Archives, New York.

第四章 改變世界的一週

1 Tom Jarriel, telegram to ABC News, February 21, 1972.

2 Cited in Alistair Horne, *Kissinger, 1973: The Crucial Year* (New York: Simon and Schuster, 2009), 81.

第五章 一個時代的結束

1 *The People of People's China*, ABC News documentary, December 1, 1973.

2 John Burns, "John Burns, June 28, 1971—June 23, 1975," *Toronto Globe and Mail*, October 2, 2009.

3 Joseph Lelyveld, "Kissinger Gives Pledge in Beijing," *New York Times*, November 29, 1974.

4 Robert Elegant, "People's China: The Third Epoch," *Quadrant* 40, no. 5 (May 1996): 19–25.

5 Ford Library, National Security Adviser, Trip Briefing Books and Cables for President Ford, Presidential Trips File, Box 19, 11/28–12/7/75, Far East, Briefing Book, Peking, Meeting with Chairman Mao, President's copy (3). Secret; Sensitive.

6 "Memorandum of Conversation, President Ford meeting with Chairman Mao," December 2, 1975, https://digitalarchive.wilsoncenter.org/document/118073.pdf?v = 0 f38601b9897b13df36f467ec82b83eb.

7 *Doonesbury*, syndicated comic strip, May 9, 1976.

8 Fox Butterfield, "Love and Sex in China," *New York Times Magazine*, January 13, 1980.

第六章　開放

1 John Roderick, interviewed by James Lagier, July 17, 1998. AP20.1, AP Corporate Archives, New York.

2 Roderick, July 17, 1998.

3 Roderick, July 17, 1998.

4 Roderick, July 17, 1998.

5 Richard Bernstein, "Human Rights in China: A Journey of Conscience," *New York Times Magazine*, April 16, 1989.

6 Bernstein, "Human Rights in China."

7 Fox Butterfield, "Love and Sex in China," *New York Times Magazine*, January 13, 1980.

第七章　「你寫出我們心裡所想」

1 Michael Weisskopf, "China's Birth Control Policy Drives Some to Kill Baby Girls," *Washington Post*, January 8, 1985.

第八章　測試底線

1 Cited in Richard Baum, *Burying Mao* (Princeton: Princeton University Press, 1994), 200.

第十三章　邁入新千禧年

1 Joseph Kahn, "Party of the Rich; China's Congress of Crony Capitalists," *New York Times*, November 10, 2002.

第十八章　追蹤金錢的足跡

1 "Xi Jinping Millionaire Relations Reveal Fortunes of Elite," Bloomberg News, June 29, 2012.
2 David Barboza, "Billions in Hidden Riches for Family of Chinese Leader," *New York Times*, October 25, 2012.
3 Edward Wong, "Bloomberg News said to curb articles that might anger China," *New York Times*, November 9, 2013.
4 Michael Forsythe, "Wang Jianlin, a Billionaire at the Intersection of Business and Power in China," *New York Times*, April 28, 2015.

第十九章 監控國家

1 "Strict Party Self-Discipline to Continue," *Global Times*, October 19, 2017.
2 Liza Lin and Josh Chin, "China's Tech Giants Have a Second Job: Helping Beijing Spy on Its People," *Wall Street Journal*, November 30, 2017.
3 Paul Mozur, "A Surveillance Net Blankets China's Cities, Giving Police Vast Powers," *New York Times*, December 17, 2019.
4 Amy Qin, "From a Tibetan Filmmaker, an Unvarnished View of His Land," *New York Times*, June 21, 2019.
5 Mark Landler, "Fruitful Visit by Obama Ends with a Lecture from Xi," *New York Times*, November 12, 2014.

第二十一章　新疆「再教育」

1 Megha Rajagopalan, "This Is What a 21st-Century Police State Really Looks Like," *Buzzfeed*, October 17, 2017.
2 Rajagopalan.
3 Rajagopalan.
4 Josh Chin and Clément Bürge, "Twelve Days in Xinjiang: How China's Surveillance State Overwhelms Daily Life," *Wall Street Journal*, December 19, 2017.

5 Nick Cummings-Bruce, "No Such Thing: China Denies UN Report of Uighur Detention Camps," *New York Times*, August 13, 2018.

6 Eva Dou, Jeremy Page, and Josh Chin, "China's Uighur Camps Swell as Beijing Widens the Dragnet," *Wall Street Journal*, August 17, 2018.

7 Chris Buckley, "China Is Detaining Muslims in Vast Numbers. The Goal: 'Transformation.'," *New York Times*, September 8, 2018.

8 Chris Buckley and Paul Mozur, "How China Uses High Tech to Subdue Minorities," *New York Times*, May 22, 2019; Chris Buckley, Paul Mozur, and Austin Ramzy, "How China Turned a City Into a Prison," *New York Times*, April 4, 2019.

第二十二章　「我哭了出來」

1 Eva Dou and Chao Deng, "Western Companies Get Tangled in China's Muslim Clampdown," *Wall Street Journal*, May 16, 2019.

2 Amy Qin, "In China's Crackdown on Muslims, Children Have Not Been Spared," *New York Times*, December 28, 2019.

3 Chris Buckley and Austin Ramzy, " 'Absolutely No Mercy': Leaked Files Exposed How China Organized Mass Detentions of Muslims," *New York Times*, November 16, 2019.

4 Reuters, "Leaked Chinese Documents Show Details of Xinjiang Clampdown," Reuters, November 19, 2019.

5 CNN Newsroom, transcript, November 19, 2019, https://transcripts.cnn.com/show /cnr/date/2019-11-19/segment/20.

6 Austin Ramzy and Chris Buckley, "Leaked China Files Show Internment Camps Are Ruled by Secrecy and Spying," *New York Times,* November 24, 2019.

7 Convention on the Prevention and Punishment of the Crime of Genocide, article 2, United Nations, December 9, 1948.

第二十三章 病毒肆虐

1 Chris Buckley and Paul Mozur, "A New Martyr Puts a Face on China's Deepening Coronavirus Crisis," *New York Times*, February 7, 2020.

2 Paul Mozur, Raymond Zhong, Jeff Kao, and Aaron Krolik, "No 'Negative' News: How China Censored the Coronavirus," *New York Times*, December 19, 2020.

3 Cited in Paul Farhi, "Wall Street Journal Reporters Protest 'Sick Man' Headline in Wall Street Journal," *Washington Post*, February 23, 2020.

第二十四章 驅逐

1 Chris Buckley and Paul Mozur, "As New Coronavirus Spread, China's Old Habits Delayed Fight," *New York Times*, February 1, 2020.

2 "The New York Times and Chris Buckley Misrepresent China's Effort to Defeat the Coronavirus," *Global Times*, February 14, 2020.

第二十五章 大門緊閉

1 Steven Lee Myers and Keith Bradsher, "China's Leader Wants a 'Loveable' Country. That Doesn't Mean He's Making Nice," *New York Times*, June 8, 2021.

2 Chris Buckley and Keith Bradsher, "Marking Party's Centennial, Xi Warns That China Will Not Be Bullied," *New York Times*, July 1, 2021.

延伸閱讀

一九四九以前

Bernstein, Richard. *1945: Mao's Revolution and America's Fateful Choice*. New York: Vintage, 2015.

French, Paul. *Through the Looking Glass: China's Foreign Journalists from Opium Wars to Mao*. Hong Kong: Hong Kong University Press, 2009.

MacKinnon, Stephen, and Oris Friesen. *China Reporting: An Oral History of American Journalism in the 1930s and 1940s*. Berkeley: University of California Press, 1987.

Peck, Graham. *Two Kinds of Time*. Seattle: University of Washington Press, 2008.

Rand, Peter. *China Hands*. New York: Simon and Schuster, 1995.

Rowan, Roy. *Chasing the Dragon: A Veteran Journalist's First-Hand Account of the 1949 Chinese Revolution*. Guilford, CT: Lyons, 2004.

Snow, Edgar. *Red Star Over China*. Rev. ed. New York: Grove, 1969.

Topping, Seymour. *On the Front Lines of the Cold War: An American Correspondent's Journal from the Chinese Civil War to the Cuban Missile Crisis and Vietnam*. Baton Rouge, LA: LSU Press, 2010.

White, Theodore, and Annalee Jacoby. *Thunder Out of China*. n.p.: Andesite, 2015.

一九五〇與一九六〇年代

Dikotter, Frank. *The Cultural Revolution: A People's History, 1962–1976*. London: Bloomsbury, 2016.

——. *Mao's Great Famine: The History of China's Most Devastating Catastrophe, 1958–1962*. New York: Bloomsbury, 2011.

Elegant, Robert. *China's Red Masters*. Westport, CT: Greenwood, 1971.

Hinton, William. *Fanshen: A Documentary of Revolution in a Chinese Village*. Berkeley: University of California Press, 1997.

Karnow, Stanley. *Mao and China: Inside China's Revolution*. New York: Penguin, 1984.

MacFarquhar, Roderick, and Michael Schoenals. *Mao's Last Revolution*. Cambridge, MA: Belknap Press of Harvard University Press, 2008.

Spence, Jonathan. *Mao Zedong: A Life*. New York: Penguin, 2006.

一九七〇與一九八〇年代

Baum, Richard. *Burying Mao: Chinese Politics in the Age of Deng Xiaoping*. Princeton: Princeton University Press, 2018.

Bernstein, Richard. *From the Center of the Earth: The Search for the Truth About China*. Boston: Little, Brown, 1982.

Butterfield, Fox. *China: Alive in the Bitter Sea*. New York: Bantam, 1983.

Garside, Roger. *Coming Alive: China After Mao*. New York: McGraw-Hill, 1981.

Leys, Simon. *Chinese Shadows*. New York: Penguin, 1978.

Lilley, James, with Jeffrey Lilley. *China Hands: Nine Decades of Adventure, Espionage and Diplomacy in Asia*. New York: Public Affairs, 2004.

MacMillan, Margaret. *Nixon and Mao: The Week That Changed the World*. New York: Random House, 2008.

Mann, James. *About Face: A History of America's Curious Relationship with China from Nixon to Clinton*. New York: Vintage, 2000.

——. *Beijing Jeep: A Case Study of Western Business in China*. New York: Routledge, 2018. Mathews, Jay, and Linda Mathews.

One Billion: A China Chronicle. New York: Random House, 1983.

Platt, Nicholas. *China Boys: How U.S. Relations with the PRC Began and Grew*. Washington DC: New Academia Publishing/Vellum, 2010.

Pomfret, John. *Chinese Lessons: Five Classmates and the Story of the New China*. New York: Holt, 2007.

Schell, Orville. *Discos and Democracy: China in the Throes of Reform*. New York: Anchor, 1989.

Tyler, Patrick. *A Great Wall: Six Presidents and China*. New York: Public Affairs, 1999.

天安門與一九九〇年代

Calhoun, Craig. *Neither Gods nor Emperors: Students and the Struggle for Democracy in China*. Berkeley: University of California Press, 1997.

Chinoy, Mike. *China Live: People Power and the Television Revolution*. Lanham, MD: Rowman and Littlefield, 1999.

Ignatius, Adi, Bao Pu, Renee Chiang, and Roderick MacFarquar. *Prisoner of the State: The Secret Journal of Premier Zhao Ziyang*. New York: Simon and Schuster, 2009.

Kristof, Nicholas, and Sheryl WuDunn. *China Wakes: The Struggle for the Soul of a Rising Power*. New York: Vintage, 1995.

Lampton, David. *Same Bed, Different Dreams: Managing U.S.-China Relations, 1989–2000*. Berkeley: University of California Press, 2002.

Lim, Louisa. *The People's Republic of Amnesia: Tiananmen Revisited*. Oxford: Oxford University Press, 2014.

Schell, Orville. *Mandate of Heaven: The Legacy of Tiananmen Square and the Next Generation of China's Leaders*. New York: Simon and Schuster, 1995.

二〇〇〇年代前期

Abraham, Thomas. *Twenty-First Century Plague: The Story of* SARS. Baltimore: Johns Hopkins University Press, 2004.

Chang, Leslie. *Factory Girls: From Village to City in a Changing China*. New York: Random House, 2008.

Hessler, Peter. *Country Driving: A Journey Through China from Farm to Factory*. New York: HarperCollins, 2010.

——. *River Town*. New York: Harper Perennial, 2006.

Johnson, Ian. *Wild Grass: Three Portraits of Change in Modern China*. New York: Vintage, 2005.

McGregor, James. *One Billion Customers: Lessons from the Front Lines of Doing Business in China, New York*. New York: Free Press, 2007.

Pan, Philip. *Out of Mao's Shadow: The Struggle for the Soul of a New China*. New York: Simon and Schuster, 2009.

Schmitz, Rob. *Street of Eternal Happiness*. New York: Broadway, 2016.

中國崛起

Chin, Josh, and Liza Lin. *Surveillance State: Inside China's Quest to Launch a New Era of Social Control*. New York: St. Martin's, 2022.

Demick, Barbara. *Eat the Buddha: Life and Death in a Tibetan Town*. New York: Random House, 2020.

Economy, Elizabeth C. *The River Runs Black: The Environmental Challenge to China's Future*. Ithaca: Cornell University Press, 2010.

——. *The Third Revolution: Xi Jinping and the New Chinese State*. New York: Oxford University Press, 2018.

Fincher, Leta Hong. *Betraying Big Brother: The Feminist Awakening in China*. London: Verso, 2018.

Garnault, John. *The Rise and Fall of the House of Bo*. London: Penguin, 2012.

Kroeber, Arthur. *China's Economy: What Everyone Needs to Know*. New York: Oxford University Press, 2016.

Kynge, James. *China Shakes the World: A Titan's Rise and Troubled Future—and the Challenge for America*. New York: Houghton Mifflin Harcourt, 2006.

Mann, James. *The China Fantasy: Why Capitalism Will Not Bring Democracy to China*. New York: Penguin, 2007.

McGregor, Richard. *The Party: The Secret World of China's Communist Rulers*. New York: Harper Perennial, 2010.

Osnos, Evan. *Age of Ambition: Chasing Fortune, Truth, and Faith in the New China*. New York: Farrar, Straus and Giroux, 2015.

Schell, Orville, and John DeLury. *Wealth and Power: China's Long March to the Twenty-First Century*. New York: Random House, 2013.

Sheridan, Michael. *The Gate to China: A New History of the People's Republic and Hong Kong*. New York: Oxford University Press, 2021.

Shirk, Susan. *China: Fragile Superpower*. Oxford: Oxford University Press, 2008.

Wasserstrom, Jeffrey, and Maura Elizabeth Cunningham. *China in the 21st Century: What Everyone Needs to Know*. New York: Oxford University Press, 2018.

Watts, Jonathan. *When a Billion Chinese Jump: How China Will Save Mankind—or Destroy It*. New York: Scribner, 2010.

Wei, Lingling, and Bob David. *Superpower Showdown: How the Battle Between Trump and Xi Threatens a New Cold War*. New York: Harper Business, 2020.

國家圖書館出版品預行編目 (CIP) 資料

中國任務 : 美國駐華記者口述史 / 齊邁可 (Mike Chinoy) 著 ; 鄭婉伶 , 黃瑜安譯 . -- 初版 . -- 臺北市 : 英屬蓋曼群島商網路與書股份有限公司臺灣分公司出版 : 大塊文化出版股份有限公司發行 , 2024.02
528 面 ; 14.8 x 21 公分 . -- (Spot ; 37)
譯自 : Assignment China : an oral history of American journalists in the People's Republic.
ISBN 978-626-7063-59-0（平裝）

1. 近代史 2. 中國史

627.6 112022784